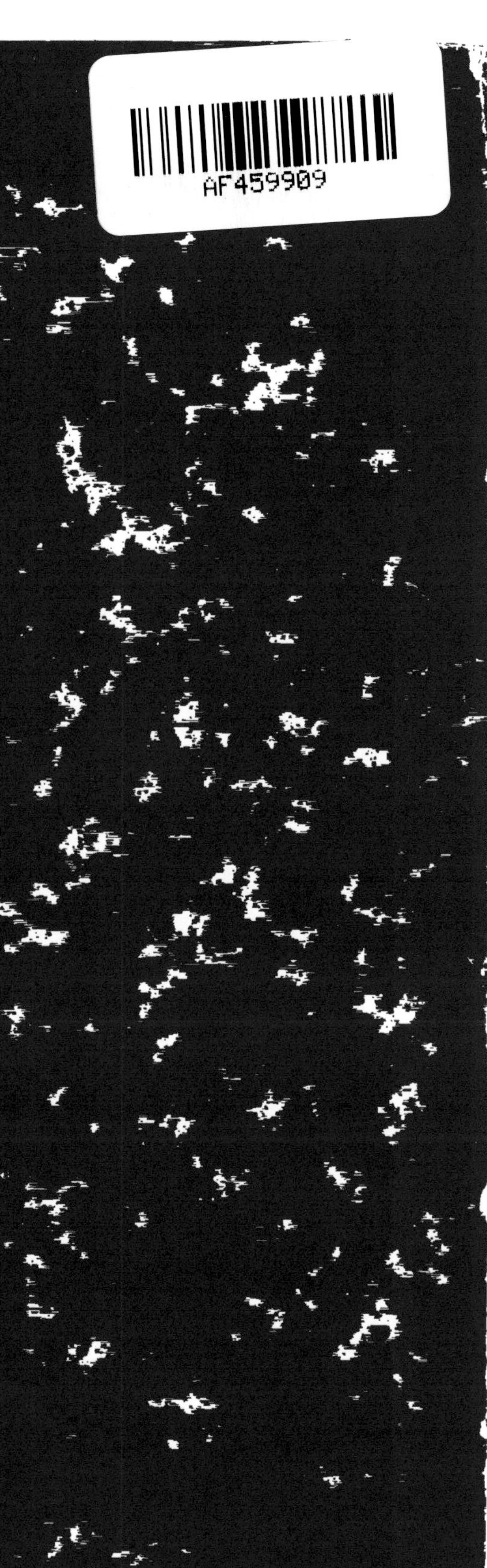

Canonnier à pied et Officier d'artillerie légère

GARDE IMPÉRIALE.

HISTOIRE

DE LA

GUERRE DE RUSSIE

ET DE LA

CAMPAGNE DE 1813

EN ALLEMAGNE, EN ITALIE ET EN ESPAGNE

PAR

F. LADIMIR ET E. MOREAU

D'APRÈS LES BULLETINS DES ARMÉES, LE MONITEUR, DES DOCUMENTS, NOTES, MÉMOIRES ET RAPPORTS OFFICIELS.

ouvrage enrichi

DE CARTES DRESSÉES POUR L'INTELLIGENCE DU RÉCIT

ORNÉ DES PORTRAITS DES PRINCIPAUX GÉNÉRAUX

QUI ONT COMMANDÉ LES ARMÉES FRANÇAISES

Et accompagné d'un Recueil des plus célèbres Batailles, Faits militaires, Tableaux, Statues, Médailles, etc.,

GRAVÉS PAR LES MEILLEURS ARTISTES

ET CONSACRÉS A CÉLÉBRER LES VICTOIRES DES FRANÇAIS JUSQU'A NOS JOURS

Ici tout est merveille et tout est vérité.

PARIS

B. RENAULT ET Cie, LIBRAIRES-ÉDITEURS

RUE D'ULM, 18.

1860

Paris. — Typ. Walder, rue Bonaparte, 44.

CAMPAGNES

TRIOMPHES, REVERS, DÉSASTRES ET GUERRES CIVILES

DES FRANÇAIS.

CHAPITRE I.

Invasion de la France. — Passage du Rhin par les coalisés. — Suites de ce passage. — Opérations sur l'Aube et la Seine. — Combats de Saint-Dizier et de Brienne. — Bataille de la Rothière. — Mouvements autour de Troyes. — Napoléon à Nogent. — Opérations sur la Marne. — Combat de Champaubert. — Bataille de Montmirail. — Combat de Château-Thierry. — Combat de Vauchamps. — Prise de Soissons par les coalisés. — Prise de Reims.

Pendant l'hiver qui précéda la campagne de 1814, l'horizon politique n'avait point cessé d'avoir une couleur sombre; les plus cruelles angoisses dévoraient tous les cœurs généreux à l'aspect de la révélation successive de tous nos malheurs. Toutefois, quelque désastreuse qu'eût été pour la France la retraite de Moscou, quelques pertes qu'elle eût essuyées en Saxe, peut-être aurait-elle pu lutter encore avec succès contre l'Europe conjurée, si, au milieu de tous ces malheurs, elle eût conservé, avec la conscience de sa force, quelques étincelles du feu sacré qui avait produit autrefois tant d'actions nobles et généreuses; qui peut douter qu'alors les armées coalisées n'eussent trouvé leur tombeau sur cette terre où elles portèrent l'incendie et la dévastation?

Napoléon dédaigna cette force invincible, ou ne l'employa que trop tard. Trompé par les protestations des puissances étrangères, il crut n'avoir pas besoin de faire un appel à la nation. On pouvait cependant sans danger réveiller un enthousiasme qui n'eût été fatal qu'aux ennemis de la France; mais, du moment où il n'y eut rien d'électrique, rien qui pût produire l'entraînement, elle montra la même résignation que les peuples dont elle avait été si longtemps victorieuse. Les souverains alliés voyant alors que Napoléon ne serait pas secondé par l'énergie nationale, ne pensèrent plus qu'à profiter de tous leurs avantages, et l'Empereur se trouva presque seul avec une armée de 100,000 combattants, faible débris qui lui reste de tant d'héroïques phalanges, pour soutenir une lutte de plusieurs mois avec des armées assises au cœur même de la France. Peu s'en fallut néanmoins que son génie, plus admirable que jamais, ne triomphât pour la dernière fois; peu s'en fallut que toutes les légions de l'Europe ne fussent contraintes de reculer devant une poignée d'hommes et un grand capitaine. Si le succès, qui tient à si peu de chose, nous eût été accordé, la nation, dont une partie seulement s'associa à la défense du pays, se serait levée tout entière, et Napoléon aurait dicté encore une fois une paix glorieuse à l'Europe.

Les préparatifs de la coalition sont immenses; elle réunit des multitudes armées, les trésors de l'Angleterre et les immenses produits volontaires de la moitié du continent. Chaque jour, depuis la fin de 1812, lui donne un auxiliaire ou l'enlève à Napoléon. Mais c'est plus particulièrement sur les moyens politiques que les princes alliés portent leur attention. Ils s'étudient à séparer la nation française de son chef, en déclarant avec un air de sincérité qu'on ne veut pas faire la guerre à cette nation, mais à Napoléon, à lui seul. Ils font valoir les craintes exagérées inspirées par le conquérant de l'Europe, afin d'entraîner les peuples allemands au-delà du soin de leur propre sûreté. En parlant à ces populations de la liberté qu'ils vont leur rendre, les cabinets coalisés veulent en faire des instruments de conquête pour l'avantage exclusif des grands potentats, qui, étendant leurs possessions, s'occuperont ensuite avec un soin jaloux de restreindre, de détruire les droits de ces mêmes peuples, dont le généreux enthousiasme tire tant de princes de l'ignominie dans laquelle les avait plongés le dominateur du continent. Enfin, comme en 1792, les coalisés préparent leur irruption sur le territoire français par un manifeste en forme de proclamation; mais, se rappelant combien ils avaient payé cher l'insolence de Brunswick, leurs intentions, qui restent les mêmes, s'enveloppent cette fois d'un langage calme, modéré, plein d'onction; on ne pouvait entrer plus convenablement dans la carrière d'hypocrisie diplomatique qu'avait ouverte un mois auparavant l'insidieuse déclaration de Francfort.

Les coalisés sachant donc que dans l'état où la sanglante campagne de 1813 avait réduit les armées françaises, la France ne pouvait être défendue que par une levée en masse, qui renforcerait les troupes de ligne par de nombreux bataillons de volontaires, composés, en grande partie, d'hommes familiarisés avec la guerre, et que cette levée en masse ayant lieu, ce serait en vain qu'ils essaieraient de se soutenir dans le sein de la France, s'ils réussissaient à y pénétrer, s'attachèrent d'abord à détourner cette mesure en présentant au gouvernement français des motifs de sécurité qui éloignassent de lui sa crainte d'une invasion immédiate. Le moyen le plus efficace que les coalisés pussent employer pour parvenir à ce but, était celui de se montrer prêts à traiter sur des bases qui parussent indiquer qu'ils ne passeraient pas le Rhin, si Napoléon voulait consentir à y fixer les limites de son empire. Ils s'assuraient ainsi un double avantage. D'abord ils prévenaient l'empereur Napoléon dans l'opinion publique, en offrant de respecter les seules frontières que la masse des Français désirât conserver. En second lieu, en paraissant laisser au gouvernement français le temps de se préparer, puisqu'il semblerait que l'invasion n'aurait lieu qu'en cas de refus de sa part, les coalisés gagnaient eux-mêmes le temps d'achever leurs préparatifs, sans perdre l'avantage de passer le Rhin à l'improviste et avant de pouvoir rencontrer de résistance. Une circonstance assez favorable se présenta aux coalisés pour renouer, sans cependant s'engager trop avant, des négociations dont la possibilité avait été mise en avant dès le mois d'août. M. de Saint-Aignan, ministre de France en Saxe, d'abord détenu prisonnier à Weimar contre le droit des gens, et ensuite remis en liberté, apporta de Francfort, vers le milieu de novembre, une note dictée par le prince de Metternich. Les rois de l'Europe demandaient, pour préliminaire, que la France, bornée désormais à ses limites naturelles du Rhin, des Alpes et des Pyrénées, fît l'abandon de ses autres conquêtes. Les négociations ne devaient pas suspendre le cours des hostilités.

Le duc de Bassano, accusé par l'opinion d'être contraire à la paix, fut alors remplacé aux relations extérieures par le duc de Vicence, estimé personnellement de l'empereur Alexandre. Aussitôt le nouveau ministre fit connaître aux alliés, par une dépêche du 2 décembre, que Napoléon adhérait aux bases proposées; mais la réponse du prince de Metternich dissipa en partie l'espoir d'un rapprochement; il annonçait que les puissances coalisées avaient consulté l'Angleterre, et que leur décision dépendait de celle du cabinet de Londres.

De ce moment, les dispositions pacifiques des alliés, réelles ou simulées, firent place à des démonstrations évidemment hostiles. A mesure que le plénipotentiaire français acceptait ce qu'on offrait, une nouvelle prétention s'élevait à la suite d'une difficulté vaincue.

Il fallut donc se résoudre à combattre; mais alors, pour la première fois, opposant aux volontés de l'Empereur une résistance inopportune et d'un courage facile, quelques membres du Corps législatif, avec lesquels les Bourbons avaient de secrètes pratiques, se plaignirent de la constitution de l'État et de l'abus du pouvoir; cet acte d'une tardive indépendance n'était alors qu'un mouvement inconsidéré et dont les suites ne pouvaient être que funestes. La faute que commit le Corps législatif de ne pas se rallier franchement à Napoléon pour l'aider à sauver le pays, était d'autant plus grave, qu'à ce moment-là même on venait d'apprendre à Paris l'invasion de la Suisse par 100,000 soldats aux ordres du généralissime Schwartzenberg, ainsi que leur marche sur notre extrême frontière. Toute opposition, toute discussion devaient cesser à cette seule nouvelle. Dans un cas semblable à celui où se trouvait l'Etat, alors que l'existence nationale était menacée, au lieu de parler de constitution et de droits du peuple, il fallait, comme dans les anciennes républiques, voiler la statue de la liberté et étendre le pouvoir du gouvernement au lieu de le restreindre. Loin de là, on croyait aux paroles artificieuses des ennemis et on repoussait les prévisions de l'Empereur. Dans un accès de colère et d'indignation excusable peut-être, saisissant un prétexte futile et qui ne trompa personne, Napoléon ajourna cette assemblée. L'ayant, au temps de sa puissance, toujours trouvée rampante et muette, il ne put supporter qu'elle redressât la tête et que la parole lui revînt au moment où elle le croyait affaibli et où 200,000 cosaques accouraient au rendez-vous qu'ils s'étaient donné dans les plaines de la Champagne. Cette velléité d'indépendance lui parut lâche et dangereuse à la fois : lâche, parce que le Corps législatif n'aurait jamais osé prendre une pareille attitude en toute autre circonstance; dangereuse, parce que l'ennemi puiserait une force nouvelle dans nos dissensions. Il brisa donc l'instrument qui apportait à ses volontés une résistance inaccoutumée et hors de propos; et dans l'allocution impétueuse qui suivit ce premier mouvement, il n'hésita pas à signaler quelques députés, et notamment M. Lainé, comme des factieux et des traîtres. Quelque vif que fût cet éclat, le député Lainé retourna dans ses foyers, ainsi que ses collègues; mais il semble que la Restauration, en répandant, quelques mois après, ses grâces sur les mêmes hommes, ait eu à cœur de justifier les paroles de l'Empereur.

Comme Napoléon l'avait prévu, les alliés, encouragés par une mésintelligence qui leur promettait des auxiliaires dans le sein même de la capitale, marchèrent avec une confiance d'autant plus grande, que chaque jour des avis secrets leur peignaient la France horriblement fatiguée du régime impérial et n'attendant qu'un moment propice pour s'en débarrasser et courir au-devant de ses libérateurs d'outre-Rhin. Les avis du comité organisé à Paris par les soins de Talleyrand pour renverser le gouvernement impérial, réagissaient comme une puissance dirigeante dans les délibérations des alliés. Les destinées de la France étaient entre les mains d'une coterie inhabile, malheureusement secondée par les dernières défaites, qui avaient épuisé nos forces, et la trahison livrait à l'ennemi le secret de nos derniers moyens de défense, lui donnait le chiffre exact de nos cadres, et indiquait, avec une atroce précision, le terme de la résistance possible. Mais les traîtres n'avaient pas tout prévu ou tout dit. La France comptait encore des braves, et plus de cent mille des barbares que la coalition traînait après elle ne devaient ni repasser le fleuve, ni voir la ville que leurs vœux se disputaient.

Des commissaires envoyés par le gouvernement dans chaque division militaire, pour y exciter l'émulation et réchauffer, s'il était possible, l'ancienne énergie nationale qui jadis avait fait tant de prodiges, trouvèrent partout de la bonne volonté, mais de l'espérance nulle part; or, sans elle, point d'enthousiasme; l'énergie était usée; on se résignait à ce que le sort déciderait. C'est sous ces funestes auspices, et parmi de tristes présages de convulsion intérieure que s'ouvrit la campagne de 1814.

Les alliés ont sept armées actives : deux restent en Italie, sous les ordres du comte de Bellegarde et de Joachim Murat, qui, en sa qualité de roi de Naples, s'est joint, le 11 janvier, à la ligue européenne; cinq entrent immédiatement sur notre territoire :

La grande armée austro-russe, commandée par le prince de Schwartzenberg, qui pénétra par la Suisse; Napoléon comptait sur sa neutralité; elle fut indignement violée;

La grande armée de Silésie ou prussienne, dirigée par le maréchal Blücher, sur le haut et le moyen Rhin;

La grande armée suédoise, conduite par Bernadotte, prince royal de Suède, sur le Bas-Rhin.

L'armée anglo-batave, avec laquelle sir Graham, prit possession de la Hollande, marcha jusqu'à l'Escaut et attaqua les places que nous possédions encore dans ces contrées;

L'armée anglo-espagnole et portugaise qui passa les Pyrénées, ayant à sa tête lord Wellington.

Les forces des alliés s'élèvent à plus de 600,000 hommes, mais par le retard de plusieurs colonnes et de nombreux blocus, ils ne pénétrèrent dans le centre de la France qu'avec 350,000 combattants.

Les armées françaises étaient réparties ainsi :

Decaen, remplacé plus tard par Maison (12,000), couvrait la route d'Anvers; Macdonald était en position de Nimègue à Cologne (18 à 20,000); Marmont était en présence de l'armée de Silésie (18,000); enfin Victor (10,000) occupait l'Alsace depuis Laudan jusqu'à Huningue. Les trois corps de réserve se composaient de :

Mortier, avec la vieille garde; Ney, avec deux divisions de la jeune garde; Augereau, avec des détachements tirés d'Espagne et du midi. Ces corps se formaient à Namur, Nancy et Lyon.

Malgré l'immensité de ses forces, la coalition hésita quelque temps devant la belle frontière que la nature a assignée à l'empire français.

Bernadotte était à peu près hors de compte; lui qui aspirait au trône de Napoléon, on l'avait condamné, pour prix de son intervention, à enlever à l'empire les conquêtes de ces armées républicaines où jadis il s'était signalé. L'invasion des anciennes provinces était confiée aux armes de Blücher et de Schwartzenberg. Or, après le Rhin, les deux généraux avaient à forcer les défilés des Vosges, la Fère, la Moselle, la Meuse, la Haute-Marne, toutes lignes parallèles dont chacune pouvait être assez longtemps disputée pour que la France, se réveillant, se levât tout entière et fît respecter son territoire.

Une fois l'invasion entreprise, le succès demandait une grande promptitude d'exécution; il fallait profiter de la stupeur générale et pénétrer au cœur des provinces avant qu'on en fût revenu. « Il me manque deux mois, avait dit Napoléon en recevant avec une fermeté imperturbable la nouvelle de l'envahissement du territoire; si je les avais eus, ils ne l'auraient point passé (le Rhin). Ceci peut devenir sérieux; mais je ne puis rien seul. Si l'on ne m'aide point, je succomberai. L'on verra alors si c'est à moi que l'on en veut. »

Les coalisés ne se montrèrent pas scrupuleux sur les moyens; ils s'étaient habitués à déchirer traités et capitulations.

Schwartzenberg ayant réuni son armée dans le coude du Rhin, devant Schaffouse et Bâle, se décida à passer le fleuve le 20 décembre. Le 19, les généraux Langenau et Bubna eurent une entrevue devant Bâle avec les colonels suisses Herrensch-Waud et Fussli, qui commandaient sur ce point les troupes de la Confédération helvétique, et les prévinrent que les troupes coalisées allaient entrer sur son territoire. Les colonels demandaient vingt-quatre heures pour avoir le temps de recevoir du général de Wasteville, qui était à Arrau, l'ordre de se retirer. Cet ordre arriva le 20, et dès le 24 le général suisse licencia l'armée de la Confédération. Une proclamation termina la comédie de la neutralité. Peu de jours après, les députés des cantons se réunirent à Zurich; l'acte de médiation fut aboli, et la Suisse se joignit à la coalition. Le cordon de neutralité ayant été retiré, le prince de Schwartzenberg transporta le 20 décembre son quartier-général à Lowach, et le passage du Rhin fut effectué dans la nuit du 20 au 21, par les troupes coalisées, qui furent ensuite divisées en six colonnes destinées à franchir les frontières de France sur différents points. Une de ces colonnes était destinée à couvrir l'extrême gauche vers Genève, afin de s'assurer la possession de la Suisse entière. Les autres corps débouchèrent par Belfort, Baume-les-Dames, de Pontarlier sur Dijon, Besançon et Lure. Des détachements masquèrent Belfort, Besançon et Auxonne.

Vinrent ensuite les Bavarois, qui, au sortir de Bâle, investirent Huningue et s'avancèrent sur Strasbourg. Leur avant-garde entra dans Colmar, mais la cavalerie de Victor l'en fit sortir et la replia jusqu'à Ensisheim. Cependant, le maréchal n'espérant point tenir tête aux masses formidables qui pressaient son flanc droit, ne songea qu'à opérer sa retraite en bon ordre. Il concentra à Molshein son faible corps d'armée et se retira au-delà des Vosges par Sainte-Marie-aux-Mines; sa gauche évacua l'Alsace par Saverne et Château-Salins.

Dans la nuit du 1er janvier, le corps russe de Wittgenstein avait effectué le passage du Rhin près du fort Louis. Tout le pays fut à l'instant inondé de Russes et de cosaques. Le général Pahlen, à la tête de l'avant-garde, occupa sans coup férir Lauterbourg, Haguenau, Wantzenau et Saverne, que le duc de Bellune avait abandonnés, comme on vient de le voir, pour occuper les débouchés des Vosges. Wittgenstein poussait aussi ses détachements sur Strasbourg même et sur Schelestadt pour se lier aux divisions bavaroises du comte de Wrède. De nombreux escadrons de cavalerie se portaient sur Weissembourg, Landau et Spire.

Un autre passage du Rhin, plus formidable encore, s'effectuait entre le Mein et le Necker, par l'armée de Silésie, formée du corps du général York, de celui de Kleist. A ces corps prussiens étaient réunis les trois corps russes de Sacken, Saint-Priest et Laugeron.

Au premier avis de cette irruption subite dirigée par le feld-maréchal Blücher, la division française du général Ricard, qui gardait le Rhin depuis Mayence jusqu'à Coblentz, se rallie à Simmern, dans le Hundsruck, espérant, mais en vain, tenir et garder sa position. Tranquille jusqu'alors dans ses cantonnements, elle n'avait reçu qu'après l'événement le premier avis du passage des coalisés. Réduit à un corps de troupes incapable d'opposer aucune résistance efficace, le duc de Raguse réunit ses colonnes et prit position aux pieds des Vosges, vers la Sarre, après avoir perdu dans sa retraite précipitée plusieurs canons et 1,500 hommes.

Ney partit de Nancy pour occuper Epinal; Mortier courut de Namur à Langres; Macdonald fut rappelé de Nimègue sur la Marne. La frontière se trouva ainsi dégarnie depuis Genève jusqu'à Gorcum. Mais l'effort des coalisés se porta d'abord à l'entrée du bassin de la Seine. Les Autrichiens occupèrent Dijon, Vesoul, Gray, pour arriver ensuite à l'Aube et à la Marne. D'autres colonnes, pour assurer leur flanc droit, s'avancèrent au-devant des maréchaux français : Giulay, par Vesoul pour contenir Mortier; Wurtemberg, par Remiremont à Epinal pour rencontrer Ney.

Cependant de Wrède s'attacha aux pas de Victor, dont Wittgenstein tournait la gauche en gagnant, par Haguenau, Lunéville. Enfin Blücher, appuyant sa gauche, déborda la droite de Marmont, le rejeta d'abord sur Metz, puis sur Verdun, laissa York autour des place de la Moselle, Saint-Priest dans le Luxembourg, pour appuyer l'invasion de la Belgique, et, traversant Saint-Avold, Château-Salins, vint par Nancy et Toul, faire sa jonction avec la droite de Schwartzenberg. Les maréchaux disputèrent le sol français pied à pied, et ne cédèrent pas même au nombre. Mortier n'abandonna Langres à Giulay que lorsqu'il craignit d'être prévenu à Chaumont par le prince de Wurtemberg : de même, Ney n'évacua Epinal que quand de Wrède s'approcha de Charmes, venant de Rembervillers. Enfin le mouvement de Blücher sur Château-Salins détermina seul Ney et Victor à sortir de Nancy pour se reformer derrière la Meuse. De Wrède, en débordant leur droite par la route de Joinville, les obligea à reculer encore :

d'abord à Ligny, puis à Saint-Dizier et Vitry, où ils se réunirent à Marmont au moment où Wurtemberg et Giulay venaient de rejeter Mortier au-delà de l'Aube.

Vers le 17 janvier, la plus grande partie des trois armées d'invasion qui avaient pénétré par les frontières orientales de la France se trouvait déjà réunie. Elles occupent une ligne qui s'étend de Langres à Namur, sur un développement de soixante-dix lieues. Leurs masses sont postées sur la Meuse et sur la Marne, tandis que les corps très-considérables du Prussien Bulow, en Belgique, et de l'Autrichien Bubna, dans le bassin du Rhône, sont destinés à favoriser l'opération principale par des entreprises sur les fleuves. Besançon et toutes les forteresses du Rhin sont bloqués. L'instant approche où toutes les colonnes ennemies vont marcher sur la capitale par la rive gauche de la Marne et les deux bords de la Seine. S'opposer à leur jonction, créer autour d'elles un système de défense ou d'insurrection nationale, leur livrer des batailles partielles, les repousser au-delà du Rhin, ou les détruire par la promptitude de ses manœuvres, tel était le plan de Napoléon. Il est dans l'inévitable alternative de frapper des coups d'une audace extrême, de faire des actions d'un éclat prodigieux, ou de commettre sa renommée, qui, actuellement, fait une si grande partie de sa puissance. L'art du prestige, qui lui a valu de si merveilleux succès dans les plus critiques conjonctures, reste, dans cette extrémité, sa ressource la plus efficace.

Les alliés, au contraire, agissent avec une froide circonspection. Forts d'une immense supériorité qui leur fait espérer un succès définitif, ils sont déterminés à ne pas s'exposer aux chances d'une grande bataille. Ils ont étudié leur adversaire ; ils savent qu'avec un moindre nombre de troupes et dans des positions difficiles, il est parvenu à ressaisir la victoire par un mouvement rapide, à dissiper des masses très-redoutables ; ils savent que la confiance qu'il place en lui-même est infinie, et ils s'attendent à lui voir mettre en usage ces marches expéditives qu'il employa dans toutes ses campagnes, plutôt que de combiner une longue et laborieuse défensive. Ils veulent enfin le cerner, bien plus qu'ils ne cherchent à l'atteindre.

Cependant, pour prévenir la jonction complète des armées étrangères, il ne restait que peu de jours ; et, au lieu d'attendre plus longtemps que les corps qui devaient renforcer l'armée active fussent arrivés au complet, il fallait se hâter d'aller au-devant de l'ennemi avec les forces alors disponibles. Le point central qui devait servir de base aux opérations que Napoléon pouvait entreprendre était marqué par la direction des colonnes ennemies : c'était Châlons-sur-Marne.

Le duc de Tarente reçut l'ordre de s'y rendre avec son corps, et se mit en mouvement le 14 des environs de Maestricht, où il avait été refoulé par le corps de Winzingerode. Le général Maison, qui avait remplacé le général

Decaen, dut se concentrer sous Anvers, autant pour couvrir cette place importante que pour empêcher l'ennemi d'agir au-delà de l'Oise. Le général Lefèvre-Desnouettes fut dirigé de Paris sur Châlons avec une division de cavalerie de la garde, les lanciers polonais, la division Rottembourg et quatre batteries. Une division de réserve, sous les ordres du général Dufour, fut envoyée au duc de Trévise; une autre division devait s'organiser à Troyes. Le grand parc de l'armée, qui de Metz s'était replié sur Châlons, fit refluer à Paris 100 bouches à feu; près de 150 autres devaient arriver de Brest et de Bordeaux dans la capitale. Le complétement des divisions des réserves de Bordeaux, Toulouse, Nîmes et Montpellier fut poussé avec la plus grande activité, et les bataillons de la garde nationale, mis en activité par un décret du 6, devaient être levés en hâte et dirigés sur Troyes, Provins, Montargis, Meaux et Soissons, où ils seraient armés et équipés. Une division de cavalerie se formait à Melun, sous les ordres du général Pajol, et le général Bordesoulle reçut l'ordre de réunir le noyau et de préparer la formation de deux autres à Meaux. Le dépôt des remontes qui avait rétrogradé à Versailles, où il se trouvait sous les ordres du général Roussel, devait dans trente jours avoir remonté 10,000 anciens cavaliers, qui y étaient déjà réunis. La ville même de Paris fut mise en état de défense, et sa garde nationale organisée. Ayant fait ainsi tous les efforts qu'on devait attendre de son génie et de son activité pour réorganiser l'armée, et donner l'élan aux populations, l'Empereur conféra, pour la seconde fois, la régnce à l'impératrice Marie-Louise, le commandement militaire de la capitale à son frère Joseph, et se disposa à quitter Paris. En prenant congé des officiers de la garde nationale parisienne qu'il avait réunis, il leur adressa cette allocution :

« Je pars, leur dit-il, en leur présentant l'impératrice et le roi de Rome; je vais combattre les ennemis. Je laisse à votre garde ce que j'ai de plus cher... Vous m'avez élu ; je suis votre ouvrage : c'est à vous de me défendre. »

L'Empereur partit le 25 janvier, et arriva le soir même au quartier-général de Châlons-sur-Marne pour se mettre à la tête de son armée.

Alors commença cette campagne de miracles, où le génie de Napoléon brilla d'un immortel éclat. A 400,000 étrangers déjà parvenus au cœur de la France, à peine put-il opposer au premier choc un corps principal de 70,000 soldats ; ces restes de la grande armée succombèrent ; mais, que leur résistance fut glorieuse ! quelles traditions ils laissèrent ! comme à chaque pas ils firent voir qu'on n'envahit pas impunément la France !

Au mécontentement de l'honneur national outragé, qu'on lisait ouvertement sur la figure de tout ce qui n'avait pas perdu son sentiment patriotique, se joignait l'irritation causée par la dureté sauvage, par les dévastations et les exactions d'une milice familiarisée avec le pillage. La présence de Napoléon à l'armée devint pour les populations un gage assuré de délivrance. L'Empereur allait se battre ; donc il allait vaincre.

A peine arrivé à Châlons, Napoléon se fit rendre compte de l'état de ses troupes sur ce point et de la position des alliés.

Aux environs de cette ville, se trouvaient les corps des maréchaux Macdonald, Ney, Marmont, Victor, et la cavalerie. Le maréchal Mortier était vers la droite, à Vandœuvre ; le général Alix à l'extrême droite, à Auxerre. La tête de l'*armée de Silésie* marchait sur l'Aube et venait d'arriver à Brienne ; son centre occupait Saint-Dizier, attendant, pour quitter cette position, que la gauche eût passé la Meuse à Saint-Mihiel, et fût venue le remplacer. — La *grande armée* austro-russe approchait de Troyes, et déjà son avant-garde, ayant contraint le maréchal Mortier à se retirer sur cette ville, était arrivée à Bar-sur-Aube. Dans deux jours, les deux armées alliées peuvent opérer leur jonction. Il n'y avait pas un instant à perdre. Napoléon résolut de percer l'armée de Silésie par son centre, en débouchant par Saint-Dizier, de se rabattre, par Joinville et Chaumont, sur Langres, où il comptait encore trouver le reste de l'armée austro-russe ; mais déjà celle-ci s'était avancée sur Troyes pour soutenir l'armée de Silésie, de sorte que Napoléon allait se heurter contre des masses énormes, croyant n'avoir à faire qu'à des têtes de colonnes. Le 27 janvier, Napoléon marcha donc sur Saint-Dizier et en déposta la division russe de Laudskoy, qui se retira sur Brienne, par Joinville. Le lendemain, laissant le maréchal Marmont et le premier corps de cavalerie à Saint-Dizier, il porta le reste de ses troupes sur Montierender, où il établit son quartier-général, dans la nuit du 28 au 29. De là, il envoya dans toutes les directions des reconnaissances, qui rentrèrent sans avoir rien découvert. Les habitants affirmant, de leur côté, qu'une armée ennemie avait passé la veille par Joinville, marchant sur Troyes, Napoléon en conclut qu'elle avait passé l'Aube à Lesmont. Espérant tomber sur son arrière-garde à l'improviste, il quitta la direction de Langres par Chaumont, et le 29, à la pointe du jour, il prit la route de Brienne en une seule colonne, la cavalerie en tête, l'infanterie de la garde en queue. Pendant la nuit, ignorant que Mortier avait été obligé de se retirer sur Troyes, il avait envoyé à ce maréchal l'ordre de se rapprocher de l'armée. Malheureusement, l'officier qui portait cet ordre fut pris, et les dépêches éclairèrent Blücher sur les dangers auxquels il était exposé. Il se hâta de rappeler Sacken, qu'il avait dirigé sur Lesmont. A sept heures et demie du matin, l'avant-garde, sous les ordres du général Piré, découvrit l'ennemi en position, entre Mézières et Brienne. L'Empereur fit continuer la marche, qui ne fut point arrêtée par la rencontre de deux régiments d'infanterie légère, sous les ordres du prince Sherbatow ; mais celui-ci ayant été rejoint par 6 escadrons et 4 pièces légères, la route fut barrée à la hauteur de Perthes, et une canonnade s'engagea. Sherbatow se replia bientôt sur le chemin de Lassicourt, tandis que Sacken, qui revenait de Lesmont, se plaça en colonne derrière Brienne, sur la route de Vitry à Bar, et que Pahlen, qui avait flanqué Sacken, se forma en première ligne.

Le cinquième corps de cavalerie, sous les ordres de Grouchy, ne tarda pas à se déployer dans la plaine. Pahlen n'ayant que 2,500 chevaux, se replia en colonne sur Brienne, en se plaçant sous la protection de trois carrés d'infanterie qui firent un feu meurtrier sur la cavalerie française; il traversa ensuite Brienne pour aller se placer à la droite du corps de Sacken.

Cependant le mauvais temps avait retardé la marche de l'infanterie française, et l'on ne pouvait rien entreprendre sans elle. Vers trois heures et demie les colonnes du duc de Bellune parurent à la hauteur du bois d'Ajon; ce maréchal poussa en avant la division Duhesme: alors s'engagea un feu d'artillerie et de mousqueterie, qui pendant une heure produisit peu de résultats. A la chute du jour, l'Empereur ordonna au prince de la Moskowa de marcher sur Brienne, à la tête de 6 bataillons, par le chemin de Mézières, tandis que le général Duhesme renouvelait son attaque, et que le général Château tournerait la ville par la droite pour s'emparer du château. A peine ce mouvement fut-il commencé que Blücher, s'apercevant que toute la cavalerie française se trouvait à la droite, fit charger la colonne de Duhesme par les escadrons de Pahlen et de Wassiltschikow. Cette colonne fut ramenée en désordre, et perdit 8 pièces de canon. La colonne du centre, qui était prête à pénétrer dans la ville, fut ralentie par cet échec; elle se replia devant deux régiments de chasseurs russes, et se logea dans les jardins. La colonne de droite, plus heureuse, pénétra dans le château par le parc et s'en empara sans peine; l'ennemi, qui n'avait pas prévu cette attaque audacieuse, n'y avait laissé que très-peu de monde. Le général français, après y avoir placé 400 hommes, descendit sur la ville avec le reste de sa colonne, renversant tout sur son passage. Blücher, qui revenait de repousser la cavalerie de la garde et de la division Duhesme, réunit aussitôt des forces considérables contre la colonne descendue du château. Sentant toutefois qu'il ne suffisait pas de repousser cette colonne, et qu'il était urgent de la chasser du château, il ordonna une attaque combinée des corps d'Alsufieff et de Sacken: l'un devait attaquer en flanc et sur les derrières; l'autre, marcher par la grande rue de Brienne. Deux fois les colonnes russes escaladèrent le château sur plusieurs points, deux fois elles furent chassées à la baïonnette; les cours, l'intérieur, et surtout le parc du château étaient jonchés de morts; enfin Alsufieff fut obligé de se rejeter sur la ville sous le feu de la garnison du château. Mais la brigade Baste, soutenue par la division Meunier, après avoir repoussé le corps de Sacken dans la grande rue, fermait le passage à la retraite d'Alsufieff, dont les soldats se jetèrent dans les maisons voisines. Alors commença une épouvantable mêlée. Les maisons furent prises et reprises avec un incroyable acharnement; tous les corps se trouvèrent pêle-mêle dans cette boucherie qu'éclairait l'incendie de la ville. Vers dix heures, Grouchy tenta une charge qui n'eut point de succès. Enfin, vers minuit, les deux armées, épuisées d'efforts et de fatigue, cessèrent le feu. Les Français conservèrent le château, les Russes la plus grande partie de la ville. Chaque armée perdit environ 3,000 hommes tués ou blessés; on fit de part et d'autre quelques centaines de prisonniers; le contre-amiral Baste fut tué en combattant glorieusement à la tête d'une brigade de la jeune garde; les généraux Decourt et Lefèvre-Desnouettes furent mis hors de combat; le prince de Neufchâtel fut atteint à la tête d'un coup de lance.

Tandis que cette position nous était ainsi disputée, l'armée française établissait ses bivouacs dans la plaine qui est entre Brienne et les bois de Mézières, et Napoléon, après avoir donné ses derniers ordres, retournait à son quartier-général de Mézières, suivi des généraux de sa maison. La nuit était fort obscure, et, dans la confusion de ce campement, on ne pouvait guère se reconnaître que de loin en loin, à la lueur de quelques feux. Dans ce moment, une bande de cosaques, attirée par l'appât du butin, se glisse à travers les ombres du camp et parvient jusqu'à la route. Le général Dejean se sent pressé brusquement; il se retourne et crie : *Aux cosaques!* En même temps, il veut plonger son sabre dans la gorge de l'ennemi qu'il croit tenir; mais celui-ci échappe et s'élance sur le cavalier en redingotte grise qui marche en tête. Corbineau se jette à la traverse; Gourgaud a fait le même mouvement, et, d'un coup de pistolet à bout portant, il abat le cosaque aux pieds de Napoléon. L'escorte accourt; on se presse, on sabre quelques cosaques; mais le reste de la bande, se voyant reconnu, saute le fossé et disparaît.

Il est dix heures du soir, quand Napoléon est de retour à Mézières. Le prince de Neufchâtel arrive après tout le monde; on le ramène couvert de boue : il était tombé dans un fossé. Le curé de Mézières était également méconnaissable sous la boue qui couvrait sa soutane; il avait eu son cheval tué d'une balle derrière Napoléon.

Le 30, à la pointe du jour, l'armée française se trouve entièrement maîtresse de la position de Brienne, et les Prussiens sont en pleine retraite sur Bar-sur-Aube. Napoléon, attribuant cette retraite à la crainte d'un nouveau combat, donna ordre aussitôt qu'on se mît à leur poursuite. Mais les Prussiens, parvenus à Trannes le 31, s'y arrêtèrent en rencontrant les corps de Giulay, du prince de Wurtemberg, et les réserves commandées par Barclay de Tolly. Blücher, fort de cet appui, résolut d'attaquer l'Empereur le 1er février, et vint présenter la bataille dans la plaine entre Bar-sur-Aube et Brienne. Un ordre du jour avertit les soldats étrangers d'attacher une écharpe blanche au bras gauche, afin de se reconnaître dans la mêlée, et de prévenir des méprises impossibles à éviter sans un signe de

ralliement, parmi cette multitude de combattants de tant de nations et d'uniformes différents. Les coalisés comptaient 123,000 hommes; Napoléon qui, en comprenant la réserve du prince de la Moskowa, n'en réunissait que 36,000, accepta le combat qu'au reste il ne pouvait guère refuser. Pour se rabattre sur Troyes, il eût fallu attendre que l'on eût rétabli le pont de Lesmont, coupé pour arrêter Blücher lorsqu'il marchait sur Troyes; on demande encore vingt-quatre heures pour l'achever : nos sapeurs redoublent d'activité, mais en attendant il faut se préparer à recevoir l'ennemi. La neige tombait en flocons épais et obscurcissait le jour. L'étendue de la ligne ennemie força Napoléon de prolonger la sienne pour ne pas être débordé. Toutes les troupes disposées sur deux lignes de bataille furent rangées sur la pente d'une chaîne de collines, la droite appuyée sur Dieuville et sur l'Aube, le centre à la Rothière et la gauche au hameau de la Gibril. La Rothière était défendue par de fortes colonnes. Des détachements considérables occupaient Petit-Mesnil; Chaumenil et Morvilliers couvrant les derrières de la position, et appuyant l'aile gauche sur des hauteurs boisées. Là, commandait le maréchal duc de Bellune; à Morvilliers, vers Chaumenil, position importante qui couvrait le champ gauche, avait pris position le 6e corps, sous le commandement immédiat du maréchal duc de Raguse. Le général Dufresne défendait la Rothière, et le général Gérard devait préserver les deux rives de l'Aube, en occupant Dieuville. On rangea l'infanterie en fortes masses sur le flanc des villages et dans les villages mêmes, qui furent bordés d'artillerie.

Pendant ces dispositions défensives, les trois colonnes d'attaque, formées par Blücher, se dirigeaient dans l'ordre suivant : le corps de Sacken descendait des hauteurs de Trannes dans la plaine de la Rothière, et se portait sur le centre des Français, en deux fortes divisions, l'une sur Brienne par la route de Dieuville, l'autre sur la Rothière même : le corps autrichien de Giulay, et le corps russe de Alsufieff formait sa réserve. Le prince de Wurtemberg, avec l'aile droite, manœuvrait d'Eclance sur Chaumenil et Gibril, pour attaquer la gauche des Français, ouvrant par sa marche combinée sa communication avec le général de Wrède, qui manœuvrait aussi sur Chaumenil par Doulerant. Barclay de Tolly occupa les hauteurs et les défilés de Trannes. Il était une heure après midi, et la cavalerie des deux armées rangées en bataille entre les deux lignes, se mettait partout en mouvement dans la plaine. Des escarmouches et une vive canonnade étaient les préludes de la bataille qui fut presque aussitôt ouverte par les Bavarois et les Wurtembergeois. Les positions de la Gibril et de Chaumenil, défendues, pendant trois heures, avec le plus grand acharnement, par le maréchal Victor, furent perdues, quoique Napoléon, qui voulait les conserver à tout prix, y fût accouru en personne, avec une partie de sa garde et toute son artillerie.

Près de trois heures venaient d'être employées en manœuvres et en attaques successives sur ce point de la ligne de bataille. En vain Napoléon, par ses démonstrations, avait menacé le flanc droit de la position des coalisés; elles ne purent détourner Blücher du but principal qu'il se proposait d'atteindre. Voyant sa droite assurée par le double succès du prince de Wurtemberg et du général de Wrède, il se détermine à emporter de vive force la Rothière, centre de la position de l'armée française, et de la possession de laquelle allait dépendre le sort de la bataille, qui dès lors devint générale. Toutes les forces des alliés s'étaient déployées dans les plaines de la Rothière et de Brienne, et le général Sacken, était près de s'emparer de la Rothière, lorsque l'Empereur, chargeant à la tête de la cavalerie des généraux Piré, Colbert et Guyot, arrêta les progrès de l'ennemi. Dans ce moment, le maréchal Oudinot, avec deux divisions de la jeune garde, arrive sur le champ de bataille. Aussitôt, Napoléon reprend l'offensive. Trois fois nos troupes enlèvent l'église de la Rothière et quelques maisons, tandis que les grenadiers russes occupent le reste du village. La mêlée continuait d'être affreuse, lorsqu'une brigade, détachée par Marmont contre les Bavarois, fut chassée de Morvilliers, et vivement poursuivie ainsi que la cavalerie du général Milhaud, qui, dans ce désordre, perdit plusieurs canons. Le général Grouchy s'avança pour le seconder; mais, ayant pris une fausse direction, toute son artillerie, consistant en 24 bouches à feu, tomba au pouvoir de l'ennemi. Vers la fin du jour Napoléon voulut tenter une dernière attaque sur la Rothière; mais ni la résolution du maréchal Oudinot, ni l'audace du général Rothenbourg, ni la bravoure le général Colbert, qui venait de repousser les Russes, ne purent triompher d'une résistance qui était encouragée par la présence de l'empereur Alexandre, du roi de Prusse et du prince de Schwartzenberg. Une de nos brigades qui pénétra dans le village fut accueillie par une grêle de balles, ne tarda pas à l'abandonner. Napoléon, désespérant de la victoire, ordonna au général Drouot d'incendier la Rothière, afin de contenir les alliés pendant que l'armée effectuerait sa retraite. Elle s'opéra en bon ordre par le pont de Lesmont, où Ney resta en arrière-garde. Marmont, pour donner le change sur la direction générale, s'arrêta en avant de la Voire. Les Français, qui suivaient Wurtemberg et de Wrède, par les routes de Lesmont et de Rosnay, se retiraient avec calme à l'approche du premier. Ney, après avoir fait sauter le pont de Lesmont, se replia sur Pinay. Marmont prévint l'autre à Rosnay où la Voire forme un îlot; on se mit à détruire le premier pont; mais avant que les poutrelles fussent enlevées, un bataillon le franchit; on le chargea, on le prit, on le sabra. Cependant le corps bavarois s'étant formé, força le passage. On se rallia derrière le second bras, où l'on se défendait victorieusement, quand la cavalerie, débordant à gué la droite, il fallut plier. Bientôt de Wrède fut dirigé par Lesmont; Marmont se mit en marche pour Arcis-sur-Aube,

Toute l'armée de Napoléon étant réunie sur la rive gauche de l'Aube, prit sa direction sur Troyes, afin de se rallier à la vieille garde et aux divisions formant le corps d'armée du maréchal duc de Trévise.

La bataille de Brienne ou plutôt de la Rothière, dont l'issue n'avait pas été difficile à prévoir, les Français n'ayant eu que 36,000 hommes à opposer à plus de 120,000, exalta l'ardeur des alliés. Ces généraux, tant de fois vaincus par Napoléon, s'enorgueillissaient d'un triomphe facile, que toutefois ils payaient chèrement. Le courage que déployèrent nos troupes, leurs efforts héroïques, le danger auquel Napoléon s'exposa lui-même, tout prouve combien il attachait d'importance à ce premier engagement; aussi fallut-il que les étrangers emportassent d'assaut chaque village, chaque hauteur, chaque buisson; c'est avec des flots de sang qu'ils achetèrent chaque pied de terre. Le nombre seul l'emporta. Les militaires expérimentés assurent que Blücher ne montra les talents d'un bon général, ni durant l'action, qui pouvait être mieux conduite, ni quand il eut obtenu l'avantage, dont il ne sut point tirer habilement parti. Quoi qu'il en soit, trois à quatre mille Français, blessés, tués ou prisonniers, et 54 bouches à feu, abandonnées sans attelages dans les boues d'où l'on ne pouvait les tirer, furent les fruits de sa victoire. Le général Marguet était au nombre des morts, et le général Forestier, grièvement blessé, tomba dans les mains de l'ennemi et mourut quelques jours après. Les coalisés perdirent, de leur propre aveu, 6,000 hommes; les généraux Lieven, Stawistky, Kologrivow et Walbolsky reçurent des blessures graves. Dans leurs rangs, ce vide était presque imperceptible; mais, dans l'armée française, la confiance du soldat fut ébranlée; chacun tirait de funestes présages de la perte d'une première bataille rangée, livrée sur le sol de la patrie. L'Empereur n'était pas moins inquiet; la seconde journée de Brienne avait dérangé tous ses plans. Il avait manœuvré pour isoler les principaux corps ennemis, pour les attaquer séparément, et par une fatalité déplorable, c'était précisément contre leurs masses réunies à la Rothière qu'il avait dû combattre, c'était devant elles qu'il était obligé de se retirer.

Avant de quitter Paris, Napoléon avait jeté un dernier regard sur la Belgique. Dans la nouvelle organisation de l'armée faite en décembre 1813, le général Maison fut chargé du commandement du 1er corps placé à la gauche, et destiné à défendre le Rhin, ainsi qu'à protéger la Belgique. On avait établi à Anvers le quartier-général de ce corps, qui était composé des cadres de deux divisions de la jeune garde, des dépôts des 17e et 24e divisions militaires et de 800 chevaux. Le général Maison forma un camp volant pour assurer les communications entre Anvers et Berg-op-Zoom; et, pendant les dix premiers jours de janvier 1814, malgré les escarmouches qui eurent lieu entre ces troupes et celles du général prussien Bulow, il acheva tous ses préparatifs de défense. Anvers fut mis à l'abri d'une attaque de vive force; et l'escadre qui se trouvait dans le port ayant été désarmée et blindée dans le bassin, n'eut plus rien à craindre d'un bombardement. Les événements militaires qui se passaient sur d'autres points, et plus particulièrement encore les forces nombreuses que les ennemis firent marcher en Belgique, déconcertèrent les mesures prises par le général Maison; et il se vit obligé d'abandonner successivement ses positions, de se rapprocher des anciennes frontières de la France, et de concentrer sa petite armée sous les murs de Lille. Son armée ne comptait pas plus de 6,000 hommes : mais, par des efforts inouïs d'activité et de talent, il parvint à porter ses forces à treize ou quatorze mille combattants, et sa haute capacité militaire put couvrir les départements du Nord et du Pas-de-Calais, de sorte que l'ennemi, malgré son immense supériorité numérique, ne put s'emparer d'aucune de nos places. Carnot, à qui les dangers de la patrie avaient fait oublier l'opposition qu'il manifestait au gouvernement impérial, était venu prendre le commandement d'Anvers. Ses dispositions, aussi promptes que bien calculées, achevèrent de déjouer les projets de l'ennemi. Le siége de la place fut dès lors converti en un simple blocus. Au midi de la France, les Anglo-Espagnols donnaient de vives inquiétudes.

On a vu qu'après la journée de Vittoria, Napoléon avait envoyé le maréchal Soult en qualité de lieutenant-général, et avec des pouvoirs illimités, prendre le commandement en chef des débris de l'armée d'Espagne, rassemblés devant Bayonne. Ce maréchal réorganisa cette armée, fit fortifier la place, et reprit l'offensive, qu'il conserva pendant plusieurs mois avec des chances variées. Mais, après avoir contenu si longtemps un ennemi fort de sa supériorité en nombre et du prestige de ses victoires, le duc Dalmatie se vit enfin assailli dans ses propres lignes. Les 9, 10, 11 et 13 décembre, il livra, sur la rive de l'*Adour*, quatre combats opiniâtres, dont le succès, longtemps indécis, coûta 16,000 hommes aux alliés, et plus de 10,000 à l'armée française. Cette perte, jointe à celle de 2 divisions d'infanterie, 6 régiments de dragons et près de 2,000 hommes d'élite que le maréchal Soult eut à fournir à Napoléon, menacé par les alliés dans l'intérieur, réduisait son armée à 40,000 hommes, dont une grande partie se composait de nouvelles levées. Cette armée avait à combattre 80,000 soldats aguerris, dont le nombre et les moyens s'accroissaient tous les jours.

Pour s'affranchir en partie du péril qui le menaçait, séparer la cause de l'Espagne de celle de l'Angleterre, exciter entre elles la dissension, et se mettre à l'abri du ressentiment des Espagnols, Napoléon pensa que le moyen le plus efficace était de rendre la liberté à leur roi. Ferdinand VII, après six ans de captivité, s'engagea, par un traité conclu dans Valencey, à ne remonter sur le trône que pour expulser les Anglais de la Péninsule; mais les Cortès décidèrent que tout acte émané de leur souverain, pendant son séjour en France, et avant qu'il n'eût juré la Constitution, serait déclaré nul. Cette résolution trompa la politique de l'Empereur, et contraria d'autant plus ses desseins, que, par l'exécution du traité de Valencey, les armées des maréchaux Soult et Suchet auraient été disponibles contre les autres coalisés de l'Europe. Dans les premiers jours de 1814, le pape eut également la liberté de quitter Fontainebleau et de se rendre à Rome.

Napoléon, dans ses revers, ne trouva pas de meilleur général, d'allié plus fidèle que le prince Eugène. Pendant deux mois, il arrêta l'armée autrichienne sur les bords de l'Adige, et se flattait qu'en se joignant à lui, Joachim le mettrait enfin à même de prendre l'offensive, lorsqu'un corps de partisans autrichiens, commandés par le général Nugens, débarqua vers les bouches du Pô, s'empara de Ferrare et marcha sur Ravenne et Rimini. Le vice-roi, persuadé que les Napolitains, dont l'avant-garde devait être à Bologne, s'opposeraient promptement aux progrès de l'ennemi, était sans inquiétude sur une expédition qu'il dépendait d'eux de faire échouer; mais il ne tarda pas à apprendre que Nugens s'était emparé de Forti, qu'une division napolitaine se portait sur Imola, et que les troupes des deux nations, mêlées et confondues, vivaient dans une parfaite intelligence.

Cette déplorable combinaison fermait au prince Eugène la route de Vienne, qu'une bataille pouvait lui ouvrir, et plaçait Napoléon entre une double agression, celle de l'empereur d'Autriche, son beau-père, et celle du roi de Naples, son beau-frère.

Six mille Napolitains entrent dans Rome le 19 janvier 1814. Le général Miollis, gouverneur de cette ville, fit, dans cette occasion, une honorable résistance. Inflexible dans l'exécution de ses devoirs, il se montra inaccessible à la crainte comme à la séduction, et lorsqu'il n'eut plus d'espoir de déjouer les menées des Napolitains, il alla, avec sa garnison, s'enfermer dans le château Saint-Ange. Peu de jours après, le roi de Naples fit dans Rome son entrée triomphale; mais, tandis que ses soldats applaudissaient à cette pompe éphémère, les nôtres, rangés sur les remparts, contrastaient avec l'enthousiasme de ces déserteurs de notre cause par un noble souvenir de courage et de fidélité.

Quoique la guerre n'eût pas été officiellement déclarée, l'armée de Murat envahit rapidement une grande partie de la Toscane. La division Ambroggio, ayant occupé Ferrare, se réunit aux Autrichiens, et le général Carascosa publia une proclamation emphatique, par laquelle il appelait les Italiens à la liberté, et les engageait à se rallier aux drapeaux de son souverain, qu'il désignait sous le titre de *héros du siècle*. En même temps, le général Macdonaldo, qui avait essayé de s'introduire par supercherie dans la citadelle d'Ancône, cherchait à s'en emparer; mais le général Barbou, qui commandait la garnison, se conduisit en homme d'honneur: il s'enferma dans la place qu'il avait approvisionnée et se prépara à la défendre.

Les généraux napolitains, ayant pris possession, au nom de leur souverain, de toutes les villes qu'ils occupaient, firent abattre les armes du royaume d'Italie et s'emparèrent des caisses publiques. Beaucoup d'officiers français, qui se trouvaient au service de Murat, l'abandonnèrent pour se rendre au quartier-général du vice-roi. Parmi ces vertueux citoyens, l'histoire citera le brave maréchal Pérignon, qui, revêtu de la première dignité du royaume de Naples, s'éloigna de cette cour dès qu'il s'aperçut que son chef s'était séparé de la France.

Les Autrichiens, favorisés sur le Pô par le concours des Napolitains, le furent encore dans les provinces Illiriennes par l'insurrection des habitants, qui leur livrèrent la plupart des places fortes. Les îles Ionniennes, confiées au général Donzelot, furent aussi attaquées; mais il réussit à la fois, à les maintenir dans le devoir et à en défendre l'accès.

Tandis que l'Italie luttait contre les attaques et les violences de nos ennemis, la France consternée voyait chaque jour se grossir le torrent de l'invasion.

Avant de reprendre le récit des opérations des armées principales sur la Seine et la Marne, il nous reste à raconter celle du corps de Bubna, qui agissait à leur extrême gauche. Après avoir passé le Rhin, il s'était rendu maître de Genève, après une simple sommation faite au général français qui y commandait une garnison de 1,800 hommes avec 110 bouches à feu, et qui était sur le point de recevoir un renfort de quinze cents à dix-huit cents hommes partis de Grenoble.

Bubna, au lieu de se diriger sur Lyon par une marche rapide, ce qui aurait rencontré peu d'obstacles, se porta le 6 janvier à Poligny, d'où il envoya des détachements pour investir Arbois, Lons-le-Saulnier et Salins, et entra le 7 à Dôle. Après avoir envoyé une forte partie de cavalerie sur Châlon, défendue par des troupes de dépôt et des gardes nationales, il vint avec le gros de ses troupes et la brigade de Lichstenstein qui l'avait rejoint, se présenter devant Bourg. Les habitants de cette ville, à la voix du baron Rivet, leur préfet, eurent le courage de prendre les armes; mais leur résistance ayant été infructueuse, ils en furent punis par le pillage de leurs maisons.

Les coalisés redoutaient les soulèvements des citoyens; l'énergie des Bressans les effraya tellement, que, dans le département de l'Ain, ils n'osèrent pas suspendre les lois de l'empire. Les fonctions de préfet y furent conférées à un habitant de Bourg, tandis que, dans toutes les autres provinces envahies, l'administration était aussitôt remise à des commissaires autrichiens.

Mais, sans doute par le même motif, en promettant leur protection aux citoyens paisibles, les Autrichiens annonçaient que les habitants pris les armes à la main seraient fusillés, et qu'on livrerait aux flammes les villes et villages qui ne se rendraient pas à la première sommation. En effet, de nombreux villages furent incendiés, des villes rançonnées ou livrées à une dévastation atroce, des gardes nationaux des bataillons mobiles, assassinés par de prétendus tribunaux militaires. Un tel mépris de l'indépendance des nations et du droit sacré qu'elles ont de se défendre suffit pour caractériser la *loyauté* de la guerre qu'on *nous* faisait, et cependant un écrivain royaliste (1), dans une relation de la campagne, n'a pas rougi de chercher à justifier ces odieux massacres. Le sentiment qui a inspiré de pareilles calomnies contre ceux qu'on appelle ses compatriotes est tel, qu'il ne peut avoir de nom dans notre langue.

Malgré les menaces des Autrichiens, les généraux et les préfets, chargés de veiller à la défense de la ligne de la Saône, s'étaient efforcés d'organiser la levée en masse ; mais plus le péril approchait, plus les mesures qu'ils prenaient s'effectuaient avec lenteur. Rien n'était disposé pour repousser l'ennemi. Mâcon s'était rendu à 60 hussards, et Bubna était arrivé aux portes de Lyon avant que l'on eût seulement songé dans cette ville à se mettre à l'abri d'une surprise. Augereau, chargé par Napoléon du commandement des forces françaises dans le Rhône, ne fut pas médiocrement surpris, en arrivant à Lyon le 14 janvier, de ne trouver, au lieu des 6,000 hommes qu'on lui avait promis, que 1,200 soldats aux ordres du général Meusnier, et parmi lesquels encore on comptait à peine 300 vieux soldats. Dans ce pressant danger, plus de 20,000 ouvriers, animés de la haine des étrangers, demandèrent des armes ; mais les autorités, comptant sur les renforts qui arrivaient de la Catalogne, ne firent rien pour utiliser l'élan de ces généreux citoyens qui effrayait leur pusillanimité. Les troupes envoyées à la défense de la seconde ville de l'empire n'ayant pas encore dépassé Valence, Augereau partit sur-le-champ pour accélérer leur marche, tandis que le général Meusnier se disposait à faire face à l'ennemi. Bubna parut aussitôt, et dans la persuasion que la ville n'apporterait aucune résistance, il la fit sommer de se rendre. Le parlementaire amené chez le maire fut couvert de huées ; effrayé d'un pareil accueil, il faillit s'évanouir en traversant la place des Terreaux. Dans son trouble, il demanda à être conduit au général Meusnier, qui, exagérant ses forces et l'exaspération de la population, le détermina à se retirer.

Le lendemain une vive fusillade s'engage au faubourg Saint-Clair ; nos soldats plient, et les Autrichiens pénètrent jusqu'aux premières maisons ; la nuit seule arrête leurs progrès. Les habitants consternés croyaient que les premiers rayons du soleil éclaireraient la prise de leur ville, quand le général Meusnier, dont le courage augmentait avec le danger, ayant rassemblé un petit nombre de braves, s'avance avec eux et force à la retraite les détachements autrichiens. Ce succès inattendu venait à peine d'avoir

(1) Alphonse de Beauchamp.

lieu, que 1,200 hommes arrivent de Valence. Toute la population, ivre de joie, se porte à leur rencontre, et les reçoit au milieu des plus vifs applaudissements. A la vue de cette faible colonne, les assaillants se retirent et cessent leurs démonstrations offensives. 900 hommes et 20 pièces d'artillerie viennent encore au secours de Lyon. Enfin, le 21 janvier, le maréchal Augereau accourt, escorté par 200 cavaliers et publie en entrant une proclamation, pour annoncer que Lyon est délivré, et qu'il va poursuivre jusqu'aux frontières l'ennemi qu'on venait de mettre en fuite.

Bubna, qui n'avait pas eu assez d'audace pour s'emparer de Lyon, tourna ses armes contre le général Legrand, qui occupait Châlon-sur-Saône, avec un faible détachement de 200 hommes. La valeur de cette poignée de soldats et de la garde nationale sédentaire ne put empêcher les Autrichiens de franchir, à l'aide de leur artillerie, les barricades qui couvraient le pont de cette ville, de refouler le détachement français sur Charolles, et de désarmer une partie de la population des pays compris entre l'Ain et la Saône. Le général ennemi fit occuper Villefranche, Mâcon, Tournon, Châlon. Ses troupes se trouvèrent ainsi disséminées dans les départements de Saône-et-Loire, du Rhône, de l'Ain et du Mont-Blanc, et sur la frontière de l'Isère. Le corps du général autrichien Zeichmaster entra dans Chambéri et menaça Grenoble ; mais l'énergie des généraux Marchand et Dessaix mit le Dauphiné à l'abri de l'invasion des Autrichiens qui s'étaient avancés jusqu'au fort Barreaux. Une seule compagnie en défendit les approches ; elle fut secondée par des femmes et des enfants qui portèrent des munitions aux soldats pendant toute la durée du combat.

La population de la Côte-d'Or se montra moins bien disposée; elle ne voulut ni se lever, ni s'armer. Dijon, ancienne capitale de la Bourgogne, se rendit à 2,000 cavaliers et 1,500 fantassins, suivis de 12 pièces de canon.

A cette époque, Langres, qui, suivant l'histoire de notre ancienne monarchie, passait pour n'avoir jamais été prise, avait déjà perdu le nom de *Pucelle*, dont elle partageait l'honneur avec les villes de Péronne, de Bayonne et de Metz. Située sur un des points les plus culminants de la France, Langres pouvait devenir, par la force de son assiette, une excellente place de dépôt pour nos provinces centrales. Napoléon avait confié à sa vieille garde le soin et l'honneur de la secourir. Le maréchal Mortier, commandant de ce corps d'élite, avait pendant six jours fait respecter cette importante position; il avait même culbuté les avant-gardes de Schwartzenberg et les avait repoussées à plus de deux lieues ; mais, ayant appris que les Russes, sous les ordres de Barclay de Tolly, s'avançaient pour soutenir les Autrichiens, il s'était replié sur Chaumont, bien persuadé qu'il valait mieux préserver ses troupes pour décider la victoire dans une plus importante occasion, que de les faire écraser par une armée entière. La reddition de Langres avait été la conséquence forcée de cette détermination.

La garde impériale ne put tenir dans Chaumont faute de renforts. Débordée sur ses deux flancs, elle se retira vers Bar-sur-Aube, faisant payer cher à deux bataillons wurtembergeois la témérité qu'ils avaient eue d'oser inquiéter sa marche. Le maréchal Mortier, ayant été joint par la division Michel, ses forces s'élevèrent à 8,000 fantassins et 2,000 chevaux, avec un parc de 50 pièces de canon; c'est avec ce corps, plus redoutable encore par sa valeur que par le nombre, que le maréchal résolut de défendre une position qui, empêchant l'ennemi de déboucher par la route de Chaumont, et couvrant à la fois Troyes et Châlons-sur-Marne, où Napoléon rassemblait son armée, devait mettre Schwartzenberg dans l'impossibilité de se réunir aux troupes que Blücher amenait par la Lorraine. Le 24 janvier, le prince de Wurtenberg et le général Guilay manœuvrèrent pour détourner et débusquer le maréchal Mortier, posté sur les hauteurs de Bar-sur-Seine. A midi, ils attaquèrent avec une grande impétuosité l'avant-garde française; elle avait été repoussée jusqu'au pont de Fontanier, lorsque 5,000 vétérans, mis en réserve sur les hauteurs qui dominent ce pont, avec 10 pièces de canon et 4 obusiers, fondirent sur les assaillants. Rien ne put résister au courage de ces braves; s'avançant au pas de charge, ils passèrent à la baïonnette tous ce qui osait les arrêter, et cette journée aurait peut-être vu l'entière destruction des corps autrichiens s'il n'eût été sauvé par l'arrivée de puissants renforts. La canonnade se prolongea jusqu'à la nuit. Le maréchal Mortier, dans l'espoir d'être bientôt secouru, persistait à se maintenir; mais son aile gauche ayant été débordée, il céda au désir de ménager le sang de ses soldats, et se retira en bon ordre sur Troyes, après avoir perdu 500 hommes, tant tués que blessés. Quinze cents ennemis restèrent sur le champ de bataille.

C'était la première fois, depuis le passage du Rhin, que les coalisés éprouvaient une résistance sérieuse. Aussi, après cette action, n'avancèrent-ils plus qu'en tremblant, sur cette terre qui avait enfanté les vainqueurs d'Austerlitz, d'Iéna et de Wagram. En devenant timides, ils devinrent aussi plus cruels. Bar-sur-Aube porta le poids de leur vengeance et de leur férocité. Jusqu'alors les proclamations rassurantes dont ils s'étaient fait précéder avaient neutralisé la majorité de la population; lorsqu'on vit que les effets ne répondaient pas aux promesses, les esprits s'aigrirent, et l'on se reprocha de s'être trop confié à des déclarations fallacieuses.

Revenons maintenant à l'armée française commandée par l'Empereur, qui, ainsi qu'on l'a vu, était, après la bataille de la Rothière, en pleine retraite sur les deux rives de l'Aube, afin de se réunir à Troyes avec la vieille garde.

Parmi les coalisés, la bataille de la Rothière avait porté l'exaltation dans toutes les têtes; on ne considéra pas que cette victoire, purement stratégique, n'avait causé à l'armée française d'autre dommage que la perte faite sur le champ de bataille; que les corps des ducs de Trévise et Tarente étaient intacts ; qu'aucune des ressources que pouvait tirer Napoléon des troupes qui étaient en marche pour le rejoindre, ne lui avaient été enlevée. C'était une bataille gagnée en France, sur une armée commandée par l'Empereur et dont la force numérique avait été singulièrement grossie à tous les yeux. Cette armée avait dérobé la véritable direction de sa retraite; on en concluait qu'elle était dispersée et hors d'état de tenir la campagne, et qu'il ne restait plus aux coalisés qu'à manœuvrer de manière à précipiter leurs mouvements, à profiter enfin de leur ascendant pour pénétrer jusqu'à Paris, où l'attitude des partis leur donnait l'espérance d'une réaction politique.

Dans un grand conseil de guerre tenu au château de Brienne, et auquel assistaient Alexandre, le roi de Prusse, Schwartzenberg et Blücher, il ne fut nullement question de suivre l'armée française, ni de connaître la position qu'elle avait prise; on décida que l'armée de Silésie irait, en longeant la Marne, se joindre aux corps de Bulow et de Winzingerode, qui du nord de la France se dirigeaient ensemble sur Château-Thierry, pour marcher sur la capitale, et que la grande armée austro-russe, par les deux rives de la Seine, se lierait à celle de Blücher, au moyen d'une ligne de cavalerie légère.

Napoléon arriva à Troyes le 3 février. Le duc de Trévise lui rendit compte qu'après s'être porté le 30 janvier sur Arcis, il avait cru devoir revenir sur ses pas en apprenant que l'ennemi occupait Bar-sur-Seine. Le 5, l'armée prit ses positions, la garde à Troyes et les autres troupes dans les environs.

Nos soldats ne furent point accueillis dans Troyes avec les démonstrations que devait inspirer la présence des défenseurs de la patrie. Point de vivres; aucun secours offert; la désertion même excitée par de lâches conseils parmi les jeunes soldats, dont un grand nombre disparut en peu de jours.

Ce fut à Troyes que Napoléon apprit la défection de Murat et les progrès des alliés sur divers points de la France, malgré les négociations qui venaient de s'ouvrir à Châtillon pour traiter de la paix.

Schwartzenberg ayant été informé de la position de Napoléon par les rapports d'une division de cavalerie légère de la garde russe envoyée en reconnaissance dans la matinée du 3, donna ordre aux généraux Colloredo, au prince de Wurtenberg et à Guilay, de s'établir devant Troyes ; Barclay de Tolly dut s'échelonner sur les corps précédents, à Lusigny ; Lhetman-Platow se porta sur Sens, et le général Seslavin revint à Pinay. On voit, par ces nouvelles dispositions, qu'il n'existait plus de communication entre l'armée de Blücher et celle de Schwartzenberg, ainsi que cela avait été décidé à Brienne, et que chacun allait agir séparément. Blücher continua son mouvement pour gagner la rive gauche de la Marne, vers Châlons par Rosnay et Vesigueux, appuyer York, rallier les corps en marche de Kleist et Langeron, et écraser Macdonald. Wittgenstein, reprenant la droite de Schwartzenberg, se mit à côtoyer la rive droite de l'Aube, précédé de sa cavalerie, qui, se portant tour à tour devant Arcis et Plancy, replia Marmont d'Arcis à Méry-sur-Seine. Enfin Schwartzenberg dirigea ses colonnes sur Troyes; Guilay, de Wrède et Wurtenberg par la route de Piney; Colloredo et les réserves par celle de Bar-sur-Aube. Lorsqu'elles arrivèrent sous les murs de la ville, elles trouvèrent l'armée française en position dans les nombreux villages qui l'entourent.

Les Autrichiens ayant forcé le pont de Clercy, vaillamment défendu par un détachement de la garde, l'ennemi put manœuvrer sur les deux rives de la Seine : il crut alors qu'il lui serait facile de nous chasser de nos positions, d'enlever le pont de la Guillotière, et d'arriver jusqu'à Troyes, après avoir écrasé notre arrière-garde; mais il fut repoussé et apprit à son grand étonnement que Napoléon avait la ferme intention de se maintenir dans la capitale de la Champagne. Cette circonstance engagea les alliés à changer leurs dispositions; car la présence de Napoléon, à leurs yeux, équivalait à une puissante armée, et ce même guerrier, qu'ils poursuivaient comme vaincu, les obligeait encore à se retirer dès qu'il se préparait à recevoir le combat. N'osant pas l'attaquer de front, ils cherchèrent, en menaçant ses communications avec Paris, à le forcer de se retirer; mais il ne s'effraya pas de ces démonstrations, et persista dans son dessein de n'abandonner Troyes que lorsque les deux grandes armées alliées se trouveraient à une assez grande distance l'une de l'autre, pour ne pouvoir plus se prêter un mutuel secours. Cependant, ayant reçu, le 5 février, une dépêche du duc de Tarente, qui était entré à Châlons venant des pays de Liége, et qui l'informait de l'occupation de cette ville par le corps du général York, Napoléon, pour n'être point troublé par l'aile gauche de son adversaire, se décida à faire encore un pas rétrograde; il chargea Mortier d'aborder vivement la gauche de l'ennemi. Le maréchal la fit reculer jusqu'à Saint-Parres-les-Vaudes. Alors, le 6, l'évacuation de Troyes s'effectua par la grande route de Nogent, couverte par les doubles attaques de Mortier sur les deux rives de la Seine.

Le même jour, Schwartzenberg entra précipitamment à Troyes, qui ne lui opposa aucune résistance, et dans moins de douze heures plus de 100,000 hommes prirent position autour de la ville, poussant au-delà leurs avant-gardes dans toutes les directions. Les plus riches habitants de Troyes accueillirent les étrangers avec une bienveillance anti-nationale. Quelques émigrés, à la tête desquels était un marquis de Vidranges, exprimèrent même le désir de voir rétablir la maison de Bourbon. Ce vœu, qui trouva peu d'écho dans la cité, fut néanmoins approuvé par Wurtenberg, mais il ne provoqua de la part d'Alexandre qu'une réponse évasive. Simultanément avec cette première démonstration royaliste, la cocarde blanche et un manifeste du comte de Lille apparaissaient dans la petite ville de Pont-sur-Seine, sous les auspices de Wittgenstein.

Le 7 février, l'armée française arriva à Nogent par un temps affreux et par des routes que les pluies avaient abîmées. Sans perdre de temps, Napoléon prit les dispositions nécessaires pour défendre le passage de la Seine à Nogent. Victor, renforcé de la réserve de Paris, prit position dans cette ville. Oudinot s'étendit par Bray, Provins et Montereau. Les deux maréchaux, Alix à Sens, Montbrun à Fontainebleau, Pajol à Melun, eurent pour mission de contenir Schwartzenberg. Napoléon prit avec lui Marmont (6,000), Ney (5,000), et Mortier (6,500), pour en disposer d'une manière imprévue. Les troupes laissées sous les ordres des autres chefs s'élevaient à 24,000 hommes.

Dans son double mouvement de flanc et de retraite, depuis Saint-Dizier, Napoléon s'était rapproché de Paris d'environ vingt lieues. Cette marche constamment rétrograde portait l'inquiétude dans toutes les armes. Les populations commençaient à croire que Napoléon lui-même abandonnait sa cause : Où nous arrêterons-nous? disaient à leur tour les soldats. Ce n'est pas tout : des nouvelles de la capitale lui apprirent que le maréchal Soult, obligé d'abandonner Bayonne, venait de laisser la route de Bordeaux ouverte et de se replier sur Toulouse ; que la retraite forcée du général Maison en deçà de l'ancienne frontière, nous faisait perdre la Belgique, et enfin, parmi les alarmes nées de cette position critique, il reçut du duc de Vicence le protocole des conférences de Châtillon, du 7 février, qui était de nature à lui enlever tout espoir de négociation.

Ce congrès, le dernier dans lequel Napoléon dut figurer comme l'un des souverains de l'Europe, s'était ouvert le 4 février 1814, quelques jours après le funeste combat de Brienne. Sa composition seule indiquait assez quel esprit y présiderait. L'Autriche y était représentée par le comte de Stadion, et la Russie par le comte de Razoumowski ; c'était particulièrement à l'instigation de ces deux hommes que s'étaient allumées les dernières guerres contre la France. Le premier, d'ailleurs, avait été écarté du cabinet autrichien, dont il faisait partie, sur les observations de Napoléon qui avait également demandé que le second se retirât de l'ambassade de Vienne. Indépendamment de leurs antipathies nationales, tous les deux avaient donc une injure personnelle à venger ; et ce qu'ils virent avant tout dans l'Empereur, ce fut un souverain qui les avait humiliés.

L'Angleterre, sans doute comme puissance soldante, avait délégué trois plénipotentiaires : lord Aberdeen, lord Cathcart, et sir Charles Stewart. Le premier était déjà connu pour l'influence qu'il avait exercée sur le cabinet de Vienne, en l'amenant à signer le traité de Tœplitz, par lequel l'Autriche s'alliait à l'Angleterre contre la France : le second était l'instrument dont la politique anglaise se servait quand elle avait quelque acte violent à commettre : il s'était chargé de l'incendie de la flotte danoise à Copenhague. Quant au général Stewart, c'était le frère d'un des plus implacables ennemis de la France, de lord Casvreagh qui assistait lui-même au congrès ; il n'y apportait aucun caractère spécialement officiel ; on devine le but de sa présence.

La Prusse y était représentée par le baron de Humboldt, que son gouvernement n'eût pas envoyé là, s'il n'eût partagé les longs ressentiments de la nation prussienne contre Napoléon.

Le duc de Vicence (Caulaincourt) fut chargé d'y défendre les intérêts et l'honneur de la France.

La première conférence eut lieu le 5 février ; elle n'amena aucun résultat intéressant, attendu que le plénipotentiaire russe déclara n'avoir point encore reçu ses instructions.

La seconde s'ouvrit le 7. Les coalisés demandent « que la France rentre dans les limites qu'elle avait avant la Révolution, et qu'elle renonce à tous les titres qui ressortent des rapports de souveraineté et de protectorat sur l'Italie, l'Allemagne et la Suisse. »

Ainsi, il n'était déjà plus question de *limites naturelles;* et la coalition débutait par un acte patent de mauvaise foi ; nous la verrons bientôt nier ouvertement ses propres paroles. Etonné, pour ne pas dire plus, d'un langage qui s'accordait si peu avec les propositions de Francfort, le duc de Vicence invoqua la note remise à M. de Saint-Aignan ; on feignit de ne pas comprendre ou d'ignorer. Caulaincourt, alors, invita le congrès à formuler ses nouvelles prétentions d'une manière explicite. « Quand on veut forcer quelqu'un de se dépouiller, dit-il, au moins doit-on distinguer clairement ce qu'on exige. » Malgré leur impudeur et leur aplomb, cette comparaison fit monter le rouge au front des plénipotentiaires étrangers; ils reculèrent devant la honte de consigner un mensonge insigne au protocole. La demande de Caulaincourt fut prise *ad referendum;* et la conférence se ferma sur cet incident.

Toutefois, soit qu'il se sentît au-dessous de l'importance de sa mission, soit qu'il manquât de présence d'esprit, il est incontestable que la conduite du duc de Vicence au congrès de Châtillon fut entachée de beaucoup d'inhabileté. Le 4 février, c'est-à-dire la veille de l'ouverture des conférences, l'Empereur lui avait envoyé des pouvoirs illimités : « Je vous donne carte blanche, lui faisait-il dire, pour conduire les négociations à une heureuse fin, sauver la capitale et éviter une bataille où sont les dernières espérances de la nation. » On ne pouvait se méprendre sur le sens de cette missive, quand on venait surtout à réfléchir que Napoléon, forcé de battre en retraite sur Troyes, après l'affaire au moins douteuse de Brienne, n'avait, pour résister aux forces réunies de la coalition, qu'un petit nombre de vieux soldats et des conscrits dont on n'avait pas même eu le temps de compléter l'armement. Les pleins pouvoirs n'étaient susceptibles d'aucune interprétation; faire la paix à quelque prix que ce fût : voilà ce que voulait, ce qu'ordonnait l'Empereur au duc de Vicence. La paix étant adoptée en principe, les coalisés s'arrêtaient, laissant nécessairement à Napoléon la faculté d'achever ses préparatifs de défense; ou bien, si, malgré une adhésion formelle, ils retiraient leurs propositions, l'Europe entière alors devenait témoin de leur déloyauté; et la France particulièrement, ne pouvant plus s'abuser sur la nature de leurs desseins ultérieurs, aurait protesté peut-être par une prise d'armes universelle contre une duplicité si palpable et si monstrueuse.

C'est ce que ne comprit pas le plénipotentiaire français, qui commit une faute bien grave. Après être demeuré inactif toute la journée du 8 février, il sort tout à coup de son inexplicable léthargie, le 9, en écrivant confidentiellement à M. de Metternich qui se trouvait à Langres, pour lui faire part du projet qu'il a « de demander aux plénipotentiaires des cours alliées, si la France, en consentant à rentrer dans ses anciennes limites, obtiendra immédiatement un armistice. » Il ajoute même que, si l'armistice est obtenu, il consentira, en vertu de ses pouvoirs illimités, « à remettre sur-le-champ une partie des places que ce sacrifice devra nous faire perdre. »

Aucune demande ne pouvait être ni plus maladroite, ni plus intempestive. Les ministres de la coalition, s'imaginant que le duc de Vicence n'aurait jamais recouru à de tels moyens, s'il n'eût pas regardé la cause de Napoléon comme désespérée, ne répondirent qu'en cherchant un prétexte pour interrompre les négociations. Le comte Razoumowski le leur fournit : il trouva tout simple de déclarer que son empereur lui avait donné ordre de suspendre les conférences jusqu'à ce qu'il lui eût fait parvenir de nouvelles instructions; et on ne craignit pas même de violer la forme des négociations pour faire connaître cet ordre au ministre français. Caulaincourt nous avait fait prendre une telle attitude, qu'on ne se croyait plus tenu à des égards envers notre gouvernement.

Quelle différence entre ces propositions et celles du congrès de Prague, ou même celles de Francfort! mais aussi combien la face des affaires n'était-elle pas changée! A Prague, Napoléon, maître de Dresde, vainqueur dans trois batailles, commandant encore à 250,000 hommes; aujourd'hui le lieu du congrès est presque au centre de la France, et il est au centre de la guerre.

Les plénipotentiaires délibéraient sous l'influence des événements militaires qui se passaient autour d'eux. Leurs prétentions croissaient avec l'infortune de nos armes.

L'Empereur était encore à Nogent lorsque lui parvint la nouvelle du manque de foi des alliés. — On se montrait découragé au quartier-général, et une proposition de paix, quelle qu'elle fût, semblait, aux conseillers de Napoléon, devoir être admise sur-le-champ. Cependant il faut une réponse au duc de Vicence. Les alliés la demandaient prompte et catégorique. Mais l'Empereur, silencieux, ne faisant pas connaître ses intentions et persistant à ne faire aucune réponse, le prince de Neufchâtel et le duc de Bassano réunirent leurs instances; l'œil humide, ils parlent de la nécessité de céder..... Napoléon se vit enfin forcé de s'expliquer. « Quoi! leur dit-il, vous voulez que je signe un pareil traité, et que je foule aux pieds mon serment! Des revers inouïs ont pu m'arracher la promesse de renoncer aux conquêtes que j'ai faites; mais que j'abandonne aussi celles qui ont été faites avant moi; que je viole le dépôt qui m'a été remis avec tant de confiance; que, pour prix de tant d'efforts, de sang et de victoires, je laisse la France plus petite que je ne l'ai trouvée!..... Si nous renonçons à la limite du Rhin, ce n'est pas seulement la France qui recule, c'est l'Autriche et la Prusse qui s'avancent!... La France a besoin de la paix, mais celle qu'on veut lui imposer entraînera plus de malheurs que la guerre la plus acharnée!... Répondez à Caulaincourt, puisque vous le voulez; mais dites-lui que je rejette ce traité : je préfère courir les chances les plus rigoureuses de la guerre. » Après ce premier mouvement, Napoléon se jette sur un lit de camp, le duc de Bassano reste auprès de lui; il passe une partie de la nuit debout à son chevet; et, profitant d'un moment plus calme, il obtient enfin la permission d'écrire au duc de Vicence dans des termes qui permettent de continuer la négociation.

Le duc sortit alors pour rédiger la dépêche. Quand elle fut écrite, il rentra dans le cabinet de l'Empereur et le trouva couché sur d'immenses cartes, un compas à la main; il lui annonça que la dépêche était partie.

« Ah! vous voilà, lui dit Napoléon; il s'agit maintenant de bien autre chose! Je suis en ce moment occupé à battre Blücher de l'œil; il avance sur Paris par la route de Montmirail; je pars; je le battrai demain; je le battrai après-demain; si ce mouvement a le succès qu'il doit avoir, l'état des affaires se trouvera complétement changé, et nous verrons alors! »

Avant de passer au récit des victoires successives par lesquelles se releva l'espoir de l'armée et de la France, — héroïques efforts qui devaient à peine retarder notre chute, — il est nécessaire de suivre les mouvements du duc de Tarente depuis le moment où nous l'avons quitté jusqu'à son entrée à Meaux, le 11 février.

La diversion de l'armée de Silésie, sur la Marne, avait commencé par un mouvement offensif du corps d'armée du général York. Il reprit Saint-Dizier, en fit un poste militaire avec une ligne de communication entre Joinville, Vaucouleurs et Void; puis il se porta le 1er février sur Vitry. Les habitants, excités à la défense par le vaillant général Montmarie et secondés par un renfort inattendu, amené par le maréchal Lefèvre, arrêtaient les Prussiens et donnaient ainsi au maréchal Macdonald le temps d'arriver avant eux à Châlons, où se trouvait le grand parc d'artillerie. Macdonald voulut tenir en avant de cette ville; mais York s'étant présenté avec des forces trop supérieures, il se décida à l'évacuer après avoir soutenu à Aulnay un combat, dans lequel il perdit quelques centaines de prisonniers. Le maréchal, ayant retardé pendant deux jours la marche de l'ennemi, fit sauter le pont de pierre sur la Marne, et s'assura ainsi une retraite et la conservation de cent bouches à feu. Malgré cette précaution, il ne tarda pas à être poursuivi par le corps d'York, à qui il disputa toutes les positions susceptibles d'être défendues. A Cresancy, il fut rejoint par la valeureuse garnison de Vitry, qui, secourue par le général Excelmans, releva sur ce point le général Boyer, et soutint encore la retraite avec la dernière opiniâtreté. Parvenu à Château-Thierry, Macdonald fit sauter le pont et essaya de défendre la ville; mais les Prussiens, à l'aide de quelques bateaux, passèrent la rivière sous le feu de notre arrière-garde, qui se replia sur la Ferté. La population, éminemment française de Château-Thierry, s'était mêlée aux soldats afin de combattre pour ses foyers. Quand elle vit l'impuissance de ses efforts, lorsqu'elle entendit sonner dans ses murs la première trompette étrangère, l'émotion qu'elle éprouva fut si terrible, qu'on ne saurait la dépeindre.

Pleins d'ardeur et d'impatience, les Russes et les Prussiens, jaloux de devancer dans la capitale les troupes de l'Autriche, envers qui ils manifestaient une grande défiance, se portaient sur Meaux avec précipitation, ne laissant dans les villes qu'ils traversaient que de très-faibles détachements pour contenir les paysans qui, ayant pris les armes, interceptaient les routes et arrêtaient les courriers. En même temps Blücher, après avoir attendu quelques jours à Soudron plusieurs corps venant de Mayence et de la Meuse, se dirigeait vers la plaine des Vertus; il était précédé du corps de Sacken, dont les éclaireurs étaient déjà à la Ferté-sous-Jouarre. Ainsi l'armée de Silésie, dans la persuasion que Napoléon était près de Troyes occupé à faire face à Schwartzenberg, se croyait hors de toute atteinte et sûre d'accomplir son entreprise.

Ce fut cette faute, suffisante pour attester toute l'incapacité manœuvrière du général prussien, qui avait frappé Napoléon. De sa position de Nogent, il comprend que, s'il peut attaquer sur-le-champ cette armée, dont les corps séparés les uns des autres s'avancent en colonne allongée sans pouvoir être secourus par l'armée de Schwartzenberg, éloignée de plus de trois jours de marches, il en viendra facilement à bout.

Nos troupes étaient remplies d'ardeur; de nouveaux renforts avaient comblé le vide laissé par la désertion, qui, un instant, avait été effrayante; notre cavalerie, considérablement augmentée, s'élevait à 12,000 chevaux; tout contribuait enfin à relever des espérances que l'on avait vues près de s'évanouir.

Frappé d'un de ces rayons lumineux qui, dans les beaux jours de sa gloire, avaient éclairé sa carrière militaire, Napoléon résolut, par une marche rapide et hardie, de tomber sur le flanc et sur le derrière de Blücher, et de le forcer de s'arrêter. Il calcule qu'en se frayant un passage par Villenoxe ou Sezane, il arrivera en deux marches sur la route de Châlons à Paris, et qu'après avoir coupé à l'armée de Silésie ses grandes communications, il pourra l'attaquer en flanc et en queue. Ce mouvement devait être rapide, et dans aucun cas il n'était possible de pousser à fond le succès qu'il espérait obtenir sur l'armée prussienne. En cherchant à la rejeter au-delà de la Marne, il compromettait les troupes qu'il allait laisser sur la Seine, et ouvrait à Schwartzenberg l'accès de la capitale. Ce fut cette réflexion qui le décida à conduire avec lui la majorité des troupes disponibles qui se trouvaient à Nogent.

La direction que devait suivre Napoléon pour joindre l'armée de Silésie était également indiquée par le but de l'expédition qu'il voulait entreprendre. Pour rencontrer les Prussiens en colonne de marche allongée, et trouver leurs corps séparés les uns des autres, c'était à la sortie des défilés qu'ils avaient à passer qu'il fallait les aller chercher. En se dirigeant vers la Ferté-sous-Jouarre pour rejoindre le duc de Tarente, Napoléon se serait trouvé en présence de l'armée prussienne réunie, et se serait vu obligé de livrer une bataille rangée. Ce résultat était fort éloigné de son but.

Mais l'exécution du plan de l'Empereur, bien qu'il fût favorisé par la séparation des corps ennemis marchant en échelons à de trop grandes distances, présentait néanmoins des difficultés qui eussent rebuté tout autre capitaine. La route de Nogent à Sezanne était à peu près impraticable ; le sol, qui dans cette partie de la Brie est gras et marécageux, se trouvait défoncé par les pluies abondantes qui n'avaient presque pas cessé depuis l'entrée de l'hiver. On regardait généralement comme impossible d'y faire passer de l'artillerie. Cette circonstance avait inspiré une sorte de sécurité aux Prussiens et aux Russes, qui ne soupçonnaient pas qu'on pût les inquiéter dans leurs marches, sachant d'ailleurs l'armée française sur une autre ligne militaire.

Lorsque ses dispositions furent arrêtées, l'Empereur laissant à Nogent le général Bourmont, sous les ordres de Bellune, et Oudinot au pont de Bray-sur-Seine, avec recommandation de s'opposer le plus longtemps possible au passage de la Seine par les Autrichiens, fait expédier à Ney et Marmont l'ordre de se mettre en mouvement vers Sezanne, par la route de Villenoxe, et s'élance lui-même à travers les vastes plaines qui séparent Nogent de Montmirail, et qui n'ont pas moins de douze lieues. Il fallait traverser d'immenses marais, les chemins étaient affreux ; au milieu de la forêt de Traconne, les canons s'embourbèrent et le général de l'artillerie vint annoncer à Napoléon qu'il est impossible de continuer le mouvement. « Il faut passer, répond Napoléon, dût-on laisser les pièces. » On obéit. Les soldats eux-mêmes traînent les pièces et les poussent à bras ; mais on eût peut-être été obligé de les abandonner sans le zèle du maire et des habitants de Barbonne qui amenèrent 500 chevaux du pays. A chaque instant les soldats éprouvaient les plus grandes obstacles; l'exemple des généraux les excitaient à faire éclater leur mécontentement ; on accusait hautement Napoléon d'avoir perdu la tête, on maudissait le mauvais génie qui lui avait inspiré une entreprise qu'on qualifiait d'extravagante, d'insensée ; les plus dévoués blâmaient encore sa témérité.

Enfin, à dix heures du soir, les premières colonnes arrivèrent à Sezanne. La garde impériale et l'artillerie, quoique marchant depuis plus de vingt-quatre heures, étaient encore à plusieurs lieues en arrière. Le lendemain, vers midi, tout se trouva réuni, mais dans l'état le plus déplorable.

La veille les coureurs français avaient rencontré quelques cavaliers prussiens sur les bords du Petit-Morin, entre Sezanne et Champaubert. Tous les rapports s'accordent à dire que Macdonald a poursuivi sa retraite en se portant d'Epernay à Château-Thierry, serré de près par York, menacé d'être débordé par Sacken.

En effet, Sacken marchait à grands pas par la route de Montmirail, pour prévenir à la Ferté-sous-Jouarre le maréchal, qui réussit toutefois à le devancer. Attaqué au débouché de cette ville par l'avant-garde russe, il la contint, se mit en sûreté derrière la Marne, et fit sauter le pont de Trilport d'où il gagna Meaux.

Ainsi Sacken était à la Ferté-sous-Jouarre, et dans le même temps, York était entré à Château-Thierry, Alsufieff avait fait halte à Champaubert ; enfin, Blücher n'avait pas dépassé Vertus. Ces corps étaient disposés de la manière la plus favorable au succès du plan de Napoléon. Ils étaient échelonnés à une grande distance les uns des autres, et le plus faible était celui qu'on allait d'abord rencontrer.

Les troupes prussiennes marchaient dans la plus grande sécurité. Quatre lieues en séparent encore Napoléon ; il les franchit avec la rapidité de l'éclair. L'armée tout entière, excepté la division Michel et la cavalerie de la vieille garde laissées à Sézanne pour couvrir la colonne, arrive de bonne heure sur les hauteurs de Pont-Saint-Prix. La cavalerie de la première avant-garde passa le pont, qui n'avait pas été rompu, et s'avança jusqu'à moitié chemin de Baye, où elle trouva les avant-postes russes. L'empereur Napoléon arriva à neuf heures avec le corps du prince de la Moskowa, et ordonna au duc de Raguse d'attaquer le village de Baye. Là était l'avant-garde de la division russe d'Alsufieff. Elle se déploie aussitôt et présente une batterie de 8 pièces de canon. Les divisions Ricard et Lagrange, suivies par la cavalerie du général Doumerc, tournent le village de Baye par sa droite, et, à une heure après midi, Napoléon en est le maître.

Alsufieff, dépourvu de cavalerie, et se voyant attaqué par cinq ou six mille chevaux et par un corps supérieur d'infanterie, concentre toutes ses forces (6,000) autour de Champaubert, dans l'intention de se retirer par Châlons; mais, coupé aussitôt par 2 escadrons que guidait le général Girardin, placé à la tête de la cavalerie Doumerc, il forma ses carrés avec la résolution de se faire jour à la baïonnette. Le combat s'alluma avec vigueur, et notre gauche fut un instant repoussée. L'Empereur alors fit avancer sur le plateau le corps du prince de la Moskowa; enfin, le général Lagrange força la droite de l'ennemi : il fut blessé dans cette attaque. Convaincu bientôt de l'inutilité de ses efforts, Alsufieff, qui avait combattu avec aplomb et sang-froid, voulut se replier sur Epernay; mais il n'était plus temps, la division Ricard lui barrait le passage. Les Russes, se voyant cernés de toutes parts, se troublent, se dispersent, se sauvent à travers champs et tombent sous le sabre de nos cuirassiers, ou sous la baïonnette de ces conscrits coiffés d'un bonnet à forme féminine, et qu'on appelait les *Marie-Louise*, en l'honneur de la régente qui les avait envoyés. Cependant deux mille grenadiers se sont ralliés à la voix d'Alsufieff, qui tente de gagner Etoges par une tranchée qui traverse le bois du Désert; mais bientôt foudroyés par la mitraille, les soldats et le général mettent bas les armes. Le corps d'Alsufieff fut presque entièrement détruit. Plus de 1,200 hommes restèrent sur le champ de bataille; 1,837 furent pris avec 47 officiers, les généraux Alsufieff et Poltaratzky, et le colonel commandant l'artillerie. Près de 1,500 autres furent ramenés par les paysans les jours suivants. Plus de 200 se noyèrent dans les étangs du Désert, dont la glace se rompit sous eux. Vingt et une pièces de canon, des 24 qu'avait l'ennemi, tombèrent entre nos mains avec tous les caissons. Moins de 2,000 hommes parvinrent à rejoindre Blücher, en partie conduits par leurs généraux, en partie fuyant isolément. Notre perte s'éleva à 600 hommes

L'armée de Silésie se trouvait alors coupée en deux. Ainsi, de quelque côté que Napoléon se tournât, il avait des avantages probables à recueillir. Il se décida pour l'attaque des généraux York et Sacken, qui, le lendemain 11, exécutaient successivement leur mouvement rétrograde, et allaient arriver à Montmirail. Ce jour-là, l'Empereur quitta Champaubert, ayant avec lui le corps du prince de la Moskowa et la cavalerie de la garde. Il se dirigea de son côté sur le même point; 2 divisions du corps de Mortier (duc de Trévise) et 4 divisions de celui du général Nansouty s'y portèrent également. Marmont fut laissé à Etoges, village peu éloigné de Champaubert, pour couvrir le mouvement de l'armée et observer Blücher dont le quartier-général était établi à Fère-Champenoise.

En arrivant, vers neuf heures, à Montmirail, avant York qui le suivait, Sacken reconnut la cavalerie du général Nansouty. Il vit dès lors qu'il avait été devancé, et s'imagina que la position occupée par les Français était le résultat d'un échec que Blücher avait éprouvé. Aussi, au lieu de pousser notre armée sur celle du général en chef, comme il en avait le projet d'abord, il essaya de la tourner et de la chasser devant lui, afin de la placer entre son corps et celui du prussien York qui devait arriver d'un moment à l'autre. Aux premiers mouvements de Sacken, Napoléon le devina ; il manœuvra alors de manière à ce que le général russe ne pût espérer prendre l'armée française sur ses derrières, qu'en se frayant un passage au milieu d'elle. Sacken l'essaya, mais inutilement. Attaqué avec vigueur par les maréchaux Ney, Mortier et Lefèvre, que les généraux Friand, Nansouty et Ricard soutenaient avec beaucoup d'intelligence et de courage, le général russe se repliait lui-même sur le général prussien, et cherchait à se mettre en communication avec lui, à l'aide de sa cavalerie. En ce moment, York parut. Les forces de l'ennemi s'élevèrent, par cette jonction, à 40,000 hommes. Les nôtres étaient de 18,000 à peu près. Sa cavalerie était dans la même proportion trois à quatre fois plus nombreuse que la nôtre.

Ce renfort changea un moment la face des affaires. Les Russes, qui pliaient, retrouvèrent du courage. Le village du Marchais, pris et repris trois fois, finit par demeurer au pouvoir de l'ennemi ; les divisions Meunier et Ricard, affaiblies par le combat de Brienne, allaient céder aux masses qui les pressaient. La victoire flottait indécise.

Tout à coup, l'Empereur ordonne au général de France de se précipiter, avec ses gardes d'honneur, sur les derrières de Sacken, en prenant la route de la Ferté ; puis, par un mouvement simultané, deux divisions, conduites par le maréchal Lefèvre et Bertrand, s'élancent sur le village de Marchais, que le général Ricard attaque aussi de son côté. En un moment, le village, si cruellement disputé déjà, fut enlevé ; et l'armée de Sacken, ne pouvant soutenir l'impétuosité de cette triple agression, prit la fuite, laissant le terrain jonché de blessés et de morts.

Le corps d'York ne fut guère moins maltraité. Pendant qu'une partie de notre armée écrasait Sacken, le reste, sous les ordres du duc de Trévise, attaquait les Prussiens et les rejetait jusqu'au village de Fontenelle, après une lutte très-vive et très-meurtrière.

La bataille de Montmirail nous coûta 1,800 hommes. Les pertes des Russes et des Prussiens s'élevèrent ensemble à 4,500 hommes tués ou blessés, 700 prisonniers, 26 canons et 200 caissons ou voitures. Le champ de bataille était couvert de morts et de blessés.

Les restes des corps de Sacken et d'York, fuyant toujours, avaient en vain essayé de passer la Marne à Epernay ; refoulés, culbutés dans le vallon par les dragons du général Letort, et suivis de près par l'infanterie du duc de Trévise, ils ne durent espérer de salut qu'à Château-Thierry, où ils comptaient s'enfermer après avoir fait sauter les ponts derrière eux.

Depuis quelques heures le canon s'y faisait entendre, dans la direction de Montmirail ; ce bruit se rapprochant sans cesse et devenant toujours plus fort, causa une vive agitation et un grand trouble parmi la réserve des alliés, restée au nombre de 2,000 hommes, sous le commandement du prince Guillaume de Prusse. La canonnade redouble, se rapproche encore, et fait soupçonner qu'il s'agit d'une bataille perdue. Bientôt, en effet, arrivent en fuyant les colonnes russes : des régiments réduits à 100 hommes, des soldats de tous les corps et de différents uniformes, courant pêle-mêle, des chevaux tombant de fatigue, une multitude de soldats sans armes ni bagages, tel était le tableau qu'offrait cette armée naguère florissante, pleine d'espoir et de jactance.

Le prince Guillaume s'était avancé à la porte des faubourgs avec ses troupes fraîches, afin de protéger la retraite de cette masse désorganisée; elle repassa précipitamment la Marne par les deux ponts, et regagna la rive droite, tandis que des batteries placées sur la grande route de Châlons à Paris, entre les arbres et la partie de la ville dite la levée, faisaient feu sur la cavalerie française poursuivant les fuyards. Mais bientôt le duc de Tarente paraît sur les hauteurs à la tête de l'avant-garde, qui, bravant le canon, marche au pas de course, ou plutôt se précipite comme un torrent sur les troupes qui garnissent les faubourgs et protègent la retraite. A l'aspect des grenadiers français, les faubourgs de la rive gauche sont évacués précipitamment. En vain l'ennemi embarrasse les rues de ses bagages, de ses caissons brisés, de ses caissons démontés, l'avant-garde franchit tous les obstacles, renverse tout ce qui s'oppose à son passage. Le prince prussien n'a que le temps de faire démasquer une batterie de 8 pièces de canon, sous le feu et la protection de laquelle il parvient à opérer sa retraite et à brûler les ponts; de sorte que notre armée, au lieu d'achever la destruction de l'ennemi, fut réduite à camper devant Château-Thierry. Ce fut un grand malheur, surtout pour cette ville. Les Prussiens et les Russes l'avaient évacuée vers sept heures du soir, n'y laissant que des cosaques. Exaspérés par leur défaite, ces misérables s'y livrèrent à toutes les horreurs du pillage et de la plus infâme débauche. Cette effroyable position dura vingt-quatre heures, pendant lesquelles nos soldats, placés sur l'autre rive, purent entendre les cris de ceux qu'on massacrait, et les hurlements des barbares.

Enfin, le 13 au matin, un hardi nageur, aidé d'un habitant de la ville non moins courageux que lui, s'empara, sous le feu des tirailleurs cosaques, d'une petite barque amarrée à la rive droite, et la ramena de notre côté. Quelques soldats s'y jetèrent et ne tardèrent pas à s'établir dans les maisons voisines, en face même des cosaques, dont le feu continuel, succédant à l'artillerie du prince Guillaume, empêchait de songer à la reconstruction du pont. Ce trait d'audace eut un plein succès : aussi lâches que cruels, les cosaques, intimidés, s'enfuirent et abandonnèrent la ville. Le pont fut réparé; et notre armée passa; mais l'ennemi était déjà loin; il avait eu le temps de prendre position; on dut renoncer à le rejoindre.

Napoléon avait eu le soir son quartier-général au château de Nelle, à un quart de lieue de Château-Thierry. Au point du jour il se présenta près du pont de pierre, dont la mine avait brisé les arches. A sa vue, les habitants firent éclater leur allégresse par les plus vives acclamations. La joie d'être délivrés, la présence presque magique de Napoléon au milieu d'eux, tandis qu'ils le croyaient du côté de Troyes, la confusion, suite du combat, avaient jeté dans les esprits une exaltation qui tenait du délire : les hommes ne parlaient que par imprécations et par menaces ; les femmes riaient et pleuraient à la fois.

Les alliés avaient placé leur batterie de retraite sur la rive droite, au sommet de la colline, dite la montagne Blanche, qui domine la ville; mais, lorsqu'ils virent les Francais passer la Marne et venir sur eux, ils tournèrent les pièces et s'éloignèrent dans un extrême désordre. Napoléon n'ayant pas de forces suffisantes pour retirer de son triomphe le parti qu'il devait en attendre, ordonna que le tocsin retentît sur les bords de la Marne et dans toutes les campagnes : les paysans ne purent pas assez promptement répondre à cet appel ; cependant, plus de 5,000 d'entre eux s'armèrent des fusils trouvés sur le champ de bataille, et demandèrent à seconder nos troupes. Cette levée, quoique tardive, ramassa en six jours plus de 2,000 prisonniers. Les habitants de Château-Thierry montrèrent un véritable patriotisme : ils surent venger eux-mêmes les outrages et les atrocités auxquels leur ville avait été en proie. Ils donnèrent l'exemple, trop peu suivi, de mettre en pratique cette grande maxime de salut, que, dans une guerre nationale, il *n'y a d'autre loi que la destruction de l'étranger.*

Deux victoires si inespérées semblaient tenir du prodige, aux yeux de ceux mêmes qui venaient de les remporter. L'armée française, naguère découragée et plongée dans l'abattement, témoignait les dispositions les plus redoutables pour l'ennemi. Oubliant leurs souffrances pour ne songer qu'à la gloire qu'ils venaient d'acquérir, les soldats se reprochaient les plaintes qu'ils avaient élevées au début de l'expédition. Ces clameurs leur semblaient à présent autant de blasphèmes ; on était honteux d'avoir osé mettre en doute le génie de Napoléon, et chacun, plein de confiance en lui, déclarait qu'il était infaillible et qu'il méritait l'obéissance la plus entière. D'un autre côté, les alliés étaient frappés de découragement et de stupeur par l'effet de ces revers inattendus.

Blücher, qui, après le demi-succès de Brienne, avait, dans son incroyable présomption, fait écrire le nom de *Paris* sur les bonnets de ses soldats, n'apprit pas, sans un profond dépit, la défaite de son lieutenant Alsufieff à Champaubert. Le lendemain il avait entendu le canon de Montmirail ; et, toujours aussi incapable d'apprécier les événements, et peut-être aussi aveuglé par sa vanité excessive, l'idée ne lui vint pas que ses deux autres lieutenants Sacken et York pussent être battus à leur tour. Il aima mieux croire qu'ayant opéré leur jonction, ils poussaient à reculons l'armée française, et la forçaient de se retirer sur Sézanne. Le corps de Marmont, que Napoléon avait, ainsi qu'on l'a vu, laissé à Étoges pour protéger sa marche et tenir Blücher en échec, le confirma dans cette idée. Il pensa qu'il était là tout exprès pour appuyer la retraite de l'Empereur (1). Vainement le bruit de la canonnade indiquait, en s'affaiblissant, que, loin de revenir sur ses pas, notre armée, au contraire, marchait en avant ; Blücher ne changea point d'avis ; impatient de laver la honte de Champaubert, il s'ébranle avec toutes ses forces ; il lui tarde d'arrêter la retraite de Napoléon et d'écraser l'armée française entre sa propre armée et celle de ses lieutenants.

Blücher se présente le 13, vers midi, devant Etoges, avec 20,000 fantassins, 2,500 hommes de cavalerie et 80 canons ; le duc de Raguse échange quelques boulets avec l'avant-garde prussienne et se replie sur Fromentières, en bon ordre, pendant que Blücher prend position sur le champ de bataille du 20. Le même jour, l'Empereur, averti à la fois et des dispositions du général prussien et de l'erreur grossière dans laquelle il est tombé, fait volte-face ; il laisse derrière lui, de l'autre côté de la Marne, le corps du duc de Trévise, chargé d'empêcher le retour de Sacken et d'York, et quitte Château-Thierry à quatre heures du matin. La cavalerie de la garde et le corps du maréchal Ney l'accompagnent.

Marmont continuait son mouvement rétrograde par la route de Montmirail, lorsqu'à une petite distance de cette ville, il reçut la nouvelle de l'arrivée de l'Empereur, et en même temps l'ordre de faire halte aussitôt et de reprendre l'offensive. Marmont se trouvait un peu en arrière de Vauchamps ; il s'y établit et attendit l'Empereur, qui parut immédiatement. Vauchamps allait être pour Blücher ce que Montmirail et Champaubert avaient été pour ses généraux.

La retraite du duc de Raguse, prolongée bien au-delà du chemin de Sézanne, éclaira Blücher : il vit qu'il s'était trompé, et fut sur le point de refuser la bataille ; mais il n'était plus temps : l'ordre de l'attaque était donné. L'infanterie française court sur celle des Prussiens qui s'avançait en colonne par bataillons sur les deux côtés de la chaussée qui traverse le village de Joinvilliers, en arrière de Vauchamps ; sous le feu de 24 pièces d'artillerie, les Prussiens se retirent en désordre et rentrent dans le village, où deux divisions les poursuivent. Pendant ce temps, la cavalerie française paraît subitement en grande masse sous les ordres de Grouchy ; elle enfonce la cavalerie prussienne d'avant-garde ; se partageant ensuite, elle attaque avec fureur les colonnes d'infanterie et se porte à plus d'une lieue en arrière de leur ligne. Blücher se voyant coupé, voulut se retirer sur Champaubert ; mais, au milieu d'une plaine immense, son armée à

(1) « Si une idée pareille n'était consignée dans les relations ennemies, dit le général Vaudoncourt, on devrait balancer à la mettre en avant, tant elle s'éloigne de toutes les notions stratégiques. » *Histoire des Campagnes, etc.*, t. 1er, p. 330.

découvert et comme flottante dans l'espace, était abordable de tous côtés. Pendant un trajet de quatre lieues, depuis Janvilliers jusqu'au-delà de Champaubert, ce fut un combat continuel en retraite, pendant lequel la cavalerie française renouvela ses attaques avec autant de succès que de bravoure. A Fromentières, Napoléon fit charger par ses escadrons de service, qui enfoncèrent et prirent un carré de 2,000 hommes. Trois autres carrés, dans lesquels pénétra Grouchy, furent taillés en pièces. Deux fois la cavalerie de ce général coupa la route à l'ennemi, deux fois elle le cerna; mais la difficulté du chemin l'ayant forcé de laisser ses canons en arrière, elle ne put profiter de tout l'avantage de sa position. Blücher, certain qu'on ne pouvait lui riposter, parvint à se dégager avec la baïonnette et la mitraille. Sans ce contre-temps, il eût été prisonnier et son armée anéantie. Toutefois il n'était pas hors de danger. Napoléon, qui voulait la destruction complète des Prussiens, ordonne à Grouchy de se porter sur Champaubert, à une lieue sur leurs derrières; en même temps, il fait passer plusieurs corps d'infanterie par des chemins de traverse, afin de déborder les deux flancs de l'ennemi dans sa marche rétrograde. Poussées avec la plus grande vigueur, les colonnes prussiennes sont obligées de passer sous le feu roulant de nos soldats masqués par cette forêt de Champaubert, que, dans le ravissement de leurs succès, les Français nommèrent la *forêt merveilleuse*. Rien ne put alors égaler l'ardeur de nos braves. Entourés de trophées, ils s'avancent sous les yeux de leurs chefs en chantant l'hymne de la victoire. Cinquante pièces de canon de la garde les précèdent en lançant la foudre. Blücher, ayant rallié la division Ziétheu, essaya encore de se maintenir à Etoges, tandis que le prince Urusow défendait le débouché de la forêt; mais le corps de Marmont ayant surpris cette arrière-garde, elle fut abordée par le 1er régiment de marine, qui lui prit 8 pièces de canon et lui fit 1,000 prisonniers, parmi lesquels plusieurs colonels et le général Urusow. Ce nouvel échec força Blücher à continuer sa retraite, et, à onze heures du soir, il arriva à Bergère où, à la faveur de la nuit, qui mit un terme au combat, il fit prendre position à son armée. Là seulement s'arrêta la poursuite; l'armée française, exténuée de fatigues, prit enfin quelque repos. Les tristes débris de l'armée de Silésie continuèrent, pendant la nuit, leur fuite sur Châlons, arrosant la route de leur sang, et la jalonnant de blessés. Le lendemain, ils passèrent la Marne et prirent des cantonnements; les corps de Sacken et d'York les rejoignirent enfin le 16; mais de quelques jours, Blücher, trop maltraité, ne put rien entreprendre. Ainsi ce général malencontreux, après avoir été témoin passif de la défaite de trois de ses lieutenants, vint se faire écraser lui-même par une attaque étourdiment intempestive.

Telle est la rapide esquisse du combat de Vauchamps, dans lequel, sans avoir perdu plus de 600 hommes, l'armée française prit 20 pièces de canon, 10 drapeaux, fit 5,000 prisonniers, et mit hors de combat plus de 9,000 hommes. Du champ de bataille, Napoléon revint coucher au château de Montmirail. Enorgueilli d'avoir remporté quatre victoires en six jours, et dissipé une armée triple de la sienne, il se flatta que de si brillants avantages forceraient les cœurs les plus froids à revenir de leur abattement, et que l'enthousiasme de l'admiration pourrait réveiller toute l'ardeur de l'esprit national, ou plutôt y suppléer. Néanmoins ses hautes combinaisons dans cette expédition, une des plus étonnantes de sa vie militaire, n'excitèrent pas généralement un élan proportionné à la grandeur des circonstances.

Paris était à peine délivré sur un point, que les mouvements de Schwartzenberg donnaient de nouvelles inquiétudes. Trouvant les routes de la Seine faiblement défendues par les maréchaux Victor et Oudinot, la grande armée austro-russe, après la retraite inopinée de Napoléon, avait commencé son mouvement offensif à la fois sur trois routes différentes : celles de Sens, d'Orléans et de Nogent-sur Seine.

Dès que les masses ennemies séjournaient dans une province, elle était aussitôt parcourue dans tous les sens par des nuées de cosaques. Ceux du général Seslavin poussaient des reconnaissances jusqu'aux portes d'Orléans, afin de priver Napoléon du secours qu'il attendait des riches contrées qui baignent la Loire. Courtenay, où des prisonniers espagnols furent délivrés, Montargis et Nemours reçurent les hordes de Platow, qui se vengea sur ces villes d'avoir échoué devant Sens, où il avait été repoussé par une garnison de 600 hommes, sous les ordres du général Alix, dont l'intrépidité et la force de caractère s'étaient signalés dans la défense du royaume de Westphalie. Après le départ de Platow, Alix, attaqué de nouveau, combattit avec le plus grand courage. Pendant douze jours, il résista aux assauts de 12,000 hommes sous les ordres du prince de Wurtemberg, et ne songea à la retraite qu'après quarante heures de bombardement, et lorsque les assiégeants eurent forcé la faible enceinte dont la possession leur était disputée avec tant d'acharnement. Le général français, à la tête de sa poignée de braves, passa alors l'Yonne, dont il fit sauter le pont. Les Wurtembergeois, irrités de la résistance d'une ville qu'ils ne croyaient pas susceptible de défense, furieux surtout des pertes qu'ils avaient éprouvées, se livrèrent au pillage et commirent des actes de barbarie.

Vers la même époque, nos avant-postes sur la rive gauche de la Seine ayant été forcés, nos troupes furent obligées d'évacuer Marnay et Saint-Aubin, et de se retirer auprès du château de la Chapelle. Douze cents hommes, commandés par le général Bourmont, défendirent cette position avec la plus héroïque résolution; mais, accablés enfin par le nombre toujours croissant des Autrichiens, ils se réfugièrent dans Nogent, où, pendant trente-six heures, ils se battirent avec fureur et firent essuyer à l'ennemi une perte de plus de 2,000 hommes. Le colonel Voirol, qui, pendant l'action, remplaça le général Bourmont, légèrement blessé, imprima à la résistance le caractère le plus énergique. Chaque habitant affrontait le péril comme le plus vaillant soldat. Les alliés, courroucés de ne pouvoir réduire une ville ouverte de toutes parts et dépourvue de fortifications, lancèrent sur les faubourgs des obus et des fusées à la congrève. L'incendie fit des progrès rapides; toutefois les Nogentais ne s'occupèrent de l'éteindre qu'au moment où la faible garnison qui les protégeait reçut l'ordre de se retirer sur Provins, afin de n'être pas enveloppée par les corps bavarois, autrichiens et russes qui traversaient la Seine; les premiers à Bray, dont la garde nationale avait mal défendu le passage; les seconds à Montereau, et les derniers au-dessus de Nogent. Le colonel Voirol, avant de se retirer, couronna sa belle défense en mettant le feu à la mine qui avait été pratiquée sous le pont. Cinquante Russes et un officier s'élancèrent pour le franchir; ils étaient à peine au milieu, que la mine éclata et les engloutit sous les eaux. Les alliés, ayant rétabli les ponts, s'emparèrent, sur la rive droite de la Seine, de toutes les positions qui couvraient Paris.

L'armée combinée était forte de 100,000 hommes, et les faibles corps d'Oudinot et de Victor, augmentés des divisions Pactod et Pajol, étaient les seules forces à lui opposer. Schwartzenberg, ne prévoyant pas être arrêté par aucun obstacle, et sachant d'ailleurs que Blücher, qui devait être relevé sur la Marne par Bulow et Winzingerode, serait à même d'agir sur les derrières de Napoléon, dans la supposition où ce dernier viendrait à se rapprocher de la Seine, se détermina à continuer son mouvement offensif. Les corps de Wittgenstein et de Wrède se portèrent sur Nangis et Melun, dont le maréchal Oudinot, en se retirant derrière l'Yères, avait fait sauter le pont. Le 16 février, toutes les campagnes voisines de Paris furent couvertes d'Allemands, de Russes, de cosaques, de baskirs et de kalmoucks; spectacle douloureux pour tous les bons et fidèles Français. Ces hordes indisciplinées, campées au milieu des villes, arrêtaient les citoyens dans les rues et les voyageurs sur les grands chemins pour les fouiller et les voler. Les uns pillaient les maisons et se chargeaient de plus de butin qu'ils n'en pouvaient porter; d'autres allaient dans les fermes, pour y enlever les vivres, les grains et les bestiaux; ni le sexe, ni l'âge n'étaient sacrés pour ces barbares : leurs bivouacs offraient le tableau hideux de tous les désordres, de tous les excès, de toutes les violences. On n'avait pas encore l'idée que les sauvages enfants du nord pussent se livrer à tant de crimes. Jusqu'alors on n'avait connu que leur brutalité, mais on la croyait exempte des vices qui décèlent la plus honteuse corruption.

Les habitants des campagnes, en refluant vers Paris, y réveillèrent les alarmes que les succès obtenus contre l'armée de Silésie semblaient avoir pour toujours dissipées. L'effroi des Parisiens se manifestait avec les plus vives démonstrations, lorsque Napoléon, suspendant ses opérations sur la Marne et dans la saison la plus rigoureuse, s'avança avec rapidité pour combattre les Austro-Russes. En quatorze heures, ses premières colonnes furent rendues à la Ferté. Victorieux des Russes et des Prussiens, les soldats ne redoutant plus les infidélités passagères de la fortune, pensaient que la défaite des Autrichiens serait à la fois éclatante et facile. Le 16 février, trente-six heures après leur départ, toutes nos troupes étaient réunies à Guigne, où 12,000 hommes, formant l'avant-garde sous les ordres de Macdonald, avaient été joints la veille par les corps des maréchaux Oudinot et Victor, qui, forcés d'abandonner leurs positions, étaient venus au-devant de l'Empereur. Cette concentration arrêta la marche rapide des coalisés, qui déjà se portaient sur la rivière d'Yères.

Wittgenstein avait poussé jusqu'à Nangis avec son corps; et déjà son avant-garde, commandée par le général Pallien, occupait Mormant, lorsque l'armée française, qu'il croyait disséminée sur différents points, se montra tout à coup à Guigne, à deux lieues de là. Sur-le-champ, le généralissime Schwartzenberg, irrité de sa haute imprudence, lui envoya l'ordre de rétrograder. Wittgenstein transmit en toute hâte une injonction pareille au général Pallien; mais celui-ci ne put exécuter son mouvement avec assez de promptitude; ses carrés se trouvèrent bientôt enfoncés par l'artillerie de la garde. L'infanterie des divisions Duhesme et Châteaū acheva leur destruction. L'imprévoyance de Wittgenstein coûta aux Russes 4,000 hommes, 11 pièces de canon et 40 caissons, dans cette action, qu'on appela le combat de Nangis.

L'armée austro-russe fuyait en se morcelant : l'Autrichien Bianchi se retirait sur Sens; Wittgenstein opérait se retraite par Provins, et allait établir son quartier-général à Sordun. L'Empereur ordonna qu'on se mît immédiatement à leur poursuite; Macdonald et le duc de Reggio se mirent en marche pour atteindre le général russe. Quant à l'Autrichien, le duc de Bellune fut chargé de lui couper la retraite par un mouvement précipité sur Montereau. Là, se commit l'incroyable faute de Victor, qui, au lieu d'exécuter la manœuvre importante ordonnée par Napoléon, s'arrêta inactif à Salins, pendant que le corps autrichien de Bianchi passait le pont de Montereau sans être inquiété. L'Empereur avait combiné ses manœuvres de telle sorte que la prise de ce pont, en arrêtant les Autrichiens, lui donnait le temps et la facilité de se jeter avec toutes ses forces au milieu de l'armée austro-russe partagée en deux moitiés : on voit toute la gravité de la faute du duc de Bellune.

Du moment où le généralissime Schwartzenberg apprit le résultat du combat de Mormant, prévoyant le danger où devait être le corps de Bianchi, il avait envoyé le prince de Wurtemberg à Montereau, afin de couvrir sa retraite. Mais l'Empereur, convaincu de la nécessité de forcer ce passage, même tardivement, renouvela au duc de Bellune l'ordre d'y courir sur-le-champ et de s'en emparer. C'était le 18 février. Le maréchal s'y rendit en effet avec les généraux Château et Duhesme. Pendant ce temps, le corps autrichien de Bianchi, avancé de l'autre côté de la Seine jusqu'à Fontainebleau, et craignant de se trouver compromis par les progrès de l'avant-garde française, s'était hâté de rétrograder sur Fossard, Villeneuve-le-Guyard et Sens; les Wurtembergeois couvraient ce mouvement.

Le duc de Bellune fait de vains efforts pour leur enlever la position. Le lendemain, au point du jour, le général Château recommence l'attaque avec impétuosité. Malgré l'habileté de ses dispositions et la valeur de ses soldats, il est repoussé : trois fois il revient à la charge; mais à la dernière il tombe mortellement blessé. Cependant le général Gérard, à qui le commandement en chef venait d'être donné par Napoléon, débouchant avec son corps d'armée par la route de Nangis, arrive à temps pour soutenir le combat; bientôt après Napoléon paraît lui-même à la tête de la gendarmerie de la vieille garde pour décider la victoire. Alors 30,000 de nos braves s'avancent à la fois et sont suivis par la division du général Pajol, accourant par la route de Melun. En voyant ces dernières troupes, composées en grande partie des gardes nationales de la Bretagne et du Poitou, l'Empereur leur dit avec feu : « *Montrez de quoi sont capables les hommes de l'Ouest; ils furent de tous temps les défenseurs de leur pays et les plus fermes appuis de la monarchie.* » Ces paroles électrisent les Vendéens; ils gravissent les flancs du coteau qu'occupent les alliés, et les attaquent avec fureur. On s'empare des hauteurs de Surville, qui dominent le confluent de la Seine et de l'Yonne; on y place en batterie l'artillerie de la garde, qui foudroie les Wurtembergeois dans Montereau. Napoléon pointe lui-même les pièces, commande lui-même les décharges; l'ennemi fait de vains efforts pour démonter nos batteries; ses boulets sifflent sur le plateau de Surville comme les vents déchaînés; mais le soldat murmure de ce que Napoléon, cédant à l'attrait de son ancien métier, reste ainsi exposé aux coups de l'ennemi. C'est dans cette circonstance qu'il leur dit gaiement ce mot, que tous les canonniers de l'armée ont retenu : « *Allez, mes amis, ne craignez rien; le boulet qui me tuera n'est pas encore fondu.* »

Le feu de nos pièces redouble, et pas une vitre du petit château de Surville ne résiste à la commotion. Protégées par cette redoutable artillerie, les gardes nationales bretonnes s'emparent du faubourg de Melun, et le général Pajol enlève le pont par une charge de cavalerie tellement vive, que l'ennemi n'a pas même le temps de faire sauter une arche. Les Wurtembergeois appellent en vain les Autrichiens à leur secours : acculés à la Seine, entassés pêle-mêle dans le faubourg, ils sont brisés sur ce point par le feu de nos pièces. Au même instant, les habitants, irrités des mauvais traitements qu'ils ont reçus de ces étrangers, barricadent les rues, pendant que les femmes et les enfants font pleuvoir sur eux les tuiles et les pierres. Les uns arrachent les armes aux prisonniers, et s'en servent pour exercer de justes représailles contre ceux qui résistaient encore; d'autres se présentent à nos soldats pour les guider à travers les sentiers. La ville fut transformée en un véritable champ de carnage. Dans ce sanglant combat, l'un des plus brillants de la campagne, nous prîmes 4 drapeaux, 6 canons et un général; l'un des princes de la famille Hohenlohe fut tué. On estima la perte totale de l'ennemi à près de 5,000 soldats. Napoléon, heureux d'un second triomphe, aussi inopiné que le premier, s'écria : « *Mon cœur est soulagé, je viens de sauver la capitale de mon empire!* »

Tandis que nos succès soutiennent la constance infatigable des soldats, redoublent l'ardeur civique des habitants des campagnes, et portent jusqu'à l'exaltation le dévouement de nos jeunes officiers, on remarque avec inquiétude qu'un retour d'espérance n'a pas encore pénétré dans le cœur de la plupart des chefs de l'armée. Plus les événements viennent de nous être favorables, plus ils craignent l'avenir. Chez eux, la prudence a grandi avec la fortune : les plus pauvres sont au contraire les plus confiants. Cette différence dans la résolution avec laquelle chacun mesure ainsi les événements, offre des contrastes pénibles pour le *bienfaiteur*, et il en ressent toute l'amertume.

Il a à se plaindre des plus braves!.... Au combat de Nangis, un mouvement de cavalerie, qui aurait été fatal aux Bavarois, a manqué, et on en a fait reproche à un général connu par son intrépidité, le général L'Héritier. La nuit dernière, l'ennemi nous a surpris quelques pièces d'artillerie au bivouac, et elles étaient sous la garde du brave général Guyot, commandant les chasseurs à cheval de la garde! A Surville, au moment le plus chaud du combat, les batteries ont manqué de munitions, et cette négligence, qui est un crime selon les lois rigoureuses de l'artillerie, semble retomber sur un de nos officiers les plus distingués, sur le général Digeon! La forêt de Fontainebleau vient d'être abandonnée aux cosaques, et le général qu'on accuse de n'avoir tiré aucun avantage ni d'une pareille position, ni de pareils adversaires, c'est Montbrun! Enfin, peut-être le combat de Montereau n'aurait-il pas été nécessaire, et tant de sang répandu aurait-il été épargné, si, la veille, on eût marché assez vite pour surprendre le pont; mais la fatigue a empêché d'arriver, et c'est le duc de Bellune, autrefois l'infatigable Victor, qui a le malheur d'avoir à donner cette excuse.

Napoléon ne peut plus contenir son mécontentement. Rencontrant en route le général Guyot, il lui reproche, à la face des troupes, d'avoir si mal gardé son artillerie. Non moins violent envers le général d'artillerie Digeon, il ordonne qu'on le fasse juger par un conseil de guerre; enfin, il envoie au duc de Bellune la permission de se retirer chez lui, et il donne aussitôt son commandement au général Gérard, dont l'activité sait surmonter toutes les difficultés de cette pénible campagne. C'est ainsi que Napoléon s'abandonne à une sévérité qui l'étonne lui-même, mais qu'il croit nécessaire dans des circonstances aussi impérieuses.

Le général Sorbier, commandant de l'artillerie de l'armée, laisse passer le premier moment de vivacité et vient ensuite rappeler les bons et anciens services du général Digeon; Napoléon l'écoute et déchire lui-même l'ordre qu'il avait dicté pour le jugement par un conseil de guerre.

Le duc de Bellune a reçu avec la plus vive douleur la permission de quitter l'armée. Il se hâte de se rendre auprès de l'Empereur. D'abord il essuie de violents reproches. Quand il voit que toute justification est impossible, il s'écrie, les larmes aux yeux : « Si j'ai fait une grande faute militaire, je l'ai payée bien cher, Sire, par la mort de mon gendre, le général Château... » A ce mot, l'Empereur l'interrompt vivement, et s'informe si l'on conserve quelque espoir de sauver le général. Le duc de Bellune, reprenant confiance, proteste de nouveau qu'il ne quittera pas l'armée : « Je vais prendre un fusil, dit-il; je n'ai pas oublié mon ancien métier : Victor se placera dans les rangs de la garde. — Restez, Victor, restez, lui dit Napoléon en lui tendant la main; je ne puis vous rendre votre corps d'armée, puisque je l'ai donné à Gérard, mais je vous donne deux divisions de la garde; allez en prendre le commandement, et qu'il ne soit plus question de rien entre nous. »

A partir du combat de Montereau, un mouvement de retraite s'opéra sur toute l'armée austro-russe. Ainsi, en huit jours, l'Empereur avait tué quinze à vingt mille hommes à l'ennemi, fait trente à quarante mille prisonniers, pris 200 pièces de canon, un grand nombre de généraux, et détruit plusieurs armées presque sans coup férir. Et il est même probable que l'armée de Schwartzenberg, qu'il avait entamée, aurait péri en entier, sans la faute de Victor. Certes, si la France doit au génie de Napoléon d'occuper le premier rang entre toutes les nations guerrières, elle a payé cher cette gloire dont il l'a inondée si longtemps, et il est douteux qu'elle acceptât aujourd'hui tous ses lauriers au prix qu'ils lui ont coûté; mais quand on vit Napoléon redoubler d'activité et de valeur sur la terre sacrée; quand on le vit le premier à la fatigue et aux dangers, le reproche expira sur toutes les lèvres, et les derniers cris qu'il entendit dans les provinces ravagées par sa faute furent des cris de dévouement.

Les autres corps, voisins de l'armée que commandait Napoléon, profitèrent des avantages qu'il obtenait pour reprendre également l'offensive. A Orléans, les cosaques furent repoussés par les troupes récemment détachées des armées d'Espagne. Les généraux Charpentier et Alix chassèrent de Fontainebleau le général autrichien Hardegg, pendant que le maréchal

Oudinot poursuivait l'ennemi vers Provins, à travers les traces de sang et les colonnes de feu qui marquaient sa retraite.

A cette époque, le maréchal Augereau venait de reprendre Bourg et Mâcon, et menaçait Genève, tandis que le général Marchant, après avoir enlevé le passage des Echelles, rentrait dans Chambéry. Les Alpes touchaient au moment d'être affranchies, Napoléon avait recouvré l'art de vaincre. Placé entre la Seine et la Marne, il avait su se multiplier par la rapidité de ses marches, et se portant tour à tour contre Blücher et Schwartzenberg, il venait de triompher de chacun d'eux. Les étrangers redoutèrent un soulèvement de la nation ; plus incertains que jamais sur le sort de la guerre, ils s'avouèrent vaincus, et dès le lendemain du combat de Nangis, un envoyé du général autrichien se présentait aux avant-postes : c'est le comte de Parr ; il demande une suspension d'hostilités. Cette démarche inspire à Napoléon l'espoir d'une négociation directe avec son beau-père : il se flatte de terminer ce grand débat, comme il a pu le faire à Prague, sans l'intermédiaire d'un congrès; l'envoi d'une lettre de l'impératrice à son père, et cette mission du comte de Parr, lui offrent l'occasion d'écrire lui-même à l'empereur d'Autriche : il la saisit.

La proposition du congrès de Châtillon avait été envoyée à l'impératrice avec ordre de la soumettre à un conseil extraordinaire convoqué à cet effet, et composé principalement des hommes qui avaient exercé de l'influence aux différentes époques de la Révolution, et qui avaient été élevés aux grandes fonctions de l'empire. Un seul repoussa le projet avec indignation, comme la proposition la plus déshonorante dont l'histoire de France eût jamais fait mention, et comme une loi honteuse à laquelle l'honneur même ne permettait pas aux Français de rester soumis ; les autres furent d'avis d'obéir à la nécessité.

Mais Napoléon rejeta cette proposition, ainsi qu'un autre acte préliminaire dont les bases ne pouvaient être présentées dans une circonstance moins opportune. Les alliés conservaient à Napoléon la France telle qu'elle était sous ses rois; mais ils exigeaient l'occupation de Besançon, de Béfort et d'Huningue : il répondit à l'agent diplomatique qui lui remettait la minute d'un traité si onéreux : « C'est trop exiger ! les alliés oublient que je suis plus près de Munich qu'eux de Paris. »

Abandonner les conquêtes de l'empire, Napoléon pouvait s'y résoudre ; mais celles de la France républicaine, il ne se croyait pas le droit de consentir à un tel sacrifice : il l'aurait fait cependant, car le salut de la patrie impose des devoirs qui passent avant tout, si un traité de paix définitif eût été le résultat immédiat de cet abandon; mais ce n'était pas un traité définitif qu'on lui proposait : c'étaient des préliminaires de paix, c'était un armistice les armes à la main, ou plutôt c'était un armistice par lequel la France aurait mis bas les armes, tandis que ses ennemis auraient occupé les parties de son territoire qu'ils avaient envahies, et les forteresses d'Huningue, Béfort et Besançon, dont ils exigeaient la remise, quoiqu'elles fussent encore défendues par des garnisons françaises. Un tel traité n'était, aux yeux de Napoléon, qu'une capitulation déshonorante.

Dans la lettre qu'il écrit lui-même de Nangis à l'empereur d'Autriche, Napoléon lui manifeste un vif désir d'entrer en accommodement, mais il attend des conditions moins défavorables que celles qu'on lui a proposées, et auxquelles le changement survenu dans les affaires ne permet plus de s'arrêter. Napoléon fait expédier en même temps au duc de Vicence des instructions pour la rédaction d'un contre-projet, et dans sa dépêche à Caulaincourt, il s'exprime ainsi :

« Je vous ai donné carte blanche pour sauver Paris et éviter une bataille qui était la dernière espérance de la nation. La bataille a eu lieu; la Providence a béni nos armes : j'ai fait trente à quarante mille prisonniers; j'ai pris 200 pièces de canon, un grand nombre de généraux et détruit plusieurs armées presque sans coup férir. J'ai entamé hier l'armée de Schwartzenberg, que j'espère détruire avant qu'elle ait repassé nos frontières. Votre attitude doit être la même; vous devez tout faire pour la paix; mon intention est que vous ne signiez rien sans mon ordre, parce que seul je connais ma position. En général, je ne désire qu'une paix solide et honorable; et elle ne peut être telle que sur les bases proposées à Francfort, etc. »

Le lendemain, Napoléon écrivait au prince Eugène; et sa lettre prouve que, loin de renoncer aux limites du Rhin, il ne désespérait pas encore de conserver l'Italie. La victoire de Nangis lui avait mis tant de confiance dans le cœur, qu'il ne doutait plus de la possibilité de sortir victorieux de la lutte actuelle.

Dans la journée du 20, Napoléon, avec le gros de son armée, remonte la rive gauche de la Seine par la route de Montereau à Nogent; il déjeûne à Bray dans la maison que l'empereur de Russie a quittée la veille; et le 22 au soir il se retrouve à Nogent, avec le corps d'armée du duc de Reggio, qui arrive par la route de Provins. Nogent avait cruellement souffert. Aussi la ville n'offre-t-elle plus que des débris d'incendie, des murs percés par des créneaux et des boulets; çà et là, quelques habitants qui n'ont plus que la vie à perdre ! Au milieu de ce désordre, les sœurs de la charité de Nogent étaient restées dans leur hôpital pour recueillir les blessés ! Le dévouement imperturbable de ces bonnes sœurs leur avait valu l'estime et le respect des généraux ennemis, et nos blessés s'en étaient ressentis. Napoléon veut voir les sœurs et le curé; il les fait appeler, les remercie au nom de la patrie et leur accorde sur sa cassette un premier secours de cent napoléons.

Le 22 au matin, ayant fait avancer les troupes qui défilent, l'Empereur continue sa marche pour suivre l'ennemi vers Troyes. La retraite se changeait en déroute à mesure que ses colonnes venaient aboutir sur le grand chemin : l'accroissement des masses dans ce défilé, au lieu de réunir plus de forces, donnait lieu à plus d'encombrement et de désordre. La peur a des ailes, et bientôt les routes des Vosges se couvrirent de voitures, de charretiers, de blessés et de fuyards qui reculèrent jusqu'au Rhin! Cent mille hommes fuient devant Napoléon, qui n'a que 40,000 Français pour les poursuivre.

Cependant sur la gauche, entre la Seine et l'Aube, un corps ennemi se présente, qui ne paraît pas entraîné dans la retraite générale des alliés. L'avant-garde de cette troupe vient de se présenter aux portes de la petite ville de Méry, au moment même que les fourriers y entraient pour faire le logement du quartier-général. Le général Boyer s'y porte aussitôt avec une division de la garde; mais il trouve au pont une résistance à laquelle il était loin de s'attendre. L'ennemi soutient notre attaque pendant le reste du jour et une partie de la nuit. Il ne se décide à abandonner la position qu'après que l'acharnement du combat a réduit cette malheureuse ville en cendres.

Quel est cet ennemi si obstiné? D'abord on s'imagine que c'est Wittgenstein; qu'il vient rallier les Russes dans les presqu'îles du confluent de l'Aube, et que, dans ce dessein, il attache une grande importance à rester maître du pont de Méry; mais pendant le combat on apprend que c'est aux Prussiens qu'on a affaire, et ce n'est pas sans quelque surprise qu'on retrouve si promptement les troupes de Blücher que ses défaites successives ne décourageaient pas, et qui, après avoir été refoulé sur la rive droite de la Marne, s'était arrêté à Châlons, où il avait réuni les débris de l'armée de Silésie. Toujours préoccupé de l'idée d'arriver le premier à Paris, il allait marcher de nouveau sur cette ville dont les corps affaiblis de Marmont et de Mortier lui fermaient seuls la route, lorsqu'un ordre de Schwartzenberg le força d'ajourner ses projets ambitieux : il s'agissait de venir en aide à l'armée austro-russe, que Napoléon poursuivait avec vivacité. Le généralissime espérait entraver la course du vainqueur en le faisant attaquer en flanc par les Prussiens; Blücher dut en conséquence se porter sur Troyes, en se faisant précéder par Sacken et l'émigré Langeron avec 36,000 hommes. Sacken avait dépassé Méry-sur-Seine, lorsque l'Empereur, averti de ce mouvement, donna l'ordre à la division Boyer de se porter à sa rencontre : c'était le 22 février. Nos soldats repoussèrent l'ennemi avec leur vivacité ordinaire. Les Prussiens, en se réfugiant dans la ville, mirent le feu au pont, qu'ils n'eurent pas le temps de faire sauter. Du pont, les flammes gagnant les maisons voisines, enveloppèrent bientôt la cité entière; cet obstacle n'arrêta point nos troupes; la route enflammée est franchie en un moment. Par un de ces mouvements de gaieté qui caractérisent le soldat français, quelques hommes de la brigade Bruyère, apercevant à leur entrée dans la ville un magasin rempli de masques, se jetèrent dessus et se battirent masqués : il leur sembla piquant de courir sur les Prussiens comme on court au bal. Le corps de Sacken, après une perte assez considérable, se retira précipitamment et rejoignit Blücher, qui avait reculé lui-même jusqu'à une demi-lieue de Méry, sur la route d'Arcis.

Maintenant que les Prussiens n'ont plus à douter du mauvais état de l'armée autrichienne, on conjecture qu'ils vont s'abandonner à un mouvement général de retraite. On se garde donc bien de se laisser détourner par cette rencontre du parti qu'on a pris de poursuivre les Autrichiens à outrance. On se contente de faire observer les troupes de Blücher dans leur marche rétrograde : bientôt on est certain qu'elles ont repassé l'Aube à Baudemont et à Anglure, et on croit qu'elles ne font ce détour que pour reprendre plus sûrement la route de Châlons. On ne pense donc plus qu'à arriver promptement à Troyes.

Cependant les souverains alliés étaient consternés du refoulement de leur avant-garde. Indépendamment des motifs de découragement puisés dans les derniers succès des invincibles bataillons français, ils étaient instruits qu'Augereau, stationné sur le Rhône, qui d'abord s'était borné à échanger quelques coups de fusil avec l'autrichien Bubna, venait de reprendre sérieusement l'offensive, à la tête d'un corps de vieux soldats arrivés d'Espagne. Ce maréchal donnait des inquiétudes, comme on l'a vu plus haut, à la coalition; Chambéry avait cédé; les généraux Marchant et Desaix s'étaient emparés de Carouge et menaçaient Genève; Bubna demandait des renforts, en déclarant qu'il ne lui était plus possible de tenir; le duc de Castiglione pouvait s'emparer de la Suisse. En raisonnant dans l'hypothèse d'un revers, que devenait l'armée coalisée?

Un conseil de guerre, dans lequel furent examinés ces divers sujets de crainte, et où domina surtout la peur qu'on avait de Napoléon, décida que le mouvement de retraite continuerait, et que les armées de la coalition se concentreraient derrière Bar-sur-Aube. Toutefois on crut prudent d'amuser l'Empereur par des négociations.

Napoléon, continuant sa marche sur Troyes, avait passé la nuit du 22 au 23 dans la chaumière d'un charron. Le 23 au matin, le prince Wentzel-Lichtenstein se présente de la part de Schwartzenberg, dont il est aide-de-camp. Napoléon le reçoit entre les quatre murs du charron. Cet envoyé demande une suspension d'armes, dans l'intention, disait-il, de donner du temps à de sérieuses négociations de paix. Napoléon, mettant à profit les formes conciliantes de l'aide-de-camp autrichien, engage avec lui une conversation assez longue. Il se plaint des encouragements donnés aux partisans des Bourbons contre-lui. « Est-ce donc une guerre de trône, dit-il, au lieu d'une guerre de conquérant, qu'on prétend me faire? Le comte d'Artois est à Vesoul au milieu de vos troupes, et on le tolère! Le duc d'Angoulême est au quartier-général de lord Wellington, et on lui laisse adresser de là des proclamations au midi de l'empire, et à mes propres soldats! Dois-je croire mon beau-père l'empereur François assez aveugle ou assez dénaturé pour conspirer le détrônement de sa propre fille et le déshéritement de son propre fils?» Le prince rejeta vivement ces bruits comme n'étant pas fondés, et jura que le rôle qu'on faisait jouer aux Bourbons n'était que comme un moyen de guerre à l'aide duquel on espérait opérer quelques diversions dans nos provinces; qu'on désirait la paix, et que la preuve en était dans la mission qu'il venait remplir.

Napoléon prévint M. de Lichtenstein qu'il comptait coucher le soir même à Troyes, et le congédia en promettant d'envoyer dès le lendemain un général français aux avant-postes pour négocier l'armistice. En cet instant, arrive de Paris le baron de Saint-Aignan, le même qui, au mois de novembre dernier, avait été chargé des propositions de Francfort. Il se trouve chargé par divers personnages de présenter à Napoléon le tableau vrai des angoisses que la capitale éprouve, nonobstant les brillants succès que les armées viennent d'obtenir sur tous les points. M. de Saint-Aignan supplie donc l'Empereur d'accueillir les vœux que l'on forme à Paris pour la paix. « Sire, s'écrie-t-il en terminant, la paix sera assez bonne si elle est assez prompte! — Elle arrivera assez tôt si elle est honteuse! réplique Napoléon. » Son front se rembrunit, et M. de Saint-Aignan est brusquement congédié. Bientôt ces derniers mots se répètent. On monte à cheval, et chacun suit en silence la route de Troyes.

Le 23 février, l'armée étant arrivée devant Troyes, le corps du général Gérard se trouva en présence de l'arrière-garde ennemie, sa cavalerie atteignit celle du prince Lichtenstein; 2 escadrons de dragons, appuyés par la cavalerie légère, s'élancèrent avec audace sur la ligne ennemie, et lui prirent 6 pièces de canon attelées et 300 cavaliers montés. Les fuyards se réfugièrent dans Troyes, mais le prince de Schwartzenberg fit continuer ses mouvements derrière la Seine.

Napoléon, voulant troubler sa retraite, ordonna les dispositions nécessaires pour l'assaut; déjà les colonnes françaises s'avançaient pour pénétrer dans la ville, lorsqu'un parlementaire vint annoncer qu'elle serait évacuée dans la nuit. L'Empereur, afin de sauver Troyes d'une destruction certaine, contremanda l'attaque, et le lendemain l'armée française entra dans la ville, l'Empereur en tête. On l'accueille par les acclamations les plus vives; c'est à qui pressera ses bottes et baisera ses mains. Cependant, au milieu de l'expansion générale, des plaintes s'élèvent : on parle de traîtres, on dénonce les coupables.

Napoléon, forcé par la foule de s'arrêter à chaque pas, apprend ainsi, au milieu des rues, du haut de son cheval, et de la bouche des principaux habitants dont il est entouré, que plusieurs royalistes, désavouant les couleurs sous lesquelles la France combattait, avaient osé arborer la cocarde blanche, afin de rappeler à la fois sur les Bourbons l'attention des Français et des souverains alliés. Napoléon partage le mécontentement qui agite le peuple ; il promet hautement de faire prompte justice, et, à peine est-il descendu à son logement, que, jetant ses gants sur sa table, et le fouet encore à la main, il ordonne qu'on réunisse un conseil de guerre.

Napoléon s'était jusqu'alors refusé à sévir, tant le remède des supplices lui inspirait de dégoût ! La raison d'État parle enfin si haut qu'il est forcé de l'entendre. On vient d'apprendre l'entrée du comte d'Artois en Franche-Comté. Non seulement ce prince et ses fils, placés sur les frontières les plus opposées, sous l'égide des ennemis de la France, semblent se présenter pour appeler à eux leurs indignes partisans et troubler le pays, mais Louis XVIII lui-même est parvenu à faire circuler dans Paris ses paroles, ses insinuations, ses pardons et ses promesses, que s'empressent d'accueillir plusieurs hauts fonctionnaires de l'Empire, des membres du conseil et de la magistrature ! Des rumeurs souterraines commencent à se faire entendre dans la capitale, tandis que la conjuration éclate dans les provinces occupées par l'ennemi, et surtout dans le midi... Telle est la substance des derniers rapports qu'on reçoit de toutes parts.

Cet état de choses n'aggrave que trop le crime des royalistes de Troyes, et quand, chaque jour et à chaque instant, quelques-uns des nôtres tombent sous les coups de l'ennemi, la vie d'un obscur conjuré pèse à peine dans les balances sanglantes de la guerre. Parmi les noms des coupables que la clameur publique vient de signaler, on a retenu ceux de deux anciens émigrés, que toute la ville accuse, non seulement d'avoir porté la cocarde blanche et repris la croix de Saint-Louis, mais encore d'avoir fait des démarches auprès de l'empereur de Russie en faveur de la cause des Bourbons ; ce sont les nommés Gouaut et Vidranges. Ce dernier s'est réfugié à Chaumont ; mais l'autre est resté. La foudre qu'il a voulu braver tombe sur lui : il est traduit au conseil de guerre, et servira d'exemple.

Napoléon, harassé de fatigue, venait de se retirer dans sa chambre, lorsque la famille du condamné se présente aux portes pour demander grâce. Napoléon ne savait pas résister à ces cris de miséricorde : des rémissions éclatantes et nombreuses attestent assez sa clémence ; mais cette fois, déterminé à ne pas se laisser fléchir, il avait pris des précautions contre lui-même, et n'avait trouvé d'autres moyens que de ne pas se laisser approcher. Cependant, à peine Napoléon est-il réveillé, que le placet de Gouaut est présenté ; mais est-il temps encore ? Le prince de Neufchâtel, interrogé, répond que la sentence a dû être exécutée. Napoléon ordonne qu'on s'en assure. Un officier d'ordonnance part et revient bientôt : il est trop tard. Le royaliste Gouaut venait d'être fusillé avec cet écriteau sur la poitrine : Traître à la patrie. Napoléon garde un long silence et le rompt enfin, en disant : « *La loi le condamnait !* »

Napoléon rendit à cette époque un décret d'après lequel tous les Français qui seraient trouvés dans les armées étrangères, ou qui porteraient les signes ou les décorations de l'ancienne dynastie, encourraient la peine capitale et la confiscation des biens. Ces mesures, quoique rigoureuses, furent généralement approuvées, parce que le sentiment de l'honneur national remplissait tous les cœurs. On ne pouvait pardonner à deux guerriers célèbres qui n'avaient pas rougi de lever leurs étendards contre d'anciens compagnons d'armes, les artisans de leur gloire et de leur élévation ; on était indigné que des Français se confondissent avec ceux qui, en promettant de délivrer la patrie, venaient pour l'humilier, restreindre ses limites, et tarir la source de ses prospérités.

Sur ces entrefaites, un nouvel envoyé de Schwartzenberg arriva de Bar-sur-Aube, où le quartier-général des alliés s'était retiré. Il vient proposer le village de Lusigny, près Vandœuvre, pour la réunion des généraux qui auront à négocier l'armistice. Il annonce que le général Duca est nommé commissaire pour l'Autriche ; que les autres commissaires sont, pour la Russie, le général Schouvaloff, et, pour la Prusse, le général Rauch. Napoléon de son côté désigne le général Flahaut, son aide-de-camp ; il s'occupe aussitôt de le faire partir, dicte ses instructions, et les lui remet à la suite d'un long entretien ; mais ce fut vainement que les commissaires de toutes les parties belligérantes furent réunis pour traiter d'une suspension d'armes ; ils ne purent s'entendre sur la ligne de démarcation, et les hostilités ne cessèrent point.

Pendant que les destinées de la France flottaient incertaines, le prince Eugène, en Italie, fixait les regards de l'Europe par l'habileté de ses manœuvres et la loyauté de ses actions. Obligé, par la défection des Napolitains, de se concentrer entre le Mincio et le Pô, il se replia dans l'ordre le plus parfait, et livra près de Valeggio une bataille des plus remarquables par la disposition singulière des combattants. Les Autrichiens, qui avaient montré des forces triples des siennes, furent battus.

Les opérations militaires sur la frontière d'Espagne n'étaient pas conduites avec moins de talent qu'en Italie ; mais elles n'étaient plus favorisées par la fortune. Suchet, dont l'armée venait d'être affaiblie de 20,000 hommes d'élite, que l'on avait dirigés sur Lyon, ne pouvait plus se maintenir en Catalogne, où il avait affaire à la fois à une population implacable, aux troupes anglaises et aux corps des généraux Saartzfeld et d'Eroles.

La situation du maréchal Soult était tout aussi critique que celle de Suchet ; son armée, stationnée sur l'Adour et la Bidouze, entre Bayonne et Saint-Jean-de-Port, dans des provinces épuisées, était dépourvue de tout. Celle de Wellington, au contraire, en possession du riche bassin qu'entourent les Pyrénées, la Bidouze et l'Adour, nageait dans l'abondance ; les habitants, séduits par l'or que les Anglais répandaient avec profusion, leur apportaient des vivres et des fourrages, tandis qu'ils refusaient du pain à nos soldats. Wellington resta deux mois dans ces fertiles contrées; puis, ayant reçu des renforts considérables, il se détermina enfin à poursuivre le cours de ses opérations.

Le 14 février, il fit un mouvement offensif; Soult n'avait que 35,000 hommes à opposer : les généraux Harispe et Paris, attaqués les premiers, se replièrent et prirent position sur les hauteurs qui dominent la ville d'Orthez. Le général Clausel commandait la gauche, le général Reille, la droite, et le général Drouot le centre.

Les Anglais ne tardèrent pas à se montrer : l'action s'engagea au point du jour, elle fut meurtrière et longtemps indécise; nos soldats luttèrent avec la plus grande intrépidité contre les colonnes formidables des généraux Béresford, Hill et Picton; mais l'un de nos généraux, le brave Béchaud, ayant perdu la vie, et le général Foy ayant été blessé, le désordre se mit dans nos rangs. Le maréchal Soult, pour prévenir une déroute, ordonna alors la retraite et céda la victoire.

L'armée française ne s'arrêta qu'à Aires, où elle soutint un combat acharné contre deux divisions anglaises. Le maréchal Soult, par une manœuvre habile, se porta ensuite sur Tarbes, feignant de vouloir aller à la rencontre du maréchal Suchet, dont on annonçait le prochain retour. Wellington, déconcerté par ce mouvement, aussi hardi qu'imprévu, ne dépassa pas Saint-Sever.

Les royalistes du midi, témoins des progrès des Anglais, faisaient tout ce qui dépendait d'eux pour les accélérer : pour prouver leur dévouement à l'ancienne monarchie, ils répandirent, sous le nom de Wellington, une proclamation que ce général se trouva dans l'impossibilité de désavouer. Le maréchal Soult s'efforça en vain d'atténuer l'effet de ces écrits, qui, pour la plupart, partaient de Toulouse et de Bordeaux. Les habitants de cette dernière ville propageaient le manifeste du duc d'Angoulême, et organisaient en secret des corps prêts à agir, aussitôt que l'apparition de ce prince légitimerait un soulèvement.

Tel était l'état des choses, lorsque de nouveaux événements vinrent compliquer les embarras déjà si graves de la guerre et la politique. On sait qu'après le combat de Vauchamps, le maréchal Blücher, battu et séparé de ses lieutenants, avait fait en toute hâte retraite vers Châlons-sur-Marne, ne sachant trop où sa déroute pouvait le mener; mais la fortune ne lui tint pas longtemps rigueur. Dès le lendemain, Napoléon, rappelé vers Nangis et Montereau, cessa de peser sur lui. Blücher ne fut plus poursuivi que par le duc de Raguse, et bientôt celui-ci se vit obligé lui-même de lâcher prise, pour revenir sur Montmirail combattre un corps de troupes que le prince de Schwartzenberg avait fait avancer au secours des Prussiens. Tandis que le duc de Raguse, occupé à poursuivre cette troupe, était allé prendre position à Sézanne, Blücher mit les mouvements à profit et rallia à lui les corps de Sacken et de York. Ceux-ci avaient échappé, de leur côté, à la poursuite du duc de Trévise, par un concours de circonstances non moins heureuses que celles qui avaient débarrassé leur général en chef.

Les corps prussiens de Bulow et les divisions russes de Wintzingerode et de Woronzow, après avoir pris possession de la Belgique, avaient franchi notre ancienne frontière du Nord. Leur avant-garde, pénétrant à travers les Ardennes, s'était avancée jusqu'aux portes de Soissons. A défaut de bonnes murailles et d'une nombreuse garnison, Soissons avait le général Rusca pour commandant; mais ce brave officier avait été tué d'une des premières décharges, et sa mort avait promptement livré la place au général Wintzingerode. Les Russes y étaient entrés le 13 février, précisément pour recueillir les fuyards de Sacken et d'York, qui s'échappaient du combat livré la veille à Château-Thierry. Ces troupes avaient appris, en se ralliant à Soissons, que leur général en chef, Blücher, ralliant lui-même ses forces du côté de Châlons, s'était aussitôt mis en marche pour le rejoindre par la route de Reims. Les Russes auraient voulu se conserver la possession importante de Soissons; mais, dès le 19 février, le duc de Trévise avait repris cette ville.

Le maréchal Blücher, peu de jours après ses défaites, était donc parvenu à réunir toutes ses forces, et se voyait au moment d'en recevoir de nouvelles qui lui arrivaient par les routes du Nord et de la Lorraine. Le 18 février, il s'était trouvé en état de courir à son tour au secours de Schwartzenberg; des bords de la Marne, il était venu camper avec 50,000 hommes au confluent de l'Aube et de la Seine; il avait reçu en route, le 19, au bivouac de Sommesous, un nouveau renfort de 9,000 hommes appartenant au corps de Langeron: il espérait qu'une réunion générale de toutes les forces des alliés en avant de Troyes arrêterait Napoléon et produirait les mêmes résultats qu'à Brienne. Ce n'était donc pas seulement un détachement de l'armée de Silésie que nous avions rencontré à Méry, ainsi que nous l'avions cru pendant quelques jours, c'était l'avant-garde de toute cette armée. Blücher s'était trouvé de sa personne au combat du pont de Méry; il y avait été blessé à la jambe. Il n'avait pris le parti de la retraite qu'après s'être convaincu, de ses propres yeux, qu'il était impossible de rallier l'armée de Schwartzenberg en avant de Troyes, et que la réunion projetée était désormais inutile. Dès lors, il s'était décidé à repasser l'Aube et à s'avancer encore une fois sur Paris, pour opérer une diversion en faveur de l'armée autrichienne. Ainsi, pendant que l'armée française était autour de Troyes, occupée d'armistice et de paix, les troupes prussiennes descendaient rapidement les deux rives de la Marne. Le duc de Raguse, forcé, le 24, d'abandonner Sézanne, se retirait par la Ferté-Gaucher, sur la Ferté-sous-Jouarre;

et de l'autre côté de la Marne, le duc de Trévise, après avoir laissé garnison dans Soissons, se retirait également sur la Ferté-sous-Jouarre.

L'empereur Napoléon, apprenant ces mouvements, laissa les corps de Macdonald, Oudinot, Gérard en position sur les routes de Châtillon et de Bar-sur-Aube, pour observer l'armée autrichienne, et, avec le reste de ses troupes, se mit, le 27 au matin, à la poursuite de Blücher.

Le prince Swartzenberg, profitant aussitôt de l'éloignement de Napoléon, quitta la défensive, et, reprenant l'offensive, attaqua le jour même le corps laissé devant lui sur l'Aube. Après le combat de Bar-sur-Aube, où 50,000 alliés ne gagnèrent que le champ de bataille sur 15,000 Français, presque sans artillerie, un nouvel engagement eut lieu à Bar-sur-Seine, entre le prince royal de Wurtemberg et le maréchal Macdonald. Les deux corps français, qui ne comptaient pas au-delà de 25,000 hommes, trop faibles pour soutenir le choc d'un ennemi quatre fois plus nombreux, se replièrent sur Troyes, qu'ils ne purent conserver et qui fut de nouveau occupé par l'ennemi.

Pendant que l'Empereur se dirigeait par Arcis-sur-Aube sur Sézanne, les ducs de Trévise et de Raguse, trop faibles encore, malgré leur jonction, pour arrêter les forces de Blücher, continuèrent de reculer jusqu'à Meaux. Napoléon pressait sa marche pour sauver cette ville, si voisine de la capitale. L'armée était harassée ; mais l'ardeur de vaincre la soutenait. Arrivée enfin sur les hauteurs de Jouarre, elle découvrit à ses pieds la ville de la Ferté, les sinuosités de la vallée, et, de l'autre côté de la Marne, l'armée prussienne qui lui échappait.

Blücher avait été informé sans doute de l'approche de Napoléon ; il avait évacué aussitôt la Marne, et, réuni à ses troupes de la rive droite, il avait coupé les ponts et venait de mettre la rivière entre son armée et celle qui le poursuivait.

Dans la nuit du 2 au 3 mars, l'armée française effectua le passage de la Marne sur un pont qui fut rétabli à la Ferté : mais tout à coup le temps changea ; une forte gelée succéda à la pluie, et l'ennemi vit se convertir en routes solides et faciles les mêmes boues d'où, quelques heures auparavant, il désespérait de sortir.

Malgré ce contre-temps, toutes les chances d'un grand succès n'étaient pas perdues. Dans la direction que l'ennemi était forcé de suivre pour opérer sa retraite, le cours de l'Aisne lui barrait le passage. Soissons était la clef de cette barrière. Cette ville, prise le 14 février, avait été, ainsi que nous l'avons vu, évacuée par les Russes et réoccupée par une garnison française de douze à quinze cents Polonais, et ses fortifications avaient été relevées. L'ennemi ne pouvait espérer de l'enlever par un coup de main. Les troupes de Blücher, éparses dans les plaines, ayant devant elles l'Aisne, derrière elles la Marne, pressées à gauche par les ducs de Trévise et de Raguse, à droite par l'armée de Napoléon, couraient donc grand risque de se voir acculées sur Soissons, et d'être forcées de déposer armes et bagages, aux pieds des remparts de cette ville.

Plein de ces espérances, Napoléon déboucha, le 3 mars, par le nouveau pont de la Ferté; il porta rapidement ses troupes sur la grande route de Châlons jusqu'à Château-Thierry; et là, trouvant à gauche la route de Soissons, il la fit prendre à son armée qu'il ramena ainsi sur les flancs de l'ennemi.

Tandis que la droite de l'armée française s'avançait ainsi par la route de Château-Thierry à Soissons, la gauche, formée des troupes du duc de Trévise, et du duc de Raguse, tournait l'ennemi, et marchait également sur Soissons par Villers-Cotterets et par Neuilly-Saint-Front.

Resserré ainsi de tous côtés, l'ennemi se croit perdu; mais, dans ce moment critique, les ponts-levis de Soissons s'abaissèrent devant l'armée prussienne étonnée. Ce passage inespéré lui fut ouvert par les généraux Brunow et Woronzow, que le hasard venait d'amener sur l'autre rive de l'Aisne.

Les généraux Woronzow et Bulow se présentèrent devant cette place le 2 mars, et, après quelques coups de canon tirés, la sommèrent d'ouvrir ses portes. Considérant la force de l'ennemi, le commandant français crut devoir capituler, sous condition qu'il lui serait loisible de rejoindre l'armée française avec sa garnison et ses pièces de campagne (1). Cette convention, très-avantageuse aux Prussiens, manqua d'être rompue par leur déloyauté; au mépris des termes dans lesquels elle était conçue, ils ne voulaient laisser sortir que deux pièces de campagne. La garnison allait se révolter, et défendre la place malgré son général, lorsque Woronsow aplanit les difficultés, en faisant sentir aux Prussiens l'injustice et le danger de leurs prétentions : « Donnez-leur, dit-il, toutes les pièces qu'ils réclament, et les miennes même s'ils les exigent; mais qu'ils partent tout de suite : nous aurons encore fait un bon marché. »

Le calcul de Woronsow était juste. A peine la garnison fut-elle hors des faubourgs, que les têtes de colonne de l'armée de Blücher y entrèrent dans le plus grand désordre, vivement poursuivies par l'armée sous les ordres de Napoléon. Blücher était sauvé, car il put passer l'Aisne sans obstacle. Si Soissons eût tenu seulement trois ou quatre jours, la perte de ce général était certaine. Pressé par les maréchaux Mortier et Marmont, poussé sur son flanc gauche par Napoléon, arrêté par la rivière de l'Aisne, il aurait été forcé de mettre bas les armes en rase campagne, comme à Schwartau, dans la guerre de 1806. Pour cette fois, le hasard vint au secours de son imprudence.

Les maréchaux Marmont et Mortier, en arrivant devant Soissons, voulu-

(1) Le commandant de Soissons portait un nom fatal à nos armes : il s'appelait Moreau.

rent enlever le général Langeron, qui y était resté; mais, après un combat sanglant, ils furent repoussés. Ils allaient recommencer leur attaque, lorsque l'Empereur, ne jugeant pas convenable de faire continuer le siége d'une place qui était désormais sans importance, les rappela auprès de lui.

Napoléon, en parcourant entre l'Ourcq et la Marne le pays qui avait été occupé par l'ennemi, vit partout les traces de la dévastation et de la violence; l'excès des maux que les habitants avaient soufferts le porta à penser qu'il suffisait d'en publier un récit fidèle pour soulever toute la France. « Armez-vous pour défendre vos biens et vos familles, » disait-il aux citoyens des contrées qui étaient délivrées. Ceux qui gémissaient sous le poids de l'invasion, il les exhorta à sonner le toscin dès qu'ils entendraient le canon de nos troupes; il leur prescrivait de se rassembler, de fouiller les bois, de couper les ponts, d'intercepter les routés et de tomber sur les flancs et sur les derrières de l'ennemi lorsqu'il battrait en retraite. Il décréta que tout fonctionnaire public et tout habitant qui dissuaderait les citoyens d'une légitime défense, serait puni comme traître à la patrie. Il annonça en même temps que, si les généraux étrangers faisaient fusiller les Français pris les armes à la main, leur mort serait immédiatement vengée par celle d'un nombre égal de prisonniers.

Pendant que le gros de l'armée française, sous les ordres de l'empereur Napoléon, poussait l'armée de Silésie de la Marne sur l'Aisne, le général Corbineau, à la tête de 400 hommes de cavalerie de la garde impériale, se portait, par des chemins de traverse, sur Reims, et y faisait son entrée après avoir fait mettre bas les armes à 4 bataillons ennemis, postés sur le plateau de Sainte-Geneviève. La possession de Reims coupa la communication entre l'armée de Silésie et l'armée austro-russe, restée sur la Seine. Mais la jonction de l'armée de Silésie avec les corps des généraux Bulow, Woronzow et Wintzingerod, qui venait de s'effectuer sur l'Aisne, portait les forces réunies sous les ordres de Blücher à 100,000 hommes. Napoléon, après sa réunion avec les maréchaux Mortier et Marmont, pouvait disposer d'à peu près 35,000 hommes; malgré son infériorité numérique, il se disposa à donner une seconde leçon de tactique au général Blücher. Son projet était de couper à l'armée de Silésie la route de Belgique, en la tournant par sa gauche, et, à cet effet, de la prévenir à Laon.

L'armée française, passant l'Aisne sur le pont de Bery-au-Bac, qu'avait forcé la cavalerie Excelmans et la brigade polonaise de Pacsz, prit position à Corbeny. Blücher, se voyant ainsi menacé par sa gauche, se hâta d'arrêter sa retraite et ordonna à ses divers corps de se réunir sur le plateau de Craonne, pour s'opposer à la marche de l'armée française sur Laon.

Les divisions russes de Sacken et Wintzingerod avaient pris position sur les hauteurs de Craonne, et les corps prussiens sur les hauteurs de

Laon. Napoléon arriva le 6 mars devant les Russes, les hauteurs de Craonne furent attaquées et enlevées. Les Russes se retirèrent et prirent position le 7 sur une autre hauteur, ayant leur droite et leur gauche appuyées à deux ravins, et un troisième ravin devant eux. Un seul passage d'une centaine de toises joignait cette position au plateau de Craonne, mais il était défendu par 60 pièces de canon. Le maréchal Victor, avec deux divisions de la jeune garde, chassa les Russes de l'abbaye de Vaucler, à laquelle ils avaient mis le feu, et passa le défilé. Le général Drouot le franchit aussitôt avec plusieurs batteries. Au même instant, le maréchal Ney passa le ravin de gauche et déboucha sur la droite des alliés. Pendant une heure, la canonnade fut épouvantable. Le général Grouchy déboucha alors avec sa cavalerie, et le général Nansouty passa le ravin à droite. Une fois le défilé franchi, les alliés, forcés dans leur position, furent poursuivis pendant quatre heures et canonnés par 80 pièces de canon à mitraille. Ils éprouvèrent une perte immense; mais les ravins dont ils étaient entourés les préservèrent d'être débordés et entamés par la cavalerie française.

A l'issue de ce sanglant combat, on annonce à l'Empereur des dépêches de Châtillon : elles portent en substance que le congrès a repris ses séances suspendues pendant quelques jours par les conférences militaires de Lusigny ; que les plénipotentiaires étrangers y déplorent la rigueur de leurs nouvelles instructions, et parlent hautement de se séparer si la condition des anciennes limites n'est point acceptée. Le duc de Vicence sollicitait vivement pour qu'on lui envoyât des instructions définitives. Napoléon ne s'attendait qu'à des conditions pénibles, mais du moins il ne veut pas ajouter à nos humiliations celle de les provoquer par un acte émané de lui-même. M. de Rumigny, l'envoyé de Caulaincourt, repart pour Châtillon, sans autre réponse que les paroles qu'il a recueillies de l'Empereur, et celui-ci va rejoindre la tête de ses colonnes.

Ney avait poursuivi les Russes jusqu'au village d'Étouville, et leur jonction avec les Prussiens s'effectua le lendemain sur le plateau de Laon.

Nous allions avec 19,000 hommes et 5,000 chevaux attaquer la position de Laon, défendue par 53,000 fantassins et 23,000 cavaliers; car l'éternelle armée de Silésie, détruite presque en entier par chacun des combats de février, semblait à chaque déroute renaître plus nombreuse et plus redoutable.

La disproportion des forces n'eût pas empêché peut-être la ville de Laon de tomber au pouvoir de nos armes, mais l'étoile de l'Empereur pâlissait; le terme de ses prospérités semblait arrivé ; et, par un surcroît de fatalité, ses lieutenants n'avaient jamais commis des fautes plus graves que dans ces moments où ils avaient besoin de toute leur capacité. Marmont devait avoir son jour inexplicable à Laon, comme Victor avait eu le sien à Montereau.

Un brouillard épais enveloppait les combattants, lorsque Mortier et le maréchal Ney, prenant l'offensive, s'élancèrent avec impétuosité contre les masses de Blücher. L'obscurité jeta d'abord un peu d'hésitation dans les manœuvres de celui-ci; l'Empereur en profita pour s'emparer de deux villages que les canons de l'ennemi tirant à peu près au hasard, ne purent protéger. Vers le milieu du jour, le brouillard s'était dissipé, Blücher put se convaincre de notre faiblesse numérique; il n'hésita plus, les colonnes russo-prussiennes combattirent avec plus d'ensemble et de régularité; les villages furent repris, et les divisions qui les occupaient se retirèrent après quelques pertes, refoulées sur leur ligne de bataille. Une charge du général Belliard répara en partie cet échec en repoussant les Russes à leur tour. Cependant, le duc de Raguse, qui avait l'ordre d'opérer une diversion sur l'aile gauche de Blücher, venait d'arriver et se battait avec le corps du général York; de son côté, comme du côté de Napoléon, l'acharnement était le même, et les revers et les avantages se succédaient sans aucun résultat décisif. La nuit, en surprenant les combattants, suspendit les hostilités. Marmont, croyant avoir décidé la victoire, avait déjà établi ses bivouacs : tout à coup, vingt-quatre escadrons fondent sur ses derrières, lui enlèvent son parc de réserve et font main-basse sur nos soldats. Au milieu d'une surprise qu'il pouvait éviter, Marmont s'efforce de réparer sa faute, il accourt; mais, assailli par le prince Guillaume de Prusse, et par les corps d'York et de Kleist, il éprouve tous les désavantages d'un combat nocturne. Les Français, dans l'obscurité, se fusillent entre eux. Bientôt la déroute est à son comble; les uns se réfugient dans les bois, les autres suivent encore leur aigle, mais dans un si grand désordre, qu'ils ne se rallient qu'au point du jour. Quarante canons, 100 caissons et plus de 1,200 prisonniers des corps de Marmont et d'Arrighi, tombèrent au pouvoir des Prussiens.

Le lendemain, Blücher, voyant notre armée rangée en bataille en avant de Clacy, résolut d'enlever ce village; mais, après l'avoir attaqué sept fois consécutives, il fut obligé d'y renoncer. Nos troupes, inébranlables sur ce point, commençaient à prendre une attitude victorieuse. L'Empereur, encouragé par ce succès, voulut tenter un dernier effort sur le plateau de Laon; mais les généraux Curial et Meusnier, ayant échoué dans cette entreprise, il demeura convaincu qu'il était impossible de forcer le camp retranché des alliés, et, pendant que le général Marmont se retirait sur Fismes, il se décida lui-même à se replier sur Soissons. C'était la première fois qu'il pensait avoir rencontré un obstacle insurmontable.

Blücher, voyant s'éloigner notre armée, reprit ses positions entre Laon et Craonne. Napoléon, favorisé par la timidité de ses adversaires, effectua sa retraite sur Soissons, que le corps de Langeron avait évacué. Son armée pourra y reprendre haleine pendant trois jours. Quant à lui, qui ne se re-

RUSSIE.

Garde impériale.

DRAGON. — OFFICIER DE HUSSARDS.

Campagne de Russie en 1812.

pose jamais, il profitera de ce court loisir pour inventer des combinaisons nouvelles.

Sur ces entrefaites, un Français, qui se battait contre son pays au profit de l'étranger, le comte de Saint-Priest, s'avança à la tête de 16,000 hommes, de Châlons sur Reims, place fermée seulement par un mur en partie abattu, et n'ayant pour garnison qu'une centaine de chevaux de la garde impériale, 50 gendarmes et les cadres de 3 bataillons, sous les ordres du général Corbineau.

Le 12 mars, l'ennemi surprit à la pointe du jour la petite garnison qui eût été prisonnière sans le généreux dévouement de la garde urbaine, qui facilita son évasion en la soutenant vaillamment dans plusieurs quartiers. Cette poignée de braves résistèrent aux poursuites de 10 escadrons ennemis et parvinrent à se joindre à la division des gardes d'honneur du général Defrance qui accourait, mais trop tard, pour secourir Reims.

L'empereur Napoléon, instruit de ces événements, qui avaient permis à Blücher, au moment où celui-ci venait de faire sa jonction avec Bernadotte, de renouer ses communications avec Schwartzenberg, quitta Soissons, et se porta rapidement sur Reims. Il reprit la ville, tua beaucoup de monde à l'ennemi, lui fit 3,000 prisonniers, et lui enleva 11 bouches à feu, 100 chariots de munitions et un équipage de pont. La déroute de l'ennemi fut complète, et les troupes n'écoutant plus les généraux, se sauvèrent à la débandade dans toutes les directions.

Il semblerait que la justice divine poursuit l'homme qui combat contre son pays; Saint-Priest reçut une blessure mortelle, et l'on prétendit que le coup était parti de cette même batterie qui avait tué le général Moreau.

Napoléon entra dans Reims à une heure du matin. La ville fut spontanément illuminée; le peuple, dans l'ivresse de la joie, se précipita au-devant de l'Empereur, et le conduisit en triomphe à l'hôtel-de-ville. L'armée obtint trois jours de repos à Reims, après lesquels Napoléon retourna sur l'Aube et la Seine, pour opérer contre l'armée austro-russe de Schwartzenberg, en laissant sur l'Aisne divers corps, afin d'observer Blücher.

Le grand drame diplomatique et militaire touchait à son terme : il n'était plus possible au représentant de la France de prolonger les séancees de Châtillon. Vainement il avait sollicité des instructions nouvelles pour le contre-projet que lui demandaient les plénipotentiaires étrangers. On connaît la réponse que Napoléon avait faite à son envoyé sur le champ de bataille même de Craonne. Dans la soiré du 18 mars, M. de Rumigny reparaît encore au quartier-général : il annonce à Napoléon que les alliés, n'ayant plus d'inquiétude sur le sort de Blücher, ont renfermé aussitôt le duc de Vicence dans un délai de 3 jours pour souscrire aux conditions proposées; ainsi pressé, le plénipotentiaire de France a remis le 15 un contre-projet; mais, dans une pareille démarche, et lorsqu'il ne s'agit plus que de concessions et d'humiliations, le duc de Vicence s'est renfermé strictement dans la limite de ses pouvoirs; il est donc probable que son contre-projet, quelque modéré qu'il puisse être, va devenir le signal de la rupture. Tandis que nos derniers courriers font mille détours, au gré des caprices des commandants des troupes alliées, le délai fatal doit avoir expiré.

En effet, la séance de clôture de ce congrès, ouvert le 5 février précédent, avait eu lieu le 19 mars; le protocole avait reçu les dernières déclarations des puissances, et, quelques jours après, le duc de Vicence retournait auprès de Napoléon (1).

(1) Napoléon a longtemps réclamé les bases de Francfort; il cherche à gagner du temps, et il ne saurait se persuader que le terme fixé par les plénipotentiaires alliés pour répondre à leur projet soit un terme de rigueur.

Cependant, le négociateur Caulaincourt, impérieusement pressé de donner une explication définitive, remet un contre-projet. L'empereur consent à restreindre sa domination dans l'étendue de l'ancienne France, avec la Savoie, Nice et l'île d'Elbe, et à condition que la couronne du royaume d'Italie, dont l'Adige formera la frontière du côté de l'Autriche, sera donnée au prince Eugène Beauharnais; et aussi, avec la réserve que les principautés de Lucques, de Neuchâtel et le grand duché de Berg, retourneraient aux titulaires précédemment investis.

Les plénipotentiaires alliés rejettent ce contre-projet, en déclarant que, « d'après ces clauses, la France gardant une force territoriale infiniment plus grande que ne le comporte l'équilibre de l'Europe, conservant des positions offensives et des points d'attaque au moyen desquels son gouvernement a déjà effectué tant de bouleversements, les cessions qu'elle ferait ne seraient qu'apparentes. Les principes avoués à la face de l'Europe par le souverain actuel de la France, et l'expérience de plusieurs années, ont prouvé que les États intermédiaires, sous la domination des membres de la famille régnante en France, ne sont indépendants que de nom. En déviant de l'esprit qui a dicté les bases du projet de traité (V. 17 février), les puissances n'eussent rien fait pour le salut de l'Europe; les efforts de tant de nations réunies pour une même cause seraient perdus, la faiblesse des cabinets tournerait contre eux et contre les peuples, l'Europe et la France même deviendraient bientôt victimes de nouveaux déchirements. L'Europe ne ferait pas la paix; mais elle désarmerait. Les cours alliées, considérant que le contre-projet présenté ne s'éloigne pas seulement des bases de paix proposées par elles, mais qu'il est essentiellement opposé à leur esprit, et qu'ainsi il ne remplit aucune des conditions qu'elles ont mises à la prolongation des négociations de Châtillon, ne peuvent reconnaître dans la marche suivie par le gouvernement français que le désir de traîner en longueur des négociations aussi inutiles que compromettantes; déclarent qu'indissolublement unies pour le grand but qu'elles espèrent atteindre, elles ne font point la guerre à la France; qu'elles regardent les justes dimensions de cet empire comme une des premières conditions d'un état d'équilibre politique; mais qu'elles ne poseront pas les armes avant que leurs principes n'aient été reconnus et admis par son gouvernement. » L'abaissement et le démembrement de la France, si les puissances alliées sont assez fortes pour l'effectuer sont aujourd'hui le but évident, mais non avoué, de leur politique!!

Ainsi finit ce congrès, où l'on vint avec l'intention de suivre l'influence des événements.

Forcé de renoncer à tout espoir de négociation, Napoléon, malgré le découragement des chefs de l'armée, se fie encore à la victoire. Il vaincra, mais sans aucun profit pour lui-même ni pour la France.

Le prince de Schwartzenberg, généralissime de la coalition, et commandant de la grande armée austro-russe, venait, en passant sur la rive droite de la Seine, de contraindre le duc de Tarente à se replier sur Provins; il marchait sur Paris, lorsqu'il reçut du général Blücher un courrier l'informant du résultat de la bataille de Laon et de l'approche de Napoléon.

Schwartzenberg, croyant trouver une occasion favorable pour livrer bataille à son adversaire, affaibli par son expédition sur l'Aisne, et qu'il supposait serré de près par Blücher, concentra son armée, forte alors d'à peu près 100,000 hommes, aux environs d'Arcis-sur-Aube, dans l'intention de se porter sur la Marne et d'y arrêter le mouvement de l'Empereur; mais, au moment où il se berçait de cette flatteuse espérance, Napoléon avait passé cette rivière, et déjà forçait les avant-postes de l'armée austro-russe à se replier sur l'Aube.

Dérouté par la rapidité de cette marche, instruit d'ailleurs que Blücher, restant maladroitement de l'autre côté de la Marne, ne l'avait point suivi, le généralissime renonça à son premier projet et prit le parti de se retirer vers Bar-sur-Aube, dans la position de la Rothière, où la fortune lui avait, en février, été plus favorable qu'ailleurs. Cependant, à peine ce mouvement rétrogradé était-il commencé, que l'attaque des Français, lui ayant fait connaître qu'ils voulaient se porter, par Plancy et Méry, sur Troyes, afin de déborder sa gauche et de menacer ses communications, il revint à son premier plan et résolut de marcher au-devant d'eux, afin de s'opposer à leur mouvement. En conséquence, il arrêta ses colonnes en retraite et les porta sur Arcis.

Napoléon, trompé par la faible résistance qu'il avait trouvée en arrivant sur la Seine et sur l'Aube, et par différents rapports qui affirmaient que l'ennemi se retirait, le supposa en pleine retraite et résolut de le pousser à outrance. Il ordonna donc au général Sébastiani, commandant les divisions de cavalerie Excelmans, Colbert et Letort, et à l'infanterie du maréchal Ney, prince de la Moscowa, de se porter sur Arcis le 20 au matin.

A peine le général Sébastiani était-il en mouvement, qu'il reconnut le changement de résolution de l'armée. Il en avertit Napoléon, qui refusa de le croire; mais bientôt toute l'armée austro-russe se porta sur Arcis et replia nos avant-postes. Déjà les fuyards, poussés par la cavalerie ennemie, décuple de la nôtre, se précipitaient sur le pont, lorsque Napoléon, qui était accouru, dès qu'il n'avait plus douté de l'attaque l'épée à la main, se jeta au-devant d'eux : « Voyons, dit-il, qui de vous passera devant moi? » Ces paroles suffirent pour arrêter le désordre. Une division de la vieille garde, commandée par le général Friant, traversa rapidement l'Aube, et, se formant en dehors d'Arcis, arrêta les assaillants et ramena la confiance.

La présence de l'Empereur au milieu d'eux, les dangers qu'il court, électrisent ces braves. Leurs efforts redoublent : ils forcent la position, en chassent l'ennemi, et laissent à cette seule place plus de 400 des leurs.

Il est de la dernière évidence que l'Empereur, dans cette bataille, a cherché la mort. Effrayés des dangers qu'il courait, l'état-major et les escadrons de service se rapprochaient de lui et le serraient de près; mais à chaque instant l'Empereur se portait en avant. Epouvanté de son intention, qu'il pénétrait, le duc de Vicence se hasarda à lui faire observer que, le débouché servant de point de mire à l'ennemi, il se trouvait horriblement exposé à cette place : « Je me trouve bien, lui répondit-il brièvement. » Ce ne fut qu'au moment où il s'élança l'épée à la main au-devant des cosaques qu'il quitta cette dangereuse position. Durant cette affaire, enveloppé plusieurs fois dans le tourbillon des charges, son escorte ne put le rejoindre. Un obus vient, et voulant, se placer au bord d'un des carrés de la garde, et, malgré toute la bravoure de ces vieilles troupes, il occasionne un flottement dans les rangs : l'Empereur, qui en sent toute l'importance, pousse son cheval vers le carré, et lui faisant flairer de plus près la mèche enflammée, il demande la cause de ce mouvement d'hésitation, et s'étonne que des soldats éprouvés fassent attention à de pareilles choses. Aussitôt l'obus éclate, et Napoléon disparaît dans un nuage de poussière et de fumée. Des cris de terreur s'élèvent de toutes parts : on le croit perdu! Il se relève, se jette sur un autre cheval, et va se placer sous le feu d'une batterie que quelques bataillons de la vieille et de la jeune garde cherchaient en vain à débusquer.

L'action de Napoléon est le plus haut degré de sang-froid et d'intrépidité militaire auquel puisse arriver un grand homme. Quel est le général des puissances alliées, quel est le souverain ou le prince, parmi ceux qui le combattent en masse, qui fût capable d'une aussi magnanime présence d'esprit? aucun.

CHAPITRE II.

Aspect général des affaires politiques et militaires. — Retraite de Napoléon sur Vitry. — Marches et contremarches entre Vitry, Saint-Dizier et Doulevent. — Dissolution du congrès de Châtillon. — Jonction des coalisés. — Leur marche sur Paris. — Bataille de Fère-Champenoise. — État de Paris du 27 au 30 mars. — Bataille et capitulation de Paris, le 30 mars.

Les sublimes efforts du génie militaire du grand capitaine, les prodiges de dévouement, la constance inébranlable de cette poignée de soldats qui, de la rivière d'Yonne à la rivière d'Aisne, tenaient ferme, depuis deux mois, devant deux armées combinées de 300,000 hommes incessamment renforcées; la stratégie audacieuse qui, d'un revers d'épée, avait séparé, par deux fois, la masse assaillante en deux tronçons, rejetés à cinquante lieues l'un de l'autre; Brienne, Champaubert, Montmirail, Montereau, Craonne; tant de marches forcées à travers les boues et les neiges de la Bourgogne et de la Champagne; tant de privations surhumaines, tant de périls et de gloire devaient être inutiles : l'arrêt suprême était prononcé! Le clairon des barbares, résonnant dans Paris, allait annoncer au monde étonné que la France était trahie et livrée, que la révolution était vaincue par l'alliance monstrueuse des peuples et des rois.

Spectacle admirable! sur le vaste demi-cercle qui s'étend de Montereau à Reims, 60,000 Français, présents partout et partout invincibles, tiennent immobiles au bout de leurs baïonnettes 300,000 alliés.

La route de Paris est fermée. Le premier flot de l'invasion, qui semblait devoir tout emporter sur son passage, a trouvé une digue insurmontable.

Dans cette campagne sacrée, où chacun défendait le sol qui l'avait vu naître, chaque jour voyait des scènes cruelles ou attendrissantes : tantôt, malgré nos efforts, il fallait abandonner aux barbares nos villes, nos villages et leurs habitants; d'autres fois, nous y rentrions en vainqueurs, et alors, malgré les pillages et les incendies, ces nobles paysans venaient offrir à nos héroïques soldats leurs dernières ressources. Souvent on voyait du milieu d'épaisses forêts s'élever des colonnes de fumée : c'étaient des vivres qui cuisaient pour eux; on les apportait à la faveur de la nuit, à travers mille périls, à nos colonnes harassées. Habitants des campagnes, vous êtes la partie la plus vénérable du peuple français! Que n'auriez-vous pas fait, si les préventions funestes de l'Empereur, au lieu de vous tenir désormais de longue main, en eussent appelé plutôt à votre énergie et à votre patriotisme!... Il fallut les hasards de la campagne de 1814, ainsi que le contact inattendu où elle mit Napoléon avec les paysans de la Champagne et de la Bourgogne, pour lui faire découvrir les ressources que lui offraient le courage et le patriotisme inépuisables de ces classes si nationales, si fortes et pourtant si dédaignées.

Ce n'était point assez pour Napoléon d'avoir arrêté, à quarante-huit lieues de la capitale de la France, Blücher et Schwartzenberg : le salut de l'empire était à plus haut prix.

De toutes parts à l'horizon, si loin que la vue s'étende, l'œil aperçoit de longues colonnes d'hommes armés se dirigeant vers la France. Des steppes de la Russie aux monts asturiens, l'Europe soulevée est en armes, se ruant aux rives de la Seine; et du sein de ces masses guerrières, un cri unanime, formidable, s'élève : Guerre, haine à la France! Enveloppée dans les plis dorés de son manteau impérial, la nation révolutionnaire a été méconnue; le glaive qui prépare l'affranchissement de l'Europe n'apparaît plus aux yeux des nations que comme l'instrument d'une conquête ambitieuse. Fatale erreur qui coûtera cher à la France, cher à son chef, et que les peuples expieront durement!

Bientôt, pénétrant par nos frontières ouvertes, un million d'hommes viendra se joindre aux nombreuses armées qui déjà étreignent la France et touchent à Paris. Pour les arrêter dans leur marche, il faut donc frapper un coup qui les étonne et les intimide, faire plus que tenir en échec la double armée de Blücher et de Schwartzenberg; il faut la disperser, l'anéantir; et, devant un si grand désastre, ces auxiliaires qui accourent des confins de l'Europe n'oseront pas s'aventurer sans doute sur le sol brûlant qui aura dévoré tant de légions : la coalition sera rompue.

Ce coup de génie et d'audace, Napoléon l'a conçu, et il s'est résolu à le tenter. Il abandonne sa base d'opérations; il va s'appuyer aux places fortes de l'est, aux populations dévouées de l'Alsace, de la Lorraine, de la Bourgogne, de la Champagne; il va porter la guerre sur les derrières de l'ennemi, en coupant ses lignes d'opérations, ses communications, en l'isolant de ses dépôts et de ses renforts. Augereau remontera simultanément la vallée de la Saône, prendra à revers la gauche de Schwartzenberg, et coopérera à l'exécution de cette grande combinaison militaire. Déjà les généreuses provinces sur qui a compté Napoléon ont lancé des milliers de partisans sur toutes les routes. Malgré la lâcheté, la trahison des grands fonctionnaires qui les gouvernent, leur courage et leur patriotisme ont surgi sous la pression de l'invasion : que sera-ce donc quand l'armée sera au milieu d'elles, quand Napoléon lui-même activera leur énergie, dirigera leurs efforts?

Paris est ainsi livré à ses propres forces. Napoléon a pensé, les yeux fixés sur un passé glorieux, que la capitale de France saurait, au besoin, pourvoir à sa défense. Si l'ennemi osait, avait-il dit, entreprendre contre Paris, Paris se défendrait sur les hauteurs qui le couronnent et le protégent; il combattrait jusque dans ses faubourgs, dans ses maisons crénelées, dans ses rues barricadées. Sa résistance serait asssez prolongée pour donner à l'armée le temps d'arriver à son secours, et alors les coalisés, pressés entre nos bataillons et la population parisienne, éprouveraient une défaite certaine.

Les moments sont précieux; l'exécution suivra immédiatement la pensée. Libre de ses mouvements dans la grande trouée qu'il a pratiquée entre Blücher et Schwartzenberg, Napoléon va se porter sur Vitry, poussant une division jusqu'à Chaumont. Maintenant, Marmont, la fatalité de la campagne, viendra-t-il le rejoindre? Augereau répondra-t-il à la confiance du chef? Si Paris est attaqué, verra-t-il luire encore ces jours de grandeur et d'énergie où, à l'approche de Brunswick, il lança soudain aux rives de la Marne 48 bataillons recrutés dans ses murs? De la solution de ces questions, de la dernière surtout, dépend le salut de la patrie.

Pour achever de dessiner la position de Napoléon, voyons ce qui se passait tant en Italie que sur le Rhône et vers les Pyrénées.

« Quoique uni à Napoléon par les liens du sang et lui devant tout, le roi de Naples s'est déclaré contre lui; et dans quel moment? lorsque Napoléon est moins heureux! »

Ces reproches, qui semblent échappés à la plume de l'histoire, furent les dernières paroles d'une proclamation du prince Eugène; elles retentirent dans toute l'Europe. Le jeune vice-roi, environné d'ennemis, avait développé un caractère égal au danger; il avait combattu les Autrichiens sur le Mincio, les Napolitains sur le Taro, et fait face à tout. Mais, quoique disposant d'une force respective de 65,000 hommes, l'Autrichien Bellegarde, posté sur l'Adige, n'entreprit rien. Le cabinet de Vienne, immuable dans sa politique, ambitionnait des succès sans travaux, des conquêtes sans combats, des bénéfices sans risques; et son général n'avança que sur les positions abandonnées, reculant toujours à la plus légère offensive des Français, quoiqu'il sût que l'armée active du prince Eugène fût réduite à 28,000 combattants, depuis que la désertion, se propageant dans les troupes italiennes, a obligé de les reléguer dans les places. S'il n'eût pas été affaibli par les défections du roi de Naples, Eugène aurait pu exercer une grande influence sur l'issue de la guerre en envoyant à Lyon des secours, qui eussent opéré la plus complète, la plus heureuse diversion, au moment où l'Empereur, vainqueur de Blücher, reprenait de l'ascendant. Ce fut un malheur; cependant la valeur peut quelquefois suppléer au nombre; et l'on espérait qu'Augereau, électrisé par l'importance du rôle qu'il était appelé à jouer, ayant sous ses ordres deux divisions aguerries venues de

Catalogne, ferait quelque exploit digne de son âme héroïque. Napoléon n'avait négligé aucun moyen de stimuler l'énergie de son ancien compagnon; l'impératrice elle-même était allée voir la jeune duchesse de Castiglione, pour l'engager à concourir au salut public par toute l'influence qu'elle avait sur le cœur de son mari. Mais Augereau, qui n'avait pris que de faibles et tardives mesures pour s'opposer à l'invasion, aux succès des forces autrichiennes, qui avait paralysé le patriotisme et le courage des Lyonnais, et empêché qu'ils ne prissent les armes, termina sa carrière militaire par une lâcheté qui avait toutes les apparences d'une trahison. Le 21 mars, il livrait, sans combat, aux Autrichiens, la ville qu'on avait confiée à sa bravoure et à sa fidélité, et se retirait sur Valence avec 15,000 hommes, donnant la main au général Marchant, qui tenait Grenoble avec 5,000 conscrits. Parvenu à Valence, le maréchal y apprit l'occupation de Bordeaux par les Anglais, et reçut l'ordre de diriger en poste sur Libourne 6,000 hommes des 10,000 qui lui arrivaient encore de la Catalogne. Dès ce moment, il pensa que tout était perdu, et, dans le trouble où le jetèrent des événements aussi désastreux, il se hâta de détruire les ponts de la Drôme et de l'Isère, annonçant l'intention de se rendre au Pont-Saint-Esprit, pour disputer aux Autrichiens le passage du Rhône, et empêcher leur jonction avec Wellington.

L'armée active de Suchet, après qu'elle fut affaiblie de 20,000 hommes, qu'il dut diriger en deux colonnes sur Lyon, se composait encore, indépendamment de garnisons laissées dans plusieurs places de la Catalogne, et qui y furent bloquées par les chefs espagnols, au mépris de tout sentiment d'honneur militaire, de 14,000 combattants aguerris, concentrés derrière Figuières, Roses, la Jonquière et Bellegarde; ils demandaient à marcher.

Suchet se transporta de sa personne à Perpignan, qu'il ne quitta que pour conduire Ferdinand VII en Espagne. Son armée sera retenue en Catalogne sous divers prétextes, jusqu'au moment où Ferdinand aura appris la déchéance de Napoléon. Elle rentrera en France, le 13 avril, par le Perthuis, en faisant sauter les ponts depuis Figuières jusqu'à notre frontière, sans être aucunement inquiétée dans sa retraite par les Espagnols, et se dirigera ensuite sur Narbonne, où elle prendra ses cantonnements. Si le maréchal Suchet eût retiré les 15,000 hommes qu'il laissa dans les places de la Catalogne et au royaume de Valence, s'il les eût joints à son armée active, il pouvait rentrer en France avec 29,000 hommes : de quels favorables résultats et puissants secours n'eût-il pas été suivi? Si, au moins, Suchet, avec ses 14,000 hommes de vieilles troupes, se fût réuni à l'armée du maréchal Soult devant Toulouse, Wellington eût été complétement battu ou contraint de rentrer en Espagne. Il n'en fut rien. Soult, après avoir tenu en échec, pendant près de deux mois, toutes les forces de Wellington devant Bayonne, dut abandonner la ligne de l'Adour. Il fut forcé, le 27 février, par la perte de la bataille d'Orthez, de faire sur Toulouse une retraite, qu'il effectua dans un ordre admirable; mais, au combat de Tarbes, il prit sa revanche en taillant en pièces les troupes portugaises du général d'Acosta. Cependant cette brave armée est affaiblie par les renforts qu'elle ne cesse d'envoyer sur Paris; Bayonne est abandonnée à ses propres forces, et le chemin de Bordeaux est ouvert. Wellington publia alors une proclamation dans le but de soulever les soldats et les habitants contre le gouvernement impérial. Soult y répondit, le 8 mars, par un ordre du jour rempli d'un patriotisme chaleureux, et dont le style contraste singulièrement avec quelques autres pièces du même genre qu'il a publiées depuis.

« Soldats, y disait-il, on a osé insulter à l'honneur national; on a eu l'infamie d'exciter les Français à trahir leurs serments et à être *parjures envers l'Empereur : cette offense* ne peut être vengée que dans le sang.... Soldats! vouons à l'opprobre et à l'exécration générale tout Français qui aura favorisé d'une manière quelconque les projets insidieux des ennemis. Quant à nous, notre devoir est tracé : combattons jusqu'au dernier les ennemis de notre chère France et de notre *auguste Empereur;*.... haine implacable aux traîtres; guerre à mort à ceux qui tenteraient de nous diviser pour nous détruire! Contemplons les efforts prodigieux de *notre grand Empereur* et ses victoires signalées; *soyons toujours dignes de lui :* soyons Français, et mourons les armes à la main plutôt que de survivre à notre déshonneur! »

Cependant les Bourbons, réfugiés à Hartwel, suivaient avec anxiété la marche des événements sur le continent. Dès les premiers jours de janvier, le duc d'Angoulême, quittant furtivement Edimbourg, était débarqué sur la côte occidentale d'Espagne un peu avant le duc de Wellington, et avait pénétré en France avec l'armée anglo-espagnole. Caché derrière les baïonnettes étrangères, il arriva, le 2 février, à Saint-Jean-de-Luz, petite ville des Basses-Pyrénées, accompagné de quelques émigrés, parmi lesquels on remarquait le duc de Damas-Crux et le comte de Guiche. De là, il adressa une proclamation aux Français, en les excitant *au renversement de la tyrannie;* mais les paroles du prince n'eurent qu'un faible retentissement.

Mais les royalistes de l'intérieur s'agitaient. Déjà deux commissaires d'un comité royal secrètement établi à Paris, s'étaient rendus dans l'Aveyron : c'étaient MM. Benigne et Alexandre Berthier, anciens officiers de l'armée des princes en 1792. Ils devaient « organiser le Midi, et provoquer, dans plusieurs départements, un mouvement qui se lierait avec la levée dans l'Ouest, développer, le même jour, une ligne d'insurrection en faveur des Bourbons, depuis la Manche jusqu'à la Méditerranée, et embrasser ainsi toutes les provinces de l'Ouest et du Midi. » Le sous-prefet de Villefranche, ancien noble, auquel ils s'adressèrent, était parfaitement disposé à trahir l'Empereur, auquel il devait toute son existence; mais, comme les commissaires ne lui paraissaient revêtus d'aucun caractère authentique, il craignit d'avoir affaire à des espions, et se tint prudemment sur la réserve. Mieux instruit quelques jours après, il accepta l'offre qu'on lui fit de tenter un coup de main sur Rodez à la tête d'une poignée de mécontents et de quatre ou cinq cents prisonniers russes, dont le chef était gagné, et d'y proclamer le gouvernement du roi. La marche progressive de Wellington, la presque certitude qu'on avait qu'il remonterait la Garonne et qu'il empêcherait ainsi tout développement militaire de la part des troupes restées fidèles, enfin, la garnison de Rodez, qui, réduite à quelques gendarmes et à une compagnie départementale, promettait un triomphe aisé, tout encourageait cette entreprise, du reste assez hardie pour des royalistes.

Le 16 février fut le jour fixé pour surprendre la ville. Le sous-préfet, accompagné des commissaires et suivi de ses Russes et de 200 paysans ou conscrits, prit position près de la place au milieu de la nuit. Mais, au moment d'agir sérieusement, la peur saisit les commissaires : ils prétextèrent un contre-ordre; et les conscrits obtinrent leur congé, « après avoir été cependant passés en revue, dit hardiment le chef du complot, comme devant attaquer. »

Les regards et l'espoir des royalistes se dirigèrent alors sur Bordeaux. Le maire de cette ville, M. Lynch, promu à ses fonctions par Napoléon, nommé par lui chevalier de la Légion-d'Honneur, et lié à sa fortune heureuse ou malheureuse par les protestations les plus énergiques et les plus solennelles, n'eut pas plutôt appris l'entrée des Anglais sur le territoire français, qu'il envoya M. de la Rochejacquelein (Louis) au-devant de Wellington pour l'inviter à presser sa marche sur la ville de Bordeaux.

Après la bataille d'Orthez, les instances redoublèrent; un second député fut adressé au duc de Wellington, avec mission de rassurer Sa Grâce sur les dangers que l'occupation de la troisième ville de France offrirait à ses soldats. La garnison était faible; et le comité royaliste, dont M. Lynch était l'âme, avait eu soin de semer de tels bruits parmi le peuple et la classe ouvrière que la garde nationale, encore attachée au gouvernement de Napoléon, se trouvait paralysée par des séditions journalières et hors d'état de faire face à une agression extérieure. Tant d'assurances ne tranquillisèrent pas suffisamment le très-circonspect Wellington; et, tout en cédant aux sollicitations des royalistes bordelais, il crut devoir diriger sur leur ville un corps assez considérable pour n'avoir rien à redouter. Le maréchal Béresfort fut chargé de cette expédition. Parti de Mont-de-Marsan le 8 mars avec 15,000 hommes, il fit son entrée à Bordeaux le 12, après en avoir reçu les clefs des mains de M. Lynch.

Les Anglais ne témoignèrent pas d'une manière gracieuse leur reconnaissance aux Bordelais. Un bal magnifique est donné par l'autorité municipale de la ville aux officiers anglais : la fête terminée, le général anglais frappe Bordeaux d'une forte contribution en espèces, que ses plus riches habitants sont forcés de payer sur-le-champ à messieurs les danseurs étrangers. Quoique se disant excellentes royalistes, les dames bordelaises furent scandalisées d'une telle galanterie.

Instruit de l'approche de l'ennemi, le commissaire extraordinaire Cornudet, le général L'Huillier, commandant la division, et les autorités civiles et militaires étaient partis la veille avec quelques centaines d'hommes composant la garnison.

Le duc d'Angoulême, toujours marchant derrière les soldats anglais, parut alors; et M. Lynch, entouré d'une foule d'officiers accourus de la Vendée, tristes débris de l'ancienne armée royaliste, l'accueillit aux cris de : *Vive le roi*. C'était la première fois que cette acclamation retentissait en France depuis vingt-cinq ans.

Le duc adressa, le 15, aux habitants une proclamation où se trouvaient plusieurs des promesses dont le non accomplissement devait amener l'année suivante, presque jour pour jour, la chute de la Restauration. « J'aime à vous répéter, disait le prince, que ma plus consolante mission est de proclamer au nom du roi qu'il n'y aura plus de conscription, ni de droits réunis; que la liberté des cultes sera maintenue ;... qu'il ne sera porté aucune atteine à la propriété des domaines qu'on appelle nationaux; que la bravoure française ne se verra jamais enlever ses récompenses et ses honneurs. »

Au Nord, le maréchal Maison avait garanti la Flandre par de surprenants efforts d'habileté militaire. L'attitude menaçante de ce général prévint ou dissipa les invasions de nos anciens départements, et plusieurs démonstrations offensives de sa faible armée de dix à douze mille hommes entretinrent les appréhensions de ses adversaires, qui s'élevèrent successivement jusqu'à 80,000 sur une frontière dont la réputation faisait en ce moment la principale force.

Carnot, resté maître de la campagne d'Anvers, tint les Anglais à distance. Ceux-ci, après avoir échoué dans la tentative d'un bombardement dont notre flotte était le point de mire, éprouvèrent un échec plus sanglant. Leur général, Graham, avait des intelligences dans Berg-op-Zoom; la nuit du 8 au 9 mars, ses troupes surprennent l'entrée d'une porte, 4,000 Anglais pénètrent dans la place; ils s'en croient maîtres : mais la présence d'esprit du général Bizannec retourne le péril contre ceux qui l'ont apporté : il rallie ses troupes, marche aux Anglais, les surprend dans l'hésitation de la nuit, les chasse de rue en rue, les accule aux portes, qui se sont refermées sur eux, et tout ce qui est entré dans la place y demeure mort ou prisonnier. Bayard n'aurait pas fait mieux!

Comme nous l'avons dit plus haut, le dessein de l'Empereur, en se portant sur Saint-Dizier, est d'occuper la Marne jusqu'à Chaumont et Langres, et de séparer ainsi les armées coalisées de leurs magasins; il compte, pour exécuter ce mouvement, sur l'arrivée d'un corps de dix à douze mille hommes que doivent lui fournir les places de la troisième division militaire. Les populations de l'Alsace, de la Lorraine, des Vosges, de la Moselle, peuvent aussi lui offrir des auxiliaires puissants.

Napoléon, en s'éloignant, emporte donc l'espoir d'attirer les alliés dans un mauvais système d'opération. Mais en même temps il ne perd pas de vue la rive gauche de la Seine, que les alliés viennent d'abandonner; il veut manœuvrer de manière à rester toujours maître de revenir sur Paris par cette route.

On passe la nuit du 21 au 22 au village de Somme-Puis. Le 22, on traverse la Marne au gué de Fregnicourt. Un détachement va sommer Vitry-le-Français; mais une nombreuse garnison se mit en défense, et le temps manquait pour s'en rendre maître, il fallut renoncer à occuper une position qui eût affermi l'armée sur la ligne d'opération de Blücher, en même temps qu'elle eût contenu Schwartzenberg sur la rive gauche de la Marne. Napoléon s'arrête au château de Plessis-le-Comte, commune de Longchamps, entre Vitry et Saint-Dizier. Il y dicte le bulletin d'Arcis et quelques dépêches pour Paris; mais les courriers n'ont plus de route : on a recours à des émissaires qui promettent de gagner Paris à travers champs, mais qui cependant ne purent arriver dans la capitale.

Dès ce moment, Napoléon prodigue les stratagèmes, fait des marches et des contre-marches entre Vitry, Saint-Dizier et Doulevent, dans l'espoir d'attirer vers lui la grande armée de Schwartzenberg : il fait attaquer toutes les routes que doit suivre cette armée en se reployant; il envoie du côté de la Lorraine jusqu'à Bar-sur-Ornain, du côté de Langres jusqu'à Chaumont. Ces routes, lignes d'opération des alliés, sont couvertes de leurs parcs, de leurs bagages, de leurs voyageurs; on y trouvera des nouvelles, et on peut y faire des prises importantes. Vains calculs! Harcelé seulement par les 10,000 chevaux du Russe Wintzingerode, lancés à sa poursuite, supposant qu'ils forment l'avant-garde de la grande armée ennemie, Napoléon engage cette cavalerie, la culbute et l'endommage fortement. Victoire inutile! Dans la nuit du 27 au 28 mars, trente-six heures après ce dernier succès de nos armes, l'armée française occupait Saint-Dizier et ses alentours. Vers deux heures du matin, tout était calme au bivouac. Epuisés de fatigue, hommes et chevaux gisaient étendus sur la terre durcie par la gelée, se préparant, par un sommeil de quelques heures, aux rudes travaux de la journée qui allait suivre. Autour de la flamme vacillante des feux qui vont s'éteindre, les fantassins, enveloppés dans leurs capotes grises, les cavaliers, roulés dans leurs manteaux, demeurent immobiles et silencieux.

Au quartier-général du chef, dont le génie commande à ces légions mutilées, tout est plongé aussi dans un silence profond, qu'interrompt à peine le pas précipité de quelques soldats qui gardent, par une froide nuit, la demeure passagère de l'homme du destin.

Tout à coup, suivi d'une faible escorte, un cavalier arrive au galop, traverse les gardes, met pied à terre, et pénètre précipitamment à l'intérieur du quartier-général. Il entre dans une salle basse où veillent quelques officiers de service; il jette de côté le manteau qui le couvre : c'est Caulaincourt, le négociateur malheureux de Châtillon. Il a quitté Châtillon le 20 mars. Les derniers ordres de l'Empereur ne lui sont parvenus qu'après la rupture du congrès, et pour revenir jusqu'au quartier-général de Napoléon, il a dû subir les nombreux détours que l'ennemi lui a prescrits. Il paraît en proie à une agitation profonde. D'un ton bref, il dit, s'adressant à un des officiers qui sont là : « Réveillez le grand-maréchal; il faut que je lui parle sur-le-champ, allez vite! » L'officier obéit; mais, sans plus attendre, Caulaincourt le suit et arrive en même temps dans la chambre où le grand-maréchal dormait tout habillé. Caulaincourt, congédiant d'un geste son guide, referme brusquement la porte.

Quelques minutes après, Bertrand et Caulaincourt sortent et vont droit à un salon situé sur le même palier, où repose l'Empereur. Napoléon avait travaillé jusqu'à une heure fort avancée de la nuit; il sommeillait à peine depuis trois quarts d'heure; mais, à la voix du grand-maréchal, qui lui annonça l'arrivée inopinée de Caulaincourt, il fut bientôt debout, tout prêt à écouter son plénipotentiaire. « Eh bien, Caulaincourt, dit Napoléon, quelles nouvelles? J'ai reçu vos dernières dépêches; le congrès est rompu; *ils* ne veulent pas la paix; *ils* ne l'ont jamais voulue; soit : la guerre va continuer, et nous la ferons bonne. — Sire, reprit Caulaincourt d'une voix émue, ce que j'ai à vous apprendre est plus grave encore que ce que vous savez. » Napoléon croisa les bras sur sa poitrine, en regardant Caulaincourt d'un air de surprise. Celui-ci continua, et raconta que, d'après des rapports certains, l'armée de Schwartzenberg avait passé l'Aube au moment même où l'Empereur marchait contre Vitry, rejoint sur la Marne l'armée de Silésie, et, de concert avec elle, s'avançait sur Paris. C'est Alexandre qui a emporté cette décision dans le conseil des coalisés, en montrant les avis que lui ont fait parvenir de Paris quelques misérables à la tête desquels se trouvent Talleyrand, Dalberg, Montesquiou, etc. « Et, ajouta Caulaincourt, au moment où je parle, les deux armées réunies ne sont peut-être pas à vingt-cinq lieues de Paris. Le corps de Wintzingerode, que vous avez battu le 26, n'avait été laissé devant vous que pour masquer la grande opération qui menace la capitale.

Ce récit concordait avec les renseignements donnés par des prisonniers du corps de Wintzingerode. Ce qui n'était encore qu'un doute devenait une certitude terrible. A cette désastreuse nouvelle, Napoléon resta impassible : on eût cherché en vain sur sa figure, dans ses gestes, la trace de la plus légère émotion. Après que Caulaincourt eut fini de parler, il parcourut deux ou trois fois le salon dans sa longueur, livré à ses réflexions; puis, il dit d'une voix calme : « Bertrand, mes cartes. »

Une carte du théâtre de la guerre fut étendue sur le plancher, et, une bougie dans une main, un compas dans l'autre, Napoléon l'examina d'un œil tranquille, se faisant répéter avec tous les détails le récit qu'il venait d'écouter, discutant les preuves, les renseignements qui lui étaient fournis, supputant les distances, évaluant froidement les chances qui lui restaient dans cette nouvelle phase de la lutte.

Au bout d'une heure, la diane retentissait dans le camp et dans la ville; l'armée avait reçu l'ordre de se mettre en marche sur Troyes. De là, elle devait se porter au secours de Paris.

Le jour commençait à peine à poindre, que déjà les colonnes étaient formées et s'ébranlaient pour converger au point assigné. Suivant une habitude qu'il avait prise dans cette campagne, Napoléon avait voulu voir défiler sa garde au départ. Il s'était placé près d'un feu de bivouac allumé tout exprès à quelques pas, hors de Saint-Dizier, à droite de la chaussée qui conduit de cette ville à Troyes par Montiérender. Là, il contemplait au passage les restes de ses redoutables phalanges. A côté de lui se tenaient Bertrand et Caulaincourt, à deux ou trois pas en arrière, quelques officiers formés en groupe et, plus en arrière, les escadrons de service.

Cette garde, quoiqu'elle fût incessamment recrutée dans les autres troupes, présentait des vides immenses dans ses cadres, et qu'on essayait en vain de dissimuler, en formant l'infanterie sur deux rangs, au lieu de trois, en réduisant la longueur du front des pelotons de la cavalerie. Des compagnies de 50 ou de 60 hommes à peine, des régiments de cavalerie de moins de 300 chevaux attestaient avec une triste éloquence les luttes gigantesques soutenues, depuis trop longtemps, contre les hommes et contre les éléments. Officiers et soldats portaient sur leur figure la dure empreinte des souffrances endurées et des malheurs de la patrie. Une boue blanchâtre, fixée par la gelée des derniers jours, couvrait leurs vêtements usés et déchirés. Puis, çà et là, dans les rangs apparaissaient des têtes enveloppées de linge passant sous le casque et le schako, des visages balafrés, des bras en écharpe; et, ce qui accusait encore bien clairement tant de fatigues, de privations, et de plus, bien des pertes cruelles, des jeunes gens jaunis par la fièvre, au corps débile et exténué, se trouvaient mêlés à ces vieux débris.

Cependant rien en ces hommes éprouvés n'annonçait le découragement; et, au moment où ils passaient devant le chef dont le regard était fixé sur eux, on les voyait tous jusqu'aux plus faibles soldats se redresser fièrement, et jeter de son côté un coup d'œil assuré. Pour eux et pour lui, cela voulait dire : Aujourd'hui, comme hier, tu peux compter sur nous.

Napoléon assistait pourtant, en apparence, à ce défilé de sa garde comme à une parade au Carrousel du temps de sa puissance. La physionomie calme et ouverte, il adressait, de temps à autre, la parole à Bertrand et à Caulaincourt, saluait les drapeaux qui s'inclinaient devant lui, faisait appeler quelques généraux, quelques colonels pour leur poser de ces questions auxquelles il fallait être toujours prêt à répondre : Combien d'hommes dans le rang? Combien de cartouches dans la giberne? Combien de coups à tirer dans les caissons? La confiance du chef fait la force du soldat. Mais, autour de l'Empereur les figures étaient soucieuses; on échangeait tout bas de pénibles réflexions : la fatale nouvelle avait circulé dans l'état-major, on la commentait avec une anxiété qui ne pouvait guère se déguiser. Le grand-maréchal surtout avait un air de tristesse indicible. En devinant l'objet, et voulant sans doute faire passer un peu de sa confiance au cœur de son entourage, Napoléon interpella tout à coup ce noble compagnon de sa bonne et de sa mauvaise fortune : « Eh bien! Bertrand, à quoi pensez-vous donc ainsi depuis une heure? voyons, dites-moi le sujet de vos graves réflexions? » — Le grand-maréchal resta muet et embarrassé. Napoléon ajouta en souriant, mais un peu impatient : « Allons, parlez donc, Bertrand, et parlez franchement. — Sire, puisque vous l'exigez... je pensais qu'au moment où nous sommes ici, l'ennemi était peut-être entré dans Paris. — Eh bien! Bertrand, dit Napoléon, en élevant la voix pour être entendu de son état-major, si l'ennemi est entré dans Paris, nous l'en chasserons. Les Parisiens, et ces soldats qui seront dans quatre jours sous Paris, suffiront à la besogne. » Ces mots furent prononcés d'une voix vibrante, d'un ton d'assurance qui n'admettait pas la réplique; et cette confiance n'était pas affectée : le grand capitaine avait foi en son génie, en ses soldats, en la population de Paris. A quoi a-t-il tenu que les faits l'aient justifiée?

Après le défilé, Napoléon prit le galop, et gagna bientôt la tête de la colonnne, disant à mi-voix aux colonels et aux généraux à côté desquels il passait : « Allons! allons! dépêchons-nous! des jambes! des jambes! » Le soir la garde était à Montiérender, après une journée affreuse de pluie et de boue. Le reste de l'armée suivait le mouvement.

Le lendemain, 29 mars, cette marche pénible continua. Tous les soldats savaient le but de ce mouvement rétrograde et précipité. Aussi, pas une plainte, pas un murmure dans leur bouche. Cependant des soldats, des officiers même, sortaient parfois des flancs des colonnes qui marchaient à travers champs sur des chemins défoncés, jetaient leurs sacs et leurs armes pour s'étendre sur le sol boueux, abandonnant le drapeau; mais ceux-là, ce n'était pas le cœur, c'était la force physique qui leur faisait défaut. Oh! qui dira jamais les souffrances, la résignation, l'intrépide patriotisme de ces conscrits, de ces gardes nationaux levés à la hâte, de ces vétérans qui, fidèles jusqu'à la dernière heure à la fortune de la France, ne désespéraient pas de son salut, alors même que la défection avait déjà éclaté dans les hautes classes de la nation?

Napoléon marchait à la tête de la cavalerie de la garde; il arrivait au pont de Toulencourt, quand un courrier expédié de Paris, et accourant à bride abattue, lui apporta, avec la nouvelle de l'entrée des alliés à Meaux, des renseignements circonstanciés sur les menées des royalistes auxiliaires de l'étranger. Alors Napoléon redoubla de vitesse, et le soir même, avec la cavalerie de la garde, il entrait dans Troyes. Il avait fait vingt lieues dans la journée. L'armée et l'infanterie de la garde n'avaient pu le suivre si loin : celle-ci, abîmée de fatigue, s'était arrêtée à trois lieues de Troyes, et il y avait encore des divisions à dix lieues en arrière!

Mais, pour sauver Paris, il ne s'agissait que de montrer des têtes de colonne à ses barrières. Un coup de canon tiré sur les hauteurs de Villéjuif par une batterie de la garde, Napoléon dans Paris, et l'armée coalisée battait en retraite devant les aigles impériales pour la deuxième fois. La garde se remit donc en route après une courte nuit de repos. Neuf heures de marche la portèrent à Villeneuve-l'Archevêque; mais là, elle s'arrêta encore : hommes et chevaux tombaient épuisés; il fallut attendre au lendemain pour continuer la route. Cette avant-garde de l'armée n'était donc plus qu'à trois journées de Paris; le 2 avril au plus tard, elle pouvait être rangée en bataille dans la plaine de Saint-Denis; mais ces trois jours, la fortune les accorderait-elle à la France? doute affreux, doute terrible qui avait envahi tous les cœurs, et qui pénétra enfin jusqu'à Napoléon.

L'armée a besoin de trois jours; mais lui, dans douze heures il peut être à Paris; il peut parcourir la ville et ses faubourgs, soulever le peuple en lui criant *aux armes!* de cette voix puissante qui, depuis vingt années, retentit dans tout le monde. Sa seule présence intimidera les traîtres, encouragera les timides, enhardira les braves. Sous l'empire de ces pensées, Napoléon n'hésite plus : laissant ses troupes, sûr de les retrouver au rendez-vous d'honneur, il s'élance sur la route qui conduit à Paris. Dans une ville française, au centre de la France, on n'a pas trouvé une seule voiture pour transporter l'Empereur; les équipages sont en arrière... Qu'importe à cet homme de fer? il a déjà parcouru en ce jour dix lieues à cheval; il en parcourra ainsi trente encore, s'il le faut. Deux ou trois escadrons à peine peuvent lui servir d'escorte; il s'expose à se faire enlever par un parti de cosaques dans cette course aventureuse.... Qu'importe encore? il a levé les yeux au ciel, et son étoile semble y briller toujours. Lui qui, il y a huit jours, poussait son cheval sur la fusée brûlante d'un obus, ne craint pas quelques lances cosaques.

Pressé par l'éperon qui lui déchire le flanc, son cheval arabe vole plutôt qu'il ne marche sur le sol fangeux; et il est encore trop lent au gré de la pensée impatiente qui dévore l'espace. Paris! Paris! dix années de sa vie, sa gloire passée, les trésors des Tuileries, Napoléon les donnerait pour franchir d'un bond les quelques lieues interposées par la fortune infidèle entre Paris et lui. Une espèce de rage s'est emparée des cavaliers d'escorte, à la vue de l'Empereur les gagnant incessamment de vitesse, et sur le point de disparaître à leurs yeux. Les cris, les jurements, les coups d'éperon et les coups de sabre sollicitent avec fureur l'ardeur défaillante de leurs montures. Mais les malheureux animaux ne répondent bientôt plus aux nobles passions de leurs maîtres. Au bout d'une heure de cette course rapide, plusieurs tombent harassés, exténués, et ne se relèvent plus; les autres continuent à suivre de plus ou moins loin le cheval blanc qui galope en avant; mais peu à peu la plupart tombent à leur tour, ou bien s'arrêtent haletants. Quelques-uns, sans doute, arriveront à Villeneuve-le-Guiard, ayant fourni une carrière de douze heures à peine; mais ni cavaliers, ni chevaux ne peuvent aller plus loin. Cependant Napoléon a trouvé un cheval qui remplace le sien, et il continue à courir ventre à terre, escorté seulement de Bertrand et de sept ou huit généraux de son état-major.

Il poursuivra ainsi jusqu'à Fontainebleau où il se rencontrera enfin deux voitures et des chevaux pour le service du chef de l'empire et de sa suite.

Pour conserver la liaison des faits, nous allons revenir un instant sur nos pas.

Lorsque Schwartzenberg eut forcé le passage de l'Aube, deux dépêches, par lesquelles le major général Berthier avertissait Macdonald que l'Empereur allait se porter sur Joinville, furent interceptées par le général Orchewski, qui, en les transmettant au généralissime, l'informait qu'il avait enlevé, auprès de Somme-Puis, 14 bouches à feu de notre arrière-garde. Cet avis était d'une haute importance, puisqu'il révélait le mouvement de nos troupes. Schwartzenberg, ne voulant rien prendre sur lui dans une circonstance aussi décisive, provoqua un conseil de guerre, dans lequel il fut décidé que, sans s'inquiéter de la manœuvre de Napoléon, qui semblait vouloir guerroyer sur le derrière des alliés, toutes leurs forces se dirigeraient immédiatement sur Châlons pour se réunir à Blücher, qui s'y rendait par la route de Reims, après avoir rejeté du côté de Château-Thierry les corps du duc de Raguse et du duc de Trévise. Le 23, la jonction des deux armées s'était opérée. Jamais, depuis Attila, l'immense plaine qui s'étend entre Châlons et Arcis n'avait contenu autant de soldats.

Il restait aux alliés à décider s'ils marcheraient contre Napoléon ou s'ils s'avanceraient sur Paris. Les chefs les plus prudents, craignant une *Vendée impériale*, avaient parlé de se retirer sur le Rhin; et la réunion de toutes leurs forces ne leur paraissait pas moins nécessaire pour effectuer une telle retraite que pour marcher en avant; mais l'empereur Alexandre, pressé de saisir une occasion qui peut-être ne devait plus se représenter, convoqua, le 23 mars, à Pouzy, un nouveau conseil, où il insista pour que, sans délai, tous les corps et toutes les réserves des deux armées marchassent ensemble sur Paris. Le prince Wolkouski et les généraux Barclay de Tolly, Toll et Diebitsch, prirent part à la délibération; le roi de Prusse était absent, mais Alexandre se rendit garant de son approbation.

Le czar ne se dissimulait pas les difficultés de l'entreprise dont il pressait l'exécution. Mais il était en même temps rassuré par les relations qu'il entretenait avec Paris.

Les royalistes de la capitale avaient des coteries très-remuantes, mêlées d'hommes, de femmes et de prêtres; c'étaient autant d'arsenaux d'intrigues obscures, autant de sources des plus sinistres rumeurs, des plus séduisantes espérances, des insinuations les mieux ménagées. Là, dans leurs réunions secrètes, ces royalistes sans armes et sans talents, se croyaient forts, parce que, dans leurs salons, ils avaient le ton menaçant; nombreux, parce qu'ils voyaient toute la France en eux-mêmes. Nobles, prêtres et douairières réunis rêvaient priviléges de noblesse, immunités de clergé, intolérance religieuse, châteaux, couvents, et tout l'attirail de la vieille monarchie. Ceux-là sont les moins dangereux de tous; car ils ne comprennent rien à ce qui les entoure et ne sont compris de personne. D'ailleurs ils ne se montreront que lorsqu'il n'y aura plus aucune espèce de dangers. Toute leur activité s'épuise en intrigues obscures, en commérages; et, s'ils poussent le courage jusqu'à regarder dans la rue, la vue d'un agent de police ou d'un gendarme les fait rentrer aussitôt.

La foudre qui va briser le trône impérial ne s'échappera pas de leurs débiles mains. Le trait enflammé partira d'une autre région. Talleyrand conduit des menées bien autrement efficaces. Eloigné depuis plusieurs années des conseils de Napoléon, humilié par lui, ce noble dignitaire, vice-grand électeur de l'empire, s'étant mis en communication avec les cours alliées, nourrit leur confiance, anime leur fermeté, et réchauffe leur espoir d'une subversion du gouvernement français. Autour de ce diplomate ondoyant, se pressent un grand nombre de sénateurs, de fonctionnaires, de grands capitalistes, tous alarmés sur la fortune de l'Etat dont dépendent leurs fortunes; de fournisseurs poursuivis en restitution, ou menacés; d'acquéreurs de propriétés nationales recherchés pour les décomptes.

Les progrès de l'invasion avaient jeté au milieu de ces diverses classes des germes de terreur, qui allaient se développant: les routes qui de la capitale conduisent aux provinces étaient couvertes d'équipages; tous les riches allaient chercher un abri dans leurs châteaux, en Touraine, en Normandie et dans les départements de l'Ouest: en un seul jour, treize cents passe-ports furent délivrés. Le comité Talleyrand alimentait cette panique, qu'il espérait voir passer des rangs élevés dans les classes inférieures. A cet effet, les bruits mensongers, les mots mystérieusement effrayants n'étaient pas épargnés : à l'entendre, la coalition comptait un million de soldats; si l'on demandait à Talleyrand la cause du désordre qui régnait déjà dans les diverses branches de l'administration. « C'est le commencement de la fin, » répondait-il. D'autres moyens étaient aussi employés, non moins propres à provoquer les inquiétudes de la population. Tous les jours, la police déchirait des placards alarmants; un matin, on trouva au pied de la colonne de la place Vendôme ces mots écrits sur une large feuille de papier : « *Passez vite, il va tomber.* »

Les alliés étaient encore indécis sur le parti qu'ils devaient prendre, lorsque Vitrolles apporta à l'empereur Alexandre un billet de Talleyrand ainsi conçu : « *Vous pouvez tout, et vous n'osez rien : osez donc une fois.* » Le laconisme obligé de ce billet n'embarrassa aucun des chefs de la coalition. Il leur parut démontré que tous les moyens de résistance seraient paralysés, et certains d'avoir la trahison pour auxiliaire, ils choisirent, pour la première fois, le parti le plus hardi. Aussitôt une proclamation, qui annonçait la rupture des négociations de Châtillon et la réunion des deux grandes armées européennes, publia la résolution des alliés de s'avancer sur Paris, et le 25 mars au matin toutes les forces des alliés se dirigèrent sur Fère-Champenoise.

Ainsi la manœuvre de Napoléon, qui devait sauver la capitale et le trône impérial, fut précisément ce qui perdit l'une et l'autre. Mais l'Empereur devait-il supposer que l'impéritie du gouvernement permettrait à la perfidie de Talleyrand d'agir en toute liberté?

Lorsque Napoléon eut pris la résolution de découvrir Paris pour manœuvrer sur les derrières de l'armée austro-russe, il avait prescrit aux maréchaux Mortier et Marmont de venir le joindre avec leurs troupes vers Saint-Dizier. En exécution de ces ordres, le corps de Marmont se réunit, près de Fimes, à celui de Mortier, venant de Reims, qu'il avait été forcé d'évacuer, et, le 24 mars, les deux maréchaux se portèrent sur Château-Thierry, afin de se diriger par Montmirail et Champaubert vers l'Empereur. Marmont avait sous ses ordres 3,500 hommes et 1,500 chevaux; Mortier commandait 6 à 7,000 hommes. Nos troupes étaient dans la plus parfaite sécurité, lorsque Marmont, après avoir dépassé Vertus, aperçut une colonne considérable, qu'il ne tarda pas à reconnaître pour ennemie. Aussitôt il fit prévenir Mortier, et en même temps il marcha vers le village de Sommesous avec son artillerie pour disputer le terrain à l'ennemi. Le duc de Trévise arriva un peu tard, et lorsque Marmont, aux prises avec 5 régiments de cosaques et une division de cuirassiers, avait déjà perdu beaucoup de monde et commencé sa retraite; Mortier ne rétablit point le combat et ne put que favoriser le mouvement rétrograde de Marmont. Toujours combattant, ils se replièrent jusqu'en arrière de Sommesous, où ils prirent position. Malheureusement, une pluie abondante avait rendu le chemin extrêmement difficile; et, soit complicité avec les conspirateurs, soit négligence, l'artillerie, que le ministre de la guerre leur avait récemment envoyée de Paris, sur leurs instances, était traînée par des chevaux non dressés qui se cabraient à chaque pas, s'emportaient et jetaient le désordre sur toute la ligne. Cependant une canonnade s'engagea et dura deux heures à l'avantage des maréchaux; mais deux énormes colonnes de cavalerie, dont l'une était commandée par le prince Constantin, se jetèrent sur la cavalerie française, qui se replia en désordre sur l'infanterie et la culbuta. Une partie des canons fut abandonnée; le reste, emmené à la hâte par le duc de Raguse, eut grand'peine à suivre les deux corps, qui se repliaient précipitamment, cherchant à gagner les hauteurs de Fère-Champenoise. En cette circonstance, comme en d'autres, les éléments se joignirent aux ennemis pour écraser nos troupes : la pluie qui continua, accompagnée de grêle, vint battre le front de la ligne française et accrut les embarras inséparables d'une semblable retraite; bientôt elle tomba par torrents; les fusils cessèrent de tirer, et l'infanterie n'eut plus que la baïonnette à opposer à l'impétuosité de l'ennemi. Deux fois les maréchaux se réfugient dans les carrés. Cependant la tempête se calme; le ciel s'éclaircit et permet à nos soldats de voir les vides affreux qui règnent dans leurs rangs. Tout à coup, un corps de cavalerie autrichienne, qui n'avait pris aucune part aux combats de la journée, s'élance du vallon de l'Aube, où il se tenait caché, et tombe comme la foudre sur le flanc de nos troupes, harassées par une lutte de sept heures. Cette charge inattendue achève de les démoraliser; elles fuient pêle-mêle; le désordre est à son comble, et tout espoir de salut semble perdu, lorsque le général Leclerc, accouru de Sézanne au bruit du canon, avec le 9e régiment de cavalerie, se présente à son tour, et se jette entre les fuyards et l'ennemi, qu'il arrête subitement.

Les maréchaux profitent de ce moment de répit et rallient leur armée. L'ennemi, honteux du retard que quelques centaines de cavaliers apportent à sa course, s'apprête à leur passer sur le ventre, lorsqu'un autre événement attire son attention. Une colonne paraît sur la gauche, nourrissant un feu très-vif : « L'Empereur! l'Empereur! » s'écrient nos soldats. « L'Empereur? » répètent les Autrichiens; et ce mot, qui, tout-puissant encore, jette l'effroi dans les rangs ennemis, redonne de la joie et du courage à nos troupes épuisées. Les Français, qui tout à l'heure fuyaient épouvantés, redemandent à combattre; les maréchaux ne peuvent les retenir tous; quelques-uns s'échappent et vont se faire tuer; les cuirassiers de Bordesoulle témoignent surtout une impatience irrésistible. L'Empereur s'avance, disent-ils, la fortune va changer.

Ce n'était pas l'Empereur : c'étaient les divisions Pacthod et Amey,

composées de gardes nationaux, escortant un immense convoi d'artillerie et de munitions de toute espèce, envoyé à Napoléon par le ministre de la guerre, et qui, parties de Bergères au point du jour, essayaient de rejoindre les corps de Marmont et de Mortier : faux mouvement que le duc de Trévise avait voulu prévenir, mais que la négligence de l'officier chargé d'avertir Pacthod lui laissa exécuter.

Avant que l'ennemi fût revenu de son erreur, les maréchaux, assurant leur retraite, s'étaient retirés sur Allement. Les généraux Pacthod et Amey, qui peut-être auraient dû suivre ce mouvement, se trouvèrent seuls avec leur division, ayant en face l'armée de Silésie et sur ses derrières deux régiments russes. Ajoutons que la plus grande partie de leurs forces consistait en gardes nationales et surtout en conscrits.

L'heure était solennelle; l'immense disproportion de forces rendait le succès impossible; il s'agissait donc, non de vaincre, mais de mourir. L'intrépide Pacthod harangue ses soldats, dont le plus vieux compte à peine un mois de service, et, leur montrant la honte de céder en rase campagne, leur fait jurer de vendre chèrement leur vie. Ces intrépides citoyens, qui pour la plupart voyaient le feu pour la première fois, accueillent par des applaudissements unanimes l'héroïque détermination de leur général; ils se forment en carrés, et attendent, silencieux et immobiles comme des rocs, l'ennemi à la baïonnette.

L'antiquité n'offre rien de plus sublime que ce dévouement des soldats de Pacthod. La cavalerie autrichienne essaie vainement d'entamer les carrés : hommes et chevaux se brisent contre eux. Les charges se répètent: efforts superflus! Inébranlables comme les vieilles bandes que le général Bonaparte opposait en Egypte à l'intrépidité des mamelouks, ces soldats de quelques semaines repoussent, avec un ensemble et un sang-froid admirables, des assauts multipliés. Cependant le général Pacthod donne l'ordre de se retirer sur Fère-Champènoise : il espère ainsi arracher ses 3,000 braves aux 15,000 sabres levés contre eux. Les rangs de l'ennemi s'ouvrent alors, et 80 pièces d'artillerie font pleuvoir la mitraille sur nos carrés. Mais ils doivent être soumis à une épreuve plus terrible encore : arrivés, après des efforts incroyables, jusqu'à une courte distance de Fère-Champenoise, et se croyant tout près d'y trouver un refuge, ils s'aperçoivent que cette ville est occupée par l'empereur Alexandre, dont la cavalerie couronne les hauteurs environnantes. Alexandre, trompé par leur héroïque résistance, s'imagine qu'il a devant lui l'élite de l'armée française. Sur-le-champ il réunit ses forces, et 30,000 cavaliers entourent bientôt cette poignée d'hommes, dont le canon diminue le nombre à chaque instant. Le carré où se trouvait Pacthod, écrasé par ces masses et réduit de plus de moitié, cède et met bas les armes; celui du général Thévenet résiste encore; le général, blessé, tombe au pouvoir de l'ennemi; on offre le quartier aux soldats; ils refusent. Mis en désordre et dans l'impossibilité de se rallier, ceux qui restent debout se font hacher isolément; pas un seul ne se rendit, et ce n'étaient que des conscrits!

Cinq mille hommes tués, 4,000 prisonniers, 60 bouches à feu, 350 caissons, 6 généraux blessés ou prisonniers : voilà pour nous les résultats de la journée du 25 mars. L'ennemi perdit 4,000 hommes.

Les corps des maréchaux Mortier et Marmont, ainsi que la cavalerie du général Belliard, s'étant fait jour dans Sézanne à travers les Prussiens, se retirèrent précipitamment par la route de Meaux. La division Compans franchit la Marne à Trilport; mais, au moment où les autres colonnes voulurent à leur tour effectuer le passage, elles en furent subitement empêchées par les troupes d'York et de Kleist, qui débouchèrent sur la Ferté-Gaucher. Le maréchal Mortier, avec une division de la garde, entreprit de renverser les obstacles qu'on lui opposait; mais, ayant échoué dans cette tentative, il se porta à travers champs sur Provins. Alors, le maréchal Marmont, qui suivait le mouvement, envoya à Nogent la division Souham, afin de conserver le seul pont par lequel Napoléon pût traverser la Seine, si, comme il était vraisemblable, il arrivait par Troyes. Après s'être séparés auprès de Nangis, les deux généraux se joignirent à Brie-Comte-Robert, et se dirigèrent ensemble vers Charenton.

Les armées ennemies redoublaient de vitesse. Le 27 mars, Schwartzenberg établit son quartier-général à Coulommiers, et le même jour, Blücher transféra le sien à la Ferté. Le lendemain, ils continuèrent leur marche; l'un avait passé la Marne à Lagny, et l'autre se dirigeait sur Meaux. Des gardes nationales, qui, mêlées aux troupes réglées, voulurent arrêter Blücher, furent repoussées, et perdirent leur chef. Le général Vincent, chargé de défendre Meaux, retarda, en rompant le pont, la marche des coalisés. Mais tandis que les Prussiens, après avoir éprouvé à Clayes, une perte considérable, se portaient sur la route de Soissons, le général Rayewsky, qui éclairait la marche de Schwartzenberg, réussit à passer et s'avança contre notre arrière-garde, campée à Ville-Parisis. A la suite de quelques légères escarmouches, l'ennemi, pour rassembler ses forces, proposa un armistice de quatre heures. Les généraux Compans et Vincent, à qui il ne restait plus que quelques milliers d'hommes de nouvelle levée, y consentirent dans l'espoir d'être bientôt secourus. En pareille circonstance, il était utile de gagner du temps : aucune mesure n'avait été prise pour la défense ; les redoutes dont on voulait la construction, n'étaient pas même tracées, et ce qui paraîtra plus surprenant encore, on n'avait pas songé à confectionner des vivres pour les troupes. Les malheureux soldats, qui depuis plusieurs jours combattaient avec une constance héroïque, eurent peine à trouver du pain. Après avoir résisté auprès de Chelles et de Bondy, le général Compans prit position sur les hauteurs de Belleville.

Il n'était plus possible de cacher la défaite des deux corps que Napoléon, en se portant dans la Champagne, avait laissés pour couvrir la capitale. On savait que, dans des combats continuels, ils avaient éprouvé de grandes pertes, et que plus de 100 pièces d'artillerie leur avaient été enlevées ; mais déjà deux fois l'on avait vu l'ennemi venir jusqu'aux portes de Paris, deux fois il avait été repoussé, et l'on espérait qu'il le serait une troisième. On ne pouvait d'ailleurs croire qu'il s'avançât avec des forces si considérables et avec tant de célérité. Chacun aimait à se dissimuler le danger et à s'exagérer les moyens de résistance. Le gouvernement, pour entretenir cette disposition des esprits et augmenter l'énergie, assura que les troupes qui se présentaient étaient celles d'un partisan audacieux, ou plutôt une colonne égarée tombée dans un piége tendu par l'Empereur.

Tout à coup, une foule de villageois, fuyant devant les cosaques et les soldats de Blücher, se présentent avec toutes les marques du désespoir aux barrières de Paris. Ces malheureux gémissent, chargés de leurs enfants, et traînant péniblement de lourdes charrettes où leurs meubles sont entassés; on les entend raconter, en pleurant, la barbarie des sauvages du Don, les fureurs des soldats de Blücher. Tous leurs rapports annoncent l'arrivée des ennemis par nuées innombrables; ils les ont vus en marche sur Paris; ce soir ils camperont sous les murailles de la ville.

Vers midi, l'on apprend que les ducs de Raguse et de Trévise, poursuivis de près par les alliés, viennent de se montrer au sud-est. Ils cantonnent leurs troupes : Marmont à Saint-Mandé, Vincennes, Charonne, Montreuil; et Mortier à Charenton, Conflans, Bercy et Picpus.

Le même jour, l'armée de Silésie prend position à Grand-Drancy, Aulnay, Villepinte, le Bourget; le quartier-général des alliés est à Bondy; Anet est occupé par le prince de Wurtemberg; la cavalerie de Pahlen a poussé jusqu'à Romainville et Pantin.

Telles étaient notre position et celle de l'ennemi, lorsque le 30 mars arriva.

Pendant la nuit, la diplomatie était venue en aide à la force matérielle : les messagers entre l'hôtel Talleyrand et le quartier-général de Bondy s'étaient succédé sans interruption.

Talleyrand, sûr des fonctionnaires, des grands dignitaires, de la meilleure partie des sénateurs et des membres du Corps législatif, ne l'était pas autant des simples citoyens, moins faciles à corrompre que les grands. Il craignait l'effet des uniformes étrangers sur la population parisienne ; en conséquence, il jugea prudent que les alliés se fissent précéder d'une proclamation essentiellement pacifique, et capable, par sa modération, de calmer les esprits les plus irritables; mais, ne voulant laisser à aucun autre le soin d'une pièce que demandait tant de précautions, il rédigea lui-même le modèle suivant, auquel Schwartzenberg n'eut que sa signature à apposer.

« Habitants de Paris!

« Les armées coalisées se trouvent devant Paris; le but de leur marche sur la capitale de la France est fondé sur l'espoir d'une réconciliation sincère et durable avec elle. Depuis vingt ans l'Europe est inondée de sang et de larmes; les tentatives faites pour mettre un terme à tous ses malheurs ont été inutiles, parce qu'il existe, dans le pouvoir même du gouvernement qui vous opprime, un obstacle insurmontable à la paix. Quel Français ne serait convaincu de cette vérité? Les souverains alliés cherchent de bonne foi une autorité salutaire en France qui puisse cimenter l'union de toutes les nations et de tous les gouvernements avec elle.

« C'est à la ville de Paris qu'il appartient, dans les circonstances actuelles, d'accélérer la paix du monde; son vœu est attendu avec l'intérêt que doit inspirer un si immense résultat; qu'elle se prononce; et, dès ce momoment, l'armée qui est devant ses murs devient le soutien de ses décisions. Parisiens! vous connaissez la situation de votre patrie, la conduite de Bordeaux, l'occupation amicale de Lyon, les maux attirés sur la France, et les dispositions véritables de vos concitoyens.

« Vous trouverez dans ces exemples le terme de la guerre étrangère, et celui de la discorde civile; vous ne sauriez plus le chercher ailleurs. La conservation et la tranquillité de votre ville seront l'objet des soins et des mesures que les alliés s'offrent de prendre avec les autorités et les notables qui jouissent le plus de l'estime publique.

« Aucun logement militaire ne pèsera sur la capitale.

« C'est dans ces sentiments que l'Europe en armes devant vos murs s'adresse à vous. Hâtez-vous de répondre à la confiance qu'elle met dans votre amour pour la patrie et dans votre sagesse.

« Quartier-général de Bondy, le 29 mars 1814. »

La plupart des événements du 30 seraient inexplicables, si on ne connaissait la situation de Paris pendant la campagne de 1814.

L'Empereur, en quittant la capitale, avait, il est vrai, confié le gouvernement à Marie-Louise; mais il n'avait point encore, ainsi que tous les historiens l'ont répété, nommé son frère Joseph à la lieutenance-générale. L'Empereur, qui ne supposait pas que sa présence à l'armée dût être aussi longtemps nécessaire, partit avec la presque certitude de revenir assez tôt pour mettre la capitale en un état de défense complet (1). Mais, en arrivant

(1) Dès la fin de décembre, Napoléon avait ordonné la formation d'un conseil de défense de l'Empire, composé des généraux Dejean, Bertrand et Chasseloup. D'autres officiers furent également consultés, entre autres le général Maurcillan, le colonel Prost, les majors Allent, Paulin, etc. Le 12 janvier, le conseil présenta son projet; mais l'Empereur, le

à son quartier-général, à Châlon, il fut forcé de changer ses dispositions : l'état de désorganisation dans lequel il trouva l'armée lui fit sentir la nécessité de s'y donner tout entier. Il craignit alors que la défense de Paris eût à souffrir d'une absence prolongée; et, le 28 janvier, Joseph fut nommé lieutenant-général.

« Les historiens, dit l'auteur auquel nous empruntons cette rectification, n'ont point remarqué quand et pourquoi cette nomination a été faite; ils ont tous dit qu'elle avait eu lieu en même temps et par la même disposition qui appelait Marie-Louise à la régence. C'était pourtant une chose d'autant plus essentielle à observer qu'elle a exercé une grande influence sur les événements malheureux de l'époque. D'ailleurs l'exactitude de ce fait met à même de suivre la pensée de l'Empereur : voilà surtout pourquoi il nous a paru important de relever l'erreur dans laquelle on est généralement tombé à cet égard. »

Ainsi, à partir du 28 janvier, tout reposa sur Joseph Napoléon. Comprit-il la pensée de son frère, la grandeur de sa mission, l'immense responsabilité qui, de ce moment, pesa sur lui? Non, malheureusement; et Napoléon eut peut-être tort de lui accorder des pouvoirs aussi étendus.

Encore, s'il eût été soutenu par le ministre de la guerre. Mais le duc de Feltre n'était pas seulement un médiocre administrateur, c'était aussi un malhonnête homme; car il est impossible d'expliquer autrement que par une infâme trahison sa conduite dans les circonstances qui précédèrent et accompagnèrent la bataille de Paris. Cette ville, malgré tant de trahisons ruineuses, malgré tant de fautes pires que les trahisons, pouvait encore être défendue, ainsi que nous allons essayer de le démontrer; mais, pour rendre intelligible la relation des événements du 30 mars, il est nécessaire de présenter d'abord une esquisse topographique du champ de bataille.

Le plateau de Rosny projette, entre ce village et Montreuil, un grand contrefort, qui, se dirigeant par Fontenay-sous-Bois à Nogent-sur-Marne, présente une première position contre un ennemi débouchant des routes de Lagny et de Montfermeil, pour se porter sur les barrières du Trône et de Montreuil; toutefois, comme elle laisse à sa gauche la plaine qui s'étend de Rosny et de Bondi aux villages de Merlan et de Noisy-le-Sec, et ne couvre pas la route d'Allemagne, elle est peu digne d'examen.

Le plateau principal se resserre entre les gorges de Montreuil et de Merlan, et n'a plus qu'une largeur d'environ 300 mètres; mais après cet étranglement, il s'élargit et projette deux contreforts, dont l'un s'étend au nord entre la gorge de Merlan et les carrières de Pantin, et se divise en plusieurs groupes qui séparent les petites gorges de Noisy et de Romain-

trouvant imparfait, en demanda un autre dont il indiqua lui-même les bases. Des retards furent apportés dans l'exécution; et, sur ces entrefaites, Napoléon se rendit à l'armée.

ville. Le contrefort opposé forme au sud une croupe assez large entre les gorges de Montreuil et de Bagnolet, et se termine à des escarpements de carrières. Le plateau avec ses contreforts, mesuré depuis ces escarpements jusqu'à la sommité des pentes qui dominent Noisy, a 3 kilomètres de développements, sur une largeur qui varie de neuf cents à quinze cents mètres. Cette position n'est accessible de front et de niveau que par l'étranglement de Merlan et de Montreuil. Ce dernier village, Noisy, Romainville et le clos de Malassis appuient ses flancs, et fournissent de front des défenses successives; cependant son occupation ne serait avantageuse qu'autant que l'ennemi marcherait sur le plateau, car elle couvre seulement la route de Montfermeil, et laisse celles de Lagny et d'Allemagne sur ses flancs.

Au-delà de Romainville, le plateau entre le ruisseau du vallon de Bagnolet et la gorge entre Romainville et les carrières de Pantin, n'a, du nord au sud, qu'une largeur d'un kilomètre. C'est derrière ce second étranglement que s'élèvent les deux contreforts qui forment la position d'où l'on maîtrise à la fois les routes de Meaux et de Lagny. Le premier de ces contreforts se dirige au nord entre Romainville et Pantin, et va pendre au-dessus de ce dernier village, ne laissant entre le canal de l'Ourcq et les carrières qui sont à son pied qu'un espace de cinq à six cents mètres. Le second court au sud entre le vallon de Bagnolet et la gorge de Charonne, et va s'abaisser en pente douce à hauteur du hameau du Petit-Vincennes. Cette position, mesurée dans le développement des contreforts opposés, n'a pas moins de trois kilomètres; mais celui de droite se refuse et se trouve protégé par les accidents de toute espèce que présentent en avant le clos de Malassis, le vallon et le parc de Bagnolet. Celui de gauche est également protégé en avant par le village et le parc de Romainville, et par les terrasses qui partagent les croupes sur lesquelles une partie de ce village est assis.

La position n'est d'un accès un peu facile que par l'étranglement derrière lequel elle se trouve. Pour maîtriser à gauche la route d'Allemagne, il suffit d'occuper Pantin, et de défendre en avant l'intervalle de 5 mètres entre les carrières et le canal de l'Ourcq; on reste maître à droite de la route de Vincennes, en occupant la tête de la chaussée, dont les flancs sont revêtus jusque-là par des murs de terrasse.

Lorsqu'on a dépassé cette position, les petits vallons des prés Saint-Gervais et de Charonne forment un troisième étranglement qui n'a guère que cinq à six cents mètres d'ouverture. Ce dernier est occupé par le parc de Saint-Fargeau qui serre au nord le chemin de Romainville à Belleville, et occupe au midi la naissance des pentes dont les eaux descendent à Charonne. Il est surtout remarquable par les buttes des tourelles et du télégraphe dans le parc de Saint-Fargeau, lesquelles procurent à la fois des moyens de protéger la première position et de disputer la seconde. Celle-ci, considérée dans sa plus grande étendue, est aussi déterminée par deux contreforts; le premier s'élève entre les buttes du télégraphe et de Saint-Chaumont, se prolonge au-delà de Belleville, et va former la butte Beauregard entre la gorge du pré Saint-Gervais et celle qui descend de Belleville au hameau des Maisonnettes; l'autre prend naissance à la butte du télégraphe, et va former au-delà de Ménil-Montant, bâti en partie sur sa croupe, l'arête du Mont-Louis, qui sépare la gorge de Charonne des boulevarts extérieurs.

Les points d'appui de cette position sont : au centre, la butte du télégraphe et les têtes des villages de Belleville et Ménil-Montant; à la droite, le cimetière de Mont-Louis, le monticule de Fontarabie, et comme postes avancés, le village et le clos de Charonne; à gauche, la butte Beaurepaire, et comme postes avancés, le village et le clos de pré Saint-Gervais. L'ennemi ne peut tourner cette position par la droite qu'en s'emparant de Charonne et du monticule de Fontarabie, et se glissant par les pentes et les habitations situées entre les boulevarts et le cimetière de Mont-Louis, dans les vieilles carrières des Amandiers, entre Mont-Louis et Ménil-Montant. Les difficultés sont moindres par la gauche. L'intervalle entre les escarpements de la butte Beauregard et le canal de l'Ourcq offre une plaine d'un kilomètre, peu aisée à défendre quand l'ennemi est maître de Pantin et du contrefort entre les villages de Romainville et des prés Saint-Gervais.

La butte Saint-Chaumont, isolée entre la plaine de la Villette et la gorge qui descend de Belleville à Paris, étant séparée des boulevarts extérieurs par un terrain qu'a bouleversé l'exploitation d'anciennes carrières, n'est point une position d'armée, mais peut fort bien être celle d'une réserve destinée à soutenir la butte Beauregard, et à protéger la retraite des troupes dans Paris.

Ainsi le plateau de Rosny et la butte Saint-Chaumont offrent deux positions défensives susceptibles d'être vivement et successivement disputées.

Montmartre offre une position qui, considérée dans son ensemble, s'étend depuis le faubourg extérieur de la Chapelle jusqu'à celui de Batignolles, sur un développement, qui, mesuré par les crêtes, a près de deux kilomètres et demi; mais, dans cette position générale, le centre, la gauche et la droite forment, en quelque sorte, trois autres positions distinctes. Celle de droite, appelée butte des Cinq-Moulins, s'étend sur un développement de plus de 800 mètres de la Chapelle à Clignancourt, comme une courtine élevée dont ces villages forment les saillants. La route de Paris à Saint-Denis, le chemin qui joint les villages en avant de la butte, celui qui règne sur la butte même et les boulevarts extérieurs, permettent à toutes les armes d'y manœuvrer librement. La position du centre est formée par la crête élevée de Montmartre, sur laquelle on voit le village de ce nom. Mesurée de l'est à l'ouest, elle n'a pas moins de 900 mètres de développement; mais du sud au nord, elle se rétrécit tellement, qu'elle n'a pas 100 mètres d'une surface de niveau. Ce n'est, pour ainsi dire, qu'une arête sur laquelle les buttes des Moulins et le chemin qui les unit, sont bordés de part et d'autre par des pentes plus ou moins rapides. Sur celle du nord, des escarpements, des maisons, des terrasses séparées par des rues étroites et d'une pente rapidè, offrent mille moyens de résistance. La crête est inaccessible à l'ouest; à l'est, d'autres escarpements ne laissent d'accès que par un chemin roide et de peu de largeur, qui, d'ailleurs, aboutissant à Clignancourt, unit le centre à la droite, et ne devient praticable à l'ennemi qu'après qu'il s'est au moins rendu maître de ce village. Du côté de Paris, la hauteur offre aussi des escarpements; mais les anciens chemins et la nouvelle rampe donnent toutes les facilités désirables pour porter à son sommet les troupes et l'artillerie nécessaires à la défense. La position de gauche s'étend depuis les escarpements qui terminent à l'est la crête élevée de Montmartre, jusqu'à l'embranchement des routes qui, du faubourg des Batignolles, descendent à Clichy et à Saint-Ouen. Les deux points saillants de cette position sont formés par le faubourg des Batignolles, situé en avant des escarpements de Montmartre, et par le mamelon de la hutte des gardes, d'où s'incline, en pente douce, une large croupe qui se perd vers la Seine, au-dessous de Clichy. Entre ces saillants, les buttes des Trois-Moulins et des Tertres, provenant du déblai des carrières, dessinent une espèce de courtine d'environ 600 mètres. Un chemin qui part du faubourg des Batignolles, passe en-deçà des Trois-Moulins, se divise en deux branches, dont une se dirige par la hutte des gardes et traverse Clignancourt, et l'autre va gagner le chemin transversal tracé à mi-côte, entre la crête de Montmartre et les boulevarts. Ce chemin et ces boulevarts unissent la gauche au centre et à la droite, et sous ce point de vue établissent l'unité de défense, autant que le permettent les pentes et les escarpements du terrain. On voit, par tout ce qui précède, quelles ressources peut offrir la défense bien combinée de Montmartre.

Quant aux moyens matériels de défense, il avait été arrêté que Paris ne serait couvert que par des ouvrages en bois, capables seulement de résister aux attaques de la cavalerie. Pour flanquer ou protéger les parties de tambours qui ne se défendraient pas elles-mêmes, on crénela les bâtiments élevés aux diverses barrières et quelques parties adjacentes au mur d'enveloppe; on ferma en maçonnerie ou en fortes palissades les lacunes de l'enceinte, et l'on acheva le chemin de ronde intérieur, afin de circuler librement tout autour.

L'artillerie affectée à la défense de l'enceinte ne consista qu'en quarante

pièces de 4 et vingt de 8, indépendamment de douze pièces de 4 et quatre de 8, formant une réserve sur chacune des rives de la Seine.

Les cinquante-six barrières de l'enceinte étaient divisées, comme elles le sont encore, en grandes et petites; parmi les premières, on classa celles de Fontainebleau, d'Orléans, du Maine, de Passy, de Neuilly, du Roule, de Saint-Denis, de Pantin, du Trône et de Charenton. L'artillerie fut concentrée aux grandes barrières, où aboutissent les grandes routes, et que le service public et celui des armées, obligeant de tenir ouvertes jour et nuit, mettaient dans la nécessité d'occuper en force comme plus exposées à l'insulte des partis. Une des réserves fut placée à la barrière du Trône, l'autre à celle de Fontainebleau.

Aux dehors on avait construit des tambours en charpente aux ponts de Saint-Maur, de Charenton et de Neuilly; mais les hauteurs de Paris et ses faubourgs extérieurs étaient encore sans défense quand la première approche du feld-maréchal Blücher convainquit le roi Joseph que ces frêles ouvrages ne seraient d'aucune utilité. Il avait fait dresser un plan de fortifications tel à peu près que celui rejeté en janvier par Napoléon, et l'avait soumis à ce dernier. La réponse n'était pas encore arrivée le 29; les troupes alliées avançaient vers Paris, et Joseph n'osait prendre des mesures que n'autorisait pas l'ordre de son frère, de sorte que les tambours des barrières, à peine terminés, étaient encore les seuls ouvrages qui protégeassent Paris.

La garde nationale parisienne était composée: 1° de 12 légions divisées en 4 bataillons chacune, et qui, si elles eussent été au complet, auraient offert une masse de 30,000 hommes; 2° d'une troupe d'artillerie consistant en 300 élèves de l'Ecole Polytechnique et 480 canonniers ou servants pris à l'hôtel des Invalides; 3° d'un corps du génie; mais son effectif, malgré la gravité des circonstances, n'excédait pas 12,000 hommes, dont six à sept mille seulement armés de fusils de munition. Quant aux gardes rurales, à l'exception de celles de Bercy, Saint-Denis et Belleville, elles n'existèrent jamais qu'en projet. Sur la rive droite de la Seine, les 1re et 4e légions gardaient la gauche de l'enceinte; les 2e, 3e, 5e, 6e et 7e gardaient le centre; les 8e et 9e, la droite. Sur la rive gauche, la 11e légion fut chargée de couvrir le centre, la 12e la gauche et la 10e la droite. Douze grand'gardes affectées à chaque légion, chacune de 100 hommes, furent chargées de fournir des postes à chaque barrière, et devaient, en cas d'alerte, se porter aux points menacés.

Les troupes de ligne formant la garnison de Paris furent très-peu considérables, et le gouverneur n'eut à sa disposition, soustraction faite des troupes nécessaires à la garde des prisons et des hôpitaux, qu'un nombre insuffisant pour le service qui lui avait été assigné par l'ordre du roi Joseph, du 20 mars. A peine put-il jeter garnison dans Saint-Denis et Vincennes, et faire occuper par des détachements les ponts de Saint-Maur, Charenton et Neuilly. Le général Préval avait formé, au dépôt général de remontes de Versailles, un nouveau régiment de marche de 1,000 hommes, qui accompagna l'impératrice jusqu'à Rambouillet.

Quant aux réserves de la garde impériale, comme 1,500 fantassins et 700 chevaux étaient allés, sous les ordres du général Guye, se réunir à Claye au corps du général Compans; comme en outre 2,500 fantassins ou cavaliers partirent, dans la journée du 29, pour escorter l'impératrice et le roi de Rome, il ne restait de disponible que 600 hommes de pied et 300 de cavalerie pour renforcer l'armée. Toutefois, le comte Ornano crut devoir faire entrer en ligne 4,000 conscrits non encore organisés, qui formèrent une division dont le général Michel (de la garde) prit le commandement.

Vers la fin de mars, les craintes s'étaient renouvelées d'autant plus vivement qu'on n'apercevait aucune énergie ni dans les hommes chargés de sauver la ville, ni dans les moyens de résistance. Chacun s'occupa de son propre salut : les riches cachèrent leurs trésors; les impôts cessèrent de se percevoir; les recettes, qui, en temps ordinaire, étaient de 70,000 fr. par jour, tombèrent tout à coup à 300 fr. L'affluence des paysans s'accrut dans une proportion menaçante pour les approvisionnements. Les boulevarts étaient encombrés de ces malheureux, qui, n'ayant pu acquitter les droits d'octroi faute d'argent, avaient été forcés d'abandonner la moitié de leur bétail aux exigences des employés. Un autre spectacle plus affligeant attira les regards : des charrettes pleines de blessés arrivaient à chaque instant par la porte Saint-Martin : Russes, Prussiens, Autrichiens, Cosaques, Français, tous étaient confondus; d'autres soldats, qui n'avaient pu trouver place dans ces misérables charrettes, se traînaient à pied; quelques-uns, dont on n'avait point eu le temps de panser les blessures, tombaient tout sanglants au pied des arbres. Les Parisiens, qui ne connaissaient la guerre que par les trophées des Invalides et les magnifiques revues du Carrousel, commencèrent alors à l'envisager sous un autre aspect; et ils comprirent peut-être que la gloire qui traîne sur ses pas un si horrible fléau perd quelque chose de son éclat.

Le 27, Joseph passa en revue la troupe de ligne, les réserves de la vieille garde et la garde nationale armée ou non armée, en tout 35,000 hommes. Le temps était superbe et les brillants uniformes purent aisément se déployer. Le peuple de Paris, si facilement impressionnable, accourut en foule à ce spectacle, et battit des mains aux soldats. Quelques bruits vagues du prochain départ de la famille impériale produisaient sur la multitude une impression pénible; Joseph assura qu'il n'en était rien; alors les cris de *vive l'Empereur!* éclatèrent. Le peuple, confiant dans les paroles du prince et électrisé par la présence des bataillons, semblait n'attendre qu'un mot et des armes pour courir au-devant de l'ennemi. Dans la nuit, le canon se fit entendre : c'était celui des alliés qui prenaient possession de Meaux. Cette circonstance, loin de refroidir l'enthousiasme de la veille, la porta au plus haut degré. Le matin, les faubourgs s'émurent; des groupes d'ouvriers, le visage enflammé d'indignation, s'établirent sur tous les points; les gardes nationaux et les soldats confondus avec eux partageaient leur anxiété, leur colère, leur désir de venger la patrie. Des fusils, des munitions et un lieu pour combattre : voilà ce qu'on demandait partout. Si le gouvernement eût profité de cette disposition des esprits, l'armée coalisée trouvait son tombeau sous les murs de Paris; mais les uns ne firent rien, et les autres avaient décidé que rien ne serait fait.

Les effets de l'incurie et de la trahison ne se bornèrent pas là : Napoléon avait ordonné qu'on amenât dans la capitale 200 pièces d'artillerie destinées surtout à garnir les hauteurs de Montmartre et de Belleville. Comme on l'a vu, il n'en fut réuni que 52, la plupart d'artillerie légère ; et 80 canons de gros calibre, venus à grands frais de Cherbourg et du Havre, ont tout à coup suspendu leur marche et sont restés à Meulan ; 100 autres pièces sont sur le Champ-de-Mars, et le ministre de la guerre n'a pas l'air de le savoir.

L'Empereur, craignant que les armes manquassent, avait prescrit l'évacuation, sur la capitale, de tous les fusils trouvés dans les places abandonnées; Clarke n'en a pas dérangé un seul ; et, lorsque 10,000 hommes de gardes nationales se présenteront à lui les mains vides, il leur offrira dérisoirement des piques.

D'autres sont armés et réclameront des cartouches; on leur répondra que les cartouches manquent, tandis que les magasins regorgent de munitions. Le 30, jour de la bataille, les soldats de Marmont et de Mortier manqueront de pain ; leurs chevaux manqueront de fourrages; plus de 300 hommes privés de souliers combattront les pieds nus ; et jamais la capitale n'aura été mieux approvisionnée en vivres de guerre et en effets d'habillement (1)!

(1) Le 28 et le 29 mars, 60,000 rations de pain, 20,000 rations de vin, 20,000 rations d'eau-de-vie, parties de Paris le 27, y rentrèrent en même temps que les corps des deux maréchaux.

Le 30, une quantité de vivres beaucoup plus considérable que celle dont les maréchaux avaient besoin leur fut expédiée; mais un ordre, venu *on ne sait d'où*, atteignit le convoi à la Villette, et l'empêcha d'aller plus loin.

La division du général Compans, qui s'était réunie pour la défense de la capitale aux troupes des ducs de Trévise et de Raguse, avait escorté jusqu'à Paris un convoi de 800,000 rations de pain.

La halle aux draps en était pleine; Montrouge, Charenton, Vincennes en renfermaient de grandes quantités.

Nos 30,000 soldats manquèrent de pain le 30 mars; et, le 31, l'autorité civile trouva le moyen de pourvoir de toutes les subsistances nécessaires les 200,000 alliés qui occupèrent la capitale!!

L'artillerie même n'aura pas le quart de ce qui lui sera nécessaire (1). Trente mille hommes sont épars sur l'Yonne et dans les villages qui environnent Paris; cette ressource ne peut se présenter plus à propos; cependant, aucune mesure n'est prise pour les appeler au secours de la capitale; que dis-je? on ferme l'oreille aux paroles de ceux qui demandent à combattre comme on demande une faveur ou une grâce (2).

Ajoutez que certains ouvrages extérieurs destinés à protéger nos défenseurs seront faits à contre-sens (3); que le calibre des boulets sera changé; qu'on les remplacera par des obus; qu'on donnera aux gardes nationaux des cartouches sans balles, aux artilleurs de la cendre au lieu de poudre; et dites quelle pensée dirigea la résistance; dites ce qu'eût fait de pis l'ennemi lui-même, s'il eût présidé à la défense.

Mais ce n'était pas assez : le matin du 28 mars, le lieutenant-général promet aux Parisiens que la famille impériale restera au milieu d'eux; et, le soir du même jour, il provoque la réunion du conseil qui doit renvoyer l'impératrice derrière la Loire.

Le conseil se réunit; seize membres sont présents (4); la question du départ est posée; la majorité s'y oppose. Le duc de Feltre alors prend la parole et appuie le départ de toutes ses forces : on devait s'y attendre; Cambacérès et Joseph partagent son avis.

Boulay (de la Meurthe), le duc de Cadore (Champagny), le duc de Gaëte, le comte Daru, le comte de Massa parlent à leur tour; ils demandent que l'impératrice se retire à l'Hôtel-de-Ville; le duc de Massa prononce même le nom de Marie-Thérèse; Marie-Louise est présente et se tait.

Talleyrand, qui n'avait rien dit encore, se lève. On croit qu'il va partager

(1) Le seul magasin de Grenelle contenait 250 milliers de poudre en barils, 5 millions de cartouches d'infanterie, 25,000 cartouches à boulet, 3,000 obus chargés!

Ce serait peut-être ici le lieu de parler du bruit, répandu par les royalistes d'alors, que l'Empereur avait ordonné d'incendier la poudrière de Grenelle : ce qui aurait fait sauter la moitié de Paris. C'eût été là une atrocité gratuite; et il est inutile de réfuter par des arguments une calomnie qui se détruit d'elle-même. Les instructions de l'Empereur portaient que les poudres fussent noyées avant que les alliés pussent s'en emparer; et cet ordre fut exécuté par les généraux d'Aboville jeune et Caron, dans la nuit du 30 au 31 mars.

(2) Le dépôt des remontes à Versailles s'élevait à 10,000 chevaux; celui de l'infanterie formait 2,200 hommes. Les officiers envoyèrent une députation au ministre de la guerre pour solliciter de lui la permission de combattre dans les rangs de l'armée; on les refusa.

(3) Les ponts de Charenton et de Saint-Maur, sur la Marne, furent garnis de tambours en sens inverse.

(4) Voici leurs noms : le roi Joseph, les princes Cambacérès, Lebrun, Talleyrand; les ducs de Massa (Regnier), de Gaëte (Gaudin), le duc de Cadore (Champagny), de Rovigo (Savary) et le duc de Feltre (Clarke); les comtes Daru, Mollien, Montalivet, Sussy, Boulay (de la Meurthe) et Defermont.

L'impératrice présidait.

l'opinion de Clarke, de Joseph, de Cambacérès : erreur! Le traître a trop d'habileté. Il n'hésite pas à s'opposer au départ. De cette manière, il conserve un semblant de patriotisme ; et ses plans secrets ne sont point demasqués.

Néanmoins la majorité persiste dans son premier avis. Joseph alors, désespérant de la ramener au sien, annonce que Napoléon a donné l'ordre formel d'éloigner sa femme et son fils. La discussion se ferme sur cette révélation que n'accompagne du reste aucune pièce écrite : Marie-Louise et le roi de Rome partiront.

La reine Hortense, femme qui comprenait la position de l'impératrice autrement que l'impératrice elle-même, se rendit aux Tuileries après la séance, et s'efforça de lui faire apercevoir tous les dangers d'un départ. Ces deux âmes n'étaient pas faites pour s'entendre. Inhabile à la convaincre, la reine pensa du moins que des consolations lui seraient nécessaires dans l'espèce d'exil qu'elle allait subir, et voulut l'y accompagner.

Toute la nuit on s'occupa des préparatifs du départ. Les meubles les plus précieux, les étoffes les plus rares, l'or, les bijoux furent emportés; quinze fourgons, pesamment chargés, sortirent de la cour des Tuileries au petit jour, s'acheminant vers Blois. Les femmes de l'impératrice s'emparèrent en outre de tout ce qui ne put trouver place dans le convoi; on les vit, le matin, surabondamment couvertes de cachemires, suivre l'impératrice qui, elle-même, surchargée de riches tissus, eut peine à monter dans sa voiture : présence d'esprit bien caractéristique en de telles circonstances.

A dix heures, Marie-Louise quitta les Tuileries, suivie de la voiture du sacre et d'un nombre considérable d'équipages. La foule la laissa passer sans jeter un cri. Une sombre inquiétude se peignait sur les visages des spectateurs et semblait comprimer tout autre sentiment.

Ce qui surtout aggrava les craintes, ce fut le départ de 2,500 soldats d'élite que Joseph avait donnés pour escorte à l'impératrice. Deux mille cinq cents hommes de moins, quand Paris manquait déjà de défenseurs!

L'Empereur n'ignorait pas que la présence de l'impératrice et de son fils dans la capitale valait une armée, et que leur départ paralyserait infailliblement la défense, si même elle n'entraînait la perte de la bataille : c'est donc à la dernière extrémité qu'ils devront s'éloigner; c'est quand tout espoir de salut sera perdu, quand *toute résistance sera devenue impossible,* en un mot, quand il y aura folie à résister ; car la conséquence immédiate des ordres de l'Empereur, c'était la reddition de la capitale.

Il fallait exécuter *tous* les ordres de Napoléon ou ne tenir compte *d'aucun;* ces ordres naissent les uns des autres; ils s'enchaînent; ils sont le résultat d'une combinaison, qui a pout but, non seulement de mettre à couvert une femme et un enfant, mais aussi de sauver l'empire.

Talleyrand, qui ne négligeait aucun moyen d'abuser le public sur ses véritables intentions, avait fait faire par ses agents grand bruit de son opposition calculée à la proposition de Joseph, dans la séance de la veille. D'un autre côté, déterminé à jouer la comédie jusqu'au bout, il fait à son tour ses préparatifs, ordonne à ses gens de se revêtir de leur grande livrée afin de donner à son action plus d'éclat, et part à la suite de l'impératrice. Ceux qui l'accusent de connivence avec l'ennemi et qui savent que, dans ce cas, sa présence à Paris est indispensable, le voyant s'éloigner, s'imaginent avoir été mal instruits; on l'a calomnié, disent-ils; mais Talleyrand a tout prévu : une nouvelle rouerie qu'il vient de concerter avec le préfet de police, Pasquier, doit le ramener bientôt à son hôtel. Arrivé à la barrière où se trouve un poste commandé par M. de Rémusat, on lui demande ses passe-ports. « Je les ai oubliés, » dit-il. L'officier, qui a le mot, se confond en excuses; mais l'ordre est précis; personne ne peut sortir sans passe-ports; et Talleyrand, incapable de donner l'exemple dangereux du viol d'une consigne, retourne sur ses pas (1).

Cependant, la fuite inattendue de Marie-Louise avait jeté l'alarme dans la capitale. Ceux qui se seraient fait tuer pour défendre l'épouse et le fils de leur empereur, s'ils se fussent placés dans leurs rangs, sentirent leur courage s'abattre; les autres, qui s'attendaient à une défaite certaine, mais qui comptaient du moins, et non sans vraisemblance, que la présence de la fille d'un des chefs de la coalition ferait respecter leurs propriétés et leurs personnes, privés de cette protection, s'abandonnèrent au désespoir : Joseph alors fit placarder la proclamation suivante, faible remède à des maux qu'à peine il avait su prévoir.

LE ROI JOSEPH,

lieutenant-général de l'Empereur, commandant en chef la garde nationale, aux citoyens de Paris.

« Citoyens de Paris!

« Une colonne ennemie s'est portée sur Meaux; elle s'avance par la route d'Allemagne; mais l'Empereur la suit de près, à la tête d'une armée victorieuse. Le conseil de régence a pourvu à la sûreté de l'impératrice et du roi de Rome. Je reste avec vous.

« Armons-nous pour défendre cette ville, ses monuments, ses richesses, nos femmes, nos enfants, tout ce qui nous est cher. Que cette vaste cité devienne un camp pour quelques instants, et que l'ennemi trouve sa honte sous ces murs qu'il espère franchir en triomphe! L'Empereur marche à

(1) Ces ruses étaient familières à Talleyrand; l'hiver, il donnait ordinairement à jouer dans son hôtel de la rue Saint-Florentin, où se trama la conspiration anti-impérialiste. Vers la fin de février, au moment où ses menées étaient le plus actives, il cessa tout à coup de recevoir, voulant ôter même le prétexte à ceux qui l'accusaient de tenir chez lui des réunions politiques suspectes.

notre secours. Secondez-le par une courte et vive résistance, et conservons l'honneur français!

« Paris, le 29 mars 1814,

« *Signé* JOSEPH. »

La foule entoura et lut avec avidité cette proclamation, qui produisit peu d'effet.

Voilà sous quels auspices s'ouvrit à quelques heures de là, le 30 mars au matin, la lutte désespérée connue sous le nom de bataille de Paris.

Il était nuit encore quand Joseph, parti du Luxembourg, vint s'établir à Montmartre avec son état-major, dans un pavillon qui dominait la plaine au nord de Paris.

Depuis trois heures du matin, on battait la générale dans tous les quartiers. A ce bruit précurseur des batailles, tous les citoyens, pénétrés du devoir de sauver la capitale contre la rage sanguinaire des cosaques, saisissent leurs armes; le nombre de ceux qui avaient demandé à combattre s'élève à 6,000. Le duc de Conégliano les harangue; à sa voix ils marchent à l'ennemi. L'amour de la patrie, la juste horreur du joug étranger, enflammaient leur courage, que soutenait aussi l'espoir du prochain retour de Napoléon. Tous leurs vœux appelaient le grand guerrier, dont le seul aspect eût glacé d'effroi l'étranger. Ils suivent donc avec résolution le maréchal Moncey, qui distribue des détachements sur tous les points de l'enceinte que l'armée ne couvrait pas. Le soin de repousser les corps légers qui auraient pu se glisser derrière les masses, et venir insulter les faubourgs fut confié à ceux qu'on avait postés aux barrières.

De la barrière de Clichy à celle de Neuilly, il n'y eut pas d'autre défense que celle fournie par la garde nationale. Son artillerie était confiée aux élèves de l'Ecole Polytechnique.

Le maréchal Marmont, avec les généraux Compans et Ornano, avait pris le commandement de la droite qui couronnait les hauteurs de Romainville et de Pantin, s'étendant depuis le canal de l'Ourcq, un peu au-dessous de ce dernier village, jusqu'au village d'Alfort sur la Marne. Sa ligne passait ainsi derrière Romainville, traversait la butte Chaumont, s'étendait entre Bagnolet et Montreuil, laissait Vincennes un peu sur la gauche et occupait Charenton. Le maréchal Mortier commandait la gauche, qui s'étendait depuis le canal de l'Ourcq, à partir de Pantin, jusqu'à la Seine, traversant la Villette, Montmartre, où le quartier-général était établi, et s'arrêtant devant Clichy-la-Garenne.

On aperçut bientôt de grands mouvements dans les camps alliés. Leurs deux armées se dirigeaient en masse sur les hauteurs de Belleville et de Montmartre. Avant d'engager l'action, deux parlementaires se présentèrent à nos avant-postes; mais les maréchaux Mortier et Marmont refusèrent de les recevoir. Le canon commença à gronder à six heures et demie.

Par une négligence inexcusable, les maréchaux Mortier et Marmont, au lieu de s'emparer le 29, au moment de leur arrivée, de Pantin et de Romainville, avaient laissé ces deux villages à l'ennemi. Or, ces deux villages étaient, au nord-est, côté occupé par les alliés, les deux clefs de la capitale. Aussi, ce fut sur ces deux points que le premier engagement eut lieu. Les troupes, de part et d'autre, s'attaquèrent avec un acharnement qui prouvait assez toute l'importance que les chefs attachaient à ces positions. Les Russes avaient pour eux le nombre, et, il faut bien le dire, leur bravoure imperturbable; les Français avaient pour eux le sentiment de la patrie en danger, leur impétuosité irrésistible, l'exemple de leurs officiers. La mêlée fut épouvantable; on se disputait le terrain pied à pied; chaque champ, chaque jardin devint un théâtre de carnage; les cadavres russes jonchaient le sol. Cette résistance désespérées dura jusqu'à dix heures du matin. Nous ne pûmes nous ressaisir des villages; mais du moins l'ennemi fut arrêté dans sa marche sur Paris.

Pendant que ceci se passait à l'extérieur, on distribuait dans Paris le placard suivant :

« Nous laisserons-nous piller? Nous laisserons-nous brûler?

« Tandis que l'Empereur arrive sur les derrières de l'ennemi, vingt-cinq à trente mille hommes, conduits par un partisan audacieux, osent menacer nos barrières. En imposeront-ils à 500,000 citoyens qui peuvent les exterminer? Ce parti ne l'ignore pas : ses forces ne lui suffiraient pas pour se maintenir dans Paris; il ne veut faire qu'un coup de main. Comme il n'aurait que peu de jours à rester parmi nous, il se hâterait de nous piller, de se gorger d'or et de butin; et, quand une armée victorieuse le forcerait à fuir de la capitale, il n'en sortirait qu'à la lueur des flammes qu'il aurait allumées.

« Non, nous ne nous laisserons pas piller! Nous ne nous laisserons pas brûler! Défendons nos biens, nos femmes, nos enfants; et laissons le temps à notre brave armée d'arriver pour anéantir sous nos murs les barbares qui venaient les renverser! Ayons la ferme résolution de les vaincre, et ils ne nous attaqueront pas! Notre capitale serait le tombeau d'une armée qui voudrait en forcer les portes. Nous avons en face de l'ennemi une armée considérable; elle est commandée par des chefs habiles et intrépides : il ne s'agit que de les seconder.

« Nous avons des canons, des baïonnettes, des piques, du fer. Nos faubourgs, nos rues, nos maisons : tout peut servir à notre défense. Etablissons, s'il le faut, des barricades; faisons sortir nos voitures, et tout ce qui peut obstruer les passages; crénelons nos murailles; creusons des fossés;

montons à tous nos étages les pavés des rues, et l'ennemi reculera d'épouvante.

« Qu'on se figure une armée essayant de traverser un de nos faubourgs au milieu de tels obstacles, au travers du feu croisé de la mousqueterie qui partirait de toutes les maisons; des pierres, des poutres qu'on jetterait de toutes les croisées! Cette armée serait détruite avant d'arriver au centre de Paris. Mais, non! le spectacle des apprêts d'une telle défense la forcerait à renoncer à ses vains projets; et elle s'éloignerait à la hâte pour ne pas se trouver entre l'armée de Paris et l'armée de l'Empereur! »

Si cet appel à la résistance n'est pas une preuve nouvelle de trahison, si ce n'est pas une provocation destinée à soulever la populace aveugle et furieuse que les traîtres espéraient diriger ensuite comme ils l'entendaient (et on pourrait le croire, car cette pièce n'était point signée : personne n'avait osé en accepter la responsabilité), c'est au moins un témoignage du désordre auquel l'administration était livrée. Il fallait en effet avoir perdu la tête ou vouloir se moquer des Parisiens pour leur proposer de *créneler les murailles* et de *creuser des fossés* quand on se battait aux portes. Il était bien temps!

Cependant la résistance continue à Pantin. La garde prussienne vient inutilement renforcer les Russes; 600 grenadiers, envoyés en même temps contre elle par le duc de Raguse, la tiennent en échec. Le général Compans, qui tenait à Romainville, incessamment pressé par un ennemi dont les forces sont quintuples des siennes, sent qu'il va céder; mais une division de troupes fraîches arrive à son aide et rétablit l'équilibre. A l'aspect de ces auxiliaires, l'ennemi qui commençait à pénétrer dans le bois, le quitte précipitamment; enfin 2 bataillons, qui avaient été envoyés en tirailleurs et s'étaient fait jour, entre Romainville et Pantin jusqu'aux prés Saint-Gervais, fuient devant le colonel Fabvier et sont repoussés jusqu'à Pantin. A chaque tentative, l'ennemi a éprouvé un désavantage marqué.

Blücher, qui, pour sa part d'opérations, avait été chargé d'attaquer Montmartre, et le prince de Wurtemberg auquel on avait ordonné d'occuper Charenton et de bloquer Vincennes, n'étaient pas encore entrés en ligne. L'ennemi, découragé par les pertes énormes que lui avait causées l'opiniâtreté du sixième corps commandé par Raguse, attendit pour recommencer une attaque tant de fois infructueuse et toujours si chèrement payée que toutes les forces engagées dans la bataille par les alliés pussent agir simultanément et de concert (1).

Joseph, établi à Clignancourt, suivait avec une anxiété inexprimable les mouvements des deux armées; mais il restait complétement étranger aux

(1) La coalition avait mis en mouvement 120,000 hommes que 80,000 autres appuyaient. Toutes nos forces réunies, garde nationale comprise, s'élevaient à 23,000 combattants, et nous n'avions aucune réserve.

manœuvres qui s'exécutaient. M. Allent, chef d'état-major de la garde nationale, vint lui apprendre que l'ennemi préparait toutes ses forces. Peu après, M. Peyre, capitaine du génie, arriva auprès de lui. Il s'était chargé d'aller reconnaître les positions de l'ennemi, lorsque arrivé à Pantin on le fit prisonnier. Conduit devant l'empereur Alexandre, celui-ci le renvoya à Joseph, après lui avoir remis la proclamation citée plus haut. La lecture de cette pièce et les rapports de M. Allent accrurent le trouble de Joseph. La proclamation signée Schwartzenberg ne lui permettait pas de douter que l'ennemi comptait sur une révolution intérieure préparée de longue main. Or, n'ayant prévu ni une conspiration dans les murs de Paris, ni une agglomération de troupes aussi considérable hors de son enceinte, Joseph se trouvait sans force morale contre l'une et sans force matérielle contre l'autre. Avant de prendre un parti, il demandait des conseils à toutes les têtes panachées qui l'entouraient, lorsqu'il aperçut l'armée de Blücher se développant en face de lui dans la vaste plaine de Saint-Denis. A cette vue, craignant de n'être bientôt plus à temps de se retirer, il expédie sur-le-champ aux deux maréchaux l'autorisation de conclure une convention pour l'évacuation de Paris, et quitte le quartier. Une heure après, il galopait sur la route de Saint-Cloud.

Cette désertion est presque immédiatement suivie d'une autre. M. Peyre, en prenant congé de Joseph, avait couru à l'Hôtel-de-Ville, où se trouvaient le corps municipal et Clarke ; il dit ce qu'il a vu, et, en outre, leur communique, comme à l'ex-roi, la proclamation des alliés ; la lecture en est entendue à peine, que le ministre de la guerre a rejoint le lieutenant-général.

Tandis qu'ils fuient, nos défenseurs multiplient les traits d'héroïsme. Le corps de Wurtemberg s'était mis en mouvement ; le prince de Hohenlohe, à la tête de 6,000 hommes, faisant partie de ce corps, cotoie la Marne et arrive au pont de Saint-Maur que défendaient 300 hommes avec 8 canons. Il se jette avec toute sa colonne sur cette poignée de braves, qui, pris par derrière, retournent leur artillerie à bras avec un sang-froid admirable, et ne se retirent qu'après avoir vidé leurs pièces une dernière fois.

En même temps, le prince de Wurtemberg se porte de sa personne avec 7 bataillons au pont de Charenton, où 300 vétérans et une centaine d'élèves d'Alfort accourent à sa rencontre, traînant leurs pièces. Le pont est vivement défendu ; la mitraille ouvre de larges trouées dans les colonnes autrichiennes et wurtembergeoises. Cependant leurs munitions s'épuisent ; il faut songer à la retraite. Alors un des élèves met le feu à la mine qu'ils avaient préparée à tout événement pour faire sauter le pont, et ils s'éloignent ; mais une main *prévoyante* avait détruit le canal de communication : la mine ne joua point. L'ennemi, irrité de ses pertes, franchit impunément le pont et, hachant ceux qui l'ont immortalisé, se venge d'un dévouement qui n'excite en lui que de la rage.

Le canon des élèves d'Alfort s'entendait encore, lorsque le général Palhen, voulant masquer le mouvement du prince royal de Wurtemberg, déboucha entre Montreuil et Vincennes avec sa cavalerie. Le major Evain, placé à la barrière du Trône avec une partie des pièces de réserve de la garde nationale, se mit en mesure de le recevoir. Cette artillerie, comme on l'a vu, était servie par l'Ecole Polytechnique. Un feu terrible s'engage aussitôt. Les élèves, protégés par quelques gendarmes, jettent le désordre dans les rangs ennemis. Un régiment de hulans tombe à l'improviste sur les gendarmes et les ramène jusque sur la batterie même; les jeunes artilleurs, sans se déconcerter, s'acculent à leurs pièces et reçoivent cette charge inattendue la carabine à la main; leur sang coule; quinze sont déjà blessés et hors de combat; mais d'autres sont encore debout, et ne doivent céder que comme eux. Aucun des élèves, sans doute, n'aurait quitté vivant sa batterie, lorsque le colonel Ordener, qui venait de se frayer un passage à travers les haies, força les hulans à une fuite prompte. La réserve rentra, ayant perdu quelques canons.

C'est ici le lieu de consigner une infamie : le 28 au soir, trente-six heures avant la bataille, on ne s'était pas encore occupé de l'artillerie; la veille même, on ne trouva pas de chevaux; et comme il en fallait pourtant quelques-uns, sans quoi la trahison eût été trop évidente, ce fut l'administration des diligences qui les fournit. Ce n'est pas tout; aussitôt que les batteries eurent pris position, arriva de l'état-major un ordre de renvoyer les chevaux à l'établissement qui les avait prêtés. Indépendamment des nouvelles réflexions auxquelles ce fait donne lieu, il explique mieux que les efforts de l'ennemi comment quelques pièces tombèrent entre ses mains.

Si la lutte sanglante dont la capitale était en ce moment le prix serrait cruellement le cœur des bons Français, elle n'était pas non plus sans angoisses pour les conspirateurs de l'hôtel Talleyrand. Bien qu'en tout état de choses leur avenir fût assuré, on comprend qu'il y avait pour eux une énorme différence entre la défaite des coalisés et leur triomphe. Aussi, avec quelle sollicitude ils suivaient les phases de la bataille! « L'approche de ces moments suprêmes ne nous avait pas trouvés endormis, dit l'un d'eux; de moment en moment, nous nous réunissions pour aviser ce qu'il y avait à faire. Le jour de l'attaque, nous nous portâmes, M. de Dalberg et moi, sur plusieurs points où l'on combattait; nous nous trouvâmes à la barrière du Trône au moment où les Russes enlevaient la batterie qui était placée en dehors de la grille. Nous vîmes sortir l'artillerie de réserve, servie par des élèves de l'Ecole Polytechnique; il était onze heures. Nous jugeâmes que l'ennemi, s'il le voulait, pouvait être dans la ville une heure après. Il n'y avait pas un moment à perdre : je courus chez M. de Talleyrand pour lui faire part du danger qui menaçait la ville, et pour l'engager à user de l'autorité de ses conseils pour mettre fin à cette lutte.... Chez

M. de Talleyrand, je trouvai M. le duc de Plaisance et M. le baron Louis. Je leur parlai avec véhémence de la position critique de Paris et de la nécessité de le préserver par la moins mauvaise capitulation qu'on pourrait obtenir (1). » Que dire de cette pitié pour une ville qu'on a livrée à l'ennemi? Que penser de cette commisération envers des combattants auxquels on n'a donné des armes qu'avec l'espoir qu'elles seront impuissantes à les défendre? Il fallait y mettre plus de franchise : il fallait avouer que ce qui tourmentait le comité, c'était cette pensée, toujours présente depuis le commencement de la bataille, cette pensée que l'Empereur était en marche, qu'il pouvait arriver, et que sa présence seule, même sans le secours de son armée, paralyserait l'attaque en même temps qu'elle redoublerait l'énergie de la défense. Voilà le secret de cette capitulation, qu'on implorait hypocritement au nom de l'humanité.

Marmont, dont les pertes ne se réparaient pas, tandis que l'ennemi, au contraire, toujours repoussé, revenait au combat avec des forces toujours nouvelles, avait fini par abandonner ses positions. Lentement refoulé, il venait de s'établir sur la butte Saint-Chaumont, à Belleville et à Ménilmontant. Mortier n'avait pas été plus heureux : une de ses brigades, qui occupait le terrain entre la capitale et lui, venait d'être forcée; elle n'avait pu se servir de son artillerie faute de cartouches de calibre; craignant d'être coupé dans sa retraite, il avait quitté la Villette et Montmartre, et rétrogradé jusqu'aux barrières où il se remit en bataille.

L'empereur Alexandre, témoin des coups que frappait l'armée de Silésie tout entière sur la poignée de soldats qui restaient encore à Mortier, lui dépêcha son aide-de-camp, le comte Orloff, en le sommant de mettre bas les armes. Le brave répondit fièrement qu'il saurait bien effectuer sa retraite devant et malgré l'ennemi, ou que, plutôt que de se rendre, il s'ensevelirait sous les murs de Paris.

Sur ces entrefaites, le général Dejean, dépêché par Napoléon pour annoncer sa prochaine arrivée avec l'armée sous les murs de Paris, et prescrire à Joseph de tenir jusque-là, avait rencontré le lieutenant-général s'éloignant déjà de la capitale et qui le renvoya aux maréchaux. Le général Dejean se présenta d'abord au duc de Trévise. Conformément aux ordres que donnait Napoléon et comprenant l'importance d'une suspension d'armes de quelques heures, le maréchal s'empressa de proposer, par l'intermédiaire de son chef d'état-major, au généralissime Schwartzenberg, une suspension d'armes qui, du reste, ne devait rien changer à la position respective des armées (2).

La lettre partit; mais, avant d'avoir reçu aucune réponse, vers quatre

(1) *Récit historique sur la Restauration*, par *de Pradt*, p. 55.

(2) La communication portait : Une suspension d'armes *in statu quo*.

heures et demi, le duc de Trévise reçut par un officier qui en était porteur l'autorisation de capituler que Joseph lui avait écrite ainsi qu'à Raguse, au moment où il quittait Montmartre à la vue des puissance qui s'en approchaient. Au même moment lui parvenait également la réponse de Schwartzenberg qui l'engageait simplement à épargner à la ville de Paris les malheurs dont elle était menacée. Resserré entre Paris et les hauteurs de Mont-louis et de Ménilmontant que l'ennemi occupait, près d'être forcé dans sa position de Belleville, le duc de Raguse pensa que ce qu'il pouvait faire de mieux était d'user de l'autorisation de capituler que lui avait envoyée Joseph, autorisation qu'il avait dans sa poche depuis onze heures du matin. Toutefois, il ne voulut s'arrêter à ce parti qu'après avoir obtenu l'avis du duc de Trévise; il lui envoya donc un aide-de-camp. Sans doute les affaires de l'armée française étaient loin d'être désespérées: le duc de Trévise, quoique contraint de rétrograder, était resté presque intact; le duc de Raguse, malgré les embarras de sa position, pouvait tenir le reste du jour encore. Ainsi l'armée, selon toute apparence, aurait, à toute force, couvert la capitale jusqu'à la nuit; mais il y avait aussi de grandes probabilités que, ce moment arrivé, la lutte ne devait plus continuer, de notre côté, qu'en reculant toujours et en transportant le champ de bataille dans les rues. En l'absence de l'Empereur et lorsque son lieutenant avait manifesté l'intention de céder la capitale, le duc de Raguse crut qu'il ne lui était pas permis d'assumer sur sa tête une responsabilité si grande, et il adressa un officier à Schwartzenberg. Un armistice de deux heures fut arrêté, à condition que les troupes françaises repasseraient les barrières, et les maréchaux, avec les commissaires de la coalition, se réunirent à la Villette pour y discuter les bases d'une convention.

Aussitôt des officiers partirent au galop avec l'ordre de faire suspendre les hostilités sur toute la ligne. L'ordre parvint à Neuilly au moment où 40 grenadiers de la garde, dépourvus de canon et protégés seulement par un fragile tambour, disputaient le pont à une colonne autrichienne. L'officier ennemi, qui voulait une part dans le succès et la gloire de cette journée, n'en continua pas moins l'attaque; mais l'intrépidité de nos 40 braves fit ce que n'avait pu faire l'ordre des coalisés. Déterminés à ne pas céder une arche du pont que la colonne entière ne leur eût marché sur le ventre, ils entretinrent un feu constamment bien nourri et surtout bien dirigé. Après une demi-heure d'attaques infructueuses, les Autrichiens s'éloignèrent par le bois de Boulogne.

L'émigré Langeron, qui commandait un corps de l'armée de Silésie, se trouvait dans le même cas que l'officier autrichien : comme lui, il était resté l'arme au bras toute la journée; et il brûlait, comme lui, de se distinguer. Aussi, malgré l'aide-de-camp que l'empereur Alexandre lui envoie pour l'informer de la suspension d'armes, il s'avance, avec ses 12,000 hommes, vers Montmartre que le duc de Trévise avait quitté et dont les hauteurs n'étaient plus défendues que par 7 pièces de canon, 200 sapeurs-pompiers de la garde nationale, et une centaine de vétérans et de conscrits. Cinq fois repoussés avec des pertes considérables, les 12,000 Russes du comte de Langeron arrachèrent enfin à la bravoure de ces 300 compatriotes les 7 bouches à feu de Montmartre : trait d'audace que l'empereur de Russie crut devoir récompenser par la décoration de l'ordre de Saint-André.

La continuation du combat, lorsqu'on savait qu'un armistice venait d'être conclu, répandit dans Paris une soudaine terreur. On crut qu'il ne s'agissait rien moins que du sac de la ville, et chacun attendait avec effroi l'issue de cette terrible crise. Au milieu de cette épouvante, les moins timides allaient et venaient à la recherche des nouvelles et accueillaient, dans leur anxiété, les récits les plus absurdes et les plus contradictoires. La certitude que la suspension d'armes allait être suivie d'une capitulation fit enfin cesser ces alternatives d'alarmes et d'espoir; et cette grande cité, que la consternation avait rendue silencieuse et déserte, reprit un aspect animé lorsqu'on sut que les hostilités cesseraient réellement. La capitulation fut signée à deux heures du matin, par les colonels Denis et Fabvier, au nom des maréchaux Mortier et Marmont. Il fut ajouté à la convention de la veille (1) que les arsenaux, ateliers, établissements et magasins militaires seraient

(1) *Capitulation de Paris du 31 mars 1814.*

ARTICLE PREMIER.

Les corps des maréchaux ducs de Trévise et de Raguse évacueront la ville de Paris, le 31 mars, à sept heures du matin.

ART. 2.

Ils emmèneront le matériel de leur armée.

ART. 3.

Les hostilités ne pourront recommencer que deux heures après l'évacuation de Paris, c'est-à-dire le 31 mars, à neuf heures du matin.

ART. 4.

Tous les arsenaux, ateliers, édifices militaires et magasins, resteront dans l'état où ils se trouvaient avant la présente capitulation.

ART. 5.

La garde nationale ou garde urbaine est entièrement séparée des troupes de ligne; elle sera conservée, désarmée ou licencée, selon que les souverains alliés le jugeront nécessaire.

ART. 6.

Le corps de la gendarmerie municipale partagera en tout le sort de la garde nationale.

ART. 7.

Les blessés et maraudeurs qui, après sept heures, seront encore à Paris, seront prisonniers de guerre.

ART. 8.

La ville de Paris est recommandée à la générosité des hautes puissances alliées.

Fait à Paris, le 31 mars, à deux heures du matin.

Signés, le colonel FABVIER, le colonel DENIS,
le colonel ORLOFF, le comte PAAR.

laissés dans leur état actuel, de sorte que les 20,000 fusils laissés au dépôt de la guerre par le ministre Clarke tombèrent entre les mains de l'ennemi.

Telle fut la bataille de Paris, dans laquelle l'ennemi laissa plus de 15,000 des siens sur le carreau. De notre côté, le nombre des morts ne s'éleva qu'à trois ou quatre mille; sur les 6,000 gardes nationaux qui furent réunis, six à sept cents prirent volontairement une part active à l'action; on voyait parmi eux d'anciens soldats amputés; cent cinquante à deux cents furent tués et un plus grand nombre blessés; quelques-uns même furent faits prisonniers. Ce dévouement mérite d'autant plus d'être cité que, parmi les citoyens qui en firent preuve, plusieurs étaient étrangers à la capitale, et qu'appartenant à tous les départements de l'Empire, ce n'était pas la conservation de leurs propriétés qui leur avait mis les armes à la main, mais bien le noble sentiment de l'orgueil national. La coalition avait mis en mouvement 120,000 soldats que 80,000 autres appuyèrent constamment.

Le corps de Marmont alla s'établir sur les hauteurs de Villejuif, où celui de Mortier le rejoignit. A une heure et demie du matin, quelques centaines de blessés de la bataille avec l'avant-garde y étaient déjà établis, et le feu brillait au loin dans la campagne, tandis que tous les postes de Paris étaient occupés par la garde nationale.

A cette heure même, deux chaises de poste, attelées chacune de six chevaux, arrivaient brûlant le pavé devant la maison de poste de la cour de France, à six lieues de Paris; elles roulaient encore que déjà huit ou dix personnes en étaient sorties précipitamment pour stimuler le zèle des postillons de relais et pour activer le départ. L'une d'elles cependant a jeté les yeux dans la direction de Paris, et reste un instant immobile, fixant avec anxiété les feux allumés sur les hauteurs qui bornent l'horizon : c'est Napoléon! Il arrête brusquement au passage un valet d'écurie, et lui montrant de la main les lueurs :

« Quels sont ces feux? lui dit-il. — C'est le bivouac des blessés de la bataille de Paris. — Il y a donc eu une bataille à Paris? — Toute la journée nous avons entendu la canonnade de ce côté, et des voyageurs qui ont passé ici, il y a une demi-heure, ont dit... — Et à quelle heure avez-vous cessé d'entendre le canon? — Vers six heures. — C'est bientôt, dit à mi-voix Napoléon ; » puis, se tournant vers un des officiers de sa suite, qui s'était rapproché de lui, il lui donna l'ordre d'appeler immédiatement le maître de poste.

Mais en ce moment arrivait de Paris Belliard, un des généraux combattants de la journée, chargé de lui annoncer la capitulation des maréchaux. A la clarté de la nuit étoilée, le général reconnut immédiatement l'Empereur, et lui raconta le combat auquel il venait de prendre part, les faibles ressources de la défense, l'inaction des autorités civiles, les incroyables dispositions prises par les autorités militaires de la capitale, et il ajouta : « Une capitulation a été signée, il y a cinq heures, par les ducs de Trévise et de Raguse : leurs corps d'armée, avec toutes les autres troupes, doivent évacuer Paris dans la nuit, et ce matin, à sept heures, les alliés y entreront. — Non, général, ils n'y entreront pas, s'écria Napoléon qui avait écouté jusque-là sans mot dire ; et, tirant sa montre : il est une heure et demie, à trois heures, je serai dans Paris ; le tocsin sonnera dans toutes les églises ; la générale battra dans les rues ; je me montrerai au peuple, je lui parlerai, en deux heures j'aurai levé une armée. Ah ! vous ne savez pas ce que vaut la population de Paris ; vous ne vous doutez pas de ce qu'elle peut, quand elle veut ; et, avec moi, elle voudra. Des barricades dans les rues, des pavés sur les toits, des tirailleurs aux fenêtres, et les alliés en ont pour un mois avant de parvenir à l'Hôtel-de-Ville. Marmont et Mortier sont encore, m'avez-vous dit, à la tête de quinze à dix-huit mille hommes, je vais les ramener ; ma garde sera à Paris après-demain, et toute l'armée le jour d'après : c'est plus qu'il n'en faut pour sauver Paris, pour sauver la France. Allons, messieurs, partons. — Mais, Sire, dit le général Belliard, j'ai eu l'honneur de vous prévenir qu'il y avait une capitulation... — Ça, répliqua Napoléon avec un sourire indicible de mépris, c'est un acte nul, sans valeur aucune. — Mais Paris lui-même est engagé, dit encore Belliard ; les préfets Chabrol, Pasquier, des maires sont allés au quartier-général de l'empereur Alexandre solliciter pour Paris, faire sa soumission. — Et croyez-vous, dit l'Empereur, pouvez-vous croire, général, que le peuple de Paris ne soit pas indigné d'une pareille démarche ? C'est le faubourg Saint-Germain, c'est l'aristocratie, ce sont quelques émigrés, quelques traîtres qui l'ont provoquée. Mais Paris n'est pas tout entier dans le faubourg Saint-Germain ; et, grâce à Dieu, le peuple, le vrai peuple, les braves ouvriers des faubourgs, les jeunes gens des écoles et des ateliers ont au cœur un dévouement inépuisable, un courage sans bornes au service de la patrie. Ils frémissent de colère à l'idée de la souillure que l'étranger va imprimer à la capitale ; ils feront tout pour lui épargner ce déshonneur, pour empêcher la ruine de la patrie. Ils ne s'abaisseront jamais, eux, à solliciter la générosité des ennemis de la France ; ils n'en veulent pas, ils n'en ont pas besoin. Ce qui manque à leur courage, c'est un chef en qui ils aient confiance, un chef résolu à combattre à leur tête, à mourir, s'il le faut, avec eux... Qu'ils apprennent que je suis dans Paris ; qu'ils entendent le tocsin, et vous verrez comment ils acceptent cette capitulation, la pitié protectrice des souverains alliés. »

En parlant ainsi, Napoléon s'était animé par degrés ; sa pâle figure avait pris une vive teinte ; sa voix s'était élevée ; du geste, il montrait Paris ; et ce n'était pas de la colère qui brillait dans ses regards : c'était du courage, c'était une confiance sans bornes dans le dévouement populaire.

Prenant le bras de Belliard, il hâte le pas pour rejoindre les voitures qui sont restées attelées devant la maison de poste : « Sire, lui dit de nouveau ce général, chemin faisant, je puis certifier à Votre Majesté qu'à l'heure qu'il est, il ne doit plus y avoir de troupes dans la capitale, que plus de 130,000 étrangers l'entourent, que Votre Majesté s'expose à se faire prendre.»

A ces mots, l'Empereur s'arrête, et pressant avec force le bras de Belliard : « Moi !... prisonnier d'un Russe ou d'un Prussien ! Moi ! s'écria-t-il d'un ton de dédain, jamais ! entendez-vous, Belliard ? » Puis il ajouta avec douceur : « Vous ne songez pas à ce que vous dites. Je sais le moyen d'échapper à une telle infamie, croyez-le bien... Vous allez venir avec moi, n'est-ce pas ? — Sire, je ne le puis ; je suis sorti de Paris avec mes troupes ; il y a une convention signée ; je ne puis rentrer ni moi ni mes troupes. » Après de nouvelles instances de Napoléon pour marcher en avant, et de nouvelles représentations de Belliard, auquel s'étaient joints Berthier et Caulaincourt pour le dissuader de son projet, l'Empereur dit d'un ton de résolution et de mépris tout à la fois : « Allons ! je vois bien que tout le monde a perdu la tête. Voila bien ce que c'est que d'employer des hommes sans énergie. Joseph s'imagine cependant qu'il est en état de conduire une armée, et quant au routinier Clarke, ce n'est qu'un traître, avec l'orgueil d'un bon ministre ; car je commence à croire ce que me disait Savary, l'année dernière, à pareille époque, en me parlant de M. le ministre de la guerre. »

En ce moment l'avant-garde de la colonne d'infanterie du maréchal Mortier parut sur la route. Le prince de Neufchâtel, voyant que l'Empereur ne prenait aucun parti, et que le temps s'écoulait, car le jour commençait à poindre, le pressa d'envoyer à Paris M. Caulaincourt pour traiter avec les coalisés : « Sire, lui dit-il, rien n'est désespéré. Il n'y a encore de signé qu'une convention ; M. le duc de Vicence... » Ici le major-général fut interrompu par le duc de Vicence lui-même, qui se hâta de s'adresser à l'Empereur en lui disant :

« Sire, je pense que l'envoi de M. le prince de Neufchâtel serait préférable ; lié comme il l'est avec M. Schwartzenberg, il sera plus à même de servir Votre Majesté auprès des souverains alliés. » Napoléon resta quelque temps sans répondre ; puis enfin, paraissant faire un effort sur lui-même, il dit à M. de Caulaincourt : « Monsieur le duc, Berthier a raison. Partez à l'instant ; voyez l'empereur Alexandre ; peut-être m'est-il encore possible d'intervenir. Je vous donne carte blanche. Allez, Caulaincourt, et songez cette fois que l'honneur et la dignité de la France sont en vos mains. » Napoléon remonta dans sa voiture, et tous ceux qui l'avaient rejoint prirent la route de Fontainebleau.

Parvenu, non sans peine, près d'Alexandre, Caulaincourt lui rendit compte des ordres dont il était chargé. Mais tous ses efforts et son zèle pour les intérêts de Napoléon furent sans résultat, et, le 3 avril, il repartait pour Fontainebleau.

CHAPITRE III.

Entrée des alliés dans Paris.—Mouvements royalistes.—Déchéance de Napoléon.—Abdication conditionnelle de Napoléon. — Il échoue dans ses négociations avec les souverains alliés. — Défection de Marmont.—Abdication définitive. — Traité de Fontainebleau. — Adieux de Napoléon à l'armée. — Dissolution de la régence. — Bataille de Toulouse. — On arbore la cocarde blanche. — Le comte d'Artois lieutenant-général. — Entrée de Louis XVIII à Paris. — Traité de paix.

Le 31 mars, à midi, les alliés entrèrent dans la capitale. Quarante mille hommes de toute arme s'avancèrent par la rue du Faubourg-Saint-Martin et suivirent les boulevarts intérieurs du Nord, la rue Royale, la place Louis XV et l'avenue des Champs-Elysées. La foule remarqua avec étonnement que chaque soldat portait au bras un morceau de toile blanche en forme d'écharpe. Quelques personnes en tirèrent la conséquence que les ennemis arboraient les couleurs de la maison de Bourbon, et les hommes qui, depuis deux mois, s'occupaient de la cause des royalistes ne manquèrent pas d'accréditer cette opinion. Cependant l'écharpe des soldats n'avait rien de politique : ce signe, comme nous l'avons dit, n'avait été adopté, depuis la bataille de la Rothière, que pour éviter les méprises sur le champ de bataille.

A la tête de l'immense colonne, et précédés seulement de quelques escadrons, marchaient l'empereur Alexandre, le roi de Prusse, le grand duc Constantin et le prince de Schwartzenberg. L'empereur d'Autriche seul y manquait : repoussé jusqu'à Dijon par les mouvements de l'armée française dans les journées précédentes, et arrêté dans sa marche sur Paris par celle de Napoléon sur Fontainebleau, il dut à cette circonstance de ne pas entrer en même temps que ses alliés dans la capitale de son gendre. Au milieu d'un nombreux état-major, on remarquait l'hetman Platow, le baron Muffling, lord Burgersh et sir Charles Stewart que distinguaient surtout une prodigieuse quantité de rubans, de plaques et de croix (1).

Aussitôt que ce cortége se fut montré, une petite cavalcade, composée de seize à dix-huit royalistes, courut se placer à quelques pas en avant; jusqu'à ce moment, ils n'avaient pas cessé de galoper çà et là sur les boule-

(1) Blücher ne put entrer à Paris en même temps que l'armée qu'il commandait. Il resta toute la journé à Montmartre, retenu, disait-on, par un mal d'yeux. Il est certain que la fatigue de la campagne et les fréquentes alternatives de crainte et d'espérance auxquelles Napoléon l'avait livré, jetèrent quelque trouble dans son cerveau; et, selon toute apparence, ce trouble durait encore lorsque, l'année suivante, il se fit recevoir *docteur en droit canon* à Oxford.

varts, cherchant inutilement à se recruter et poussant des cris de : *Vivent les Bourbons! Vive Louis XVIII!* que le peuple paraissait ne pas comprendre. Parmi eux figurait Maubreuil, que l'on retrouvera bientôt chargé d'une mission d'assassinat; il venait d'attacher à la queue de son cheval l'étoile de la Légion-d'Honneur, et caracolait de la sorte aux yeux de la multitude. Un agent du comte d'Artois, M. de Vauvineux, s'y trouvait aussi; il était sorti le premier avec un mouchoir blanc au bout d'un bâton. Puis venaient MM. d'Hautefort, du Theil, de Crisnoy, de Choiseul, Praslin (César), auxquels se joignirent plus tard les ducs de Mouchy et de Fitz-James, MM. de Kergorlay, Maurice d'Adhémar et autres.

Cette pitoyable démonstration du parti royaliste se reproduisait sur un autre point d'une manière plus pitoyable encore. Un M. de Semallé, ancien émigré, arrivé le 17 mars à Paris avec le titre d'agent du comte d'Artois, accompagné d'un ancien accusateur militaire à la suite des armées de la République, nommé Morin, devenu aussi agent du même prince, conduisaient une douzaine de misérables en haillons et plus ivres de vin que d'enthousiasme; ils offraient des drapeaux blancs, des cocardes et des proclamations aux passants, que cet ignoble spectacle forçait de détourner les yeux. Partis de la porte Saint-Denis, ils arrivèrent ainsi jusqu'à la place Louis XV, où ils aperçurent le groupe des grands seigneurs avec lequel ils se confondirent : tels furent en 1814 les premiers champions de la légitimité. Voilà ce qu'ils nommèrent leur mouvement du 31 mars, et comment ils prétendirent donner une impulsion royaliste aux masses et déterminer le retour des Bourbons.

Si l'on en excepte quelques vieillards, demeurés tristement fidèles à leurs souvenirs, et quelques rejetons des familles de l'ancien régime, élevés au milieu des préjugés et des haines de l'émigration, le nom de Bourbon, inconnu pour ainsi dire à la génération actuelle, ne devait éveiller en France aucune sympathie. Aussi, malgré des allocutions sentimentales à la multitude en faveur de Louis XVIII et de son auguste famille, malgré les basses injures dont les mêmes orateurs couvraient le nom de l'homme qui était encore chef de l'empire, les prosélytes ne se montraient nulle part, si ce n'est aux fenêtres où quelques femmes agitaient leurs mouchoirs. Quant à la cocarde blanche, le petit nombre de ceux qui, entraînés par l'exemple et les sollicitations, l'attachaient à leur chapeau, se hâtaient de la remettre en poche aussitôt qu'un garde national venait à paraître.

« Le peuple en foule, dit un écrivain, est attiré par la curiosité à un spectacle tout nouveau pour lui, et qui cesse d'être humiliant quand on se rappelle que l'invasion n'est pas le fruit d'une victoire; mais du moins ce peuple reste dans un morne silence, tandis que des rubans, des guirlandes, des couronnes sont jetés aux dévastateurs de la France comme des témoignages de reconnaissance et d'union. Le Prussien, le Russe, le Tar-

tare sont embrassés, fêtés par des dames françaises, et l'on voit prodiguer aux soldats mercenaires de l'étranger des soins et des secours refusés, quelques heures auparavant, à des héros citoyens ! » A moins d'avoir été témoin de ce spectacle, l'on ne saurait croire à une aussi honteuse abnégation patriotique, à un tel avilissement.

Tous ces étrangers à qui la nation s'était montrée si grande, si noble, si héroïque sur les champs de bataille, durent être surpris à l'aspect d'une pareille dégradation. Eux aussi ils avaient vu les Français entrer dans leurs capitales; mais du moins ils n'avaient point insulté au deuil de leur patrie en célébrant le triomphe des vainqueurs. Et d'ailleurs, notre défaite n'avait point été sans gloire (1)! Par respect pour le nom français, jetons un voile sur les bassesses dont se couvrirent les élégantes des rues, les intrigantes de la cour, les courtisanes de la capitale! Ce sont des ennemis, des étrangers qu'elles saluent de leurs acclamations; c'est parmi eux qu'elles chercheront bientôt des amants : et les barrières de Paris sont encore inondées de sang français!

Jusque-là, les royalistes n'avaient été qu'odieux et ridicules : ils voulurent se montrer lâches. Arrivés à la hauteur de la place Vendôme, l'aspect de la colonne ajoute un degré de plus à leur exaltation. Munis de cordes, ils courent furieux vers le monument, forcent la porte de fer et pénètrent dans l'intérieur malgré la résistance du gardien : il s'agit d'arracher la statue de Napoléon et de la traîner dans la fange des rues; mais plus zélés qu'intelligents, les chefs de la bande s'étaient imaginés que, le câble fixé une fois à la figure, il leur suffirait de la faire tirer par des chevaux et de s'y atteler eux-mêmes avec leurs recrues pour amener sa chute. Ils se trompèrent : la statue, en bronze comme la colonne et fortement scellée à son sommet, résista constamment à ces sacriléges efforts. A la honte d'avoir entrepris une mauvaise action, M. S. de la R..., qui avait réclamé pour lui l'honneur d'attacher la corde au cou de cette image qui devait lui rappeler son bienfaiteur et celui de sa famille, dut ajouter la honte de ne l'avoir pu consommer.

Toutefois, comme il ne voulait pas perdre entièrement le fruit de sa prouesse, il se rendit auprès du prince Constantin, qui regardait défiler les troupes sur le boulevart de la Madeleine, et lui raconta ce qu'il venait de faire, pensant bien lui être agréable. Le prince l'accueillit, dit-on, assez durement. Et M. S. de la R... reçut d'un barbare une leçon de décence et de dignité.

Les tentatives infructueuses se renouvelèrent plusieurs jours de suite

(1) *Ils étaient trop!* disait un soldat qu'on rapportait blessé du champ de bataille. Ce mot révélerait le secret du triomphe des alliés, si la trahison ne l'expliquait encore davantage; on a calculé qu'en effet ils étaient près de dix contre un.

contre la colonne ; exaspérés à la fin par leur impuissance, les royalistes allaient employer la mine et faire sauter le monument tout entier, lorsque l'autorité étrangère crut de son honneur d'intervenir et d'empêcher cet acte de vandalisme. Cependant, il ne faudrait pas s'y tromper, les alliés voulurent seulement que son enlèvement fût accompagné de formes méthodiques, presque légales. Le 7 avril, la statue de Napoléon, descendue de son glorieux piédestal, rentra dans les ateliers du fondeur (1).

Rendons encore une fois justice aux Prussiens, aux Autrichiens et même aux Russes : il n'y eut chez eux aucune classe qui se fût livrée à une si honteuse abnégation de caractère; lorsque Napoléon triomphait dans leurs capitales, aucun individu ne chantait ses triomphes : aucun officier ou administrateur décoré par leur souverain d'un ordre de chevalerie n'attachait la croix et le ruban de cet ordre à la queue d'un cheval, et ne les traînait dans la boue! A Paris, il se trouva une minorité qui offrit aux yeux des souverains toutes les sortes de prostitutions!

Alexandre, fatigué des acclamations anti-nationales dont il était poursuivi, ne put s'empêcher d'en relever l'inconvenance, en disant à ceux qui ne répugnaient pas à un tel avilissement : « Criez plutôt *vive la paix* (2). »

Le lendemain de la capitulation de Paris, Marmont, après avoir accompagné ses troupes jusqu'à Essonne, se rendit, sur l'ordre de l'Empereur, le soir même à Fontainebleau. Il soupa avec lui. Napoléon lui donna les plus grands éloges sur sa belle défense de Paris. Après cet entretien, le maréchal rejoignit son corps d'armée à Essonne, et six heures après, l'Empereur y arriva pour visiter les lignes.

Le maréchal, en quittant Paris, y avait laissé les colonels Fabvier et Denys pour veiller à l'exécution de la capitulation, en rendant la ville aux alliés.

(1) M. Delannais; il lui avait été ordonné *sous peine de mort* de faciliter par un procédé dont seul il avait le secret, à la descente de la statue.

(2) Paris en ce moment offrait un spectacle bizarre et triste : d'étranges figures, des hommes qu'on n'avait jamais vus, arrivaient chaque jour du fond de leurs provinces; tous avaient été à Coblentz ; tous avaient servi dans l'armée des princes ; tous avaient travaillé de leur mieux à renverser *l'ogre de Corse;* on ne voyait qu'ailes de pigeon, qu'habits à l'antique, que croix de Saint-Louis ; on n'entendait parler que de chevaliers et de marquis : c'était la génération passée qu'on croyait éteinte et qui, sortant du tombeau, se retrouvait face à face avec la génération nouvelle. L'enthousiasme pour les alliés était devenu une sorte de culte. En calomniant les vaincus avec lâcheté, on ne tarissait pas sur la magnanimité d'Alexandre, la sagesse du roi de Prusse et la modération de l'empereur d'Autriche; Wellington fut comparé à Turenne. Les soldats mêmes ne furent pas oubliés; et l'on vit des dames parmi les plus élégantes du faubourg Saint-Germain (entre autres la duchesse de D...) qui, ne sachant comment exprimer leur joie, imaginèrent de galoper en croupe derrière de hideux et sales cosaques.

Le 31 au soir, dans le conseil souverain, on décida que Napoléon, en France, était incompatible avec le repos de l'Europe et qu'on devait rétablir l'ancienne dynastie. Le 2 avril le Sénat, convoqué et gagné par le prince de Talleyrand, déclara Napoléon déchu du trône, le droit d'hérédité aboli dans sa famille, et le peuple, ainsi que l'armée, déliés envers lui du serment de fidélité.

Les souverains proclamèrent en même temps qu'ils respecteraient l'intégrité de l'ancienne France, et qu'ils garantissaient la constitution que la nation se donnerait. Sur-le-champ, un manifeste, rédigé dans cet esprit, fut imprimé et affiché dans Paris.

D'Essonne où il laissa le maréchal, Napoléon était revenu immédiatement à Fontainebleau. Au point du jour il alla visiter les avant-postes. A son aspect, les troupes frémissaient de joie et semblaient chercher par la vivacité de leurs acclamations à dissiper les nuages dont son front paraissait obscurci. Ému de cet accueil : « Officiers, sous-officiers et soldats, leur dit-il, l'ennemi nous a dérobé trois marches, et il est arrivé à Paris avant nous. Quelques factieux, restes d'émigrés à qui j'avais pardonné, ont entouré l'empereur de Russie ; ils ont arboré la cocarde blanche, et ils veulent nous forcer à la prendre. Depuis la Révolution, la France a été maîtresse chez elle, souvent chez les autres, mais toujours chez elle. J'ai offert la paix ; j'ai proposé de laisser la France dans ses anciennes limites, en perdant tout ce qu'elle a acquis. On a tout refusé. Dans peu de jours, j'attaquerai l'ennemi ; je le forcerai de quitter notre capitale. J'ai compté sur vous ; ai-je eu raison ? — Oui, oui ! s'écrièrent les braves, comptez sur nous ! Vive l'Empereur ! Notre cocarde est tricolore ; plutôt que d'y renoncer, nous périrons sur notre sol. »

Cette voix connue de la victoire, qu'ils ont entendue sur les bords du Tibre, du Nil et du Danube, n'a rien perdu de son empire sur l'âme des soldats. Des pleurs roulent dans leurs yeux. Ils agitent leurs armes, ils appellent les combats ; ils brûlent d'arracher la capitale au joug de l'étranger, et leur cœur bondit d'enthousiasme et d'impatience. Il n'en est pas de même parmi les généraux : presque tous demeurèrent froids et silencieux. Dans la nuit du 3 au 4 avril, on reçut à Fontainebleau, par un exprès du duc de Raguse, le sénatus-consulte qui prononçait la déchéance de l'Empereur, et en même temps le maréchal Macdonald arriva de Troyes : « Duc de Tarente, lui dit l'Empereur, quelles nouvelles ? — De bien tristes, Sire : Paris est aux mains de l'étranger, et on dit que Votre Majesté veut marcher sur la capitale. — Eh bien ? — On craint que la seule tentative d'une bataille ne la livre à toutes les horreurs d'une ville prise d'assaut. L'armée paraît découragée, et les populations demandent la paix. » Le visage de Napoléon se rembrunit, et ses yeux se promenèrent avec sollicitude sur ses anciens compagnons d'armes : « Eh bien ! Messieurs, reprend-il, vous ne voulez donc plus vous battre? — Il est trop tard, Sire, répond un maréchal. — Et que pourriez-vous faire, Sire? dit un autre maréchal. Brûler Paris? Mais cette ville renferme nos femmes, nos enfants! » Enfin, un troisième, après avoir fait une peinture énergique des maux que la guerre civile entraînerait pour la patrie, ose parler d'abdication. Une seule voix s'élève pour protester contre ce mot. Napoléon réplique avec émotion et dignité : « Vous croyez que c'est le vœu de la France? — Oui, Sire. — Que c'est le vœu de l'armée? — Oui, Sire. — Ah! du moins, si j'abdiquais, vous seriez d'avis de faire passer la couronne sur la tête du roi de Rome? Mon fils et la régente pourraient faire encore le bonheur de la France. — Oui, oui! s'écrièrent les maréchaux. Cette proposition, soutenue par l'armée, dissipera sans peine les intrigues commencées en faveur des Bourbons. La France ne les connaît plus; mais elle connaît le fils de l'Empereur. Elle l'aime; elle l'adoptera, et l'Autriche le verra couronner avec plaisir. Sire, il faut se hâter. Les alliés n'ont encore rien arrêté. Il n'y a pas un instant à perdre. — Qui chargerai-je de cette négociation? — Le duc de Vicence, le prince de la Moscowa, le duc de Raguse... — Oui, ces messieurs vont partir pour Paris. Je vais leur faire donner leurs pouvoirs... Et cependant, ajoute-t-il en se jetant sur un canapé, et comme ressaisissant l'adhésion qui vient de lui échapper, je suis sûr que nous les battrions! » Ce dernier cri du héros, qui eût, dans tout autre temps, électrisé ses lieutenants, expire inécouté. Se relevant alors avec majesté, Napoléon fait comprendre par son geste qu'il veut rester seul; les maréchaux se retirent.

Cependant, l'Empereur a réfléchi que le duc de Raguse, qui commandait en chef le quartier-général d'Essonne, serait plus utile à son poste qu'à Paris. C'est le maréchal Macdonald qui le remplacera comme plénipotentiaire. Les trois commissaires partent pour Paris, afin de négocier un traité de paix, avec ordre de le communiquer à l'Empereur avant de le signer. Ils sont porteurs de la notification suivante :

« Les puissances alliées ayant proclamé que l'empereur Napoléon était le seul obstacle au rétablissement de la paix en Europe, l'empereur Napoléon, fidèle à son serment, déclare qu'il est prêt à descendre du trône, à quitter la France, et même la vie, pour le bien de sa patrie, inséparable des droits de son fils, de ceux de la régence de l'impératrice et du maintien des lois de l'empire.

« Fait en notre palais de Fontainebleau, le 4 avril 1814.

« NAPOLÉON. »

Arrivés à Essonne, et après avoir confié au maréchal Marmont la nature de leur mission, ils apprirent de lui qu'il était en pourparlers avec le prince Schwartzenberg : il négociait alors la convention qui depuis a porté le nom de *Convention de Chevilly*, village à une lieue d'Essonne; mais il s'empressa d'ajouter que ces arrangements n'étaient pas complets, puisqu'il n'avait pas encore reçu la garantie écrite qu'il avait demandée; et il leur déclara que, puisqu'ils étaient d'accord pour un changement que le salut de l'Etat demandait, et qui était le seul objet de ses démarches, il ne se séparerait jamais d'eux (1).

L'aveu de Marmont indigna d'abord la loyauté des plénipotentiaires. En présence d'événements dont le résultat était encore douteux, lorsqu'aucun acte émané de la volonté de Napoléon n'avait appris à Marmont sa renonciation au pouvoir, ils ne pouvaient l'excuser d'ouvrir une transaction avec l'ennemi, et de céder aux instances d'un gouvernement qui, en définitive, ne tenait sa puissance que de l'étranger; mais ils comprirent que l'heure n'était pas venue de se répandre en longs reproches. Les propositions de Marmont avaient été envoyées la veille au prince généralissime; d'un moment à l'autre l'acceptation du prince pouvait arriver et détruire toutes les espérances des plénipotentiaires : ils partirent donc, et, pour plus de sûreté, ils emmenèrent Marmont avec eux chez l'empereur Alexandre. Marmont, en partant, confia le commandement de son corps d'armée au général Souham.

Le danger pressait en effet : le 3 avril, le duc de Raguse avait écrit au prince de Schwartzenberg :

« L'armée et le peuple se trouvant déliés du serment de fidélité envers l'empereur Napoléon, par le décret du Sénat, je suis disposé à concourir à un rapprochement entre l'armée et le peuple, qui doit prévenir toute chance de guerre civile et arrêter l'effusion du sang; en conséquence, je suis prêt à quitter avec mes troupes l'armée de l'empereur Napoléon aux conditions suivantes dont je vous demande la garantie par écrit. »

Il était évident, d'après cette lettre, que si le prince acceptait purement et simplement les conditions du duc de Raguse, la défection de son corps d'armée était accomplie.

Voici, quelles étaient ces conditions :

ARTICLE PREMIER.

« Moi, Charles, prince de Schwartzenberg, maréchal et commandant en chef les armées alliées, je garantis à toutes les troupes françaises qui, par suite du décret du Sénat du 2 avril, quitteront les drapeaux de Napoléon Bonaparte, qu'elles pourront se retirer en Normandie avec armes, bagages et munitions, et avec les mêmes égards et honneurs militaires que les troupes alliées se doivent réciproquement.

ART. 2.

« Que si, par suite de ce mouvement, les événements de la guerre faisaient

(1) Réponse du duc de Raguse à la proclamation datée du golfe Juan, le 1er mars 1815.

tomber entre les mains des puissances alliées la personne de Napoléon Bonaparte, sa vie et sa liberté lui seront garanties dans un espace de terrain, et dans un pays circonscrit, au choix des puissances alliées et du gouvernement français. »

Au moment où les plénipotentiaires arrivèrent à Paris, l'inquiétude la plus vive régnait parmi les royalistes et dans le parti qui, sur la foi de Talleyrand, croyant n'avoir plus rien à espérer ou à craindre de Napoléon, avait adopté la Restauration. On parlait d'un mouvement que les corps réunis de Marmont, de Macdonald, de Mortier, d'Oudinot, devaient opérer sur la capitale.

L'anxiété redoubla à la vue des maréchaux et du général Caulaincourt. L'objet de leur démarche avait déjà transpiré; et la faiblesse, bien connue, d'Alexandre n'était guère propre à dissiper les frayeurs des royalistes.

A une heure du matin, le 5 avril, Alexandre fit ouvrir. Les membres du gouvernement provisoire assistèrent à cette réunion, ainsi que le général Dessoles, commandant de la garde nationale, et le comte Pozzo-di-Borgo. La régence et la royauté se trouvaient ainsi face à face.

La présence de nos soldats à Essonne; la froideur de la population de Paris à l'aspect des troupes étrangères; l'attachement du peuple, et notamment des faubourgs, pour la personne de Napoléon; l'incertitude d'une bataille livrée à des braves au désespoir, et qu'auraient secondés, selon toute apparence, les masses énormes de la capitale; la nécessité de mettre promptement un terme à des combats dont les alliés eux-mêmes étaient très-fatigués : voilà quelques-uns des motifs que firent valoir les plénipotentiaires. Tous parlèrent avec chaleur et entraînement; Macdonald surtout déploya un zèle d'autant plus estimable, qu'il n'avait pas toujours eu à se louer de l'homme dont il défendait en ce moment les intérêts; il insista particulièrement sur la promesse qu'on avait faite au pays de le laisser libre dans le choix de son gouvernement; et, rappelant, en quelque sorte, à l'empereur Alexandre la parole donnée : « Que Votre Majesté, lui dit-il, se souvienne que les alliés ont déclaré n'être point venus en France pour lui imposer un maître. »

Effrayé de l'influence des plénipotiaires sur l'empereur Alexandre, craignant qu'elle amenât des résultats favorables à Napoléon, et inquiet pour son avenir, parce qu'il s'était déjà compromis en recevant un emploi du gouvernement provisoire, le général Dessoles s'attacha vivement à détruire l'impression produite par les défenseurs de la régence.

Alexandre, craignant de prendre un parti, et d'assumer ainsi sur lui seul une immense responsabilité, témoigna le désir de consulter le roi de Prusse. Les plénipotentiaires furent renvoyés à midi pour une réponse définitive.

Pendant l'absence des plénipotentiaires, l'infatigable Talleyrand retourna auprès d'Alexandre et s'attacha à détruire l'effet qu'ils avaient produit sur son esprit faible et indécis. Il fortifia donc les raisons alléguées par Dessoles, en leur prêtant toute la puissance d'un esprit délié, d'une parole insinuante et persuasive ; toutefois, Alexandre hésitait encore, lorsque les plénipotentiaires se présentèrent pour la seconde conférence.

Le malheur dont ils étaient menacés, depuis la veille, venait de s'accomplir : la convention de Chevilly, acceptée sans observations par le prince généralissime, avait été mise immédiatement à exécution ; Fabvier, l'aide-de-camp de Marmont, était venu en toute hâte leur apprendre cette désastreuse nouvelle. Sortis de chez Alexandre avec quelque espoir, ils y rentraient en proie à l'anxiété la plus vive. Cependant l'Empereur pouvait encore ignorer les événements d'Essonne, et cette pensée releva leur courage.

La conversation durait depuis quelques moments, et commençait à prendre une tournure favorable aux affaires de la régence, lorsqu'un officier russe, étant introduit, parla dans sa langue à l'Empereur. Caulaincourt, qui comprit les paroles de l'officier, se tourna vers Macdonald : « Nous sommes perdus, lui dit-il : l'Empereur sait que le corps a passé. » En effet, cette circonstance changea tout à coup les intentions d'Alexandre. « Vous faites sonner haut la volonté de l'armée, dit-il aux plénipotentiaires ; et vous n'ignorez pas que le corps du duc de Raguse a passé de notre côté. On est las de la guerre ; Napoléon n'a point voulu la paix ; chacun sait qu'il n'y a point de repos à espérer avec lui. Le Sénat a prononcé ; les souverains ont déclaré qu'ils ne voudraient plus traiter avec lui ; l'armée ne peut s'obstiner à garder un chef qui n'a pas voulu sacrifier sa passion pour la guerre au bien de sa patrie. Nous ne voulons que le bonheur de la France ; peu nous importe son gouvernement, s'il la rend heureuse. Nous ne voulons aujourd'hui que ce que le vœu national a déjà proclamé ; il repousse la régence comme il a déjà repoussé l'empereur Napoléon. Je vous déclare donc que nous ne pouvons admettre que son abdication absolue. A cette condition seule, vous pouvez regarder la paix comme faite ; nous nous engageons à assurer à l'empereur Napoléon une existence indépendante et convenable sous tous les rapports. »

Tout ce que firent les plénipotentiaires pour changer la détermination d'Alexandre fut inutile. Ils partirent, n'ayant d'autres résultats à rapporter à l'Empereur que la nécessité d'une abdication sans conditions.

Leur réponse n'étonna point Napoléon : il l'avait prévue. A peine l'avaient-ils quitté, emportant son acte d'abdication, que, frappé de l'idée que les puissances étrangères ne consentiraient jamais à ce que son fils régnât tant qu'il vivrait, et que, par conséquent, la démarche des maréchaux serait infructueuse, il conçut tout à coup le projet de se confier encore une fois à la fortune des armes, de ces armes qui avaient si rarement trompé ses espérances. Il envoya donc à Essonne pour chercher Marmont et le général

Souham, afin de se concerter avec eux sur le mouvement qu'il se proposait d'opérer. Mais, comme on l'a vu plus haut, Marmont avait accompagné les plénipotentiaires; quant à Souham, on ne le trouva point. Étonné de ne pas les voir accourir, et n'apercevant pas non plus l'officier qu'il avait envoyé, Napoléon expédia un second courrier qui lui rapporta la terrible nouvelle.

Voici ce qui était arrivé : quand il apprit que Napoléon le faisait demander, ainsi que Marmont, Souham, effrayé, s'imagina probablement que tout était découvert, et qu'on ne l'appelait que pour tirer de sa conduite une vengeance éclatante. Alors, il ne vit plus de salut pour lui que dans la prompte exécution de la convention de Chevilly; et, à la pointe du jour, il s'approcha du camp ennemi avec ses troupes. En avait-il reçu l'ordre du duc de Raguse? Ou bien celui-ci, ainsi qu'il l'a prétendu depuis, lui avait-il enjoint de tout ajourner jusqu'à son retour? C'est un point qui est resté douteux. Quoi qu'il en soit, les troupes d'Essonne, persuadées qu'on allait en venir aux mains, s'élancèrent joyeuses sur les pas du général Souham; leur illusion dura peu. Entourés d'ennemis de toutes les nations, escortés comme des prisonniers par deux régiments de cavalerie bavaroise, nos soldats soupçonnèrent bientôt qu'on les avait livrés. De sourdes clameurs parcoururent les rangs; néanmoins, on retint leur colère et leur indignation, et on marcha ainsi jusqu'à Versailles. Mais, là, le doute devient certitude; et des sentiments, difficilement comprimés pendant le trajet, éclatent; on crie hautement à la trahison; des exclamations de fureur et de désespoir se font entendre; la crainte de passer pour complices d'un acte dans lequel ils ne sauraient voir qu'une lâcheté exaspère les soldats et les officiers; les uns arrachent leurs épaulettes, les autres brisent leurs armes ou les foulent aux pieds. Vainement, dans le tumulte, la voix des généraux essaie de ramener l'ordre; la voix plus puissante de l'armée s'élève contre eux; on les accuse; on les poursuit d'épithètes outrageantes; et ce n'est qu'en fuyant, et au milieu des balles qu'on leur envoie, qu'ils échappent à la mort.

Le lendemain, 6 avril, le tumulte recommença plus violent que la veille : les troupes voulaient retourner à Essonne en repassant sur le ventre des légions étrangères. Le bruit de cette résolution parvint à Paris au gouvernement provisoire. On sentit la nécessité d'empêcher un conflit dont le moindre résultat devait être l'effusion de beaucoup de sang; et on fit partir précipitamment le duc de Raguse pour Versailles. Dans sa prudence, il ne se montra pas aux troupes; mais il fit mettre à l'ordre du jour une proclamation dans laquelle on remarqua ces paroles :

« Vous êtes les soldats de la patrie; ainsi c'est l'opinion publique que vous devez suivre; et c'est elle qui m'a ordonné de vous arracher à des dangers, désormais inutiles, pour conserver votre noble sang, que vous saurez répandre encore, lorsque la voix de la patrie et l'intérêt public réclameront vos efforts... »

Cette proclamation fut accueillie comme elle devait l'être par une armée qui, mettant au premier rang de ses devoirs sa fidélité envers Napoléon, ne voyait dans cet appel à la patrie que des mots brillants jetés sur une odieuse trahison. Elle exprima sa douleur et sa rage par les démonstrations les plus énergiques ; elle voulait de nouveau marcher sur Fontainebleau, et protester, sous les yeux de l'Empereur même, contre un acte qui soulevait toutes ses antipathies ; mais les généraux avaient disparu ; et, privés de leurs chefs, les soldats et les officiers ne purent effectuer seuls un projet qui aurait éprouvé, de la part des alliés, la résistance la plus vive : ils se laissèrent conduire à Mantes, lieu que leur avait assigné le gouvernement provisoire.

Quand Napoléon apprit la défection du duc de Raguse, il parut frappé d'une douloureuse surprise. Ce sentiment s'épancha tout entier dans l'ordre du jour suivant qu'il adressa, le 5 avril, à l'armée :

« L'Empereur remercie l'armée pour l'attachement qu'elle lui témoigne, et principalement parce qu'elle reconnaît que la France est en lui et non dans le peuple de la capitale : le soldat suit la fortune et l'infortune de son général, son honneur et sa religion. Le duc de Raguse n'a pas inspiré ces sentiments à ses compagnons d'armes ; il est passé aux alliés. L'Empereur ne peut approuver la condition sous laquelle il a fait cette démarche : il ne peut accepter la vie ni la liberté d'un sujet. »

Ces derniers mots faisaient allusion à la convention de Chevilly. On se rappelle que l'art. 2 de cette convention réclamait, pour Napoléon, un espace de terrain aux choix des puissances alliées et du gouvernement français.

Nous ne pouvons résister au désir de citer le reste de cet ordre du jour, tout empreint qu'il soit du cachet ordinaire de sa seule volonté. Vendu à Paris par des hommes qu'il a comblés d'honneurs et de biens, trahi par des généraux qu'il aime, qu'il a élevés sous sa tente, entouré d'ennemis, près d'être précipité du premier trône du monde, en proie à des angoisses de toute nature, l'Empereur montre dans ces terribles circonstances une douceur et une modération sublimes.

« Le Sénat s'est permis de disposer du gouvernement français. Il a oublié qu'il doit à l'Empereur le pouvoir dont il abuse maintenant ; que c'est lui qui a sauvé une partie de ses membres de l'orage de la Révolution, tiré de l'obscurité et protégé l'autre contre la haine de la nation. Le Sénat se fonde sur les articles de la Constitution pour la renverser ; il ne rougit pas de faire des reproche à l'Empereur, sans remarquer que, comme premier corps de l'Etat, il a pris part à tous les événements : il est allé si loin qu'il a accusé l'Empereur d'avoir changé des actes dans la publication. Le monde entier sait qu'il n'avait pas besoin de tels sacrifices : un signe de sa part était un ordre pour le Sénat, qui toujours faisait plus qu'on ne lui demandait... Si l'enthousiasme s'est glissé dans les adresses et les discours publics, alors l'Empereur s'est trompé ; mais ceux qui ont tenu ce langage doivent s'attribuer à eux-mêmes les funestes suites de leurs flatteries... Si l'Empe-pereur avait méprisé les hommes, comme on le lui a reproché, le monde reconnaîtrait aujourd'hui qu'il avait raison. Il tenait sa dignité de Dieu et de la nation; eux seuls pouvaient l'en priver : il l'a toujours considérée comme un fardeau; et, lorsqu'il l'accepta, ce fut dans la conviction que lui seul était en état de la porter dignement. S'il est un obstacle à la paix, il en fera volontiers le sacrifice; et il a en conséquence envoyé le prince de la Moscowa, les ducs de Tarente et de Vicence (1) pour entamer des négociations. L'armée peut être certaine que son honneur ne sera jamais en contradiction avec le bonheur de la France. »

Toute l'armée s'enthousiasmait à la lecture de cet ordre du jour, lorsque les plénipotentiaires, revenus à Fontainebleau, exposèrent franchement la situation des choses, leur voyage à Paris, le peu de succès de leur mission et enfin la désertion du corps d'armée d'Essonne. Aussitôt une discussion très-animée donna cours à toutes les opinions qui partageaient les esprits diversement passionnés; un grand nombre, qui frémissaient au seul nom d'étrangers, voulaient encore tenter la fortune des armes; mais la majorité, effrayée de l'état déplorable où le départ du duc de Raguse laissait Fontainebleau, l'Empereur et les débris de l'armée, fut unanime pour reconnaître que ce noble désespoir ne pourrait qu'entraîner la ruine de Paris, et peut-être le partage de la France; enfin on reconnut qu'au nom même de sa gloire, l'Empereur devait se sacrifier pour sauver la patrie.

C'est sous ces impressions que les commissaires se rendirent auprès de Napoléon, qui les attendait dans son cabinet. Il se lève, et, marchant à grands pas : « Me croient-ils donc vaincu, parce qu'un de mes lieutenants m'abandonne? Me croient-ils sans ressources? Ne puis-je réunir les 50,000 hommes de Soult, les 15,000 de Suchet, les 20,000 du prince Eugène, les 15,000 d'Augereau? Ne puis-je pas me retirer sur la Loire? J'ai encore là l'épée d'Austerlitz, et je leur vendrai cher mon sang et ma vie. » Ce réveil du lion remue au fond du cœur des maréchaux les souvenirs de Wagram et de la Moscowa, mais sans éblouir leur raison. « La guerre, toujours la guerre, Sire! mais il vous faudrait des soldats, et vous n'avez plus d'armée. Vous abaisserez-vous à n'être qu'un chef de partisans? La fatigue, les intérêts personnels, l'amour de la famille, le besoin du repos, tout se réunit contre vous, et la France veut la paix. — Eh bien! reprend l'Empereur, puisqu'il faut renoncer à défendre la France, l'Italie ne m'offre-t-elle pas une retraite digne de moi? Marchons vers les Alpes. On s'y souvient peut-être encore

(1) Ney, Macdonald et Caulaincourt.

d'Arcole et de Marengo. Veut-on m'y suivre?.... Vous gardez le silence; vous voulez du repos, ayez-en donc! Hélas! vous ne savez pas combien de chagrins vous attendent sur vos lits de duvets; quelques années de cette paix, que vous allez payer si cher, en moissonneront un plus grand nombre d'entre vous que n'aurait fait la guerre. »

Et après ces paroles prophétiques, il tire à lui un guéridon, et trace de sa main la seconde formule de son abdication.

« Les puissances alliées ayant proclamé que l'empereur Napoléon était le seul obstacle au rétablissement de la paix en Europe, l'Empereur, fidèle à son serment, déclare qu'il renonce, pour lui et ses successeurs, au trône de France et d'Italie, et qu'il n'est aucun sacrifice personnel, même celui de la vie, qu'il ne soit prêt à faire aux intérêts de la France.

« Napoléon, empereur des Français. »

La nouvelle de l'abdication définitive de Napoléon fut apportée à Paris par le duc de Vicence; elle répandit dans les salons de Talleyrand et parmi les royalistes une joie qui témoignait assez que le refus de l'ex-Empereur eût pu balancer encore les destinées de la Restauration naissante.

La mission des plénipotentiaires approchait de sa fin. Après la conclusion d'un armistice, on s'occupa du traité qui devait fixer le sort de Napoléon. Il fut signé le 11 avril, entre les maréchaux Ney, Macdonald et le général Caulaincourt pour Napoléon, et les ministres d'Autriche, de Prusse et de Russie.

Par ce traité, auquel on donna le nom de *Traité de Fontainebleau*, Napoléon renonçait à toute souveraineté sur la France et l'Italie; il conservait son titre et son rang; ceux de Marie-Louise et de la famille Bonaparte étaient également conservés; on cédait à Napoléon l'île d'Elbe, qui devenait sa résidence; on lui accordait un revenu annuel de 2 millions de francs; on faisait cession des duchés de Parme, de Plaisance et de Guastalla à Marie-Louise, qui devait en jouir en toute souveraineté, avec faculté de les transmettre à son fils et à ses descendants; on réservait à Napoléon, pour lui et sa famille, des domaines ou rentes sur le grand-livre pour un revenu de 2 millions 500,000 francs; un établissement convenable était promis au prince Eugène; on devait réserver sur les propriétés de Napoléon un capital de 2 millions, destiné à être employé en gratifications aux personnes attachées à son service; on lui permettait d'emmener avec lui, à titre de garde, 400 volontaires, etc., etc.

Si l'on en croit les mémoires du baron Fain et quelques biographes, Napoléon aurait essayé de se suicider dans la nuit qui précéda son acceptation, c'est-à-dire dans la nuit du 12 au 13 avril.

Vers une heure du matin, il fit demander le duc de Vicence. Caulaincourt entra au moment où l'Empereur, qui était levé, venait de poser une tasse sur la table. Après l'avoir écouté quelques instants, le duc s'aperçut qu'il pâlissait. Une crise effrayante se manifesta aussitôt : l'Empereur était couvert de sueur et en proie à des convulsions violentes. Napoléon avait saisi et tenait fortement le bras de Caulaincourt, qui voulait aller chercher un médecin. « Restez, lui disait-il, vous êtes mon ami : vous ne devez pas vous opposer à ce que je termine mon existence.... Voudriez-vous donc que d'autres fussent témoins de mon agonie !.... » Des vomissements l'ayant enfin débarrassé : « C'en est fait, ajouta-t-il, la mort ne veut pas de moi. »

Ce qu'il y a de certain, c'est que le lendemain chacun fut frappé de l'état d'abattement de l'Empereur : les souffrances de la nuit étaient empreintes sur son visage et dans toute l'habitude de son corps. On assure que le poison qu'il avait pris avait été inventé par Cabanis, et que, depuis la funeste expédition de Russie, il l'avait constamment porté sur lui.

Le départ de Napoléon pour sa nouvelle résidence se trouvait retardé par les efforts des royalistes; ils s'effrayaient en songeant que l'île d'Elbe était un port sur la France, et que vingt jours de marche à peine séparent Porto-Ferrajo du château des Tuileries, et, dans leur épouvante, ils voulaient qu'une retraite plus sûre, plus éloignée surtout, les garantît contre l'audace entreprenante de celui que, d'accord avec les alliés, ils nommaient l'ENNEMI COMMUN. Mais l'empereur Alexandre avait donné sa parole à Caulaincourt : sa loyauté triompha de leurs tentatives. Et il fut décidé que Napoléon partirait le 20 avril.

Ce jour-là, vers une heure après midi, Napoléon, prêt pour le voyage, descendit dans la vaste cour du palais de Fontainebleau, où se tenaient immobiles et silencieux les vieux compagnons de sa gloire. A l'aspect de tant de braves, dont un petit nombre lui rappelait ses belles campagnes d'Italie et d'Egypte, et les autres toutes ses conquêtes de l'empire, il ne put maîtriser son émotion : « Je vous fais mes adieux, leur dit-il; depuis vingt ans que nous sommes ensemble, je suis content de vous. Je vous ai toujours trouvés sur le chemin de la gloire. Toutes les puissances de l'Europe se sont armées contre moi. Quelques-uns de mes généraux ont trahi leur devoir; et la France elle-même a voulu d'autres destinées. Avec vous et les braves qui me sont restés fidèles, j'aurais pu entretenir la guerre civile; mais la France eût été malheureuse. Soyez fidèles à votre nouveau roi; soyez soumis à vos chefs, et n'abandonnez point notre chère patrie. Ne plaignez pas mon sort : je serai heureux lorsque je saurai que vous l'êtes vous-mêmes. *J'aurais pu mourir;* mais je veux suivre encore le chemin de l'honneur. J'écrirai les grandes choses que nous avons faites. Je ne puis vous embrasser tous; mais j'embrasse votre général.... Venez, général Petit, que je vous presse sur mon cœur.... Qu'on m'apporte l'aigle! Que je l'embrasse aussi! Ah! chère aigle, puisse le baiser que je te donne retentir dans la postérité! Adieu, mes enfants! mes vœux vous accompagneront toujours; gardez mon souvenir. »

Napoléon était attendri; il pleurait; et les soldats partageant sa profonde émotion, de grosses larmes roulèrent bientôt sur leurs visages rudes et basanés. Ceux qui ont vu cette scène ne se la rappellent jamais sans qu'un sentiment d'admiration douloureuse se mêle à leurs souvenirs. C'est qu'en effet il y avait quelque chose de sublime dans les paroles simples de Napoléon et de déchirant dans les pleurs de ces vieux soldats : entre eux et lui l'intimité avait été longue, entière, inaltérable, la séparation devait être cruelle.

Une heure après, Napoléon, faisant un effort sur lui-même, s'élança dans la voiture qui l'attendait. Bertrand était à ses côtés; ils partirent accompagnés d'une faible escorte et des commissaires étrangers chargés de veiller sur l'illustre captif. Ces commissaires étaient le comte Schouvaloff, pour la Russie; le général Koller, pour l'Autriche; le comte Waldbourg-Truchess, pour la Prusse; et le colonel sir Neil Campbell, pour l'Angleterre.

Ainsi tomba, après quatorze années d'une domination brillante et de succès incroyables, l'homme qui, dépositaire des destinées du monde, avait, de sa main puissante, démembré les royaumes, rangé les peuples sous d'autres lois, brisé les vieilles dynasties, semé sur la terre d'Europe une race de rois nouveaux, et qui venait enfin de donner à son siècle sa physionomie et ses proportions colossales.

On a reproché à Napoléon son ambition comme la cause première des revers dont il fut accablé et des calamités qui affligèrent la France; et on ne réfléchit pas que, dans les âmes de cette trempe, les passions commandent et n'obéissent point. L'élément de cet homme était la guerre : il fallait à son génie des camps, des armées, du canon, des mêlées sanglantes et des difficultés immenses à surmonter.

On blâme son ambition, et on s'extasie devant les grandes choses qu'il a faites! Qui oserait assurer que, ces choses prodigieuses, il ne les doit pas à une ambition démesurée? Les hommes sont trop portés à croire qu'on ne travaille que pour eux; s'il en était ainsi, on s'arrêterait quand ils diraient: *Assez*.

Aujourd'hui encore, on se rappelle avec orgueil la gloire dont il nous environna, et on se récrie contre les moyens qu'il mit en œuvre pour l'obtenir! La Convention, il est vrai, gagna aussi de grandes batailles, et pourtant il y avait là 750 volontés; mais il faut penser que son autorité, n'ayant à subir le contrôle d'aucune autorité étrangère à la sienne, agissait comme un seul homme.

Le pouvoir absolu, l'arbitraire, les guerres, sont-elles donc autant de fautes dont la mémoire de Napoléon doive être flétrie? Non : car le génie ne saurait se façonner à l'allure timide du vulgaire, ni se plier à ses exigences mesquines; les hommes extraordinaires veulent être acceptés tels qu'ils sont, avec toutes leurs conséquences, toutes leurs qualités et leurs imperfections, leurs erreurs même. Cet exemple doit au moins apprendre aux peuples que, de toutes les espèces de souverains, la conquérante est la moins désirable; que la gloire ne vaut jamais ce qu'elle coûte.

Dès l'instant que l'abdication définitive de Napoléon avait été connue, chacun s'était cru libre de s'éloigner de l'homme que la fortune abandonnait. Tous ceux qui avaient suivi l'impératrice à Blois l'abandonnèrent, revinrent à Paris et donnèrent leur adhésion aux actes du sénat.

Marie-Louise se rendit à Rambouillet et y reçut la visite de son père accompagné d'Alexandre. Là François II lui déclara qu'elle devait quitter la France et partir pour Vienne avec son fils, devenu prince de Parme. Napoléon demanda qu'avant cette séparation, dont le terme n'était point assigné, et qui devait être éternelle, il lui fût du moins accordé d'embrasser une dernière fois sa femme et son fils; cette consolation lui fut refusée.

Ce fut le 7 avril que le gouvernement provisoire considéra l'abdication comme définitive, et déclara nul tout ce que Napoléon avait fait en qualité d'empereur, postérieurement à la déchéance prononcée par le sénat. Le même jour on envoya aux différents corps une convention qui réglait la suspension des hostilités. Cet armistice parvint le soir même à Fontainebleau, et bientôt après au maréchal Augereau, qui, après avoir fait sauter le pont de Romans et brûlé celui de Valence, était resté derrière l'Isère. Dès qu'il fut instruit de la révolution qui avait suivi la prise de Paris, il convint avec le prince de Hesse-Hombourg que chacun des deux partis garderait ses positions.

Mais, dans les autres contrées de la France, nos guerriers versaient encore leur sang pour défendre une cause déjà perdue sans retour.

Trop faible en nombre pour lutter avec Wellington, qui conduit d'épaisses masses de troupes anglaises, allemandes, espagnoles, portugaises, le maréchal Soult pouvait en être plus que vaincu; il devait en être écrasé. Il s'est néanmoins très-lentement replié des bords de la Bidassoa, qu'il a traversée dès le 7 octobre : connaissant l'extrême circonspection de son adversaire, il l'a tenu six mois entiers en échec, lui faisant très-péniblement acheter ses progrès dans un pays tout ouvert, et dont la population reste inactive quand elle n'embrasse pas la cause contraire à celle que défend encore la petite armée française.

Après la bataille d'Orthez, le maréchal avait trois directions de retraite. S'il prenait la route qui de Mont-de-Marsan se dirige sur Bordeaux, il était obligé de traverser les Landes, tandis qu'il ouvrait à l'ennemi les fertiles départements du Gers et de Lot-et-Garonne ; en suivant la route qui conduit à Agen par Condom, il amenait l'ennemi dans le cœur de la France; il préféra se porter sur Tarbes par les deux rives de l'Adour, s'appuyant toujours aux Pyrénées et conservant les facilités de se joindre à l'armée d'Aragon ou de Suchet. Cette marche abusant Wellington, lui fait perdre les fruits de la bataille d'Orthez : ne poursuivant pas d'abord les Français avec toutes ses forces, il n'atteint leur colonne principale qu'à Tarbes, le 20 mars, sans pouvoir les empêcher de continuer leur retraite en côtoyant les montagnes.

C'est ainsi que Soult arrive presque impunément sous les murs de Toulouse, le 24, avec des troupes que les combats partiels, les fatigues et les accidents de la campagne ont réduites à un effectif de 27,000 hommes, y compris 6,000 conscrits de nouvelle levée, imparfaitement armés. Les abords de cette grande ville, dominée de toutes parts, sont, en quinze jours, couverts d'ouvrages; une circonvallation de trois lieues en fait un vaste camp retranché. Wellington se voit dans la nécessité d'attaquer : ses éclaireurs ont paru dès le 22; cependant il tâtonne, il hésite; quinze jours de préparatifs lui semblent nécessaires, quoiqu'il dispose sur ce seul point d'une nombreuse cavalerie et de 84,000 combattants effectifs, tous soldats éprouvés! Sa prudence laisse aux Français le temps de mettre la dernière main à leurs retranchements.

Dès six heures du matin, le combat s'engage autour de cette vaste enceinte hérissée de canons; et, lorsque la nuit le termine, une seule redoute est au pouvoir de l'ennemi. Les Français bivouaquent dans leurs lignes, voyant d'un œil satisfait que le maréchal, toujours aussi indifférent sur le nombre de ses adversaires, se dispose pour une seconde journée. L'armée ennemie paraît avoir hors de combat presque autant d'hommes que l'armée française comptait de soldats avant le premier coup de canon; on y compte, parmi les morts, plusieurs officiers de marque, trois généraux, le major-général Pac, et les généraux espagnols Espeletta, Mendizabal. Du propre aveu de Wellington, ses prises se réduisent à un canon embourbé!!! Il est certain que les Français n'ont pas au-delà de 3,600 tués ou blessés : le général Taupin est au nombre des premiers; les généraux Reille, Clausel, Vilatte, Maransin, Darmagnac, Berton partagent avec le maréchal l'honneur de cette bataille. Si les premiers détachements de l'armée d'Aragon eussent, plus rapides dans leur marche, atteint Toulouse, la victoire couronnait les Français; les maréchaux Soult, Suchet, se couvraient d'une gloire incomparable dans ce jour, le dernier de vingt-deux années de guerre. On a cherché à justifier l'étrange conduite de Suchet dans une circonstance aussi décisive; les partisans de ce maréchal ont dit : « En n'acceptant pas la proposition de son collègue (1), en refusant d'accéder aux vœux de ses troupes pour marcher en avant et faire sa jonction, les motifs

(1) Soult avait offert à Suchet de lui céder le commandement et de combattre sous lui : une telle grandeur d'âme doit immortaliser Soult. En se plaçant sous les ordres de Soult, Suchet avait bien moins à céder que Boufflers qui, par une générosité vraiment

du chef de l'armée d'Aragon tenaient à l'inquiétude que devait lui causer la proximité d'une armée espagnole de l'autre côté des Pyrénées, armée dont la neutralité n'était rien moins qu'assurée, malgré les favorables intentions énoncées de vive voix par le roi Ferdinand au moment de sa délivrance, le 24 mars. Il était aussi tout naturel et convenable que Suchet attendît la rentrée des garnisons laissées dans le royaume de Valence et en Catalogne. En outre, on sait que le ministre Clarke, investi des pouvoirs extraordinaires dans l'intérieur, et relativement aux armées d'Espagne, depuis le départ de l'Empereur pour la Champagne, fut toujours contraire au maréchal Soult, et qu'il ne lui aurait pas préparé l'occasion d'un succès, en pressant le maréchal Suchet d'accourir et de le fortifier. On doit encore raisonnablement supposer que le ministre méditait déjà sa défection. » Telles sont les raisons, ou plutôt les prétextes mis en avant pour justifier l'inconcevable inaction du maréchal Suchet! Ici, la vérité historique importe à l'honneur même de la France; nous allons la dire, parce que nous avons les preuves authentiques à l'appui de nos assertions.

Après avoir évacué Gironne, le maréchal Suchet fit arrêter son armée à Figuières et à la Jonquières, où il la retint pendant près d'un mois; il porta son quartier-général à Perpignan, où il reçut (comme on l'a vu plus haut) Ferdinand VII, qui se rendait en Espagne par la route de Perthus : Suchet reçut à Perpignan douze courriers successifs expédiés par Soult, qui le pressait d'arriver à marches forcées sur Toulouse, lui répondant de battre et d'anéantir Wellington..... « Si vous ne voulez pas être sous mon commandement, je me placerai sous le vôtre; ne faites que paraître; vos troupes resteront, si vous voulez, l'arme au bras : qu'elles paraissent seulement, le succès est assuré..... » Suchet resta immobile pendant vingt-cinq jours, et et attendit l'issue des événements militaires!

Mais qu'on juge l'influence produite par la jonction de 14,000 soldats aguerris, victorieux dans cent combats, respirant toujours la même ardeur, que seconderaient plusieurs bataillons de gardes nationales, réunies déjà à Foix, sous les ordres du général Lafitte! Ou bien si ces renforts eussent débouché de l'Ariége, vers Saint-Gaudens, Wellington, assailli sur ses derrières, eût été contraint de se retirer sur l'Adour; que si néanmoins, méprisant cette nouvelle difficulté, il se rapprochait de Toulouse, il s'y mettait entre les deux armées françaises : battu ou simplement tenu en échec, au moment de l'arrivée des nouvelles de Paris, l'attitude du cabinet français en signant le traité du 30 mars eût été bien moins mauvaise.

Wellington, étonné probablement de ses pertes, pensant qu'un second engagement pourrait détruire ou sa réputation ou son armée, passe la jour-

romaine, avait demandé et obtenu d'aller servir sous les ordres de Villars, quoiqu'il fût son ancien.

née à faire enterrer ses morts, et à semer parmi les habitants de Toulouse les rumeurs les plus effrayantes, afin de les déterminer à un soulèvement. Les autorités de Toulouse contrarièrent, sous main, autant qu'elles le purent, les opérations et les mesures de défense de Soult!

Le maréchal Soult, sensible aux dangers que couraient les habitants de Toulouse, commence, dans la seconde nuit, à se replier vers le département de l'Aude, emmenant avec lui toute son artillerie, ses bagages et les blessés transportables. Sa marche n'est point troublée. Après avoir lutté pendant trois jours devant Toulouse contre l'armée de Wellington, Soult évacue cette ville dans la nuit du troisième jour, sans toutefois avoir été forcé dans ses lignes par les Anglo-Portugais. (Les Ecossais, qui étaient les troupes d'élite de Wellington, avaient beaucoup souffert.) Dans la soirée du 12, alors que Soult se met en marche pour amener à Napoléon les braves soldats qu'il commande, l'acte du sénat du 2 et la nouvelle des événements antérieurs à cet acte se répandent. Ainsi, le sang versé dans la journée du 10 n'a été qu'un dernier sacrifice à la France.

On a prétendu que Wellington, informé, par la route de Bordeaux dont il était maître, des arrangements faits à Paris les 1er et 3 (les courriers ordinaires ne mettaient qu'une soixantaine d'heures de Paris à Bordeaux, et moins d'une quinzaine de Bordeaux à Toulouse), avait caché sa nouvelle, dans l'espoir de ravir enfin un laurier digne de la réputation que lui donnaient ses compatriotes ; mais que ce général se trouvant avoir manqué sa victoire, malgré l'immense supériorité de ses forces, annonça enfin les grands événements qui suspendaient les hostilités! Si donc, d'après la marche des courriers ordinaires, il est difficile de mettre en doute que l'état-major anglais n'ait pas appris les grands événements de la capitale; s'il est constant que des détachements anglais occupent la route d'Alby depuis le 8, le général anglais ne peut pas ignorer ces événements, à six heures du soir, le 10, au commencement de l'action. Ce qu'il y a de certain, c'est que, dès le 8 au soir, la nouvelle de l'entrée des étrangers dans Paris, quoique sourdement annoncée et ne portant aucun indice officiel, n'était plus un mystère pour beaucoup d'habitants de Toulouse; elle avait même été dite à quelques militaires français. En résultat, l'offensive du général anglais a fini, sur les bords de la Garonne, par une bataille que Turenne, que Montécuculli, que Frédéric auraient appelée, et que de moins grands capitaines appelleraient une défaite.

Le sénat ayant conféré le gouvernement provisoire de la France au comte d'Artois, sous le titre de lieutenant-général du royaume, il fit son entrée à Paris le 11 avril, et commença sa mission par une convention désastreuse qui nous priva d'un nombre considérable de places fortes et du matériel immense qu'elles renfermaient.

Par cet acte, qui faisait pressentir le déplorable traité de paix du 30 mai, toutes les hostilités sur terre et sur mer étaient suspendues entre les puissances alliées et la France. Celles-là devaient faire évacuer par leurs armées le territoire français, tel qu'il se trouvait le 1er janvier 1792, à mesure que les places occupées encore hors de ses limites par les troupes françaises seraient évacuées et remises aux alliés. La remise totale de toutes ces places devait être effectuée au 1er juin. La dotation des forteresses devait être remise en entier aux alliés, sans qu'il pût en être distrait aucun objet; dans la dotation étaient compris non seulement les dépôts d'artillerie et de munitions, mais encore toutes les autres provisions de tout genre. Le sort des places maritimes devait être réglé dans le traité définitif de Paris; de part et d'autre, l'échange des prisonniers, soit de terre, soit de mer, devait avoir lieu.

Cette convention, qui prouvait combien les Bourbons faisaient bon marché de la France, pourvu qu'ils y régnassent, frappa de stupeur tous ceux en qui le délire du royalisme n'avait pas éteint le sentiment national; on peut dire même que la popularité que le comte d'Artois s'était acquise par ses prétendus mots heureux, ses promesses mensongères, et on ne sait quelle urbanité de formes et de langage qu'on ne pouvait lui refuser; que cette popularité, enfin, s'en trouva vivement ébranlée. En effet, d'un trait de plume, le lieutenant-général nous enlevait 51 places fortes, d'immenses dépôts d'objets militaires, 12,000 bouches à feu, 31 vaisseaux de haut bord et 12 frégates. Les pertes pouvaient s'évaluer à 260 millions de francs, et c'était le prix de tout le sang français qui avait coulé pendant vingt-deux ans sur les champs de bataille.

Cette convention signée, la plupart des corps autrichiens se mirent en marche pour retourner dans leurs foyers. Les Russes, les Prussiens, les Allemands se retirèrent successivement. Mais ce ne fut qu'à la fin de juin que le territoire français fut complétement délivré.

Par un précédent arrêté du 9 avril, le gouvernement provisoire avait prescrit le port de la cocarde blanche et l'avait déclarée cocarde nationale. C'en était donc fait du drapeau au trois couleurs! Le drapeau blanc était revenu, et, avec lui, les souvenirs de l'ancien régime, les émigrés, les héritiers de la monarchie de Louis XIV. Une ère nouvelle allait commencer; ou, pour mieux dire, l'ère des anciens abus allait renaître.

Les esprits clairvoyants durent s'en apercevoir déjà, lorsque le 12 avril le comte d'Artois entra dans la capitale. Il n'était environné que de réminiscences de l'ancien régime, soit en hommes, soit en choses. Lui-même, par ses discours et ses actions, manifestait assez librement son antipathie pour les idées et les institutions nouvelles. Quoique la nationalité de la cocarde blanche fût reconnue par le gouvernement provisoire, peu de personnes la portaient; les armées de terre et de mer n'avaient pu encore se résoudre à la prendre; cependant le comte d'Artois n'hésita pas à s'en décorer sans se mettre en peine des nobles susceptibilités qu'il blessait; il se plaignit même de voir un si petit nombre de ces insignes sur son passage.

Les membres du gouvernement provisoire et les commissaires aux départements ministériels se rendirent à la barrière de Bondy, où était le comte. Ils étaient accompagnés de plusieurs détachements de la garde nationale. Les membres du gouvernement s'avancèrent alors ; et le prince de Bénévent (Talleyrand) s'exprima ainsi :

« Monseigneur,

« Le bonheur que nous éprouvons en ce jour de régénération est au-delà de toute expression, si Monsieur reçoit avec toute la bonté céleste qui caractérise son auguste maison l'hommage de notre religieux attendrissement et de notre dévouement respectueux. »

On a prêté au comte d'Artois la réponse suivante :

« Messieurs les membres du gouvernement provisoire, je vous remercie de ce que vous avez fait pour notre patrie. J'éprouve une émotion qui m'empêche d'exprimer tout ce que je ressens. Plus de divisions : la paix et la France. Je la revois enfin ; et rien n'y est changé : si ce n'est qu'il s'y trouve un Français de plus. »

On fit beaucoup d'honneur au prince de cette réponse et du mot qui la termine ; malheureusement, le prince n'y était pour rien; sa réplique se borna à quelques paroles vagues et insignifiantes.

Aussitôt que l'acte du sénat du 6 de ce mois eut appris au nouveau roi qu'il était appelé à régner sur les Français, il quitta sa retraite, escorté de quelques émigrés, et se rendit à Londres, le 20 avril, le jour même où Napoléon quittait Fontainebleau. On l'accueillit avec le plus vif enthousiasme. *Le Courrier* anglais prétend même que le peuple détela les chevaux de sa voiture et la traîna. Quoi qu'il en soit, le prince régent, qui le reçut, lui dit :

« Votre Majesté me permettra de lui offrir mes félicitations les plus sincères sur le grand événement qui a toujours été l'un de mes souhaits les plus ardents. Le triomphe et les transports qui signaleront l'entrée de Votre Majesté dans sa propre capitale pourront à peine surpasser l'allégresse que la restauration de Sa Majesté sur le trône de ses ancêtres a fait naître dans la capitale de l'empire britannique. »

La réponse est digne d'attention :

« Je prie votre Altesse Royale d'agréer les plus vives et les plus sincères actions de grâces pour les félicitations qu'elle vient de m'adresser. Je lui en rends de particulières pour les attentions soutenues dont j'ai été l'objet, tant de la part de votre Altesse Royale que de celle de chacun des membres de votre illustre maison. C'est aux conseils de votre Altesse, à ce glorieux pays, et à la confiance de ses habitants, que j'attribuerai toujours, après la divine Providence, le rétablissement de notre maison sur le trône de ses ancêtres, et cet heureux état de choses qui promet de fermer les plaies des passions, et de rendre la paix, le repos et le bonheur à tous les peuples. »

Louis XVIII, qui avait de l'esprit et du tact, manqua de l'un et de l'autre dans cette circonstance, et fournit ainsi à Napoléon l'occasion de signaler son aberration d'une manière piquante dans ses proclamations au retour de l'île d'Elbe.

Le nouveau roi, après avoir donné un prospectus de sa charte dans la célèbre déclaration de *Saint-Ouen*, entra à Paris le 3 mai, et de ce jour commença l'anarchie paternelle des Bourbons.

Le 30 mai fut signé entre la France et les puissances étrangères un traité qui prouva qu'elles n'avaient pas eu seulement pour but de renverser Napoléon, mais qu'elles voulaient encore affaiblir la France. Trente-trois articles se rapportaient aux intérêts communs des parties contractantes : des articles séparés traitaient de leurs intérêts particuliers. Par les art. 2 et 3, les limites de la France étaient rétablies ainsi qu'elles existaient au 1er janvier 1792, avec l'addition de quelques cantons aux départements des Ardennes, du Bas-Rhin, de l'Ain et l'annexe d'une partie de la Savoie. Par l'art. 8, la France reprenait la plupart de ses colonies. Le traité réglait en outre toutes les clauses relatives aux indemnités pécuniaires, hormis celles qui n'étaient stipulées que dans des actes secrets.

Nous avons laissé Napoléon à son départ de Fontainebleau, accompagné d'une faible escorte et des commissaires étrangers chargés de surveiller l'illustre captif. Il avait accueilli ceux de la Russie et de l'Autriche avec indifférence ; il n'en fut pas de même du commissaire prussien : Napoléon lui dit fort sèchement : « Est-ce qu'il y a des Prussiens dans mon escorte? — Non, Sire. — Eh bien, pourquoi prenez-vous donc la peine de m'accompagner? — Sire, ce n'est pas une peine, mais un honneur. — Ce sont des mots que tout cela. Vous n'avez que faire ici. — Sire, il m'est impossible de me démettre de l'honorable mission dont m'a chargé le roi mon maître. A ces mots, Napoléon tourna le dos au baron de Truchess.

Jusqu'au Dauphiné, Napoléon eut la consolation de ne recevoir sur son passage que des témoignages d'amour et de respect ; son cœur s'épanouit en voyant se manifester tous les regrets que causait son départ. Après avoir dépassé Lyon, il rencontra sur sa route le maréchal Augereau, qu'il avait fait duc de Castiglione. Ce général venait de trahir sa confiance et de signer une proclamation insultante contre la plus grande réputation militaire du siècle, parce que la fortune lui était infidèle! Napoléon, trop grand pour se souvenir des injures et de la trahison, ne vit dans ce coupable qu'un vieux compagnon d'armes, dont il avait reçu autrefois de bons services. Il l'aborde, prolonge la conférence et prouve, par la noblesse des sentiments qu'il exprime et par sa magnanimité, la supériorité d'une âme grande et généreuse sur la brutalité qui a trahi ses devoirs et qui court au-devant d'une nouvelle fortune.

Napoléon avait entendu très-peu de cris sur la route de Valence à Avignon; au dernier relais, avant cette dernière ville, un homme vêtu d'habits grossiers, mais dont les souliers fins et les bas de soie contrastaient avec le reste de son costume, et plus remarquable encore par ses lunettes à branches d'or, arriva auprès de la voiture de l'Empereur, après avoir traversé les champs en toute hâte; cet homme monta sur les épaules d'un autre individu et se pencha dans la voiture comme pour reconnaître quelqu'un. Pélard, valet de chambre de l'Empereur, l'apercevant, lui reprocha son inconvenance et l'invita à se retirer; mais, comme cet individu ne tenait aucun compte de cet avertissement, un fourrier de l'Empereur, qui était sur le siége de la voiture, lui montra un pistolet, et mit ainsi un terme à cette étrange curiosité. Quelques cris injurieux se firent entendre là; mais ce n'était qu'un prélude aux scènes qui attendaient Napoléon à Orgon.

S'il fût arrivé à Avignon trois heures plus tard, il n'est pas douteux que c'en eût été fait de lui; on ne relaya pas à Avignon, où l'Empereur arriva à cinq heures du matin, mais une heure plus tard, à Saint-Andiol, l'Empereur, qui était fatigué de la voiture, descendit avec le colonel Campbell et le général Bertrand, et monta avec eux la première côte. Son valet de chambre, aussi à pied, l'avait devancé de quelques pas, lorsqu'il rencontra un courrier de la malle qui lui dit : Ce tson les voitures de l'Empereur qui viennent là-bas? — Non; ce sont les équipages des alliés. — Je vous dis que ce sont les voitures de l'Empereur. Vous ne savez pas que je suis un vieux soldat; j'ai fait la campagne d'Egypte, et je veux sauver la vie à mon général. — Je vous répète que ce ne sont pas les équipages de l'Empereur. — Il ne s'agit pas de me tromper : je suis sûr de ce que je dis; je viens de passer à Orgon, l'Empereur y est pendu en effigie, et s'il y est reconnu, il est mort. Les misérables ont élevé une potence à laquelle ils ont attaché un mannequin revêtu d'un uniforme français couvert de sang; ils ont placé sur sa poitrine cette inscription : « Voilà comme tu seras un jour. » Je ne sais, dit le courrier, ce qui peut m'arriver de cette confidence; mais n'importe, profitez-en. » Il remonta dans sa malle et partit au galop. Les commissaires, justement effrayés, tinrent une espèce de conseil sur la grande route, et il fut décidé que l'Empereur partirait en avant. On demanda à son valet de chambre s'il avait des habits dans la voiture; celui-ci lui remit une longue capote bleue et un chapeau rond; on voulait y mettre une cocarde blanche, Napoléon n'en voulut pas. Il partit en courrier, avec Amaudru, un des deux piqueurs qui escortaient sa voiture et *brûla* encore la poste d'Orgon. Lorsque les commissaires arrivèrent dans cette ville, toute la population des environs était assemblée et criait : « A bas le Corse ! à bas le brigand ! » Le maire d'Orgon, celui qu'on avait vu à genoux devant le général Bonaparte à son retour d'Egypte, s'adressa à Pélard, valet de chambre de l'Empereur, et lui dit : « Est-ce que vous suivez ce coquin-là, monsieur ? — Non, lui répondit-il, je suis attaché aux commissaires des puissances alliés. — Ah ! vous faites bien. »

Nous nous abstenons de reproduire les grossières injures proférées par ce misérable et par quelques-uns de ses semblables, dans de pareilles occasions. Bien qu'à cette époque même l'indignation publique en ait fait justice, nous croyons devoir en épargner le dégoût à nos lecteurs.

La populace augmentait à vue d'œil ; elle vociférait avec cette fureur par laquelle les habitants du Midi manifestent leur joie ou leur haine. Des forcenés voulurent forcer le cocher de Napoléon à crier *vive le roi ;* sur son courageux refus, déjà un sabre le menaçait, lorsque, heureusement, les chevaux étant attelés, les postillons enlevèrent la voiture au galop. Les commissaires ne rejoignirent l'Empereur qu'à la Calade, où ils le trouvèrent arrivé, depuis un quart d'heure, avec Amaudru. Il était debout, près du feu, dans la cuisine de l'auberge, et causait avec la maîtresse du logis. Celle-ci lui demanda si le tyran allait bientôt passer. Après s'être répandue en invectives, la bonne femme leva la tête, et s'aperçut que la seule personne qui n'eût pas le chapeau à la main était celle à qui elle parlait. Le saisissement qu'elle éprouva d'avoir parlé ainsi de l'Empereur à l'Empereur lui-même fit au même moment évanouir toute sa colère. L'aspect de cette physionomie noble, sereine et calme la fit revenir à des sentiments tout opposés à ceux que ses préventions venaient de lui faire exprimer. Elle fit entrer toutes les voitures dans sa cour et fermer la porte de l'auberge, et avertit même l'Empereur qu'il ne serait pas prudent de passer par Aix, où une population de plus de 20,000 âmes l'attendait pour le lapider.

Au milieu de toute cette inquiétude, on servit le dîner, et l'Empereur se mit à table. Il prit admirablement le dessus de l'agitation qu'il devait éprouver ; et toutes les personnes qui avaient assisté à ce bizarre couvert ont été d'accord pour assurer que jamais il n'avait fait autant de frais d'amabilité. Il captiva tout le monde par la richesse de ses souvenirs et de son imagination, et finit cependant par dire avec une négligence, peut-être affectée : « Je crois que c'est le nouveau gouvernement français qui en veut à mes jours. » Alors mille projets se heurtèrent dans cette tête toujours pleine de tempêtes, et il songea à éviter le peuple d'Aix, qui, lui avait-on dit, devait se trouver en grande foule à la poste.

Pendant que les commissaires, instruits de ce qui passait à Aix, se disposaient à envoyer au maire l'ordre d'en fermer les portes, et de veiller à la tranquillité publique, des individus à visages sinistres se rassemblaient autour de l'auberge. Il y en avait déjà plus de cinquante, lorsqu'un homme, qui ne se nommait pas, demande à parler aux commissaires, et à porter lui-même une lettre au maire d'Aix. Dans cette lettre, les commissaires prévenaient ce magistrat que, si les portes de la ville n'étaient pas fermées dans une heure, ils passeraient avec deux régiments de hulans et 6 pièces de canon, et mitrailleraient tout ce qui s'opposerait à leur passage. Une telle menace eut tout l'effet qu'on en attendait, et l'inconnu revint dire aux commissaires que les portes étaient fermées, et que le maire prenait tout ce qui pouvait se passer sous sa résponsabilité.

On évitait bien ainsi les dangers qui avaient menacé l'Empereur à Aix; mais il en restait encore d'autres à braver par suite de sept ou huit heures passées à l'auberge de la Calade. Le nombre des curieux s'était considérablement accru, et ils laissaient assez voir à quels excès ils auraient pu se porter, si les portes de l'auberge n'eussent pas été soigneusement barricadées. La plupart tenaient dans leurs mains des pièces de 5 fr. à l'effigie de l'Empereur pour tâcher de le reconnaître par la ressemblance.

On vint dire que tout était prêt pour partir; mais on décida que Napoléon prendrait la pelisse et le bonnet de fourrure du général Kohler, qui était beaucoup plus grand que lui, et qu'il monterait dans la voiture du commissaire autrichien. L'Empereur, ainsi déguisé, quitta l'auberge de la Calade, et gagna sa voiture, entre deux haies de *curieux* qui cherchèrent en vain à le reconnaître.

On partit en tournant les murs d'Aix. Napoléon eut encore la douleur d'entendre les cris : « A bas le tyran! à bas Nicolas! » Une partie de la population était montée dans les arbres, où il pouvait la voir de sa voiture.

Napoléon, attristé de ces témoignages de haine, dit d'un ton de douleur et de mépris en même temps : « Les hommes de ce pays sont toujours les mêmes, des braillards et des furieux. Ces Provençaux ont commis d'affreux massacres au commencement de la Révolution. Il y a dix-huit ans, j'arrivai dans ce pays avec quelques milliers d'hommes, pour délivrer deux royalistes qui devaient être pendus. Quel était leur crime? d'avoir porté la cocarde blanche. Je les sauvai; mais ce ne fut pas sans peine que je les arrachai des mains de ces enragés; et, aujourd'hui, vous les voyez qui recommenceraient les mêmes excès contre celui d'entre eux qui se refuserait à porter la cocarde blanche! » A une lieue environ d'Aix, on trouva des chevaux et une escorte de gendarmerie qui suivit jusqu'au Luc.

Près du Luc, dans une maison de campagne, se trouvait alors la princesse Pauline Borghèse. Déplorant les malheurs de son frère, auxquels elle s'étonna qu'il eût pu résister, elle résolut de l'accompagner à l'île d'Elbe, elle se rendit à Fréjus pour s'y embarquer avec lui.

Napoléon arriva enfin au port de Saint-Raphau, où, quatorze ans auparavant, il était débarqué à son retour d'Egypte. La frégate française *la*

Dryade et le brick *l'Inconstant* étaient venus de Toulon et se tenaient prêts à le recevoir; il préféra monter à bord du vaisseau de Sa Majesté britannique *l'Intrépide*, mis à la disposition du commissaire anglais. Le 28 à onze heures du soir, Napoléon s'embarqua; il fut salué de 21 coups de canon. « Adieu, César et sa fortune! » dit l'envoyé russe. Les commissaires anglais et autrichien l'accompagnèrent dans la traversée.

Elle fut courte et heureuse : le 4 mai on arriva en vue de Porto-Ferrajo. L'Empereur, à son débarquement, fut reçu par le préfet, par les magistrats de l'île et par le général Dalesme, commandant français. « Général, lui dit l'Empereur, j'ai sacrifié mes droits aux intérêts de ma patrie, et je me suis réservé la propriété et la souveraineté de l'île d'Elbe; faites connaître aux habitants le choix que j'ai fait de leur île pour mon séjour; dites-leur qu'ils seront toujours pour moi l'objet de l'intérêt le plus vif. » Le maire présenta les clefs de la ville à Napoléon, qui choisit la mairie pour son palais. Le grand-maréchal du palais, Bertrand, le général d'artillerie, Drouot, le général Cambronne et quelques autres braves restés fidèles, formèrent d'abord la cour du nouveau souverain. Bientôt sa mère et sa sœur, la princesse Borghèse, vinrent partager et adoucir son exil.

L'exercice de son gouvernement ne fut pour Napoléon qu'une administration de famille pendant les dix mois qu'il passa dans l'île. Il étendit le travail des mines, fit des plantations, des constructions, répandit des bienfaits.

Toutefois, l'île qui renferme Napoléon n'est pour lui qu'un observatoire d'où il voit, d'où il croit entendre la France. Souvent il errait sur ses sommets comme un aigle égaré qui plonge ses regards perçants à travers l'immensité pour y chercher sa route vers l'aire paternelle.

CHAPITRE IV.

Napoléon reparaît sur le continent. — Causes de l'événement du 20 mars. — Proclamations de Napoléon. — Débarquement au golfe Juan. — Arrivée à Grenoble, à Lyon, à Fontainebleau. — Départ de la famille royale. — Arrivée de Napoléon à Paris. — L'empire est rétabli dans toute la France. — Gouvernement des Cent-Jours et acte additionnel. — Champ-de-Mai.

L'île d'Elbe avait reçu dans sa modeste enceinte celui que l'Europe pouvait à peine contenir et qui avait eu la pensée de déborder en Asie.

Le drame impérial paraît fini, cependant un dernier acte que personne, pas même le principal acteur, ne pouvait deviner, réservait encore une surprise au monde entier. L'homme de la destinée devait reconquérir un vaste empire en se montrant, et surpasser ainsi ce que l'imagination des poètes avait inventé dans le but de donner à ses héros des proportions plus qu'humaines; l'histoire ne raconte pas d'événements pareils.

Effrayé de la mâle énergie d'un grand peuple, le gouvernement de Louis XVIII écartait avec soin tout ce qui pouvait contribuer à exalter l'honneur national, à élever l'esprit public; il comprimait l'essor des sentiments généreux; il fomentait l'esprit de désordre et de haine; sa marche était tortueuse, rétrograde; ses mesures, ses actes, ses écrits, ses idées, tout chez lui était marqué du sceau de la petitesse et de la fausseté.

L'armée, trompée par des promesses qui ne se réalisaient pas, l'armée, injuriée, licenciée, maltraitée, n'avait pas oublié le chef qui l'avait tant de fois conduite à la victoire : soldats, officiers, généraux, tous tournaient leurs regards vers cette île d'Elbe où Napoléon, dans l'exil, expiait notre gloire et ses revers; ils l'appelèrent, ainsi que tous les amis de la patrie; car maintenant, mieux que jamais, tous comprenaient que le dogme de l'égalité devait rester sans application avec une famille qui ne pouvait cesser de se considérer comme un des éléments sacrés de l'ancien ordre de choses. Dès lors, le retour de Napoléon fut le but de toutes les espérances, l'objet de tous les vœux. La Restauration, corrompue dans sa source, égarée dans sa direction, avait marché contre son but; elle n'était plus que le triomphe d'un parti! parti faible, odieux, anti-national.

Les plénipotentiaires de France et d'Angleterre s'étonnaient sans cesse de l'imprudence commise par les souverains en plaçant Napoléon aussi

EMPIRE FRANÇAIS.

Uniformes décrétés en février 1812.

CUIRASSIER. — GRENADIER D'INFANTERIE DE LIGNE.

Campagne de Russie en 1812.

près du prémier théâtre de sa gloire et des populations qu'il avait longtemps gouvernées. La faute, au surplus, ne paraissait pas irréparable. Les alliés avaient donné l'île d'Elbe à l'Empereur, ils pouvaient la lui retirer, et confiner ce souverain assez loin, ou sur un point assez sûr pour qu'il lui fût désormais impossible de conspirer contre la tranquillité de l'Europe. Le repos de l'Italie et de la France était, disaient-ils, à ce prix. On les entendait même discuter les lieux de déportation les plus convenables; les noms de l'île de Malte et de l'île Sainte-Hélène étaient le plus souvent prononcés. D'ailleurs, on ne tenait aucune des conditions du traité qui l'avait exilé; ainsi, il était entraîné, par l'incitation de sa défense personnelle, à faire un coup d'éclat. Il fit acheter des munitions de guerre à Naples, des armes à Alger, des transports à Gênes. Une troupe de 1,100 hommes, dont 600 de sa garde, 200 chasseurs corses, 200 hommes d'infanterie et 100 chevau-légers polonais, reçut l'ordre d'embarquer le 26 février, à huit heures du matin.

Napoléon profitait du jour où le commandant de la station anglaise était parti pour Livourne; afin d'éloigner tout soupçon, il donnait lui-même une fête, dont sa mère et sa sœur faisaient les honneurs, et à laquelle il se déroba. « Le sort en est jeté ! » s'écria-t-il comme César, en mettant le pied sur le bâtiment. C'était le brick *l'Inconstant*; il portait 26 canons et 400 grenadiers. Six autres bâtiments légers composaient la flottille impériale. Excepté les généraux Bertrand, Drouot, Cambronne, personne ne connaissait le but du voyage; cependant l'opinion commune des officiers et des soldats était qu'ils allaient débarquer à Naples ou sur quelque autre point de l'Italie. Au bout d'une heure de marche, Napoléon rompit le silence: « Grenadiers, dit-il, nous allons en France, nous allons à Paris. » A ces mots, la joie cessa d'être inquiète: tous les visages s'épanouirent, et des cris de *vive la France! vive Napoléon!* retentirent sur les 7 bâtiments composant la flottille.

L'Empereur n'avait jamais rien reçu des allocations promises par le traité du 11 avril; la tenue de ses soldats se ressentait de la pénurie; ils portaient encore leurs uniformes vieux de la campagne de France; mais les habits usés recouvraient des cœurs intrépides.

Au moment du départ de l'île d'Elbe, la corvette anglaise était à Livourne; on n'avait donc rien à craindre de sa part; mais le lendemain on aperçut un brick de guerre français, qui venait vent arrière sur *l'Inconstant*: c'était *le Zéphyre*, commandé par le capitaine Andrieux. Le capitaine de *l'Inconstant* proposa d'aborder ce brick et de l'enlever; mais Napoléon repoussa cette idée comme absurde, excepté dans le cas où l'on serait forcé d'en venir aux extrémités. Il ordonna à ses grenadiers de se cacher dans l'entrepont. Les deux bricks furent bientôt bord à bord, et se firent les saluts d'usage. Le commandant du *Zéphyre* ayant reconnu le brick de l'île d'Elbe, demanda des nouvelles de l'Empereur, et Napoléon lui répondit lui-même, avec un porte-voix, qu'il se portait fort bien.

Au lieu de se laisser ébranler par des périls sans cesse renaissants, l'Empereur, conservant une présence d'esprit admirable, dictait des proclamations qui devaient lui ouvrir les rangs du peuple et de l'armée :

« Français, disait-il au peuple, la défection du duc de Castiglione livra Lyon sans défense à nos ennemis; l'armée dont je lui avais confié le commandement était, par le nombre de ses bataillons, la bravoure et le patriotisme des troupes qui la composaient, à même de battre le corps d'armée autrichien qui lui était opposé, et d'arriver sur les derrières du flanc gauche de l'armée ennemie qui menaçait Paris.

« Les victoires de Champaubert, de Montmirail, de Château-Thierry, de Vauchamps, de Mormans, de Montereau, de Craonne, de Reims, d'Arcis-sur-Aube et de Saint-Dizier; l'insurrection des braves paysans de la Lorraine, de la Champagne, de l'Alsace, de la Franche-Comté et de la Bourgogne, et la position que j'avais prise sur les derrières de l'armée ennemie, en la séparant de ses magasins, de ses parcs de réserve, de ses convois et de tous ses équipages, l'avaient placée dans une situation désespérée. Les Français ne furent jamais sur le point d'être plus puissants, et l'élite de l'armée ennemie était perdue sans ressource; elle eût trouvé son tombeau dans ces vastes contrées qu'elle avait si impitoyablement saccagées, lorsque la trahison du duc de Raguse livra la capitale et désorganisa l'armée. La conduite inattendue de ces deux généraux, qui trahirent à la fois leur patrie, leur prince et leur bienfaiteur, changea le destin de la guerre. La situation désastreuse de l'ennemi était telle, qu'à la fin de l'affaire qui eut lieu devant Paris, il était sans munitions, par la séparation de ses parcs de réserve.

« Dans ces nouvelles et grandes circonstances, mon cœur fut déchiré, mais mon âme resta inébranlable. Je ne consultai que l'intérêt de la patrie; je m'exilai sur un rocher au milieu des mers. Ma vie vous était et devait encore vous être utile. Je ne permis pas que le grand nombre de citoyens qui voulaient m'accompagner partageassent mon sort; je crus leur présence utile à la France, et je n'emmenai avec moi qu'une poignée de braves nécessaires à ma garde.

« Elevé au trône par votre choix, tout ce qui a été fait sans vous est illégitime. Depuis vingt-cinq ans, la France a de nouveaux intérêts, de nouvelles institutions, une nouvelle gloire qui ne peut être garantie que par un gouvernement national et par une dynastie née dans ces nouvelles circonstances. Un prince qui régnerait sur vous, qui serait assis sur mon trône par la force des mêmes armées qui ont ravagé notre territoire, chercherait en vain à s'étayer des principes du droit féodal; il ne pourrait assurer l'honneur et les droits que d'un petit nombre d'individus ennemis du peuple, qui, depuis vingt-cinq ans, les a condamnés dans toutes nos assemblées nationales; votre tranquillité intérieure et votre considération extérieure seraient perdues à jamais.

« Français, dans mon exil, j'ai entendu vos plaintes et vos vœux : vous réclamez ce gouvernement de votre choix, qui seul est légitime; vous accusiez mon long sommeil; vous me reprochiez de sacrifier à mon repos les grands intérêts de la patrie.

« J'ai traversé les mers au milieu des périls de toute espèce; j'arrive parmi vous reprendre mes droits qui sont les vôtres. Tout ce que des individus ont fait, écrit ou dit depuis la prise de Paris, je l'ignorerai toujours. Cela n'influera en rien sur le souvenir que je conserve des services importants qu'ils ont rendus; car il est des événements d'une telle nature qu'ils sont au-dessus de l'organisation humaine.

« Français! il n'est aucune nation, quelque petite quelle soit, qui n'ait eu le droit et ne se soit soustraite au déshonneur d'obéir à un prince imposé par un ennemi momentanément victorieux. Lorsque Charles VII rentra à Paris et renversa le trône éphémère de Henri VI, il reconnut tenir son trône de la vaillance de ses braves et non du prince régent d'Angleterre.

« C'est aussi à vous seuls et aux braves de l'armée que je fais et ferai toujours gloire de tout devoir.

« Qui prétendrait être maître chez nous? Qui en aurait le pouvoir? Reprenez ces aigles que vous aviez à Ulm, à Austerlitz, à Iéna, à Eylau, à Friedland, à Tudéla, à Eckmülh, à Essling, à Wagram, à Smolensk, à la Moscowa, à Lutzen, à Wurschen, à Montmirail; pensez-vous que cette poignée de Français, aujourd'hui si arrogants, puissent en soutenir la vue? Ils retourneront d'où ils viennent : et là, s'ils le veulent, ils régneront comme ils prétendent avoir régné depuis dix-neuf ans.

« Vos biens, vos rangs, votre gloire, les biens, les rangs et la gloire de vos enfants n'ont pas de plus grands ennemis que ces princes que les étrangers nous ont imposés : ils sont les ennemis de notre gloire, puisque le récit de tant d'actions héroïques qui ont illustré le peuple français, combattant contre eux pour se soustraire à leur joug, est leur condamnation.

« Les vétérans des armées de Sambre-et-Meuse, du Rhin, d'Italie, d'Egypte, de l'Ouest, de la grande armée, sont humiliés; leurs honorables cicatrices sont flétries. Leurs succès seraient des crimes; ces braves seraient des rebelles, si, comme le prétendent les ennemis du peuple, des souverains légitimes étaient au milieu des armées étrangères.

« Les honneurs, les récompenses, les affections sont pour ceux qui les ont servis contre la patrie et contre nous.

« Soldats! venez vous ranger sous les drapeaux de votre chef : son existence ne se compose que de la vôtre; son intérêt, son honneur, sa gloire, ne sont autres que votre intérêt, votre honneur et votre gloire; la victoire marchera au pas de charge; l'aigle, avec les couleurs nationales, volera de clocher en clocher jusqu'aux tours Notre-Dame; vous pourrez montrer avec honneur vos cicatrices; alors vous pourrez vous vanter de ce que vous aurez fait : vous serez les libérateurs de la patrie.

« Dans votre vieillesse, entourés et considérés de vos concitoyens, ils vous entendront avec respect raconter vos hauts faits; vous pourrez dire avec orgueil :

« Et moi aussi, je faisais partie de cette grande armée qui est entrée deux fois dans les murs de Vienne, dans ceux de Rome, de Berlin, de Madrid, de Moscou, qui a délivré Paris de la souillure que la trahison et la présence de l'ennemi y ont empreinte !

« Honneur à ces braves soldats, la gloire de la patrie! et honte éternelle aux Français criminels, dans quelque rang que la fortune les ait fait naître, qui combattirent vingt-cinq ans avec l'étranger pour déchirer le sein de la patrie! »

A mesure que l'Empereur dictait ces proclamations, son visage s'animait; et l'indignation et la joie tour à tour passaient de son cœur au cœur des soldats. A peine eut-il achevé que chacun se mit à écrire; et, en peu de moments, 500 copies furent prêtes.

Napoléon a lui-même rédigé l'article du *Moniteur* où il est rendu compte du départ de l'île d'Elbe et de l'incursion sur les terres de France. La vivacité de sa relation retrace très-bien cette tentative aussi hardiment entreprise que promptement exécutée (1).

Le 1er mars, après trois jours d'une traversée pénible, l'Empereur débarqua au golfe Juan, près Cannes (Var), vers cinq heures de l'après-midi. Depuis son départ précipité du Caire, en 1798, c'était la deuxième fois qu'il mettait le pied sur ce rivage avec l'intention d'arriver au pouvoir suprême. La couronne de France était encore une fois à terre, ou peu s'en fallait; il n'avait plus qu'à se baisser pour la prendre (2).

Les grenadiers s'occupèrent aussitôt du bivouac; le champ dans leque on l'établit était entouré d'oliviers : « Voilà, dit l'Empereur, un heureux présage; puisse-t-il se réaliser! »

Dans la soirée, on amena au bivouac un courrier qui venait de Paris précédant le prince de Monaco. Napoléon le questionna, et reçut de cet homme l'assurance que son nom était dans toutes les bouches, et que partout on le regrettait hautement. Le prince de Monaco arriva bientôt lui-même et eut un assez long entretien avec l'Empereur, qui interrogea aussi

(1) J'en extrais les principaux passages, en ayant soin de les indiquer par des guillemets.

(2) On sait que ces paroles ont été prononcées par Napoléon lui-même, en énumérant les causes qui le déterminèrent au coup d'Etat du 18 brumaire.

quelques paysans : l'un d'eux, ancien militaire, voulut absolument suivre Napoléon : « Bon, dit en riant l'Empereur au comte Bertrand, voilà déjà un renfort. » 25 grenadiers et un officier de la garde furent envoyés à Antibes pour sonder les dispositions de la garnison. Mais, entraînés par leur ardeur, les grenadiers entrèrent dans la place aux cris de *vive l'Empereur!* Le commandant fit lever le pont-levis et les retint prisonniers. En apprenant cet échec, quelques officiers parlèrent de marcher sur Antibes et de l'enlever de vive force afin de prévenir le mauvais effet que pouvait produire la résistance de cette place.

Napoléon leur fit observer que la prise d'Antibes ne faisait rien à la conquête de la France, que les moments étaient précieux, qu'il fallait voler et remédier à l'événement d'Antibes, en marchant plus vite que la nouvelle.

Au reste, les militaires composant le détachement tenu à Antibes ayant été, quelques jours après, conduits à Toulon et enfermés au fort Lamalgue, le jour où la réapparition du drapeau tricolore vint combler les vœux des vrais Français, les officiers de la garnison et de la marine allèrent triomphalement recevoir ces braves à la porte du fort, leur donnèrent un banquet splendide, et fêtèrent avec eux le retour de Napoléon et de nos glorieuses couleurs, tandis que la patriotique population de Toulon partageait leur enthousiasme et le manifestait par ses cris de *vive l'Empereur!*

Le bivouac fut rompu au lever de la lune, et Napoléon se mit en route pour Paris à la tête de sa petite troupe.

« A onze heures du soir, l'Empereur se mit à la tête de cette poignée de braves, au sort de laquelle étaient attachées de si grandes destinées. Il se rendit à Cannes, de là à Grasse ; et, par Saint-Vallier, il arriva, dans la soirée du 2, au village de Cérénon, ayant fait vingt lieues dans cette première journée...

« Le 3, l'Empereur coucha à Barême ; le 4, il dîna à Digne. De Castellane à Digne, et dans tout le département des Basses-Alpes, les paysans, instruits de la marche de l'Empereur, accouraient de tous côtés sur la route, et manifestaient leurs sentiments avec une énergie qui ne laissait plus de doutes. »

Le 5, il passa la nuit à Gap. C'est là que des proclamations s'imprimèrent pour la première fois. L'effet qu'elles produisirent fut aussi soudain qu'extraordinaire. On se les arrachait ; et, à leur lecture, le mécontentement contre la Restauration éclatait en énergiques paroles. Une haine invétérée contre la noblesse et les droits féodaux explique en grande partie l'accueil fait aux proclamations de l'Empereur, qui, d'ailleurs, exploitait habilement ces sentiments partout où il les rencontrait. Chemin faisant, il parlait, non des napoléonistes, mais des patriotes ; et, en quittant les habitants des Basses-Alpes, il leur adressa quelques lignes de remercîment où il les appelait *citoyens.* Il sentait le besoin de confondre sa cause tout entière dans la cause de la liberté.

A deux heures après midi, le 6, l'Empereur partit de Gap; et la population en foule s'était précipitée sur son passage.

A Saint-Bonnet, les habitants, voyant le petit nombre de sa troupe, eurent des craintes et proposèrent à l'Empereur de sonner le toscin pour réunir les villages et l'accompagner en masse. « Non, dit l'Empereur, vos sentiments me font connaître que je ne me suis pas trompé. Ils sont pour moi un sûr garant des sentiments de mes soldats. Ceux que je rencontrerai se rangeront de mon côté: plus ils seront, plus mon succès sera assuré. Restez donc tranquilles chez vous! »

L'Empereur se rendit, le même jour, à Gorp, et y coucha. A mesure que Napoléon avançait, les populations se prononçaient pour lui avec ardeur; mais il n'avait encore vu aucun soldat. Entre la Mure et Vizille, le général Cambronne, marchant à l'avant-garde avec 40 grenadiers, rencontra l'avant-garde d'une division de 6,000 hommes qui venait de Grenoble dans l'intention de les arrêter. Après avoir inutilement essayé de parlementer, il retrograde et vient camper dans un petit village au milieu des lacs. Instruit de cette circonstance, l'Empereur, sans hésiter, se porte sur les lieux, où il trouve cinq à six cents hommes du 5e de ligne, une centaine de sapeurs et autant de mineurs. Il expédie auprès de cette troupe un officier d'ordonnance chargé de l'informer de son arrivée; mais on refuse d'entendre l'officier. Le moment était décisif; un retard pouvait tout perdre; l'Empereur, confiant dans son étoile, met pied à terre et marche droit au bataillon, suivi de sa garde, l'arme sous le bras. Alors, effaçant sa poitrine: « Eh! quoi, mes amis, vous ne me reconnaissez pas? Je suis votre Empereur; s'il est parmi vous un soldat qui veuille tuer son général, son Empereur, il le peut: me voilà!..... »

Un cri unanime de: *Vive l'Empereur!* fut la seule réponse à cette courte mais éloquente allocution. La garde et les soldats s'embrassèrent. Napoléon ému s'approcha d'un vétéran, et le saisissant à la moustache, lui demanda, en souriant, s'il aurait eu le cœur de le tuer: « Tiens, regarde si j'aurais pu te faire beaucoup de mal, répondit le soldat en enfonçant sa baguette dans son fusil pour montrer qu'il n'était pas chargé; tous les autres sont de même (1). »

Les soldats du 5e arrachèrent sur-le-champ leur cocarde et prirent, avec enthousiasme et la larme à l'œil, la cocarde tricolore. Lorsqu'ils furent rangés en bataille, l'Empereur leur dit: « Je viens avec une poignée de braves, parce que je compte sur le peuple et sur vous: le trône des Bourbons est illégitime, parce qu'il n'a pas été élevé par la nation; il est contraire à

(1) Gallois, *Continuation d'Anquetil*, t. XIV, p. 73.

la volonté nationale, puisqu'il est contraire aux intérêts de notre pays, et qu'il n'existe que dans l'intérêt de quelques familles. Demandez à vos pères; interrogez tous ces habitants qui arrivent ici des environs, vous apprendrez de leur propre bouche la véritable situation des choses: ils sont menacés du retour des dîmes, des priviléges, des droits féodaux et de tous les abus dont vos succès les avaient délivrés; n'est-il pas vrai, paysans ? — Oui, Sire, répondirent-ils tous d'un cri unanime; on voulait nous attacher à la terre. Vous venez comme l'ange du Seigneur pour nous sauver. »

Les braves du bataillon du 5e demandèrent à marcher des premiers sur la division qui couvrait Grenoble: on se mit en marche au milieu de la foule d'habitants qui s'augmentait à chaque instant. Vizille se distingua par son enthousiasme. « C'est ici qu'est née la Révolution, disaient les braves habitants ! c'est nous qui, les premiers, avons osé réclamer les priviléges des hommes; c'est encore ici que ressuscite la liberté française, et que la France recouvre son honneur et son indépendance. »

L'Empereur, quoique très-fatigué, voulut entrer le soir même dans Grenoble. A quelque distance de cette ville, on vint lui annoncer que le jeune et brave colonel Labédoyère, profondément navré du déshonneur qui couvrait la France, et déterminé par les plus généreux sentiments, s'était détaché de la division de Grenoble, et venait, au pas accéléré, à la rencontre de son ancien général: funeste démarche que l'infortuné paiera de sa tête ! Une demi-heure après, il arriva en effet; l'Empereur, accompagné de ces forces nouvelles, se montra aux portes de la ville.

Le général Marchand, commandant à Grenoble, et le préfet s'étaient déclarés contre Napoléon. La célérité de sa marche avait déjoué toutes les mesures: il arriva sous les murs de Grenoble à huit heures du soir; on n'avait pas eu le temps de couper les ponts, mais les portes étaient fermées, et le commandant de la place refusa de les ouvrir. Une circonstance qui caractérise singulièrement cette époque sans pareille dans l'histoire, c'est que les soldats ne manquèrent, jusqu'à un certain point, ni de discipline ni d'obéissance envers leurs chefs; seulement ils opposèrent la force d'inertie, et s'en servirent comme d'un droit qu'ils auraient cru devoir leur appartenir. Ainsi l'on vit le premier bataillon exécuter toutes les manœuvres commandées, refuser de communiquer, mais en même temps ne pas charger ses armes: il n'aurait pas tiré. Devant Grenoble, toute la garnison, sur les remparts, criait: *Vive l'Empereur !* On se donnait la main par les guichets; mais on n'ouvrait pas, parce que les supérieurs l'avaient défendu. Il fallut que Napoléon fît enfoncer les portes, ce qui s'exécuta sous la bouche de dix pièces d'artillerie chargées à mitraille. « Tout est décidé maintenant, dit-il à ses officiers; tout est décidé, nous allons à Paris. »

Le lendemain 8, l'Empereur fut visité par toutes les notabilités de la ville.

Juges, prêtres, militaires, officiers municipaux, simples particuliers : tous furent admis, et s'en retournèrent enthousiasmés de la finesse d'esprit, de la force de raison, des manières bienveillantes du royal interlocuteur. Il parlait à chacun des matières qui lui étaient propres, s'entretenant de la justice avec les juges, du culte avec le clergé, de l'armée avec les militaires, du peuple avec les officiers municipaux ; puis, par un tour adroit mais naturel, ramenant la conversation sur lui, sur son entreprise, il en faisait ressortir tout le désintéressement. « J'ai su que la France était malheureuse ; j'ai entendu ses gémissements et ses reproches ; je suis venu avec les fidèles compagnons de mon exil pour la délivrer du joug des Bourbons... Leur trône est illégitime... Mes droits, à moi, m'ont été déférés par la nation, par la volonté unanime des Français ; ils ne sont autres que les droits du peuple.. Je viens les reprendre, non pour régner : le trône n'est rien pour moi ; non pour me venger : je veux oublier tout ce qui a été dit, fait, écrit depuis la capitulation de Paris, mais pour vous restituer les droits que les Bourbons vous ont ôtés, et vous arracher à la glèbe, au servage et au régime féodal dont ils vous menacent... J'ai trop aimé la guerre, je ne la ferai plus ; je laisserai mes voisins en repos : nous devons oublier que nous avons été les maîtres du monde... Je veux régner pour rendre notre belle France libre, heureuse et indépendante, et pour asseoir son bonheur sur des bases inébranlables ; je veux être moins son souverain que le premier et le meilleur de ses citoyens... » Ainsi parlait Napoléon ; et ses discours répétés, commentés par cent mille bouches, achevaient ce que sa présence, celle de ses soldats et ses proclamations avaient commencé.

Ce fut de son passage à Grenoble que data le rétablissement du pouvoir impérial. Trois décrets furent ses premiers actes : le premier ordonnait d'intituler les actes publics et de rendre la justice en son nom, à compter du 15 ; les deux autres organisaient la garde nationale dans les départements des Hautes et Basses-Alpes, de la Drôme, du Mont-Blanc et de l'Isère, et remettaient aux habitants de la deuxième division les places de Briançon, de Grenoble, du fort Barreaux, de Colmar, etc.

Le 9 mars, après une revue où un enthousiasme frénétique s'était manifesté, la garnison de Grenoble, forte de 6,000 hommes, se dirigea sur Lyon. Napoléon y arriva en même temps qu'elle.

Ce fut le 5 mars que la nouvelle du débarquement de l'Empereur parvint à Paris. M. de Blacas, qui la reçut par une dépêche télégraphique, la porta aux Tuileries en riant. Le roi lui-même, dit Montgaillard, rit d'abord aux éclats, et s'amusa beaucoup avec son confident de l'entreprise de cet homme, qui s'était jeté comme un fou dans les montagnes où une partie de sa troupe l'avait déjà délaissé ; car M. de Blacas avait cru pouvoir prendre sur lui d'ajouter cette circonstance à la dépêche du télégraphe ; mais après quelques moments de réflexion, Louis XVIII, plus sérieux, pensa qu'à tout événement il serait bon de se mettre en mesure. Les ministres se réunirent donc aux Tuileries; et là, après vingt-quatre heures de discussions, on arrêta deux ordonnances: l'une qui convoquait les Chambres; l'autre qui, sur le rapport de l'amé et féal chevalier, le sieur Dambrai, déclarait Napoléon traître et rebelle, et enjoignait aux autorités de courir sus à lui et à ceux qui l'accompagnaient. Ces ordonnances furent publiées le 6 mars; le même jour, le comt Artois partit pour Lyon, où le duc d'Orléans et le maréchal Macdonald le rejoignirent.

Comme on n'osait compter sur l'armée, on exigea de son chef, le maréchal Soult, une proclamation bien royaliste. Soult, sans hésiter, adressa la proclamation suivante aux soldats:

« Soldats !

« Cet homme qui naguère abdiqua aux yeux de toute l'Europe un pouvoir usurpé, dont il avait fait un si fatal usage, Bonaparte, est descendu sur le sol français qu'il ne devait plus revoir.

« Que veut-il? La guerre civile. Que cherche-t-il? Des traîtres. Où les trouverait-il? Serait-ce parmi ces soldats qu'il a trompés et sacrifiés tant de fois en égarant leur bravoure? Serait-ce au sein de ces familles que son nom seul remplit encore d'effroi?

« Bonaparte nous méprise assez pour croire que nous pouvons abandonner un monarque légitime et bien-aimé pour partager le sort d'un homme qui n'est plus qu'un aventurier. Il le croit, l'insensé! et son dernier acte de démence achève de le faire connaître.

« Soldats! l'armée française est la plus brave armée de l'Europe; elle sera aussi la plus fidèle.

« Rallions-nous autour de la bannière des lis, à la voix de ce père du peuple, de ce digne héritier des vertus du grand Henri. Il vous a tracé lui-même les devoirs que vous avez à remplir. Il met à votre tête ce prince, modèle des chevaliers français, dont l'heureux retour dans notre patrie a déjà chassé l'usurpateur, et qui aujourd'hui va, par sa présence, détruire son seul et dernier espoir.

« Paris, le 8 mars 1815. »

Le gouvernement, comme s'il eût voulu s'étourdir sur le danger de sa position par les apparences d'une sécurité dont il était loin, remplissait le *Moniteur* de détails de son invention sur la marche de l'Empereur. D'après la feuille officielle, Napoléon, éprouvant échec sur échec, manquant de vivres, cerné par les troupes envoyées contre lui, successivement abandonné de ses soldats, allait bientôt, par une mort honteuse, ou du moins par une arrestation plus honteuse encore, expier son absurde et criminelle entreprise. Le comte d'Artois, à la tête de 25,000 hommes, soldats et gardes nationaux, allait l'arrêter certainement en avant de Lyon, tandis que le duc d'Angoulême, les généraux Marchand et Lecourbe se porteraient sur ses derrières et manœuvreraient sur ses flancs. Le 11 mars, un officier de la maison du roi parut au balcon des Tuileries, et annonça positivement que, d'après une nouvelle officielle reçue par Sa Majesté, le duc d'Orléans, s'étant mis à la tête de 20,000 hommes de la garde nationale de Lyon, avait complétement battu Bonaparte dans la direction de Bourgoing. Napoléon, en effet, avait stationné à Bourgoing dans la journée du 9, mais il n'y avait rencontré que des visages amis; et, après s'y être couché tranquillement, il en était reparti le lendemain sans coup férir, se dirigeant sur Lyon. Pendant ce temps, le duc de Berri courait au spectacle pour y recueillir des preuves d'attachement à la cause royale, ou bien passait des revues, afin d'entendre crier par les états-majors: *Vive le Roi!* On se faisait voter des adresses par tous les corps constitués; et les royalistes, rassurés par ces puériles démonstrations, haussaient les épaules au bruit des pas de l'Empereur, comme ils avaient fait, vingt-cinq années auparavant, en entendant ceux de la Révolution.

Cependant, comme les détails confidentiels reçus aux Tuileries ne ressemblaient guère aux mensonges qu'on jetait à l'avidité publique, on essayait de réparer ses fautes, afin de les faire oublier, s'il était possible, et d trouver un appui quelque part en cas de malheur. L'armée avait eu le plus à se plaindre: ce fut elle qu'on caressa la première. Louis XVIII disait dans une ordonnance du 9 mars concernant la garde nationale:

« Nous comptons sur le dévouement d'une armée dont la gloire a retenti dans toute l'Europe; et si, par suite de la paix, cette armée a subi une réduction qui ne nous a pas permis d'employer activement tous les braves officiers qui en font partie, et dont l'existence a été l'objet constant de notre sollicitude, le moment est venu où, laissant un libre cours aux sentiments d'honneur et de courage qui les animent, nous les appelons à en donner une nouvelle preuve. »

Le 11, le roi s'exprimait avec plus d'affection encore dans une proclamation qu'il adressait aux armées:

« Braves soldats, la gloire et la force de notre royaume! c'est au nom de l'honneur que votre roi vous ordonne d'être fidèles à vos drapeaux... Confondus dans la grande famille dont votre roi légitime est le père, et dont vous ne vous distinguerez que par de plus éclatants services, vous êtes redevenus mes enfants; je vous porte tous dans mon cœur. Je m'associais à la gloire de vos triomphes, alors même qu'ils n'étaient pas pour ma cause; rappelé au trône de mes pères, je me suis félicité de le voir soutenu par cette brave armée si digne de le défendre... Vos aïeux se rallièrent jadis au panache du grand Henri; c'est son petit-fils que j'ai placé à votre tête; suivez-le fidèlement dans les sentiers de l'honneur et du devoir; défendez avec lui la liberté publique qu'on attaque, la Charte constitutionnelle qu'on veut détruire... C'est moi qui me charge de vos récompenses ; c'est dans vos rangs, c'est parmi l'élite des soldats fidèles que je vous choisirai des officiers. Marchez donc sans balancer, braves soldats... »

En parlant de sa sollicitude pour l'armée, et lui promettant des officiers pris dans son sein, le roi espérait-il faire oublier que l'armée avait été indignement traitée par des ministres de son choix, qu'elle était commandée par des émigrés ? Espérait-il faire oublier, par un retour subit vers la Charte, et par le rappel des serments, que lui-même avait failli aux serments du 2 mai et du 4 juin 1814, et qu'il avait souffert que la Charte fût violée ? Non ; ce langage venait tard et ne pouvait plus être entendu.

Quant aux royalistes fanfarons, ils regrettèrent que la *bande* de Bonaparte (c'était le mot dont ils se servaient) fût trop faible pour qu'on pût lui faire l'honneur d'aller se mesurer avec elle, et ils demandèrent tout haut qu'on saisît cette occasion d'en finir avec l'*ogre de Corse* et ses partisans, c'est-à-dire qu'on renouvelât les scènes de la Saint-Barthélemy. Du reste, leur énergie, en attendant mieux, se manifestait par de longues courses dans Paris, le drapeau blanc à la main et des vociférations à la bouche.

Ces belliqueuses démonstrations durèrent peu. Le 12 mars, la prétendue victoire du duc d'Orléans fut démentie ; le *Moniteur* laissa entendre que l'Empereur pouvait bien être entré à Lyon sans brûler une amorce ; et le retour précipité du comte d'Artois vint en effet confirmer cette foudroyante nouvelle. L'alarme était au camp royaliste. Presque en même temps, on apprit que le maréchal Ney, auquel on avait confié le commandement des troupes de l'Est, venait de faire sa soumission à l'Empereur, et que Macdonald, abandonné de ses soldats, avait failli être tué par deux hussards. Tout ce qu'on put faire, ce fut de tenir dans le secret une partie de ces renseignements.

Napoléon, en effet, continuait sans obstacle sa course triomphale. Fatigué, il était monté dans une calèche dont les chevaux marchaient au pas, et s'approchait de Lyon, entouré de paysans dont la joie tenait du délire. A quelque distance de la ville, il fut prévenu que le comte d'Artois, le duc d'Orléans et Macdonald se disposaient à la défendre, et qu'on allait couper le pont de la Guillotière et le pont Morand. « L'Empereur riait de ces ridicules préparatifs ; il ne pouvait avoir de doute sur les dispositions des Lyonnais, encore moins sur les dispositions des soldats ; cependant il donna ordre au général Bertrand de réunir des bateaux à Mirbel, dans l'intention de passer au milieu de la nuit et d'intercepter les routes de Moulins et de Mâcon au prince qui voulait lui interdire le passage du Rhône. A quatre heures, une reconnaissance du 4e de hussards arriva à la Guillotière, et fut accueillie aux cris de *Vive l'Empereur !...* »

L'Empereur, mettant à profit ce moment d'enthousiasme, fit contremander le passage de Mirbel, et se porta au galop sur le faubourg de la

Guillotière. Moins heureux, le comte d'Artois ne put pas même déterminer les troupes qu'il avait amenées à faire un simulacre de défense. Tous les soldats demeuraient impassibles à ses interpellations; et cependant rien ne leur avait été épargné, ni l'argent, ni le vin, ni les récompenses militaires, ni les promesses pour l'avenir. Ce qu'il fallait avant tout aux princes de la Restauration, c'étaient des sympathies, et ils n'y avaient pas même songé. Le comte d'Artois, déconcerté d'une froideur pourtant bien facile à comprendre, veut tenter un dernier effort: « Allons, mon brave, dit-il à un dragon couvert de chevrons et de cicatrices, crie *Vive le roi !*—Impossible! Monsieur, aucun soldat ne se battra contre son père; je ne puis vous répondre que par *Vive l'Empereur !* »—Tout est perdu, se dit le prince à demi-voix ; et, désespéré, il reprend le chemin de la capitale. Ce mot imprudent, recueilli par les soldats, compléta leur défection. De tous ceux qui, parmi les royalistes de Lyon, avaient juré de vaincre avec le comte d'Artois ou de mourir avec lui, un simple gendarme fut le seul qui, en le voyant partir ainsi, ne se sentit pas le triste courage de l'abandonner. Il voulut lui servir d'escorte. Napoléon, instruit de son action, le créa membre de la Légion-d'Honneur.

Esclave de ses serments, le loyal Macdonald contint quelque temps ses troupes devant le pont de la Guillotière; mais quand les hussards de Napoléon se présentèrent, accompagnés de toute la jeunesse du faubourg, l'enthousiasme les gagna, et ces hommes, qui couraient en ennemis les uns contre les autres, se confondirent dans une ivresse commune. La garnison les imita bientôt, et à cinq heures Napoléon entra solennellement dans la ville : c'était le 10 mars.

Le lendemain, après avoir passé en revue la division de Lyon, il s'entretint longtemps avec la foule de généraux, de colonels, de magistrats et d'administrateurs qui se pressaient autour de lui. Ces paroles, dans cette circonstance, sont dignes de remarque. « J'ai été entraîné, dit-il, par la force des événements dans une fausse route; mais, instruit par l'expérience, j'ai abjuré cet amour de la gloire, si naturel aux Français, qui a eu pour la France et pour moi tant de funestes résultats.... Je me suis trompé en croyant que le siècle était venu de rendre la France le chef-lieu d'un grand empire; j'ai renoncé pour toujours à cette haute entreprise ; nous avons assez de gloire; il faut nous reposer. »

Après avoir répété que ce n'était point l'ambition qui le ramenait en France, mais le désir de sauver la patrie malheureuse, l'Empereur continua ainsi : « En mettant le pied sur le sol de cette chère France, j'ai fait le vœu de la rendre libre et heureuse; je ne lui apporte que des bienfaits : je reviens pour protéger et défendre les intérêts que notre Révolution a fait naître; je reviens pour concourir, avec les représentants de la nation, à la formation d'un pacte de famille, qui conservera à jamais la liberté et les droits de tous les Français ; je mettrai désormais mon ambition et ma gloire à faire le bonheur de ce grand peuple, duquel je tiens tout. Je ne veux point, comme Louis XVIII, vous octroyer une Charte révocable ; je veux vous donner une Constitution inviolable, et qu'elle soit l'ouvrage du peuple et de moi. »

L'Empereur parlait avec un air de vérité si profond, que chacun s'en retournait pénétré de sa franchise et comptant fermement sur la réalisation de ses promesses.

A Grenoble, il n'avait fait que recommencer l'exercice du pouvoir, sans attaquer, directement du moins, le gouvernement de la Restauration. A Lyon, ce fut à ce gouvernement lui-même qu'il adressa ses coups : plusieurs décrets datés du 13 mars, et qui portèrent le nom de *décrets de Lyon*, apprirent à la France qu'elle était passée en d'autres mains.

Par ces décrets, il prononçait la dissolution des Chambres et convoquait les colléges électoraux des départements à une *assemblée extraordinaire du Champ-de-Mai*, qui aurait lieu à Paris au mois de mai prochain, « afin de prendre les mesures convenables pour corriger, modifier nos constitutions selon l'intérêt et la volonté de la nation, et en même temps pour assister au couronnement de l'impératrice et à celui du roi de Rome. »

Il chassait du territoire de l'Empire tous les émigrés qui étaient rentrés en France depuis le 1er janvier 1814, et qui n'avaient pas été rayés, amnistiés ou éliminés par le gouvernement impérial ou par les gouvernements qui l'avaient précédé. Ils avaient quinze jours pour sortir, et le séquestre était mis sur tous leurs biens.

La noblesse était abolie, les titres féodaux supprimés, et les lois de l'Assemblée constituante remises en vigueur.

Tous les généraux et officiers de terre et de mer introduits dans les armées depuis le 1er avril 1814, qui étaient émigrés ou qui, n'ayant pas émigré, avaient quitté le service au moment de la première coalition, devaient cesser leurs fonctions et se rendre dans leur domicile.

L'Empereur rétablissait tous les membres de l'ordre judiciaire destitués par la Restauration.

Il ordonnait que le séquestre fût apposé sur les biens de la famille des Bourbons ; que les biens des émigrés qui appartenaient à la Légion-d'Honneur, aux hospices, aux communes, à la caisse d'amortissement, etc., fussent rendus à ces divers établissements ; que la maison du roi et les Suisses fussent licenciés ; qu'on abolît les ordres de Saint-Louis, du Saint-Esprit et de Saint-Michel, etc., etc.

Tandis que Bonaparte dicte ainsi des lois à l'empire, comme si rien ne s'était passé depuis la capitulation du 31 mars 1814, les signataires du traité de Paris, encore présents à l'éternel et stérile congrès de Vienne, lancent contre lui, sous la date du 13 mars, une déclaration qu'on dirait calquée sur l'ordonnance du roi du 6 du même mois, et qui met aussi Napoléon et ses adhérents hors la loi commune.

Cette pièce, où les rois cachaient leurs craintes personnelles sous une apparente sollicitude envers les peuples, ne fut connue en France que plus tard et lorsque Napoléon ne craignit plus qu'elle entravât sa marche ; elle ne l'arrêta donc pas un seul moment. Ayant quitté Lyon le 13, il alla coucher à Mâcon le même jour, arriva à Châlons le 14, à Autun le 15, et entra dans Avallon le lendemain. Ce fut là qu'il reçut la soumission et l'ordre du jour du maréchal Ney.

Le 12, en apprenant qu'on avait donné un commandement à Ney, il avait prescrit au grand-maréchal Bertrand de lui écrire. « Vous l'instruirez, lui avait-il dit, du délire qu'excite mon retour, et de la réunion successive à mon armée de toutes les forces dirigées contre moi. Vous lui direz que les troupes qu'il commande imiteront infailliblement, tôt ou tard, l'exemple de leurs braves camarades, que les efforts qu'il pourrait tenter n'auraient d'autres résultats que de retarder tout au plus de quelques jours la chute des Bourbons; faites-lui entendre qu'il sera responsable envers la France de la guerre civile et du sang qu'elle fera verser. *Flattez-le*, ajouta l'Empereur, mais *ne le caressez pas trop:* il croirait que je le crains, et se ferait prier (1). »

La lettre du grand-maréchal produisit l'effet que l'Empereur en attendait. Le 15, Ney, qui se trouvait à Lons-le-Saulnier, fit publier l'ordre du jour suivant :

« Officiers, sous-officiers et soldats !

« La cause des Bourbons est à jamais perdue ! La dynastie légitime que la nation française a adoptée va remonter sur le trône : c'est à l'empereur Napoléon, notre souverain, qu'il appartient seul de régner sur notre beau pays ! Que la noblesse des Bourbons prenne le parti de s'expatrier encore, ou qu'elle consente à vivre au milieu de nous, peu nous importe ? La cause sacrée de la liberté et de notre indépendance ne souffrira plus de leur funeste influence. Ils ont voulu avilir notre gloire militaire ; mais ils se sont trompés : cette gloire est le fruit de trop nobles travaux, pour que nous puissions jamais en perdre le souvenir.

« Soldats ! les temps ne sont plus où l'on gouvernait les peuples en étouffant tous leurs droits ; la liberté triomphe enfin, et Napoléon, notre auguste empereur, va l'affermir à jamais. Que désormais cette cause si belle soit la nôtre et celle de tous les Français ! Que tous les braves que j'ai l'honneur de commander se pénètrent de cette grande vérité !

« Soldats ! je vous ai souvent menés à la victoire ; maintenant, je veux vous conduire à cette phalange immortelle que l'empereur Napoléon con-

(1) *Mémoires de Fleury de Chaboulon*, t. Ier, p. 225.

duit à Paris et qui y sera sous peu de jours, et là, notre espérance et notre bonheur seront à jamais réalisés. »

Napoléon marchait presque en poste; nulle part il n'y avait ni combat, ni lutte, ni opposition; ce n'était, à son aspect, que changement de décorations théâtrales. Quoiqu'il eût appris qu'on avait fait de grands préparatifs pour lui disputer l'approche de la capitale, il n'en continua pas moins sa marche rapide. S'il l'eût voulu, ou qu'il ne s'y fût pas opposé, il aurait pu arriver à Paris avec deux millions de paysans; mais il se borna à s'entourer des troupes qu'il rencontrait sur son passage. Les généraux Girard et Cambronne marchaient en avant avec quelques centaines de braves; cette avant-garde avait des cartouches. L'armée impériale traînait à sa suite une soixantaine de pièces de canon, afin de pouvoir surmonter toute résistance. Napoléon n'avait pas dit au général Cambronne : « Vous ne brûlerez pas une amorce, » puisque cela ne dépendait pas de lui, mais il lui avait dit, sous la forme d'une prédiction : « J'espère que vous ne tirerez pas un coup de fusil. » Et cette prédiction s'accomplit.

Ayant appris que les soldats de Girard, mis hors la loi par l'absurde ordonnance du 6 mars, voulaient user de représailles et faire main-basse sur les royalistes, il s'y opposa fortement. « On m'assure, écrivit-il à ce général, que vos troupes, indignées des mesures dont elles sont l'objet, se proposent de s'en venger sur les royalistes qu'elles *rencontreront :* vous ne *rencontrerez* que des Français. Je vous défends de tirer un seul coup de fusil; calmez vos soldats; démentez les bruits qui les exaspèrent; dites-leur que je ne voudrais point rentrer dans ma capitale à leur tête, si leurs armes étaient teintes du sang français. »

A Fossard, il trouva les *dragons du roi*, qui, ayant abandonné leurs officiers, accouraient au-devant de lui. Là, une scène singulière eut lieu. Le fils du duc de Conegliano (Moncey), se croyant, comme le duc de Tarente (Macdonald), lié par ses serments envers Louis XVIII, avait engagé son régiment, le 3e de hussards, à lui demeurer fidèle, et comme les soldats, qui cependant étaient fort attachés à Moncey, ne promettaient rien, il les conjura du moins de ne pas lui faire l'affront de l'abandonner; alors ils tournèrent bride et partirent avec lui, en faisant retentir les cris de *Vive l'Empereur!*

Le 20 mars, à minuit, le roi partit du château des Tuileries. A quatre heures du matin, Napoléon arrive à Fontainebleau; à neuf heures du soir, il est à Paris. Mille bras l'enlèvent et l'emportent en triomphe dans le palais. Les appartements offraient en ce moment la réunion confuse d'une foule immense de généraux, d'officiers, de fonctionnaires, qui couraient dans tous les sens, s'embrassaient et épanchaient sans contrainte leur joie et leur ravissement; les salles semblaient métamorphosées en un champ de bataille, où des frères, des amis, échappés inopinément à la mort, se retrouvent après la victoire.

Ainsi s'est terminée, sans répandre une goutte de sang, sans trouver aucun obstacle, cette entreprise inouïe ; ainsi s'est vérifié ce passage de l'adresse de l'Empereur aux soldats, que *l'aigle avec les couleurs nationales volerait de clocher en clocher jusqu'aux tours de Notre-Dame.* En dix-huit jours, le bataillon de la garde avait franchi l'espace entre le golfe Juan et Paris, espace qu'en temps ordinaire on met quarante-cinq jours à parcourir.

Les royalistes ont dit que l'irruption de l'Empereur sur le continent avait été l'ouvrage des libéraux. Ils imaginèrent une conspiration qui aurait préparé son retour et aplani devant lui le chemin de la capitale. Si ce fait avait eu l'ombre de la réalité, il aurait été plus tard prouvé jusqu'à l'évidence; c'est le contraire qui l'a été. Une conspiration implique habituellement le silence et le mystère. Or il n'existait ni mystère ni silence dans les projets de renversement multiples, souvent opposés, que plusieurs milliers de personnes agitaient. Le gouvernement seul ne savait rien, ne voyait rien. Toute la conspiration du libéralisme se borna à quelques soirées données par la reine Hortense, où le duc de Bassano, le comte Regnault de Saint-Jean-d'Angely, et quelques autres sommités impérialistes, disgraciées par la Restauration, s'en dédommageaient à force d'épigrammes et de plaisanteries sur la cour et les actes ministériels; il faut y ajouter quelques lettres adressées, de temps en temps, à l'Empereur sur l'état et la marche des affaires. Mais qu'ont de commun des causeries de salon et quelques notes avec une conspiration vaste et soigneusement ourdie, comme les royalistes prétendaient qu'elle existait ? Quels administrateurs, quels députés, quels généraux, quelles troupes, avaient été gagnés ? Malgré les nombreuses procédures qui ont accompagné les assassinats politiques de la seconde Restauration, on n'a pu établir qu'une seule des victimes eût trempé dans un complot antérieur au retour de Napoléon; et pourtant on ne s'est pas épargné les recherches. Quatre généraux, Lefèvre-Desnouettes, d'Erlon et les frères Lallemant, avaient eu, il est vrai, quelques entrevues au sujet de l'Empereur vers le mois de janvier, et durent s'entendre, disait-on, avec Maret; mais il est plus que douteux que l'Empereur en ait jamais eu connaissance; lorsque le 10 mars, les généraux tentèrent de soulever les troupes, ce fut le résultat d'une résolution spontanée à laquelle l'Empereur demeura étranger. La non existence de preuves judiciaires suffirait seule pour détruire toute idée de conspiration, si la conduite de la plupart des constitutionnels éminents jusqu'au 20 mars, ne laissait aucun doute sur ce point.

Il faut donc le répéter, les fautes sans nombre des royalistes seules firent sortir l'Empereur de l'île de l'Elbe. « Je suis venu, a-t-il dit lui-même à

Benjamin-Constant, je suis venu sans intelligence, sans concert, sans préparation aucune, tenant en main les journaux de Paris et les discours de M. Ferrand. Lorsque j'ai vu ce que l'on écrivait sur l'armée et sur les biens nationaux, sur la ligne droite et la ligne courbe, je me suis dit : La France est à moi (1). » Et certes Napoléon n'avait aucun intérêt à tenir ce langage, il en aurait eu plutôt à nommer les conspirateurs, s'il en eût existé, afin de les compromettre, et de les unir ainsi plus intimement à sa fortune.

Il suffit en effet de jeter un coup d'œil sur la marche de la Restauration pour s'expliquer la haine qui l'environnait de toute part.

Sa première faute, et une des plus graves peut-être, avait été de substituer la cocarde blanche à la cocarde tricolore. L'effet de cette mesure fut de rendre les trois couleurs plus chères aux soldats, et de leur faire dédaigner davantage le drapeau de l'ancien régime; c'était d'ailleurs créer un signe de ralliement pour les mécontents, et on eut lieu de s'apercevoir combien il leur fut utile pendant la marche de Napoléon sur les Tuileries. Fouché, qui, à cette époque, s'était retiré de la scène politique, mais que les ministres consultaient cependant quelquefois, leur répétait : « Gardez-vous de toucher à la couleur de la cocarde et du drapeau de la nation; cette question n'est pas bien comprise; on ne prévoit pas toutes les peines qu'on aura à faire fléchir la France devant un étendard qu'elle regarde, depuis vingt-cinq ans, comme celui de la guerre civile (2). » Le conseil, quelque sage qu'il fût, ne devait pas prévaloir contre l'obstination et les préjugés de M. de Blacas.

L'obligation de porter la cocarde blanche, qui indisposa d'abord l'armée, n'était que le début des vexations dont elle devait être l'objet. Au lieu de s'assurer de sa fidélité en se confiant à sa loyauté, on achetait des régiments suisses; le roi et sa famille s'en entouraient, comme si les soldats français leur eussent été suspects, et le comte d'Artois s'intitulait leur colonel général. Des pamphlétaires, trop nombreux et trop violents pour n'être pas stipendiés, s'attachèrent à noircir cet immense tableau de victoires nationales, où chaque Français croit voir son portrait. Les mêmes exploits qui ravirent l'admiration de l'Europe sont en butte au dédain, à l'insulte; on va jusqu'à faire l'éloge des cosaques (3). Qui sont-ils ces dé-

(1) *Mémoires* de Benjamin Constant *sur les Cent jours*, tom. 1er, page 126.

(2) *Mémoires du duc d'Otrante*, p. 62.

(3) Croira-t-on que, même longtemps après (1817), tous les officiers et sous-officiers à demi-solde ou en retraite à Villefranche (département du Rhône), ayant été arrêtés comme prévenus d'opinions suspectes, l'un d'eux, le capitaine Vélu, subit l'interrogatoire suivant : « N'avez-vous pas appelé votre cheval Cosaque? — Cela peut être, mais je n'en ai nul souvenir. — Comment avez-vous pu donner à votre cheval un nom cher à tous les bons Français? — Je l'ai acheté d'un officier russe, et je l'ai appelé Cosaque, comme je

tracteurs? de quels lauriers ceignirent-ils leurs fronts, dès qu'ils cessèrent d'appartenir à la nation? Quels noms l'Europe a-t-elle redits, a-t-elle répétés, pendant vingt campagnes? étaient-ils anciens ou nouveaux? Les échos des Alpes et du Rhin retentissent-ils des noms de Montmorency, de Rohan, de la Trimouille, ou des noms de Masséna, de Lannes, de Gouvion, etc.?

On écarte l'ancienne garde, ce modèle de toutes les vertus guerrières, comme si la fidélité des temps passés ne garantissait pas la fidélité de l'avenir. Sa haute bravoure était un sujet d'animadversion. On prodigue l'insulte aux plus vaillants guerriers de l'Europe moderne. Les victoires de Jemmapes, d'Arcole, de Zurich, d'Héliopolis, de Hohenlinden, de Marengo, d'Austerlitz, de Jéna, de Wagram : tous ces exploits sont souillés dans leur source, si l'on croit cette foule d'inutiles et cupides défenseurs de l'autel et du trône qui n'acquirent pas un trophée, pas une mention dans les fastes militaires! Quel contraste! quelle dérision! Ces hommes de l'ancienne cour, ces grands seigneurs qui ont vécu, pendant vingt-cinq ans, en pays ennemi, du produit de leurs intrigues ou de l'aumône de l'étranger; ces officiers de terre ou de mer de l'ancienne monarchie, qui presque tous ont rampé dans les antichambres des fonctionnaires de Napoléon; tous ces hommes de la gentilhommerie de l'émigration se réveillent en 1814, pleins de zèle et d'amour pour la cause de la légitimité, après avoir prêté serment sur serment à l'empire; ils réclament leur ancienneté de service, de grade : sortis de France sous-lieutenants ou capitaines, ils sont nommés colonels, maréchaux-de-camp, lieutenants-généraux; il en est un grand nombre qui n'ont jamais entendu tirer un coup de fusil, ils n'en réclament pas moins l'avancement de leurs brillants services, ils sollicitent le grade de général, et ils l'obtiennent; des adolescents, des officiers imberbes sont mis à la tête des régiments, et on expulse des guerriers qui ont versé leur sang sur vingt champs de bataille; ceux-ci sont outragés, diffamés, leur gloire militaire leur est même imputée à crime; ceux-là se parent insolemment à leurs yeux des insignes et des distinctions de l'honneur militaire. On ne voit que des officiers, des généraux qui n'ont jamais servi; des officiers de marine et des capitaines de vaisseau qui depuis vingt-cinq ans ont abandonné le service naval! et c'est pour ces anciens privilégiés, qui se disent tous émigrés; qui se disent tous gentilshommes de race, et ruinés à cause de leur inviolable attachement à la maison de Bourbon, quoique la plupart soient très-bons roturiers, n'aient rien perdu à la révolution, et aient passé les quatorze années du consulat et de l'empire au service de l'Empereur, dont ils ont

l'aurais appelé Normand, s'il eût été normand. — Vous avez outragé un peuple au courage duquel la France doit en partie le rétablissement de l'autorité légitime....... » Le capitaine Vêlu allait être traduit à la cour prévôtale, lorsqu'atteint du mal des prisons, il succomba !.......

sollicité à genoux des grâces et des emplois; ce sont des hommes si fidèles, si purs, qui ont humilié, proscrit, dépossédé de leurs fonctions et de leurs grades les meilleurs citoyens, les plus braves guerriers, les hommes les plus recommandables de France!!! Que l'on s'étonne après cela de voir Napoléon rentrer aux Tuileries aussi facilement que s'il arrivait d'un voyage!

Des guerriers à cicatrices (disons-le encore) se voient remplacés par des adolescents inexpérimentés, par des vieillards débiles, par des hommes sans services. La maison fastueuse de l'avant-dernier roi, de ce roi dont on ne devrait même pas reproduire le nom, reparaît brillante d'or et d'argent, et 100,000 soldats endurcis au bivouac sont rejetés! Cette armée d'autant plus héroïque qu'elle reste impassible, est l'objet des défiances; on l'abreuve d'humiliations; on en décompose les rangs; d'obscures casernes retiennent ces vétérans de la victoire. Oublieux des bassesses dont les anciens nobles avaient donné de si nombreux et de si éclatants exemples sous l'empire, le gouvernement affectait toutes sortes de préférences pour la fidèle noblesse; en revanche les dedains, le mépris étaient prodigués à la noblesse impériale. Cette prédilection pour les titres anciens allait jusqu'à l'absurdité: les vieux marquis ne concevaient pas que l'on pût s'appeler le prince d'Essling (Massena) et être issu d'une famille de simples commerçants; encore moins se faire nommer duc de Castiglione (Augereau) quand on était sorti de l'échoppe d'un marchand de fruits. « Quel dommage, disait tendrement un duc de l'ancien régime à un de nos guerriers les plus admirés, quel dommage que vous n'ayez pas, comme l'un de nous, ce qui ne se donne point! — Nous ne connaissons pas ces femmes, disait une dame de la cour à lady Jersey, qui lui demandait le nom d'une duchesse de création récente: ce sont des maréchales (1). » La marche du gouvernement encourageait ces insolences.

C'était une mode à la cour de déclamer contre ceux qui avaient voté la mort de Louis XVI, et que, par un perfide abus de mots, on appelait *régicides*, comme si un juge était un assassin. La duchesse d'Angoulême, à en croire M. de Blacas, serait tombée raide morte à la vue d'un seul de ces hommes; ce sentimentalisme n'était peut-être que ridicule; mais on en vint aux menaces et aux avanies. La Charte proclamait vainement (art. 11) l'oubli des opinions et des votes émis jusqu'à la Restauration. « Le roi a donné sa parole de tout oublier, disaient les royalistes; mais le monde, comme le roi, n'a pas donné sa parole (2). » Un officier, plein de bravoure et de talent, le général Milhaud, venait d'être décoré de la croix de Saint-Louis, lorsqu'on apprit qu'il avait voté la mort dans le procès du roi; la

(1) Benjamin Constant, *Lettres sur les Cent jours*, t. 1, p. 39.

(2) Chateaubriand, *Réflexions sur quelques écrits du jour, etc.*

croix lui fut ignominieusement retirée. On préludait ainsi aux proscriptions.

L'armée, déjà irritée pour son propre compte, s'indignait encore de la conduite déloyale des gouvernements étrangers et de la maison de Bourbon, à l'égard du prisonnier de l'île d'Elbe. La plupart des engagements contractés par le traité de Fontainebleau étaient demeurés sans exécution, et, tandis que la famille impériale attendait inutilement la pension modique qu'on lui devait (1), les trésors de l'Etat étaient prodigués à l'avarice des émigrés. Le domaine extraordinaire créé par Napoléon, domaine immense, fut en peu de temps la proie de ces faméliques champions de la royauté. Il en fut de même du domaine privé. On vit des émigrés solliciter et obtenir trois pensions à la fois, d'autres toucher vingt-cinq années d'appointements pour des fonctions qu'ils n'avaient pas remplies depuis 1789 : c'était, comme on voit, le principe de la non interruption du règne de Louis XVIII appliqué aux intérêts particuliers.

Au milieu de ces mille causes de dissolution, une chose frappe : c'est la sécurité des royalistes ; on aurait dit qu'un voile épais leur couvrait les yeux. « Le roi, s'écriait Chateaubriand, est fort, très-fort ; aucune puissance humaine ne pourrait ébranler son trône. Ce gouvernement de huit mois est si solide que, fît-il aujourd'hui faute sur faute, il tiendrait encore en dépit de ses erreurs. » Et, quelques jours après, de ce gouvernement si solide le nom même n'existait plus.

La plupart des généraux apprirent avec surprise, même avec inquiétude, le débarquement de leur ancien chef, soit parce qu'ils se voyaient menacés de perdre le repos auquel ils commençaient à s'attacher, soit qu'ils prévissent les incertitudes de l'avenir. Napoléon observe de son rocher les dispositions des esprits ; son audace fera le reste !

Eût-il pénétré par les frontières de l'est, du nord ou de l'ouest, il eût également attiré la plus grande portion de la population active. De tous ces maréchaux qui parurent résolus à servir le roi, il n'y en aura que trois, Berthier, Victor, Marmont, qui se retireront au-delà des frontières. Aucun des autres (si l'on excepte Macdonald, atteint d'une violente maladie) ne re-

(1) « Vous regardez notre misère, disait le grand-maréchal Bertrand à un officier qui était venu voir l'Empereur à l'île d'Elbe ; elle doit contraster avec l'opinion que vous vous étiez peut-être formée de nous. On suppose en Europe que l'Empereur a emporté de France d'immenses trésors. Son argenterie de campagne, son lit de camp et quelques chevaux à moitié ruinés sont les seuls objets qu'il ait conservés et voulu conserver... »

Ce même officier rapporte que le salon de l'Empereur n'était orné que d'une tenture à moitié usée et décolorée, d'un tapis de pied qui montrait la corde et était rapiécé en plusieurs endroits, et de quelques fauteuils mal couverts (*Mémoires de Fleury de Chaboulon*, t. 1, p. 119). Napoléon, privé de ressources, avait été obligé d'emprunter de l'argent à des banquiers de Gênes et d'Italie pour entretenir sa garde.

jettera la cocarde tricolore, ne refusera son acte de soumission à Napoléon. Pourraient-ils lutter contre l'opinion qui repousse les ennemis des institutions nationales?

S'il eût existé une conspiration en faveur de Napoléon, assurément l'armée n'y serait pas restée étrangère, ou plutôt elle eût été la première à y prendre part; car c'est là que l'Empereur avait laissé les plus vives sympathies. Eh bien! non seulement les chefs n'étaient pas dans la confidence de ses projets; mais son débarquement étonna même la plupart d'entre eux. Fermement convaincus qu'elle ne réussira pas, au point qu'ils traitèrent cette expédition d'insensée, ils la désavouèrent même par de nouvelles protestations de fidélité envers la Restauration. Dira-t-on que ces dévouements royalistes n'en cachaient que mieux un complot? Mais, outre qu'il n'est pas dans la nature des choses que tant d'hommes éminents trempent à la fois dans une conspiration, il faudrait encore expliquer comment ils se seraient déterminés à agir contre leur but en publiant leurs proclamations et leurs adresses; car, à moins que le peuple n'eût été dans la confidence, l'effet qu'elles devaient produire sur lui était l'éloignement pour qui venait, disait-on, allumer la guerre civile et ruiner le pays et la liberté.

Comme nous l'avons dit, le comte d'Artois partit, accompagné du maréchal Macdonald, pour Lyon, où le duc d'Orléans l'avait précédé. Le gouvernement croyait pouvoir compter sur cette ville et sur les troupes qui formaient sa garnison.

Un ordre du jour du maréchal Soult apprend à l'armée que le prince va la commander. Il prodigue l'injure à son ancienne idole : « Bonaparte est un aventurier, un insensé, un homme en démence. Le roi met à votre tête le modèle des chevaliers français, dont l'heureux retour a déjà chassé l'usurpateur, et qui va aujourd'hui, par sa seule présence, détruire son seul et dernier espoir. »

Les deux Chambres se réunissent et viennent déposer leurs hommages au pied du trône. Les pairs flattent le passé, répondent de l'avenir, et offrent leur concours pour des mesures sévères. M. Lainé reparaît à la tête des députés, dans ce même palais où il osa braver l'Empereur, et prétend encore dire la vérité au roi : « Quelles que soient les fautes commises, ce n'est pas le moment de les examiner. Nous devons chercher à rendre cette crise profitable à la sûreté du trône et à la liberté publique. » Les députés ne s'en tinrent pas là : dans un discours prononcé quelques jours plus tard, on s'exprima de manière à faire entendre au pays que l'irruption inattendue de Napoléon interrompait seule les améliorations dont on était sur le point de s'occuper. Enfin, le maréchal Soult publie son ordonnance concernant les militaires si durement traités depuis dix mois. Le ministère a bien changé de langage! On compte maintenant « sur le dévouement d'une armée dont la gloire a retenti dans toute l'Europe; la paix n'a pas permis d'employer tous les braves officiers qui en font partie et dont l'existence a été l'objet de la constante sollicitude du gouvernement. Le moment est venu où, laissant un libre cours aux sentiments d'honneur et de courage qui les animent, on les appelle à en donner de nouvelles preuves. »

L'ordonnance royale rappelait tous les militaires congédiés et leur accordait de grands avantages ; le gouvernement y provoquait la levée des gardes nationales au nombre de trois millions ; il excitait la nation à s'armer contre l'ennemi commun ; une foule de dispositions défensives étaient prescrites, les promesses magnifiques. Cette appel pressant et général s'adressait à une population de près de 30 millions d'âmes ; on put compter le petit nombre de voix qui répondirent. L'aspect de Paris était remarquable ; on souriait à la vue de l'inquiétude des courtisans dont la violence ou les inepties avaient soulevé l'orage qui menaçait le trône. Le peuple, inondant les cours et le jardin des Tuileries, observait leur agitation dans le palais et lisait avec joie sur leurs fronts l'effroi qu'ils s'efforçaient de déguiser. Parfois, soit qu'ils fussent trompés, ou qu'il importât au succès de quelque nouvelle intrigue de faire un moment impression sur les esprits, ils affectaient tout à coup le maintien du triomphe et proclamaient la victoire. Cependant le *Moniteur* du 12 démentit les succès du duc d'Orléans, il annonçait que Napoléon avait dû coucher à Bourgoing le 9 ; qu'il pouvait être le 10 à Lyon, mais qu'il paraissait certain que Grenoble ne lui avait pas encore ouvert ses portes. Le même jour, on apprit le retour du comte d'Artois.

L'agitation s'accrut ; les haines s'exaltaient en proportion du péril, à la cour, aux Chambres, dans les salons des ministres. Là, les hommes du parti contre-révolutionnaire échangeaient entre eux des accusations de vues étroites et personnelles, d'ineptie, d'incapacité, de trahison ; on entendit de tristes vérités. Le temps se consumait ainsi en vaines querelles qui ne remédiaient à rien : aucun dessein, nul plan, beaucoup de mouvements et point d'actions. Le portefeuille de la guerre, retiré au maréchal Soult déclaré traître par les députés, fut confié au général Clarke (duc de Feltre), administrateur et militaire sans réputation, mais tout dévoué aujourd'hui à la cause royale, comme il le fut successivement aux comités de la Convention, au Directoire, aux gouvernements des consuls, à l'autorité et à la personne de Napoléon, qui se reposait sur sa minutieuse exactitude de l'exécution de beaucoup de détails dans la partie militaire. Le nouveau ministre déclare lui-même, avec assurance, à la Chambre des députés (séance du 13) : « J'ai pris le portefeuille, parce que je suis fidèle au roi, parce que je suis fidèle à la nation, et que, dans toutes les circonstances de ma vie, j'ai scrupuleusement rempli tous mes engagements... Tous ceux qui me connaissent savent que je suis honnête homme, et incapable de sortir de la ligne de mon devoir. Il était indispensable que je me rendisse à moi-même ce témoignage... » Et ce Clarke témoignera quelques jours plus tard son regret de n'avoir pu trahir le roi, et il dira à un général des plus recommandables par sa loyauté : « Vous êtes heureux, vous, de pouvoir servir Napoléon ; mais moi, il me ferait pendre, et je suis forcé d'aller à Gand. » Quelle force morale, quelles ressources nouvelles un pareil choix promettait-il à ce fatal ministère, dont les égarements et les folles passions avaient enlevé au monarque l'amour et la confiance de la nation ?

Ces hommes funestes n'étaient pas encore descendus assez bas dans l'opinion, il leur manquait de joindre à leurs fautes le tort inexcusable de la mauvaise foi. Ce fut, comme toujours, M. l'abbé de Montesquiou qui se chargea de porter la parole. « Le roi m'a ordonné de vous faire connaître la situation de nos départements, c'est-à-dire leur dévouement à sa cause et à celle de la liberté. Les départements que Bonaparte a parcourus ont pu être surpris, mais aucun n'a été ébranlé. Le Var, les Hautes et les Basses-Alpes l'ont vu passer comme l'ennemi public. Ne pouvant le combattre, ils l'ont reçu avec un morne silence. Le département du Rhône sans armes, sans défense, s'est vu envahir ; les succès de l'ennemi, loin d'avoir ralenti l'ardeur des autres contrées, leur ont inspiré un nouvel enthousiasme... »

Ce discours fort étendu contenait l'éloge de toute l'armée et de chaque maréchal en particulier ; il rappelait les bienfaits du roi, promis, depuis deux jours, aux officiers, etc. Détournons les yeux de ce spectacle déplorable d'humiliante faiblesse, de faussetés, de déception, et voyons le vrai.

On reste à peu près dans l'inaction pendant ce peu de journées qu'à tout prix il faudrait employer. On dirige sans discernement des troupes contre leur ancien général, contre celui-là même qui les menait à la victoire. Plus on expédie de bataillons vers le Rhône et la Saône, plus on grossit l'escorte de Napoléon. Toutes les troupes qui l'aperçoivent mettent à l'instant la cocarde tricolore : chaque soldat avait secrètement conservé ce signe dont tous les soldats etaient revêtus aux jours de leurs triomphes, et qu'ils regardaient comme un talisman par lequel on opérait tous les miracles de la victoire. Sans la proscription inconsidérée qu'avaient fait faire de cette couleur les partisans de l'ancien régime, elle ne deviendrait pas aujourd'hui le mobile de l'emblème de la défection.

Jusqu'au dernier jour, le ministère ne cesse de falsifier aux yeux du public les renseignements qui lui parviennent, touchant l'invasion du 1er mars, et d'annoncer l'immédiate destruction de Napoléon et de sa bande (disent les ministres). Inutile expédient, vaine ressource que le mensonge, surtout pour des hommes inhabiles ! Après une foule de petites ruses, de détours officiels, de stratagèmes de toute espèce, après mille ignobles subterfuges, il devint impossible de dissimuler que Napoléon est aux portes de Paris ; il faut fuir en toute hâte.

La résolution prise par le roi de s'éloigner de sa capitale est tenue secrète jusqu'à l'heure même du départ. On sait assez que ce prince ne s'éloigne et n'adopte un parti si peu favorable à ses intérêts qu'en acquérant la conviction de l'inefficacité de ses ministres dirigeants, qui furent à la fois violents, absurdes, pusillanimes.

Le roi partit si subitement, qu'il n'eut pas le temps d'enlever ses papiers personnels. On trouva dans sa table à écrire son portefeuille de famille; il renfermait un très-grand nombre de lettres. « Napoléon en parcourut plusieurs et me remit (M. Fleury de Chaboulon, secrétaire du cabinet) le portefeuille, en m'ordonnant de le faire conserver religieusement. Napoléon voulait qu'on eût du respect pour la majesté royale et pour tout ce qui appartenait à la personne des rois. Le roi se servait habituellement d'une petite table qu'il avait rapportée d'Hartwell. Napoléon prit plaisir à y travailler pendant quelques heures; il la fit retirer ensuite, et prescrivit qu'on en eût le plus grand soin. Le fauteuil mécanique du roi ne pouvant convenir à Napoléon, dont le corps et la santé étaient pleins de force et de vigueur, fut relégué dans l'arrière-cabinet. Quelqu'un s'y trouvait assis dans un moment où l'Empereur passa sans être attendu : il lui lança un coup d'œil courroucé, et le fauteuil fut enlevé. Un de ses valets de chambre, comptant lui faire la cour, osa placer sur sa cheminée des caricatures injurieuses aux Bourbons; il les jeta dédaigneusement au feu, et lui ordonna sévèrement de ne plus se permettre, à l'avenir, de semblables impertinences. »

Il dépendait de Napoléon de s'emparer de la personne du roi et des membres de la famille royale; il les laissa sortir de France, et donna les ordres les plus précis pour que leur retraite ne fût pas inquiétée.

La rentrée de Napoléon eut lieu à neuf heures du soir. Paris resta muet d'étonnement : la réalité s'offrait à 700,000 spectateurs comme une illusion théâtrale, comme une optique mensongère. Leur imagination se refuse à la vraisemblance d'une aussi rapide succession de faits merveilleux, ils ne sauraient admettre cet étrange dénoûment d'un roman dont ils ne conçoivent aucune scène. Ils prennent pour un fantôme ce guerrier qui leur apparaît triomphant, porté sur le pavois par d'autres guerriers, et se précipitant, à travers les ombres tout à coup éclairées de la nuit, vers cette antique demeure, abandonnée depuis si peu d'instants. Chacun le voit, et chacun demande si c'est lui, lui-même. On s'agite, on s'interroge sans cesse, afin de reconnaître ces vétérans de la victoire, pour distinguer ces couleurs revenant de l'exil, et qui devaient ne reparaître que dans l'histoire d'une république et d'un empire détruits.

Lorsque enfin, retirés de leur extase, sortant de leur profond engourdissement, ces flots de spectateurs reprennent l'usage de la pensée, qu'ils retrouvent l'ordre de leurs sensations, ressaisissent la chaîne des événements, et recueillent leurs idées, l'Empereur, applaudi par mille bouches, pressé par mille mains, ne fait que passer des rangs de ses grenadiers dans les bras de ses anciens lieutenants. Ce fut de l'enthousiasme, de l'ivresse, comme au départ de l'île d'Elbe.

Lorsque l'heure des ovations fut passée, à l'enthousiasme populaire qui a accueilli Napoléon dans son ancienne et magnifique demeure, succéda l'attente des effets des promesses de Grenoble et de Lyon. La capitale, palpitante, avait les yeux sur l'Empereur.

Napoléon nomme ses ministres. Cambacérès devient chef de la justice; Carnot, de l'intérieur. Le département de la guerre est remis au maréchal Davoust, généralement connu par un zèle infatigable, une bravoure opiniâtre, mais aussi par une excessive sévérité et une grande dureté de manières. Les ministres des finances et du trésor pendant le régime impérial, Gaudin (duc de Gaëte), Mollien sont rappelés. Fouché, qui débuta dans l'apostolat du terrorisme, qui changea de caractère et de principes avec la fortune des divers gouvernements auxquels il s'attacha, et qui les trahit tous l'un après l'autre; qui connaît les prétentions de tous les partis, leur tactique et leurs ressources, Fouché rentre, sous le nom de duc d'Otrante, dans les attributions de la police. Le général Caulaincourt (duc de Vicence) se voit, presque malgré lui, reporté au timon des affaires : en le présentant à l'Europe, Napoléon croit donner un gage de ses intentions loyales et pacifiques. Decrès est remis à la tête de la marine.

L'inspection générale de la gendarmerie fut le même jour confiée au duc de Rovigo (Savary). La préfecture de la Seine au comte de Bondy, et celle de la police au conseiller d'Etat Réal. Ensuite, vinrent les emplois secondaires : l'ancien ministre de l'intérieur, Montalivet, obtint l'intendance de la liste civile; homme d'ordre et de détail, mais à vues un peu courtes, cet emploi lui convenait beaucoup mieux que le premier. Bertrand et Drouot, qui avaient été avant la Restauration, l'un, grand-maréchal, l'autre, major-général de la garde, reprirent leurs fonctions; ils avaient suivi tous les deux l'Empereur à l'île d'Elbe, et ce fut le prix de leur fidélité. Tous les anciens aides-de-camp furent replacés, à l'exception du général Lauriston, coupable peut-être, aux yeux de Napoléon, des honneurs dont la Restauration l'avait comblé. L'Empereur ajouta même deux noms nouveaux à la liste de ces officiers : ce furent les généraux Letort et Labédoyère; le premier devait mourir des suites de la journée de Fleurus; le second, plus à plaindre, était destiné à tomber sous les balles de la Restauration.

L'Empereur recomposa également la maison de Marie-Louise, comme si elle n'eût attendu que la réinstallation de ses dames d'honneur pour se rendre à son tour aux Tuileries.

Après les soins donnés à l'administration, l'Empereur, toujours infatigable, tourna ses regards sur l'armée. Le 22 mars, il passa en revue la division que, peu d'heures auparavant, le duc de Berri commandait encore; on y avait réuni le bataillon de l'île d'Elbe, cette poignée de braves avec laquelle il avait reconquis sa couronne. Ces différentes troupes occupaient la cour des Tuileries et une partie du Carrousel.

Ce fut un admirable tableau que cette revue ! Tous les régiments avaient repris leurs aigles ; et ils déployaient enfin librement ces glorieux drapeaux tant de fois troués par le canon. Silencieux, mais se laissant aller à une émotion douce et vive, ils suivaient de l'œil et avec amour cet empereur, objet de leurs secrètes espérances et de leurs conversations furtives pendant onze mois. Les soldats qui l'avaient accompagné depuis le golfe Juan attiraient surtout les regards. Ils avaient fait deux cent cinquante lieues en vingt jours; leurs uniformes râpés et en désordre, leur visage fatigué, mais joyeux, leurs pieds meurtris et enveloppés de linges pour la plupart, inspiraient une admiration mêlée d'attendrissement. La foule immense ne pouvait plus contenir son enthousiasme; et des cris de : *Vive l'Empereur ! vive la vieille garde!* éclataient de toute part, lorsqu'un geste de Napoléon annonça qu'il allait parler :

« Soldats ! je suis venu avec 600 hommes en France, parce que je comptais sur l'amour du peuple et sur les souvenirs des vieux soldats. Je n'ai pas été trompé dans mon attente. Soldats ! je vous en remercie. La gloire de ce que nous venons de faire est toute au peuple et à vous : la mienne se réduit à vous avoir connus et appréciés.

« Soldats ! le trône impérial peut seul garantir les droits du peuple, et surtout le premier de nos intérêts : celui de notre gloire. Soldats ! nous allons marcher pour chasser de notre territoire ces princes auxiliaires de l'étranger. La nation non seulement nous secondera de ses vœux, mais même suivra notre impulsion. Le peuple français et moi, nous comptons sur vous; nous ne voulons pas nous mêler des affaires des nations étrangères; mais malheur à qui se mêlerait des nôtres ! »

L'Empereur s'interrompit un moment, pendant lequel le général Cambronne s'avança vers lui à la tête des officiers de la vieille garde portant les anciennes aigles; alors il reprit :

« Voilà les officiers du bataillon qui m'a accompagné dans mon malheur; ils sont tous mes amis : ils étaient chers à mon cœur ! Toutes les fois que je les voyais, ils me représentaient les différents régiments de l'armée; car, dans ces 600 braves, il y a des hommes de tous les régiments. Tous me rappelaient ces grandes journées dont le souvenir est si cher ; car tous sont couverts d'honorables cicatrices reçues à ces batailles mémorables. En les aimant, c'est vous tous, soldats de toute l'armée française, que j'aimais. Ils vous rapportent ces aigles; qu'elles vous servent de ralliement ! En les donnant à la garde, je les donne à toute l'armée.

« La trahison et des circonstances malheureuses les avaient couvertes d'un voile funèbre ; mais, grâce au peuple français et à vous, elles reparaissent resplendissantes de toute leur gloire. Jurez qu'elles se trouveront toujours partout où l'intérêt de la patrie les appellera ! Que les traîtres et ceux qui voudraient envahir notre territoire n'en puissent jamais soutenir les regards ! »

L'effet produit par ces paroles fut électrique. *Nous le jurons!* répondirent avec force tous les soldats, *nous le jurons!!!* Et les bruyantes acclamations de la foule sanctionnèrent ce serment prononcé avec une incroyable énergie. Les troupes défilèrent ensuite au chant de *la Marseillaise* et *du Salut de l'empire.*

La réception des divers délégués des corps constitués fut fixée au 26 mars. Cambacérès parla ainsi au nom du ministère :

« Les destins sont accomplis : ce qui seul est légitime, la cause du peuple, a triomphé. Votre Majesté est rendue au vœu des Français ; elle a ressaisi les rênes de l'Etat au milieu des bénédictions du peuple et de l'armée. La France, Sire, en a pour garants sa volonté et ses plus chers intérêts; elle en a pour garant tout ce qu'a dit Votre Majesté au milieu des populations qui se pressaient sur son passage. Les Bourbons n'ont rien su oublier; leurs actions et leur conduite démentaient leurs paroles. Votre Majesté tiendra la sienne ; elle ne se souviendra que des services rendus à la patrie ; elle prouvera qu'à ses yeux et dans son cœur, quelles qu'aient été les opinions diverses et l'exaspération des partis, tous les citoyens sont égaux devant elle comme ils le sont devant la loi. Votre Majesté veut aussi oublier que nous avons été les maîtres des nations qui nous entourent..... Déjà Votre Majesté a tracé à ses ministres la route qu'ils doivent tenir ; déjà elle a fait connaître à tous les peuples, par ses proclamations, les maximes d'après lesquelles elle veut que son empire soit désormais gouverné. Point de guerre au-dehors, si ce n'est pour repousser une injuste agression; point de réactions au-dedans ; point d'actes arbitraires ; sûreté des personnes, sûreté des propriétés, libre circulation de la pensée : tels sont les principes que vous avez consacrés... »

Les autres réponses à Napoléon furent : au Conseil d'Etat : « Désormais le bonheur et la consolidation de l'empire français seront l'objet de toutes ses pensées. » A la Cour de cassation, que : « Il n'est pas vrai que les peuples existent pour les rois, mais bien les rois pour les peuples. » A la Cour des comptes, que : « Ce qui distingue spécialement le trône impérial, c'est qu'il est élevé par la nation, et qu'il est, par conséquent, naturel. » A la Cour impériale, que : « Tout ce qui est revenu avec les armées étrangères et tout ce qui a été fait sans consulter la nation est nul. » Au conseil municipal, que : « Il va s'occuper de la reprise des travaux commencés à Paris. »

Le Conseil d'Etat remit, le même jour 26 mars, à l'Empereur, une délibération destinée par les principes qu'elle renfermait à agir favorablement sur l'opinion. Voici cette pièce :

« Le Conseil d'Etat, en reprenant ses fonctions, croit devoir faire connaître les principes qui font la règle de ses opinions et de sa conduite.

« La souveraineté réside dans le peuple ; il est la seule source légitime du pouvoir.

« En 1789, la nation reconquit ses droits, depuis longtemps usurpés ou méconnus.

« L'Assemblée nationale abolit la monarchie féodale, établit une monarchie constitutionnelle et le gouvernement représentatif.

« La résistance des Bourbons aux vœux du peuple amena leur chute et leur bannissement du territoire français.

« Deux fois le peuple consacra par ses votes la nouvelle forme de gouvernement établie par ses représentants.

« En l'an 8 (1800), Bonaparte, déjà couronné par la victoire, se trouva porté au gouvernement par l'assentiment national ; une constitution créa la magistrature consulaire.

« Le sénatus-consulte du 16 thermidor an 10 (4 août 1802) nomma Bonaparte consul à vie.

« Le sénatus-consulte du 28 floréal an 12 (18 mai 1804) conféra à Napoléon la dignité impériale, et la rendit héréditaire dans sa famille.

« Ces trois actes solennels furent soumis à l'acceptation du peuple, qui les consacra par près de 4 millions de votes.

« Ainsi, pendant vingt-deux ans, les Bourbons avaient cessé de régner en France ; ils y étaient oubliés par leurs contemporains ; étrangers à nos lois, à nos institutions, à nos mœurs, à notre gloire, la génération actuelle ne les connaissait que par le souvenir de la guerre étrangère qu'ils avaient suscitée contre la patrie, et les dissensions intestines qu'ils y avaient allumées.

« En 1814, la France fut envahie par les armées ennemies, et la capitale occupée. L'étranger créa un prétendu gouvernement provisoire. Il assembla la minorité des sénateurs, et les força, contre leur mission et contre leur volonté, à détruire les constitutions existantes, à renverser le trône impérial et à rappeler la famille des Bourbons.

« Le Sénat, qui n'avait été institué que pour conserver les constitutions de l'empire, reconnut lui-même qu'il n'avait point le pouvoir de les changer. Il décréta que le projet de constitution qu'il avait préparé serait soumis à l'acceptation du peuple, et que Louis-Stanislas-Xavier serait proclamé roi des Français aussitôt qu'il aurait accepté la Constitution et juré de l'observer et de la faire observer.

« L'abdication de l'empereur Napoléon ne fut que le résultat de la situation malheureuse où la France et l'Empereur avaient été réduits par les événements de la guerre, par la trahison et par l'occupation de la capitale; l'abdication n'eut pour objet que d'éviter la guerre civile et l'effusion du sang français. Non consacré par le vœu du peuple, cet acte ne pouvait détruire le contrat solennel qui s'était formé entre lui et l'Empereur; et, quand Napoléon aurait pu abdiquer personnellement la couronne, il n'aurait pu sacrifier les droits de son fils, appelé à régner après lui.

« Cependant, un Bourbon fut nommé lieutenant-général du royaume et prit les rênes du gouvernement.

« Louis-Stanislas-Xavier arriva en France; il fit son entrée dans la capitale, et s'empara du trône d'après l'ordre établi dans l'ancienne monarchie féodale.

« Il n'avait point accepté la Constitution décrétée par le Sénat; il n'avait point juré de l'observer et de la faire observer; elle n'avait point été envoyée à l'acceptation du peuple; le peuple, subjugué par la présence des armées étrangères, ne pouvait pas même exprimer librement ni valablement son vœu.

« Sous leur protection, après avoir remercié un prince étranger de l'avoir fait remonter sur le trône, Louis-Stanislas-Xavier data le premier acte de son autorité de la dix-neuvième année de son règne, déclarant ainsi que les actes émanés de la volonté du peuple n'étaient que le produit d'une longue révolte; il accorda, volontairement et par le libre exercice de son autorité royale, une Charte constitutionnelle appelée *ordonnance de réformation;* et, pour toute sanction, il la fit lire en présence d'un nouveau corps qu'il venait de créer, et d'une réunion de députés qui n'était pas libre, qui ne l'accepta point, dont aucun n'avait caractère pour consentir à ce changement, et dont les deux cinquièmes n'avaient même plus caractère de représentants.

« Tous ces actes sont donc illégaux; faits en présence des armées ennemies, et sous la domination étrangère, ils ne sont que l'ouvrage de la violence; ils sont essentiellement nuls et attentatoires à l'honneur, à la liberté et aux droits du peuple.

« Les adhésions données par des individus et par des fonctionnaires sans mission n'ont pu ni anéantir, ni suppléer le consentement du peuple, exprimé par des votes solennellement provoqués et légalement émis.

« Si ces adhésions, ainsi que les serments, avaient jamais pu même être obligatoires pour ceux qui les ont faits, ils auraient cessé de l'être dès que le gouvernement qui les a reçus a cessé d'exister.

« La conduite des citoyens qui, sous ce gouvernement, ont servi l'Etat, ne peut être même blâmée. Ils sont même dignes d'éloges, ceux qui n'ont profité de leur position que pour défendre les intérêts nationaux et s'opposer à l'esprit de réaction et de contre-révolution qui désolait la France.

« Les Bourbons eux-mêmes avaient constamment violé leurs promesses; ils favorisèrent les prétentions de la noblesse féodale; ils ébranlèrent les ventes des biens nationaux de toutes les origines; ils préparèrent le rétablissement des droits féodaux et des dîmes; ils menacèrent toutes les existences nouvelles; ils déclarèrent la guerre à toutes les opinions libérales; ils attaquèrent toutes les institutions que la France avait acquises au prix de son sang, aimant mieux humilier la nation que de s'unir à sa gloire; ils dépouillèrent la Légion-d'Honneur de sa dotation et de ses droits politiques; ils en prodiguèrent la décoration pour l'avilir; ils enlevèrent à l'armée, aux braves, leur solde, leurs grades et leurs honneurs, pour les donner à des émigrés, à des chefs de révolte; ils voulurent enfin régner et opprimer le peuple par l'émigration.

« Profondément affectée de son humiliation et de ses malheurs, la France appelait de tous ses vœux son gouvernement national, la dynastie liée à ses nouveaux intérêts, à ses nouvelles institutions.

« Lorsque l'Empereur approchait de la capitale, les Bourbons ont en vain voulu réparer, par des lois improvisées et des serments tardifs à leur Charte constitutionnelle, les outrages faits à la nation et à l'armée; le temps des illusions était passé, la confiance était aliénée pour jamais. Aucun bras ne s'est armé pour leur défense; la nation et l'armée ont volé au-devant de leur libérateur.

« L'Empereur, en remontant sur le trône où le peuple l'avait élevé, rétablit donc le peuple dans ses droits les plus sacrés. Il ne fait que rappeler à leur exécution les décrets des assemblées représentatives sanctionnés par la nation; il revient régner par le seul principe de légitimité que la France ait reconnu et consacré depuis vingt-cinq ans, et auquel toutes les autorités s'étaient liées par des serments dont la volonté du peuple aurait pu seule les dégager.

« L'Empereur est appelé à garantir de nouveau, par des institutions (et il en a pris l'engagement dans ses proclamations à la nation et à l'armée), tous les principes libéraux, la liberté individuelle et l'égalité des droits, la liberté de la presse et l'abolition de la censure, la liberté des cultes, le vote des contributions et des lois par les représentants de la nation légalement élus, les propriétés nationales de toute origine, l'indépendance et l'inamovibilité des tribunaux, la responsabilité des ministres et de tous les agents du pouvoir.

« Pour mieux consacrer les droits et les obligations du peuple et du monarque, les institutions nationales doivent être revues dans une grande assemblée des représentants, déjà annoncée par l'Empereur.

« Jusqu'à la réunion de cette grande assemblée représentative, l'Empereur doit exercer et faire exercer, conformément aux constitutions et aux lois existantes, le pouvoir qu'elles lui ont délégué, qui n'a pu lui être enlevé, qu'il n'a pu abdiquer sans l'assentiment de la nation, que le vœu et l'intérêt général du peuple français lui font un devoir de reprendre. »

A cette longue délibération, l'Empereur répondit qu'il avait renoncé aux idées du grand empire, dont, depuis quinze ans, il n'avait encore posé que les bases. Ainsi la France, avec ses conquêtes, n'eût été que le noyau de l'empire qu'il avait rêvé ; et, sans les événements de 1814, la Méditerranée, selon une autre de ses expressions, serait devenue un lac français.

Les signataires de la délibération, pour relever l'Empereur de sa déchéance et annuler l'abdication de Fontainebleau, n'avaient reçu du peuple aucun mandat. Mais il fallait, comme le dit la délibération, que, jusqu'à l'assemblée du Champ-de-Mai, on rendît à Napoléon le caractère de souverain dont il s'était dépouillé, afin qu'il pût exercer le pouvoir ; et le Conseil d'État était en ce moment le seul corps capable de prendre une si importante mesure. L'autorité morale dont cette vieille institution jouissait encore lui tint lieu de légalité.

Pendant qu'à la Bourse et dans les journaux on commentait cette délibération, et qu'on s'applaudissait à l'avance des résultats heureux qu'elle amènerait, l'Empereur, de son côté, travaillait à s'attacher plus étroitement les masses par des actes particuliers. Il visitait les ateliers, les colléges et les autres établissements publics ; il décernait la décoration des braves à ces élèves de l'Ecole Polytechnique, pour leur défense héroïque lors des événements de 1814 ; il rendait du travail à la classe ouvrière qui l'avait surnommé le *grand entrepreneur ;* il s'assurait par lui-même que les orphelins de la Légion-d'Honneur recevaient tous les soins que leur titre sacré réclamait. Rien n'échappait à sa prévoyance, à sa sollicitude ; et un mot adroitement placé, quelques paroles gracieuses ou bienveillantes, comme il en savait dire, lui suffisaient pour exciter l'enthousiasme et créer des dévouements.

Un décret, en date du 29 mars, supprima l'horrible commerce connu sous le nom de *traite des Noirs*. Huit jours après, ce fut le tour de l'impôt sur les boissons : les droits de circulation et de consommation furent également supprimés ainsi que les exercices. Enfin, le 17 avril, on établit l'enseignement mutuel. Ces diverses mesures avaient été vainement promises et non moins vainement réclamées sous la Restauration.

De toute part, l'armée envoyait des adresses ; les généraux publiaient des ordres du jour et des proclamations, expressions de leur haine pour les Bourbons et de leur attachement à Napoléon. Il est vrai que plusieurs de ces généraux avaient, quinze jours auparavant, manifesté des sentiments tout opposés ; mais Napoléon feignit de l'ignorer ou de ne pas s'en apercevoir : il avait besoin de tout le monde ; il oublia tous les torts.

Cependant Louis XVIII, parti de Paris le 20 mars, s'était retiré à Lille avec le dessein de s'y renfermer; il y avait été précédé par le duc d'Orléans et le maréchal Macdonald, qui voulait jusqu'à la fin rester fidèle à ses serments. Sachant bien que tout serait perdu ou du moins ajourné indéfiniment s'il mettait le pied hors du royaume, Louis XVIII espéra un moment qu'il pourrait établir à Lille le siége du gouvernement royaliste; mais le sombre silence des troupes inspirant de justes inquiétudes au duc de Trévise, le roi se détermina, d'après son avis, à passer la frontière le 24. Avant de partir, ce prince qui ne s'éloignait, disait-il, que pour épargner le sang français, lança deux ordonnances dont l'effet aurait été la guerre civile, si le parti que les Bourbons laissaient après eux avait eu un peu de force et de courage. Par la première, le roi défendait le paiement des impôts, s'opposait à tout versement que les comptables pouvaient faire dans les caisses du trésor, et déclarait nulle d'avance toute vente de bois et de biens communaux. La seconde licenciait l'armée et interdisait le service militaire à tout Français. On verra bientôt le peu de cas qui fut fait de ces prescriptions anti-patriotiques.

Le duc d'Orléans fut investi du commandement de la place de Lille, après le départ du roi, mais il se hâta d'abandonner un poste aussi dangereux.

Le 20 mars, une heure avant que Louis XVIII eut quitté les Tuileries, le comte d'Artois et le duc de Berri s'en éloignaient eux-mêmes à la tête de la maison militaire et de quelques centaines de volontaires de tout âge et de toute condition. La confusion régnait dans les corps, qui allèrent en partie se renfermer dans Béthune, sous les ordres des généraux Lagrange et Montmarie. Le reste, au nombre de quinze à dix-huit cents, conduits par Raguse, Lauriston et une quinzaine d'autre généraux, se jeta, pour gagner la route d'Ypres, à travers les marais d'Estaires, dans des chemins de traverse presque impraticables, afin d'éviter les deux grandes routes qui conduisaient au même point. Des jeunes gens, qui pour la première fois avaient chargé leurs bras d'armes inutiles et trop pesantes pour eux, des vieillards faisant à pied une marche forcée, arrivèrent enfin, mais dans le plus triste état, le 25 mars, à la pointe du jour, à Neuve-Eglise, sur la route de Lille à Armentières. Là, ils apprirent le départ précipité de leur roi, et, sur l'autorisation des princes déjà partis pour Ypres, ils se dispersèrent, et chacun s'en alla où il voulut. Quant à ceux qui se trouvaient dans Béthune, il ne leur fut délivré des feuilles de route qu'après qu'ils eurent livré leurs chevaux, leurs armes et leurs équipements.

La France se trouvait donc délivrée de la domination des Bourbons dans le nord; elle le fut également dans tous les départements de l'est avant le 25 mars. Le retour de ceux de l'ouest et du midi au régime impérial fut un peu plus lent à s'opérer.

Le duc de Bourbon, nommé gouverneur-général de 5 divisions militaires, était arrivé le 14 mars à Angers avec la mission de commencer la guerre civile dans l'ouest. Le duc de la Trémouille, commissaire du roi, avait déjà formé quelques compagnies de volontaires et fait des approvisionnements, au moyen des facilités que lui avaient offertes les commerçants des principales villes; mais les succès rapides de Napoléon ralentirent bientôt ce zèle que le départ de Louis XVIII éteignit tout à fait. Les anciens officiers émigrés qui s'étaient groupés autour du duc voulurent alors l'entraîner vers le centre de la Vendée; mais ce fut à peine si, pour se rendre à Beaupréau, il put obtenir des chevaux de poste, et toutes les tentatives pour soulever les rustiques habitants de ces pays échouèrent. Le prince fut réduit à s'embarquer, le 6 avril, sur un navire anglais, qui fit voile pour l'Espagne.

Deux jours après l'embarquement du duc de Bourbon, la duchesse d'Angoulême se voyait forcée de quitter Bordeaux pour commencer un nouvel exil.

Avant qu'on eût appris dans la capitale le retour de l'Empereur, le duc et la duchesse en étaient partis pour aller solenniser à Bordeaux l'anniversaire de leur entrée dans cette ville le 12 mars 1814. Ils y arrivèrent le 6. Le maire de Bordeaux, le comte de Lynch, le même qui avait trahi Napoléon l'année précédente, les complimenta l'un et l'autre. Au duc, il parla des *miracles de la Restauration*. Quant à la duchesse, il l'entretint de ses vertus publiques et privées, en fit une Antigone, et la nomma la gloire de la France : thème usé, et qui était devenu ridicule à force d'être trivial. Les princes, sous une pluie de fleurs et à travers les rangs de la garde nationale et de la troupe de ligne commandée par le général Decaen, se rendirent au palais où ils étaient attendus ; mais, comme si la fortune, en redoublant de caresses pour les premiers objets de cet enthousiasme, eut voulu leur rendre plus cruels les revers qui les attendaient, ce fut au milieu de ces réjouissances qu'on apprit que Napoléon, à la tête d'une *bande*, venait de débarquer sur les côtes de France. Néanmoins la joie, loin d'en être troublée, s'en augmenta et devint du délire. Chacun bénit sa bonne étoile, qui lui fournissait une occasion de prouver son attachement autrement que par des chansons ou des toasts. On ne parlait que des victoires qu'on allait remporter sur les *brigands*. Des gardes nationaux, plus impatients que les autres, proposèrent de partir sans délai, afin d'arrêter Napoléon de leur propre main et de l'amener pieds et poings liés au duc et à la duchesse. En attendant, les madrigaux royalistes et les libations continuèrent. Toutefois on jugea prudent d'organiser un système de défense plus efficace que des serments faits à table, et le duc partit pour Toulouse, le 9 mars, dans l'intention d'opérer le rassemblement d'une armée royaliste à Nîmes, laissant à Bordeaux la duchesse, investie de l'autorité suprême, avec pouvoir de commander à la garde nationale et à la troupe de ligne tout ce qu'elle jugerait utile à leur cause.

Les habitants coururent aux armes, formés en compagnies de volontaires ou en bataillons de gardes nationales. En peu de jours, d'abondantes souscriptions pourvurent largement aux frais de la guerre civile. La troupe paraissait animée du même enthousiasme ; les Bordelais offrirent des banquets aux militaires, on fraternisa ; les généraux Decaen et Harispe se rendirent garants des sentiments de la garnison de Bordeaux et de celle de Blaye. Mais là, comme partout, à mesure que l'Empereur poursuivait sa marche triomphale vers Paris, l'amour se réveillait dans le cœur des soldats, et le découragement attiédissait le zèle des fonctionnaires. Au milieu de ces mécomptes, l'ardeur infatigable et l'énergie de la princesse suppléaient à tout. Seule, elle portait le poids de sa courageuse entreprise, suffisant à une correspondance étendue, au soin du gouvernement intérieur, aux dispositions militaires et tenant même des conseils avec les généraux.

Si cette femme n'eût pas été, comme les autres membres de sa famille, sous l'influence de préjugés invincibles, il n'aurait pas fallu désespérer de la cause royale. Lorsque, à l'époque du 20 mars, dit un écrivain qu'on ne soupçonnera pas de décrier gratuitement la branche aînée des Bourbons, « lorsque à cette grande époque, il y avait un rôle digne à jouer pour toute cette famille, forte de deux vieillards, que l'adversité aurait dû rendre plus expérimentés, et de deux hommes assez jeunes pour tirer le sabre contre un homme et 600 soldats, une femme, madame d'Angoulême, fût seule à la hauteur de sa nouvelle infortune (1). »

Le 23 mars, Napoléon avait nommé le général Clausel commandant supérieur de la 11e division militaire ; il partit de Paris, accompagné seulement par ses aides-de-camp, et arriva le 27 à Angoulême, où il crut devoir séjourner le lendemain pour avoir des nouvelles de ce qui se passait à Bordeaux. Escorté par quelques gendarmes qu'il avait réunis auprès de lui, il se mit en marche le 29 vers la ville rebelle, se faisant précéder de proclamations qui annonçaient l'objet de sa mission.

La garnison de Blaye arbora sur-le-champ le pavillon tricolore. Cet événement remplit Bordeaux de troubles, et des symptômes de division se manifestèrent aussitôt. Le général Clausel se hâta de se présenter sur la rive droite de la Gironde, devant la ville, avec un corps imposant et de l'artillerie. La vue du drapeau national produisit sur la troupe enfermée dans Bordeaux son effet inévitable.

La veille, la proclamation suivante avait été répandue :

(1) Napoléon disait d'elle que c'était « le seul homme de la famille. »

« Soldats !

« Vos vœux sont comblés, les aigles françaises ont reparu et annoncé le retour du père de la patrie. L'Empereur est, depuis le 20 mars, dans la capitale de l'empire.

« Le génie qui veille sur nos destinées a préservé Napoléon de tous les dangers. Les populations de tous les pays qu'il a traversés, ravies de son retour inattendu, se sont empressées d'accourir sur son passage et de lui offrir les témoignages éclatants de leur dévouement et de leur admiration. Sa marche, depuis le lieu de son débarquement, a été une marche vraiment triomphale ; tous les cœurs français ont exprimé, en le revoyant, les sentiments nationaux dont ils sont pénétrés ; et Paris s'est signalé par un enthousiasme sans exemple jusqu'à ce jour, en se précipitant tout entier audevant d'un prince qui l'avait enrichi du fruit de ses victoires et embelli de ses plus beaux monuments.

« Soldats ! livrez vos âmes à la joie qu'elles ressentent ! Reprenez cette cocarde tricolore qui, pendand vingt-cinq ans, nous a conduits à la victoire; laissez librement éclater tous les sentiments que vous ne pouviez contenir: ils sont dignes à la fois de la nation et du chef qu'elle s'est volontairement donné.

« Soldats ! votre gloire et les droits du peuple français sont désormais hors de toute atteinte. Soutenu de votre courage et de votre immuable fidélité, l'Empereur, dont le retour nous délivre du joug de l'étranger et de la féodalité, replacera la nation au rang qu'elle n'eût jamais dû perdre; il nous préservera de la guerre civile que les éternels ennemis de la patrie et de notre liberté voudraient allumer; et, grâce à son expérience et à son génie, la France doit espérer des jours de prospérité, de gloire et de paix. »

L'appel du général fut entendu. Les régiments, oubliant que peu de jours auparavant ils avaient renouvelé, dans un magnifique repas et le verre à la main, le serment de fidélité à la famille royale, murmurèrent contre l'ordre qui les retenait dans leurs casernes. La fermentation fut telle qu'on crut devoir en informer la duchesse d'Angoulême, en mêlant à ces rapports le conseil de ne point compromettre sa sûreté personnelle par un plus long séjour dans la ville.

La duchesse, à qui ces rapports semblaient empreints d'exagération, voulut s'assurer en personne de la disposition des troupes, et se rendit aux casernes. Quelques-uns des chefs applaudirent vivement à cette détermination, car ils ne doutaient pas qu'à la vue de *Madame* tout ne rentrât dans l'ordre, et ne voyaient dans le mouvement moral qui entraînait plusieurs milliers d'hommes qu'une simple mutinerie de soldats que le regard d'une princesse suffirait pour calmer.

Vers deux heures, la duchesse se présenta à la caserne de Saint-Raphaël. Un profond silence accueillit son entrée. Elle traversa deux fois les rangs; et, se plaçant au centre, elle annonça l'intention de parler aux officiers; ils l'entourèrent aussitôt.

« Messieurs, leur dit-elle, vous n'ignorez pas les événements qui se passent. Un étranger vient de s'emparer du trône de votre roi légitime. Bordeaux est menacé par une poignée de révoltés; la garde nationale est déterminée à défendre la ville. Voilà le moment de montrer qu'on est fidèle à ses serments. Je viens ici vous les rappeler et juger par moi-même des sentiments de chacun pour son souverain légitime. Je veux qu'on parle avec franchise; je l'exige. Êtes-vous disposés à seconder la garde nationale dans les efforts qu'elle fera pour défendre Bordeaux contre ceux qui l'attaquent? Répondez franchement. (Silence absolu.) Vous ne vous souvenez donc plus des serments que vous avez renouvelés, il y a si peu de jours, entre mes mains! S'il existe encore parmi vous quelques hommes qui s'en souviennent, qui restent fidèles à la cause du roi, qu'ils sortent des rangs et qu'il l'expriment hautement. » On vit alors quelques épées en l'air. « Vous êtes en bien petit nombre, reprit la duchesse tremblante de douleur et de colère; mais n'importe; on connaît au moins ceux sur qui on peut compter. » Quelques voix parmi les soldats se firent entendre: « Nous ne souffrirons pas qu'on vous fasse du mal: nous vous défendrons. — Il ne s'agit pas de moi, répondit brusquement la duchesse, il s'agit du service du roi; répondez: voulez-vous le servir? — Dans tout ce que nos chefs nous commanderont pour la patrie, nous obéirons; mais nous ne voulons pas la guerre civile; et jamais nous ne nous battrons contre nos frères. »

A ces mots, la duchesse sortit et courut tenter des efforts également infructueux dans une seconde caserne. Mais, toujours ferme dans son dessein, elle se fit conduire ensuite au château Trompette. La princesse franchit courageusement les portes de l'antique forteresse, malgré les avis qu'on lui donna de la mutinerie des soldats, impatients de se rallier aux aigles qu'ils voyaient briller sur la rive opposée. Là, ce ne fut plus un silence glacial qui accueillit la véhémente allocution d'une femme parlant d'honneur et de fidélité à des Français: des murmures couvrirent sa voix.... Alors seulement expira ce mâle et généreux courage; des larmes trahirent la faiblesse d'un sexe que rien n'avait accusé jusque-là.

« O ciel! s'écria Madame en pleurs, après vingt ans d'infortunes, il est bien cruel de s'expatrier encore! Je n'ai jamais cessé de faire des vœux pour le bonheur de ma patrie; car je suis Française, moi! et vous n'êtes plus Français. Allez, retirez-vous! » On entendit sortir des rangs ce peu de mots: « Je ne réponds rien, car je sais respecter le malheur. »

Le cœur de la princesse était vaincu: un spectacle plus douloureux l'attendait sur les quais. S'adressant alors à ceux qui, peu nombreux, parlaient encore de mourir pour sa défense, et debout dans sa calèche : « Je viens, dit-elle, vous demander un dernier sacrifice. Promettez-moi de m'obéir dans tout ce que je vous commanderai. — Nous le jurons. — Eh bien! d'après ce que je viens de voir, on ne peut pas compter sur les troupes de la garnison; on ne peut pas même compter sur tous ceux qui, en ce moment, m'écoutent.... Il est inutile de chercher à se défendre.... Vous avez assez fait pour l'honneur ; conservez au roi des sujets fidèles pour un temps plus heureux. Je prends tout sur moi ; je vous ordonne de ne plus combattre. — Non, non, relevez-nous de notre serment; nous voulons mourir pour le roi; nous voulons mourir pour vous. »

Ces volontaires étaient-ils certains d'avance que la duchesse d'Angoulême n'accepterait pas des offres de services qui ne seraient d'aucune utilité? Ou bien plutôt était-ce là le langage d'hommes exaltés qui se faisaient illusion sur leurs propres forces et sur celles de leurs adversaires ? On pourrait le croire : le fanatisme a souvent donné d'aussi grandes preuves d'aveuglement. Quoi qu'il en soit, la duchesse ne crut pas devoir livrer sa destinée aux chances d'une lutte qui, de moment en moment, lui devenait moins favorable; elle remercia donc les volontaires et retourna dans son palais.

Exaspérés par le peu de succès de leur entreprise, les volontaires essayèrent de s'en venger sur cette partie de la garde nationale que sa répugnance pour la guerre civile avait empêchée de se joindre à eux. Après les injures, vinrent les coups de fusil. Une compagnie de volontaires tira sur la garde nationale, qui riposta. Les agresseurs prirent la fuite, laissant plusieurs morts et blessés; mais ils avaient frappé mortellement un capitaine et plusieurs autres de leurs concitoyens. Le capitaine expira le lendemain. Ce conflit sanglant eut lieu sur la rive gauche de la Garonne, à la vue du général Clausel, qui fit d'inutiles efforts pour l'empêcher.

A huit heures du soir, la duchesse d'Angoulême sortit de Bordeaux, accompagnée du maire et de quelques royalistes. Après avoir marché toute la nuit par un temps affreux, ils arrivèrent le lendemain à Pouillac et s'embarquèrent sur un sloop de guerre anglais, qui attendait à l'embouchure du fleuve et qui fit voile pour l'Espagne.

Moins malheureux d'abord, le duc d'Angoulême vit ses premiers efforts couronnés de quelque succès dans le reste du Midi. En peu de semaines, la guerre civile parut s'organiser à sa voix, sur une échelle immense. Parti de Bordeaux le 10 mars, le prince, après s'être concerté à Toulouse avec le général Delaborde, rassembla le 13, à Nîmes, un conseil de guerre composé des généraux Ambert, Briche, comte de Damas Crux, vicomte de Bruges et baron de Damas. On arrêta un vaste plan de campagne, qui consistait à régulariser l'insurrection de tout le Midi, par le mélange de la troupe régulière et de la garde nationale, divisées en trois corps d'armée; la ligne d'opérations s'étendait depuis les Alpes jusqu'aux montagnes d'Auvergne, et comprenait Lyon.

Des volontaires royaux accoururent se réunir sous le drapeau blanc; tandis qu'ils se formaient à Nîmes, et qu'on les dirigeait sur le Pont Saint Esprit, lieu du rassemblement général, le prince se rendit en Province, se montra aux Marseillais, qui s'armèrent en grand nombre; puis, courant à Toulon, il tira des magasins militaires un immense matériel de guerre, qui fut immédiatement expédié à Nîmes. Dans le département du Var, le général Ernouf, chargé du commandement de l'aile droite de l'armée royale, et secondé par le marquis de Rivière, rassembla les troupes et forma les corps de volontaires qui devaient agir sous ses ordres.

Un gouvernement provisoire fut établi à Toulouse, point central. où MM. de Vitrolles et Damas-Crux se partagèrent les travaux de la haute administration, aidés du maréchal Pérignon, commandant de la 10e division militaire.

Le duc d'Angoulême se proposait d'avancer rapidement sur Lyon, par Valence, avec le corps d'armée du centre commandé par lui, et composé de gardes nationales, du 10e d'infanterie de ligne, du 14e de chasseurs à cheval, en tout 4,000 hommes, avec 10 pièces de campagne.

Le général Ernouf, avec le deuxième corps à droite, devait tendre au même but par Grenoble.

Le général Compans, à la tête du troisième corps, avait l'ordre de n'agir qu'après l'occupation de Lyon. On comptait sur la coopération du général Rey, qui s'avancerait de Saint-Etienne sur Lyon, avec plusieurs bataillons de gardes nationales.

Enfin, à Nîmes, le général Gilly formait une réserve, et à Marseille, le maréchal Masséna secondait ces mouvements divers par sa coopération.

L'armée royale, ainsi distribuée, se composait de 12,000 hommes environ et d'une vingtaine de bouches à feu. Le duc d'Angoulême s'était d'ailleurs adressé à la Suisse et aux rois de Sardaigne et d'Espagne; il en espérait des secours; et, en attendant, des levées journalières s'opéraient dans les provinces restées sous sa domination.

Le 29 mars, l'avant-garde du deuxième corps, commandée par le vicomte d'Escars, s'empara de Montélimart; et le général Mounier prit position à Donzère. Le lendemain, le général Debelle, se croyant assez fort pour attaquer le vicomte d'Escars, se laissa chasser de Loriol. Le 1er avril, on apprit que le premier corps occupait Gap, et que son avant-garde s'était emparée des importants défilés de Travers-de-Corps et de la Mure. Le 3, le duc d'Angoulême, à la tête de son armée victorieuse, entra dans Valence.

La duchesse, exactement instruite de ces nouvelles, rédigeait des bulletins dans lesquels on enflait démesurément les succès de son mari, et qu'on répandait à profusion (1).

Mais le moment des revers était déjà venu. Napoléon, pressé d'en finir, expédia le général Grouchy à la rencontre du duc d'Angoulême, avec mission de faire lever en masse les gardes nationales du Dauphiné, du Lyonnais et de la Bourgogne. Grouchy était un des plus faibles généraux de l'Empereur ; mais il le jugea d'une assez haute capacité pour l'ennemi qu'il avait à combattre. A la voix de l'envoyé de Napoléon, tous les patriotes prirent les armes; les gardes nationales se formèrent comme par enchantement, et demandèrent à marcher. Electrisées par ce mouvement, les vieilles troupes que l'armée royale avait recrutées la quittèrent et prirent la cocarde tricolore ; Gardanne fut ainsi abandonné ; Loverdo demeura seul avec ses volontaires ; Ernouf n'eut d'autre ressource qu'une retraite précipitée sur Sisteron ; le duc lui-même se mit à la débandade avec 4,000 insurgés ; l'artillerie refusa absolument de servir la cause du roi.

C'était peu : Toulon, que les royalistes devaient encore une fois livrer à l'Angleterre (2), venait d'arborer les couleurs nationales. Il en était de même de Toulouse et de Nîmes. Le comte de Laborde avait fait arrêter M. de Vitrolles, et la Suisse et les rois de Sardaigne et d'Espagne refusaien leurs secours.

Démoralisé par la nouvelle de ces événements, le prince reculait toujours, sans chercher un seul expédient, sans exécuter une seule tentative pour se tirer d'embarras. Bientôt, plus vivement pressé par les troupes de Grouchy, auquel s'était joint le général Gilly, il se laissa enfermer entre la Drôme, qu'il venait de repasser, le Rhône d'un côté, de l'autre les montagnes du Dauphiné, et la Durance, qu'il avait derrière lui. Dans cette position critique, il se vit très-heureux qu'on acceptât sa demande de capituler. Il fut, en conséquence, convenu que le duc, après avoir licencié son armée, s'embarquerait à Cette : on n'en voulut pas davantage d'un si pauvre adversaire. Toutefois le général Gilly, qui venait d'être nommé général en chef du premier corps de l'armée impériale du Midi, ne crut pas devoir autoriser l'exécution de ce pacte, sans avoir pris les ordres de Napoléon. La nouvelle de ces événements fut transmise à Paris par le télé-

(1) « Fais un petit bulletin exagéré de l'affaire d'hier (l'escamourche de Loriol), lui écrivait le duc, et répands-le le plus que tu pourras. » (*Moniteur du 8 avril* 1815.) Dans une autre lettre, ce grand homme de guerre que, après la promenade militaire de 1823), les royalistes faillirent étouffer sous des lauriers, se vantait comme d'une prouesse d'avoir fait vingt lieues sur des chevaux de poste. « Il est vrai, ajoutait-il, que *j'ai le postérieur endommagé.* » Voilà les détails dont il remplissait sa correspondance au moment où il s'agissait pour lui de disputer le royaume de France au premier capitaine du monde.

(2) Rapport de Masséna *Moniteur* du 19 avril.

graphe. Les ordres de l'Empereur ne se firent pas attendre. Ils étaient exprimés en ces termes :

« L'ordonnance du roi, en date du 6 mars, et la déclaration, signée le 13 à Vienne par ses ministres pouvaient m'autoriser à traiter le duc d'Angoulême comme cette ordonnance et cette déclaration voulaient qu'on me traitât, moi et ma famille; mais, constant dans les dispositions qui m'avaient porté à ordonner que les membres de la famille des Bourbons pussent sortir librement de France, mon intention est que vous donniez des ordres pour que le duc d'Angoulême soit conduit à Cette, où il sera embarqué, et que vous veilliez à sa sûreté et à écarter de lui les mauvais traitements. Vous aurez soin seulement de retirer les fonds qui ont été enlevés des caisses publiques et de demander au duc qu'il s'oblige à la restitution des diamants de la couronne, qui sont la propriété de la nation. Vous lui ferez connaître en même temps les lois de l'Assemblée nationale, qui ont été renouvelées, et qui s'appliquent aux membres de la famille des Bourbons qui entreraient sur le territoire français..... »

La condition des diamants, communiquée au prince le 14 avril, il répondit que Madame n'avait aucunes pierreries qui appartinssent à la couronne, et que, du reste, le roi étant le maître, il ne pouvait prendre d'autre engagement que de faire la demande qu'on exigeait comme prix de sa liberté. Rien ne s'opposant plus à son départ, le duc d'Angoulême monta, dans la soirée du 16, sur un navire suédois, qui le débarqua, le 18, à Barcelone, où l'accompagnèrent MM. de Guiche, d'Escars, de Damas, de Polignac, de Lévis et Ginsse de la Reynie.

La lettre où, sous une apparente générosité, l'Empereur cachait la pitié dédaigneuse que lui inspirait le duc d'Angoulême, ne parut pas offenser celui-ci. Son empressement à partir avait été d'autant plus vif que les soldats et les paysans, mécontents de la capitulation, commençaient à murmurer. Il paraît même que l'Empereur, instruit de cette disposition des esprits, donna, dans la nuit qui suivit sa lettre à Grouchy, de nouveaux ordres pour préserver de tout danger la personne du duc.

Dès le 10, le maréchal Masséna, reconnaissant l'inutilité des efforts tentés pour une cause déjà perdue, donna l'ordre aux préfets des départements de Vaucluse, des Bouches-du-Rhône, du Var et des Basses-Alpes, de dissoudre les gardes nationales levées au nom du duc d'Angoulême, et de faire réintégrer les armes dans les arsenaux et les effets d'équipement dans les magasins militaires.

Le général Ernouf, conservant l'espoir de trouver encore quelque appui en Provence pour prolonger la guerre civile, se présenta, le 13, avec les débris de son corps d'armée, devant Marseille; mais, à l'aspect du drapeau tricolore flottant sur les murailles, sa troupe se dispersa.

Ainsi, la France tout entière se trouva de nouveau réunie sous le sceptre de Napoléon, non par la conquête et l'oppression militaire, comme l'a publié l'esprit de parti, mais par l'accord de l'armée et du peuple, animés des mêmes sentiments d'aversion pour le régime du privilége et pour l'humiliante domination du sacerdoce et de la noblesse féodale. Une nation active, impatiente, énergique, ne pouvait reculer d'un quart de siècle, se soumettre à des prétentions qu'elle ne comprend point et déchirer, avec la charte de ses droits, les plus belles pages de son histoire. L'accueil fait à l'exilé de l'île d'Elbe fut donc à la fois une protestation contre des prétentions surannées et insupportables, et un témoignagne irréfutable de la reconnaissance de la nation pour l'homme qui l'avait couverte de gloire.

Le retour de Napoléon avait à la fois jeté l'inquiétude au sein du congrès de Vienne et froissé, à l'intérieur, quelques intérêts privés : on avait donc eu deux fléaux à redouter : les dissensions civiles et une guerre européenne. Le premier était conjuré, mais il n'en était pas de même de l'autre.

Les dispositions hostiles de l'étranger firent sentir à Napoléon la nécessité pressante de s'attacher l'esprit du pays en réalisant la promesse qu'il avait faite d'une constitution. Le 14 avril, l'Empereur fit inviter Benjamin Constant à se rendre aux Tuileries. Celui-ci s'empressa d'obéir. Napoléon était seul. « M. de Constant, lui dit-il, je vous ai fait demander pour m'entendre avec vous sur les bases d'une Constitution. La nation s'est reposée douze ans de toute agitation politique, et, depuis une année, elle se repose de la guerre. Ce double repos lui a rendu un besoin d'activité, elle veut ou croit vouloir une tribune et des assemblées ; elle ne les a pas toujours voulues. Elle s'est jetée à mes pieds, quand je suis arrivé au gouvernement. Vous pouvez vous en souvenir, vous qui essayâtes de l'opposition. Où était votre appui, votre force ? Nulle part. J'ai pris moins d'autorité qu'on ne m'invitait à en prendre... Aujourd'hui, tout est changé ; un gouvernement faible, contraire aux intérêts nationaux, a donné à ces intérêts l'habitude d'être en défense et de chicaner l'autorité ; le goût des constitutions, des débats, des harangues, paraît revenu... cependant, ce n'est que la minorité qui les veut, ne vous y trompez pas. Le peuple, ou, si vous l'aimez mieux, la multitude, ne veut que moi. Vous ne l'avez pas vue cette multitude se pressant sur mes pas, se précipitant du haut des montagnes, m'appelant, me cherchant, me saluant. A ma rentrée de Cannes ici je n'ai pas conquis, j'ai administré... Je ne suis pas seulement, comme on l'a dit, l'empereur des soldats, je suis celui des paysans, des plébéiens de la France.... Aussi malgré tout le passé, vous voyez le peuple revenir à moi, il y a sympathie entre nous. Ce n'est pas comme avec les privilégiés ; la noblesse m'a servi ; elle s'est lancée en foule dans mes antichambres ; il n'y a pas de place qu'elle n'ait acceptée, demandée, sollicitée : j'ai eu des Montmorency, des Noailles, des Rohan, des Beauvau, des Mortemart ; mais il n'y a jamais eu analogie. Le cheval faisait des courbettes ;

il était bien dressé, mais je le sentais frémir. Avec le peuple, c'est autre chose: la fibre populaire répond à la mienne. Je suis sorti des rangs du peuple: ma voix agit sur lui. Voyez ces conscrits, ces fils de paysans, je ne les flattais pas; je les traitais rudement: ils ne m'entouraient pas moins; ils n'en criaient pas moins: *Vive l'Empereur!* C'est qu'entre eux et moi il y a même nature. Ils me regardent comme leur soutien, leur sauveur contre les nobles... Je n'ai qu'à faire un signe, ou plutôt à détourner les yeux, les nobles seront massacrés dans toutes les provinces: ils ont si bien manœuvré depuis dix mois!... Je ne veux pas être le roi d'une Jacquerie. S'il y a des moyens de gouverner par une Constitution, à la bonne heure... J'ai voulu l'empire du monde, et, pour me l'assurer, un pouvoir snas bornes m'était nécessaire. Pour gouverner la France seule, il se peut qu'une Constitution vaille mieux... J'ai voulu l'empire du monde; et qui ne l'aurait pas voulu à ma place? Le monde m'invitait à le régir. Souverains et sujets se précipitaient à l'envi sous mon sceptre. J'ai rarement trouvé de la résistance en France; mais j'en ai pourtant rencontré davantage dans quelques Français obscurs et désarmés, que dans tous ces rois si fiers aujourd'hui de n'avoir plus un homme populaire pour égal.... Voyez donc ce qui vous semble possible; apportez-moi vos idées. Des discussions publiques, des élections libres, des ministres responsables. Je suis l'homme du peuple; si le peuple veut réellement la liberté, je la lui dois. J'ai reconnu sa souveraineté; il faut que je prête l'oreille à ses volontés, même à ses caprices. Je n'ai jamais voulu l'opprimer pour mon plaisir. J'avais de grands desseins; le sort en a décidé; je ne suis plus un conquérant; je ne puis plus l'être; je sais ce qui est possible et ce qui ne l'est pas. Je n'ai plus qu'une mission: relever la France et lui donner un gouvernement qui lui convienne.... Je ne hais point la liberté; je l'ai écartée, lorsqu'elle obstruait ma route; mais je la comprends, j'ai été nourri dans ses pensées... Aussi bien l'ouvrage de quinze années est détruit; il ne peut recommencer. Il faudrait vingt ans et 2 millions d'homme à sacrifier... D'ailleurs, je désire la paix, et je ne l'obtiendrai qu'à force de victoires. Je ne veux pas vous donner de fausses espérances: je laisse dire qu'il y a des négociations; il n'y en a point. Je prévois une lutte difficile, une guerre longue. Pour la soutenir, il faut que la nation m'appuie; mais en récompense, je le crois, elle exigera de la liberté. Elle en aura... La situation est neuve. Je ne demande pas mieux que d'être éclairé. Je vieillis; on n'est plus à quarante-cinq ans ce qu'on était à trente. Le repos d'un roi constitutionnel peut me convenir; il conviendra plus sûrement encore à mon fils. »

De retour chez lui, Benjamin Constant jeta sur le papier les principes qu'il comptait faire entrer dans l'acte constitutionnel. Les Tuileries le revirent bientôt. En entrant, il trouva Napoléon entouré de manuscrits: c'étaient autant de projets de constitution. Après avoir causé de ces notions confuses, où pas une idée applicable ne se rencontrait, on aborda les questions graves, et le projet de Benjamin Constant fut examiné. Ce qui surtout frappa l'Empereur, ce fut le soin que l'auteur avait pris de dégager son travail de tout vestige des constitutions impériales précédentes. Cette précaution choqua Napoléon. « Ce n'est pas là ce que j'entends, dit-il; vous m'ôtez mon passé, je veux le conserver. Que faites-vous donc de mes onze ans de règne? J'y ai quelques droits, je pense; l'Europe le sait. Il faut que la nouvelle Constitution se rattache à l'ancienne; elle aura la sanction de plusieurs années de gloire et de succès. »

Une troisième conférence eut lieu. Cette fois, Benjamin Constant ne se trouva pas tête à tête avec l'Empereur; d'autres personnes avaient été invitées comme lui, et prirent part à la discussion : c'étaient les présidents de section du Conseil d'Etat.

La question de la pairie héréditaire souleva des difficultés assez graves. Napoléon la repoussa d'abord comme une institution qui blessait les idées d'égalité, et pour laquelle, d'ailleurs, il manquait d'éléments. « La pairie, disait-il, dans son élocution nerveuse et avare de mots, la pairie est en désharmonie avec l'état présent des esprits; elle blessera l'orgueil de l'armée ; elle trompera l'attente des partisans de l'égalité ; elle soulèvera contre moi mille prétentions individuelles. Où voulez-vous que je trouve les éléments d'aristocratie que la pairie exige? Les anciennes fortunes sont ennemies; plusieurs des nouvelles sont honteuses. Cinq ou six noms illustres ne suffisent pas. Sans souvenirs, sans éclat historique, sans grandes propriétés, sur quoi ma pairie sera-t-elle fondée? Celle de l'Angleterre est tout autre chose; elle est au-desus du peuple; mais elle n'a pas été contre lui. Ce sont les nobles qui ont donné la liberté à l'Angleterre; la grande Charte vient d'eux; ils ont grandi avec la Constitution, et font un avec elle; mais, d'ici à trente ans, mes champignons de pairs ne seront que des soldats ou des chambellans; l'on ne verra qu'un camp ou une antichambre. »

Comme il ne peut exister de monarchie représentative sans une chambre haute ou des pairs, l'Empereur, cédant, moitié aux arguments du comité, moitié à ses propres penchants, finit par consentir à ce qu'une pairie héréditaire entrât dans le gouvernement.

Une dernière question restait. La Constitution serait-elle soumise à des débats publics, ou bien la publierait-on simplement comme un acte additionnel aux constitutions antérieures? Quelques membres du conseil se prononcèrent en faveur d'une discussion publique. Napoléon ne fit point de réponse ; mais il fut aisé de voir que son silence était désapprobatif. En effet, le lendemain, 22 avril, la Constitution parut avec ce titre : *Acte additionnel.*

L'acte additionnel reconnaît deux chambres législatives; une chambre de pairs héréditaires, et une chambre de représentants élus par le peuple, suivant deux degrés d'élection. Les membres de la seconde chambre sont au nombre de six cent vingt-neuf; ils doivent être âgés de vingt-cinq ans. Elle est renouvelée, de droit, en entier, tous les cinq ans. Par le dernier article, le peuple français se dessaisit du droit de rétablir, dans aucun cas, les princes Bourbons, l'ancienne noblesse féodale, les prérogatives féodales et seigneuriales, les dîmes et un culte quelconque qui serait privilégié et dominant. Toute proposition à cet égard est formellement interdite. L'énumération de ces prohibitions signale (sauf la proscription de nos anciens princes) les véritables objets qui, durant les dix mois précédents, indisposèrent la masse de la nation. On voit la preuve de la sagacité de Napoléon dans cette affectation à les désigner; il savait combien il devait plaire aux Français.

L'acte additionnel était plus d'accord avec les vrais principes qu'aucune des constitutions promulguées en France, et les libertés publiques y obtenaient toutes les concessions désirables.

Pendant que la fusion se préparait entre l'Empereur et les constitutionnels, de grands événements se passaient à l'extérieur.

Par un traité, signé à Vienne le 3 janvier, entre la France, l'Autriche et l'Angleterre, on était convenu de s'opposer aux vues d'agrandissement de la Prusse en Saxe, de la Russie en Pologne, ainsi que de favoriser en Italie la rentrée dans leurs anciens Etats des deux branches de la maison de Bourbon. Se fondant sur les craintes que lui inspirait cette dernière disposition, le ministre napolitain au congrès de Vienne demanda, au nom de son souverain, Joachim Murat, reconnu par le plus grand nombre des puissances, le passage par la moyenne et haute Italie pour une armée destinée à marcher contre la France, et reçut des autorités autrichiennes une déclaration formelle que l'Empereur s'opposerait au passage. C'est du moins ce qu'annonçait une lettre du prince de Bénévent (Talleyrand) au lord Castlereagh, en date du 26 décembre, dans laquelle le premier propose un plan d'attaque contre Murat, en insistant pour que « le principe de la légimité triomphe sans restriction, que le roi et le royaume de Saxe soient conservés, et que le royaume de Naples soit rendu à son légitime souverain. »

Bien que l'Autriche eût garanti la couronne de Naples à Murat par le traité du 11 janvier 1814, ce prince, craignant à ce jour quelque altération dans la politique des cabinets de Pétersbourg et de Londres, mécontent de cette complaisance avec laquelle, au congrès de Vienne, on reçoit et on écoute les protestations de trois cours vivement animées contre lui : la France, l'Espagne et la Sardaigne, instruit des efforts que le ministre de France (Talleyrand) au congrès de Vienne ne cesse de faire pour qu'il soit dépouillé de la couronne de Naples ; Murat, appréhendant que ce mot *légitimité*, qui, depuis quelques semaines, retentit dans la profondeur des vieux cabinets, ne l'emporte sur la foi des transactions diplomatiques, et que l'Autriche, dont l'intérêt semblerait exiger l'éloignement des Bourbons de Naples, ne soit amenée à l'avis des puissances qui les protègent; voyant en outre, à la joie que font éclater les Italiens en apprenant le débarquement du 1er mars, l'attachement qu'ils conservent pour Napoléon; connaissant leur horreur de la domination autrichienne, Murat va se persuadant qu'il lui sera facile de soulever la Péninsule, et cependant il néglige de voir que les Italiens ne sauraient mettre en lui la moindre confiance! Sa conduite l'année dernière, en abandonnant son bienfaiteur et son protecteur, en combattant le prince Eugène, a trop dégradé son caractère à leurs yeux.

Parti de Naples le 16 mars avec son armée, Murat traverse les États pontificaux malgré le Saint-Père, et, arrivé à Rimini, il fond à l'improviste sur les Autrichiens, à la tête de 50,000 Napolitains, soldats mal disciplinés, d'une bravoure équivoque, et mal commandés, en invitant les peuples italiens, au nom de la patrie commune, à se confédérer pour l'affranchissement du joug étranger, et sa présomption lui suggérant qu'il possède en lui-même les moyens de se placer au nombre des grands conquérants, il se déclare souverain des pays où passent ses troupes. Enfin, dans une proclamation devenue fameuse, il fait l'appel suivant aux hommes qu'indignait l'asservissement de leur pays.

«Italiens, un seul cri retentit des Alpes jusqu'au détroit de Scylla : l'indépendance de l'Italie. De quel droit les étrangers veulent-ils vous ravir votre indépendance, le premier bien, le premier droit de tous les peuples? De quel droit emmènent-ils vos fils pour les faire servir et mourir loin des tombeaux de leurs pères? Est-ce que la nature vous a donné en vain le boulevarts des Alpes? Non, non; que toute domination étrangère disparaisse du sol de l'Italie! Qu'aujourd'hui votre gloire soit de n'avoir plus de maîtres. Vous avez pour frontières la mer et des montagnes inaccessibles; ne les franchissez jamais; mais repoussez l'étranger qui ose les franchir, et contraignez-le de rentrer dans les siennes. Quatre-vingt mille Italiens de Naples accourent à vous, sous le commandement de leur roi; ils jurent de ne pas se reposer que l'Italie ne soit libre. Italiens de toutes les contrées, secondez leurs efforts magnanimes? Que tous les citoyens amis de leur patrie élèvent une voix généreuse pour la liberté; que la lutte soit décisive, et nous aurons fondé pour toujours le bonheur de notre belle patrie. Les hommes éclairés de tous les pays; les peuples dignes d'un gouvernement libéral, les princes qui se distinguent par la grandeur de leur caractère, applaudiront à vos triomphes; l'Angleterre pourra-t-elle vous refuser ses suffrages? J'ai la preuve de la perfidie de vos ennemis; et il était nécessaire que vous fussiez convaincus par une récente expérience combien les libéralités de vos maîtres actuels sont vaines et fausses, combien leurs promesses sont illusoires et mensongères. Je vous prends à témoin, braves et malheureux Italiens de Milan, de Bologne, de Turin, de Venise : combien parmi vous de malheureux guerriers et de patriotes vertueux sont arrachés du sol paternel! combien gémissent dans les cachots! combien sont victimes d'exactions et d'humiliations inouïes! Italiens, levez-vous, marchez : je fais un appel à tous les braves, pour qu'ils viennent combattre avec moi; je fais un appel à tous les hommes éclairés, pour que, dans le silence des passions, ils préparent la constitution et les lois qui désormais doivent régir l'Italie indépendante.»

Murat se disposait à marcher sur Milan, mais n'ayant pas un seul fusil à donner au chef des indépendants italiens qui lui en demandait 40,000, les moyens insurrectionnels sur lesquels il comptait ne prirent aucun développement; craignant de voir l'Angleterre se déclarer contre lui et faire une diversion sur Naples, il a changé de direction; les Autrichiens ont eu le temps d'accourir et de préserver Milan. Sur ces entrefaites, un corps napolitain, qui avait pénétré en Toscane et chassé devant lui un corps autrichien, est surpris et forcé de se replier précipitamment sur Florence : ce revers, et les renforts considérables parvenus aux Impériaux, ont déterminé Murat à rétrograder sur Ancône. Ayant précédemment échoué dans une tentative sur la citadelle de Ferrare, il se trouve sans point d'appui dans ses opérations; c'est dans cette circonstance que les Anglais cessent de garder la neutralité et s'allient à l'Autriche et aux Siciliens. Menacé, pressé de tous côtés, Murat concentre ses forces; une action générale a lieu à Tolentino. Les Napolitains attaquent vivement, et leur succès semble assuré; mais les Autrichiens reçoivent des troupes fraîches et obtiennent l'avantage. Une seconde affaire s'engage le lendemain : les soldats de Murat se soutiennent assez bravement, quand ils reçoivent ordre de cesser le combat et de se replier; ce mouvement en arrière devient bientôt une déroute qui livre aux Autrichiens l'entrée du royaume de Naples, tandis qu'une de leurs colonnes y pénètre par la route de Florence. Dès le 20 mai, la puissance de Murat sera détruite, son trône renversé; il se sauvera en France de sa personne, et sa famille sera transportée à Trieste sur un bâtiment anglais. La fortune, qui posa sur sa tête une couronne royale, semble, en l'arrachant avec violence, vouloir apprendre que le courage ne suffit pas pour la conserver; qu'il faut aussi des talents élevés, des lumières, un sens droit avec un certain esprit de justice, d'humanité et de loyauté. Murat a fait, dans plusieurs circonstances de sa vie, preuve de magnanimité; il a manifesté quelquefois des sentiments nobles et très-honorables, mais l'ambition avait fini par étouffer dans son âme toute inspiration généreuse.

La folle agression de Murat contre l'Autriche, entreprise malgré Napoléon, dont elle blessait les intérêts, parut cependant concertée avec lui.

François II s'en irrita; et le congrès de Vienne qui venait (1) déjà de manifester les intentions les plus hostiles, par sa déclaration du 13 mars, fut dès lors confirmé, malgré les protestations contraires du gouvernement français, que l'Empereur ne reparaissait sur la scène politique qu'avec le dessein de bouleverser de nouveau toute l'Europe : en conséquence, le 25 mars, l'Autriche et l'Angleterre, d'accord avec la Russie et la Prusse, arrêtèrent un traité par lequel, après avoir invoqué contre l'invasion de Bonaparte les principes consacrés par le traité de Chaumont, les contractants s'engageaient à réunir les moyens de leurs Etats respectifs pour maintenir dans toute leur intégrité les conditions du traité de paix du 30 mai 1814, ainsi que les stipulations arrêtées et signées au congrès de Vienne dans le but de compléter les dispositions de ce traité, de les garantir de toute atteinte, et particulièrement contre les desseins de Bonaparte. (Art. 1er.)

A cet effet, les puissances prenaient l'engagement de diriger, si le cas l'exigeait, et dans le sens de la déclaration du 13 mars dernier, tous leurs efforts contre lui et *contre tous ceux qui déjà se seraient ralliés à sa* FACTION *ou s'y réuniraient dans la suite*, afin de le forcer à se désister de ses projets, et de le mettre hors d'état de troubler à l'avenir « la tranquillité et la paix générale, sous la protection de laquelle les droits, la liberté et l'indépendance des nations venaient d'être placés et assurés.

« Quoiqu'un but aussi grand et aussi bienfaisant ne leur permît pas de fixer la mesure des moyens propres à l'atteindre, les puissances convenaient de tenir constamment en campagne chacune 150,000 hommes au complet, y compris, pour le moins, la proportion d'un dixième de cavalerie et une juste proportion d'artillerie, sans compter les garnisons. » (Art. 2.)

Elles s'engageaient réciproquement à ne pas poser les armes avant que l'objet de la guerre eût été atteint, c'est-à-dire tant que Bonarparte ne serait pas mis dans l'impossibilité absolue d'exciter des troubles et de renouveler ses tentatives pour s'emparer du pouvoir suprême en France. (Art. 3.)

Toutes les autres puissances de l'Europe devaient être invitées à accéder au présent traité. (Art. 7.)

L'intention des signataires étant uniquement, disaient-ils, de soutenir la France contre les entreprises de Bonaparte et de ses adhérents, on arrêta que *Sa Majesté très-chrétienne* (le roi de France) recevrait une invitation spéciale d'adhésion, et ferait connaître, dans le cas où elle devrait requérir les forces stipulées en l'art. 2, quels secours les circonstances lui permettraient d'adapter à l'objet du traité. (Art. 8.)

Le même jour, le même traité avait été conclu entre la Russie et la Grande-Bretagne, ainsi qu'entre celle-ci et la Prusse.

(1) Nous ne rapporterons point cette pièce qui, pour l'honneur du gouvernement de l'Europe au 19e siècle, n'aurait jamais dû exister.

La paix générale, l'intérêt des peuples, qu'on faisait sonner si haut dans cette pièce hypocrite, étaient un voile décevant jeté sur des projets d'agrandissement, et rien de plus. La part de butin faite aux vainqueurs en 1814 leur paraissait trop petite : il leur fallait de plus larges concessions.

Ainsi, a dit depuis l'Empereur, deux fois en proie aux plus étranges vertiges, le roi de Naples fut deux fois la cause de nos malheurs : en 1814, en se déclarant contre la France ; en 1815, en se déclarant contre l'Autriche.

Des renforts nombreux vinrent bientôt grossir les rangs des Autrichiens en Lombardie; ils s'avancèrent vers les Alpes, au pied desquelles se rassemblaient les troupes du roi de Sardaigne. Par une convention signée le 20 mai, la confédération suisse adhère à l'alliance contractée par les grandes puissances contre la France. — L'Espagne armait de son côté. — Au nord, les Anglais et les Prussiens se trouvèrent en ligne dans les premiers jours de juin. — Les Russes accouraient ; leurs premières colonnes avaient passé Nuremberg le 19 mai ; elles commençaient à se former sur les bords du Rhin.

L'empereur de Russie et le roi de Prusse quittèrent Vienne le 26, et l'empereur d'Autriche le 27, pour se mettre à la tête de leurs armées.

L'Angleterre jetait sur nos côtes des hommes, des armes et des munitions pour alimenter nos discordes civiles qui se rallumaient dans la Vendée ; — et tandis qu'elle travaillait à nous désunir au dedans, elle donnait la première au dehors le signal sanglant des combats. Le vaisseau de ligne anglais *le Privolé* s'empara, dans la baie de Naples de la frégate française *la Melpomène*, et le 10 mai *la Driade* fut attaquée.

Certain que sa présence sur le continent allait appeler l'Europe aux armes contre la France, mais voulant du moins ôter aux souverains étrangers tout prétexte plausible d'agression, l'Empereur, avant de quitter l'île d'Elbe, s'était empressé de déclarer qu'il était résolu à maintenir le traité de Paris ; il avait même écrit dans ce sens à la cour de Naples, et depuis il manifesta plusieurs fois les mêmes intentions. Le premier soin de Caulaincourt, en prenant possession du portefeuille, fut de revenir sur ce sujet. Dans la circulaire qu'il adressa le 30 mars aux agents diplomatiques de France à l'extérieur, pour leur apprendre que la mission dont ils avaient été chargés par le gouvernement royal était terminée, et pour les rappeler, il disait : « Si, au moment de quitter la cour auprès de laquelle vous résidiez, vous avez occasion de voir le ministre des affaires étrangères, vous lui ferez connaître que l'Empereur n'a rien de plus à cœur que le maintien de la paix ; que Sa Majesté a renoncé aux projets de grandeur qu'elle pouvait avoir antérieurement conçus, et que le système de son cabinet, comme l'ensemble de la direction des affaires en France, est dans un tout autre principe. »

Mais de ses nombreux courriers, les uns furent retenus à Kehl par le général autrichien; plusieurs arrêtés et maltraités à Mayence par le commandant prussien; d'autres repoussés de Turin ne purent pénétrer en Italie.

Napoléon s'était flatté un moment de détacher l'Autriche de la coalition formée contre lui; il supposait qu'elle ne renoncerait pas plus longtemps à l'héritage du fils de Marie-Louise. Il voyait que, depuis la bataille de Leipsig jusqu'à celle de Paris, l'Autriche ayant décidé les succès des alliés, leur cause serait ruinée si l'Autriche les abandonnait; mais le cabinet de Vienne était entré trop avant dans leur système, il était retenu par trop de considérations, engagé dans des liens trop multipliés et satisfait par un trop grand nombre de concessions : l'avantage réel et direct, l'immense avantage qu'il avait trouvé dans l'acquisition de l'Italie Supérieure, étouffait tout sentiment de famille, tout amour-propre individuel, toute vanité dynastique.

En admettant même que les quatre grandes puissances de l'Europe eussent des motifs réels de défiance et de ressentiment contre Napoléon, on ne doit pas couvrir d'un voile officieux les motifs particuliers qui furent les plus puissants véhicules de leurs déterminations. L'Angleterre souriait à la conjecture actuelle en raison de son ancienne rivalité avec la France; la Prusse, en raison de cet accroissement désordonné qui, la mettant en contact avec notre territoire, lui faisait craindre l'établissement en France d'un système militaire capable de comprimer son ambition. La Russie se réjouissait de cette nouvelle occasion de s'immiscer dans les querelles de l'Occident, dévorée qu'elle est du désir d'y trouver une augmentation de prépondérance; plus elle voit de guerres s'allumer, plus elle se montre empressée de les éteindre; car elle ne vient jamais qu'en dernière ligne, s'exposant à de moindres dangers, et recueillant les plus riches débris. Le cabinet de Vienne, dont aucun revers ne peut détourner la marche, voyait, dans un nouvel affaiblissement de la France, la facilité d'affermir à jamais sa domination sur l'Italie. L'Autriche, que gênent la Russie et la Prusse, espérait que de nouvelles hostilités contre l'ennemi commun lui vaudraient des agrandissements susceptibles de la reporter à ce premier rang où elle ne se jugeait pas encore remontée. Que risquerait-elle, d'ailleurs, si Napoléon se relevait? N'aurait-elle pas l'intercession de Marie-Louise? Quant aux vues des cabinets secondaires de l'Allemagne, satellites obligés des puissants monarques, dociles courtisans du plus fort, en participant à cette croisade, ces cabinets ne méritaient pas une plus grande attention que la valeur spécifique de leurs Etats, que les qualités de leurs troupes ou le mérite de leurs généraux; mais ces potentats subalternes étaient ravis de pouvoir se venger sans risques sur la France de ce qu'elle les avait tirés du néant, et de prouver aussi leur existence politique.

Un acte signé à Vienne fixa la constitution fédérative de l'Allemagne. Les princes souverains et les villes libres de la Germanie, en comprenant l'empereur d'Autriche, les rois de, de Danemark et des Pays-Bas, établissent entre eux une confédération perpétuelle pour le maintien de la sûreté, de l'indépendance et de l'inviolabilité des Etats admis à la confédération, laquelle se compose de tous les pays qui, en 1792, appartenaient à l'empire. Tous les membres sont égaux en droits; leur nombre est de trente-deux. Les affaires sont confiées à une diète présidée par les représentants de l'Autriche. La diète est permanente, ou ne peut s'ajourner à plus de quatre ans. Elle siége à Francfort-sur-le-Mein. Lorsque la guerre est déclarée par la confédération, aucun membre ne peut négocier avec l'ennemi commun sans le consentement de tous. Il ne peut non plus contracter aucun engagement particulier au préjudice des autres confédérés. Enfin, un acte définitif du congrès de Vienne a pour but de compléter les transactions du traité de Paris, du 30 octobre 1814, en y joignant quelques dispositions jugées utiles au repos de l'Europe. Cette assemblée, qui devait être une arche de salut pour tous les Etats, a été un gouffre où plusieurs d'entre eux se sont vus jetés comme des victimes du sort.

Ainsi, sur tous les points de l'Europe, on se dispose, on s'arme, on marche ou l'on est bien près de marcher sur la France.

Ainsi, nous nous trouvions donc de nouveau en guerre avec la coalition européenne; car il eût été ridicule de croire qu'en combattant nos armées et nos gardes nationales, en prenant et dépouillant nos places fortes jusqu'au mois d'octobre, et en essayant de démembrer notre patrie, ce n'était pas à nous qu'on faisait la guerre. Si les sophismes par lesquels on a voulu couvrir ou colorer le but réel de cette guerre, ont pu, dans le temps, laisser quelques doutes dans les esprits faibles et peu habitués à réfléchir, on a su plus tard parfaitement à quoi s'en tenir à cet égard.

Nullement abattu par les désastres des deux précédentes campagnes, Napoléon fit ses dispositions pour résister à d'injustes attaques, se mettre en état de prolonger les hostilités, de profiter d'une chance inattendue ou d'entamer des négociations.

La dissolution de l'ancienne armée française avait été le but constant et principal des puissances coalisées, et le gouvernement royal n'avait que trop bien exécuté sur ce point les injonctions de ceux qu'il avait proclamé, après Dieu, les restaurateurs du trône légitime.

Dans les six derniers mois de 1814, la grande majorité des officiers avait été mise à la demi-solde, et le cadre des troupes qui avait été conservées sur le papier était loin d'être au complet. Afin de hâter l'extinction des régiments, on avait prodigué les congés et les réformes, et laissé les soldats dans le dénûment; on n'avait entretenu ni l'équipement, ni l'habillement; les manufactures d'armes avaient été négligées; plusieurs avaient été détruites et démontées par suite des événements de la guerre en 1814 ; et, comme l'avoue Chateaubriand dans un rapport adressé au roi, elles étaient heureusement hors d'état de pourvoir aux besoins nouveaux de la France menacée d'une seconde invasion.

Au 20 mars, le cadre de l'armée était réduit à 90 régiments d'infanterie de ligne, dont 3 servaient dans les colonies, à 15 régiments d'infanterie légère, 57 de cavalerie, 8 d'artillerie à pied, 4 d'artillerie à cheval et 3 de sapeurs-mineurs, ouvriers, dits *troupes du génie.* Les régiments d'infanterie étaient de 2 bataillons ; 6 seulement en avaient 3. La force moyenne des corps était d'environ 900 hommes. Si tous ces cadres eussent été tenus au complet, sur le pied de paix seulement, l'effectif de l'armée se serait élevé à environ 215,000 hommes et 35,000 chevaux, non compris ce qui restait de la vieille garde, c'est-à-dire 4,000 fantassins et 3,200 cavaliers. Mais tel n'était pas, à beaucoup près, cet effectif au moment où l'Empereur reprit en main la direction des affaires. Les documents les moins contestables et puisés aux archives de la guerre démontrent qu'à cette époque la force militaire de la France était établie comme il suit :

			NOMBRE D'HOMMES.	
			A l'effectif.	A mettre en campagne.
Infanterie. . . .	102	régiments.	91,000	61,100
Cavalerie. . . .	57	Id.	28,000	11,000 (1)
Garde à pied.. .	2	Id.	4,000	3,300
Garde à cheval..	4	Id.	3,200	2,800
Artillerie.. . . .	12	Id.	16,000	12,000
Génie	3	Id.	5,000	3,000
Train, équipages et pontonniers, cadre de 10 bataillons.			1,000	600 (2)
		Total.	148,000	93,800

Au 1er avril 1815, la France ne pouvait donc mettre en campagne qu'une armée d'environ 100,000 hommes, c'est-à-dire à peine suffisante pour garder ses places fortes et ses principaux établissements maritimes. Toutes ses flottes étaient désarmées, tous ses équipages congédiés ; sa force maritime disponible se réduisait à un vaisseau et trois frégates à Toulon, et deux frégates à Rochefort. Nos troupes de marine, composées de 8 bataillons de canonniers, étaient évidemment au-dessous de toute proportion avec nos besoins ; il fallait que l'armée de terre pourvût à la défense de Cherbourg, de Brest, de Lorient, de Rochefort et de Toulon. Mais, malgré les pertes énormes qui résultaient de la cession faite, le 23 avril 1814, par le comte d'Artois, en sa qualité de lieutenant-général du royaume, des équipages de

(1) L'effectif en chevaux était de 16,000.

(2) Ils avaient 2,000 chevaux aux dépôts, et 6,000 en subsistance chez les paysans.

campagne renfermés dans les places d'Anvers, Wesel, Mayence et Alexandrie, le matériel de l'artillerie pouvait alimenter, pendant plusieurs campagnes, les armées les plus considérables que la France pût avoir besoin de mettre sur pied.

Napoléon s'occupa d'abord de relever le moral de l'armée. Au fur et à mesure que les corps se réorganisaient, il les faisait venir à Paris ; et, portant sur tous les détails relatifs au bien-être des soldats une investigation minutieuse et rapide, il réveillait en eux des souvenirs de gloire, en même temps qu'il inspirait aux chefs une émulation utile et l'envie de se faire remarquer par la prompte et complète réorganisation des moyens de discipline et d'instruction. Il rétablit les cadres de 120 régiments d'infanterie de ligne à 5 bataillons, et de 70 régiments de cavalerie à 5 escadrons ; il porta à 30 bataillons le nombre de ceux du train d'artillerie, créa 20 régiments de jeune garde, 10 nouveaux bataillons d'équipages militaires, et 20 régiments de marine : ce qui donna de l'emploi à tous les officiers à demi-solde de toutes les armes de terre et de mer. Il restitua aux régiments les numéros qu'ils portaient depuis l'an 2 de la République : c'était leur rendre un patrimoine de souvenirs féconds en inspirations héroïques. Cette mesure n'eut pas seulement pour but de satisfaire le juste orgueil de l'armée ; elle eut pour effet de rendre plus facile le retour sous leurs anciens drapeaux de 130,000 sous-officiers et soldats congédiés et envoyés en semestre par le gouvernement royal. Le décret qui rappela à l'armée de ligne cette masse de guerriers tout formés ne contenait aucune disposition coercitive ; il trouva partout une obéissance empressée ; ceux qu'il détournait de leurs travaux domestiques et séparait une seconde fois de leurs affections de famille réendossèrent joyeusement leur vieil uniforme et rejoignirent leurs aigles en chantant les hymnes républicains. Le contingent de l'année 1815 fut rappelé ; il devait renforcer l'armée active de 140,000 jeunes soldats, qui tous avaient déjà vu l'ennemi en face et n'avaient plus à faire l'apprentissage des armes. Quatre-vingt mille d'entre eux avaient rejoint à la fin de mai ; le reste pouvait être armé, équipé, instruit et mis en ligne à la fin du mois suivant.

Vingt mille chevaux de cavalerie furent achetés dans les départements et livrés en six semaines ; on passa des marchés pour 14,000 autres, qui seraient rendus aux dépôts des corps un mois plus tard. La gendarmerie en avait cédé 10,000 tout dressés, qui lui furent payés comptant et qu'elle remplaça sur-le-champ ; enfin 12,000 chevaux neufs, harnachés et attelés, portèrent à 18,000 la force du train d'artillerie et des transports militaires. Un équipage d'environ 700 pièces de campagne fut organisé, attelé et réparti entre les huit corps d'armée qui, au 1er juin, couvrirent nos frontières du nord, de l'est et du midi.

Le nombre des officiers, sous-officiers et soldats en retraite et en réforme s'élevait à plus de 100,000 ; 30,000 d'entre eux, capables encore de servir dans les places fortes, s'empressèrent de répondre à l'appel que leur fit le prince d'Eckmülh (Davoust), ministre de la guerre. Leur expérience et leur bon esprit furent utilement employés pour diriger et instruire les nouvelles levées.

De vastes ateliers d'habillement, improvisés sur tous les points de l'empire, suppléèrent à ceux que l'incurie du gouvernement royal avait laissé périr faute de quelques encouragements propres à soutenir les nombreuses manufactures de draps qui, en 1812 et 1813, approvisionnaient nos armées.

L'objet auquel il importait le plus de pourvoir était l'approvisionnement en armes à feu ; les manufactures de l'Etat, en admettant même qu'on eût le temps nécessaire pour les réorganiser, n'auraient fourni qu'une quantité de fusils fort inférieure à celle que réclamait impérieusement la situation critique de la France. Les magasins contenaient une quantité suffisante d'armes blanches. L'artillerie prit plusieurs mesures pour doubler l'activité des anciennes manufactures d'armes à feu ; elle exempta du service militaire les artisans propres à la fabrication, fit aux entrepreneurs les avances nécessaires, mit un peu moins de sévérité dans l'examen et la réception des pièces secondaires, autorisa l'emploi des platines coulées en cuivre et rétablit les ateliers de platines mécaniques à l'estompe. Les manufactures nationales purent fournir 40,000 fusils neufs par mois. Cette fabrication était encore insuffisante : on établit dans toutes les places fortes importantes des ateliers de réparation qui, en six mois, pouvaient remettre en état tous les vieux fusils qui existaient dans les magasins de l'Etat. Les ateliers qu'on créa dans Paris complétaient toutes ces mesures, et en peu de jours devinrent la principale ressource pour cette partie de l'approvisionnement militaire. L'Empereur, dans une revue qu'il passa de la 8e légion de la garde nationale, fit former en cercle autour de lui les officiers, parmi lesquels se trouvaient plusieurs ébénistes et mécaniciens du faubourg Saint-Antoine, et leur demanda s'ils croyaient pouvoir lui fabriquer des fusils et, sur leur réponse qu'ils feraient tout pour y réussir, il leur en demanda 1,500 par jour. Cette fabrication commença vers le 15 avril ; et, dès le 1er mai, son produit journalier fut doublé. Les ouvriers en cuivre, les compagnons horlogers, les ciseleurs, et, en général, tous les artisans sur métaux, dont Paris possède un si grand nombre, concoururent à ce travail nouveau pour eux, et pour lequel cependant ils n'eurent besoin que d'un apprentissage de peu de jours. L'Empereur stimulait leur zèle par de fréquentes visites, dans lesquelles il se plaisait à interroger les plus habiles sur les procédés de leur profession habituelle, et saisissait toutes les occasions de leur prouver que les soins de son gouvernement et le commandement de ses armées ne l'avaient pas empêché de suivre avec attention les progrès de l'industrie dans tous les genres.

Au 1er mai, l'armée était pourvue de fusils : la garde nationale en avait 600,000 ; il en existait en magasin environ 450,000, dont un tiers neufs et le restant en fusils à réparer ou en pièces de rechange. A la fin de mai, le nombre des armes disponibles, indépendemment de celles déjà distribuées à l'armée ordinaire et aux 200 bataillons mobiles de la garde nationale, s'élevait à plus de 800,000.

En deux mois, l'armée passa de l'état de faiblesse où nous avons dit qu'elle se trouvait à la fin du mois de mars, à un état, sinon aussi prospère que l'exigeaient les circonstances, tel du moins qu'elle pouvait, sans une témérité ridicule, porter les premiers coups aux armées étrangères les plus voisines ou recevoir dignement leur premier choc. Voici le tableau exact de sa force numérique et des éléments divers qui la composaient :

L'armée active, par la rentrée des hommes en congé, avait un effectif de.	148,000	hommes
Les enrôlements volontaires lui en avaient donné..	20,000	
Le rappel des militaires définitivement congédiés en 1814 lui en avait donné.	130,000	386,000
Huit régiments étrangers formaient une masse de..	8,000	
La conscription de 1815 en avait fourni..	80,000	
L'armée extraordinaire comptait :		
55 bataillons d'infanterie et 36 compagnies de canonniers composés de militaires en retraite.	30,000	
20 régiments d'infanterie de marine.	30,000	
8 bataillons de canonniers de marine..	8,000	196,000
50 compagnies de canonniers gardes côtes.	6,000	
100 compagnies de vétérans sédentaires.	10,000	
204 bataillons de garde nationale mobile.	112,000	
Total général.		582,000

La partie mobilisée de la garde nationale fut presque exclusivement fournie par les vingt départements de nos frontières du nord et de l'est : les autres bataillons, susceptibles de combattre en seconde ligne, n'eurent qu'une organisation incomplète, excepté dans les contrées voisines du théâtre de la guerre civile. Les départements dont les noms suivent fournirent à l'armée extraordinaire le nombre de bataillons qu'on va lire, savoir : le département du Nord, 14 ; de l'Aisne, 10 ; du Pas-de-Calais, 7 ; de la Somme, 10 ; du Haut-Rhin, 14 ; du Bas-Rhin, 21 ; du Doubs, 3 ; du Jura, 3 ; de la Haute-Saône, 3 ; de l'Ain, 7 ; des Vosges, 14 ; de la Meurthe, 14 ; de la Moselle, 14 ; des Ardennes, 7 ; de la Meuse, 7 ; de la Marne, 14 ; du Mont-Blanc, 7 ; de l'Isère, 11 ; de la Drôme, 7 ; des Hautes-Alpes, 7. Ceux des Vosges, du Haut et du Bas-Rhin, dont le contingent s'élevait à 49 bataillons, mirent, en outre, sur pied plusieurs milliers de cavaliers armés de lances, et plusieurs autres corps francs de fantassins.

Les événements de 1814 avaient mieux fait apprécier l'importance de mettre Paris à l'abri d'un coup de main. L'Empereur ne voulut laisser à aucun autre le soin de tracer le plan des fortifications passagères qu'il jugeait devoir suffire pour atteindre ce but. Une demi-heure lui suffit pour concevoir et arrêter, à l'aide de la carte des chasses et en tête à tête avec Fontaine, son architecte favori, un plan définitif de défense qui obtint l'assentiment des ingénieurs les plus exercés. La garde nationale envoya des détachements pour ouvrir les tranchées. Leur exemple excita l'émulation des fédérés; et, en peu de jours, les ateliers de défense comptèrent quinze à vingt mille travailleurs, dont le zèle était fréquemment encouragé par les visites de l'Empereur. La ville de Lyon fut fortifiée en même temps et par les mêmes moyens, c'est-à-dire par le zèle volontaire des classes laborieuses que dirigeaient les troupes du génie.

Les quatre-vingt-dix places fortes de l'empire furent armées, palissadées, approvisionnées et placées sous le commandement d'officiers éprouvés.

Calais, Dunkerque, Saint-Omer, Lille, Condé, Maubeuge, Philippeville, qui couvrent, en première ligne, notre frontière du nord, furent approvisionnées pour six mois; Aire, Ardres, Béthune, Douai, Valenciennes, le Quesnoy, Avesnes, Rocroi, formant la seconde ligne, le furent pour quatre mois; Montreuil, Hesdin, Arras, Bouchain, Landrecies, Bapaume, Cambrai, Péronne, Abbeville, la citadelle d'Amiens, le château de Ham et Laon, placés en troisième ligne, reçurent un approvisionnement pour trois mois. Les premières places eurent garnison complète; les secondes, demi-garnison; les troisièmes, le quart seulement de leur garnison.

Sur la frontière de la Moselle, la première ligne, savoir : Charlemont, Mézières, le château de Sedan, celui de Bouillon, Longwy, Thionville, Sarre-Louis, Bitche, furent approvisionnés pour quatre mois et reçurent garnison complète.

La deuxième ligne, c'est-à-dire Verdun, Metz, Phalsbourg, Toul, eurent le même approvisionnement et moitié seulement de leur garnison.

Sur la frontière de l'Alsace, Landau, Lauterbourg, Haguenau, Strasbourg, Schelestadt, Neubrisach, Huningue, furent approvisionnés pour quatre mois avec garnison complète.

Sur la frontière des Alpes, le fort Barraux, Briançon, Mont-Dauphin, Colmar, Entrevaux et Antibes furent pourvus pour quatre mois.

Toutes ces garnisons furent composées de gardes nationales mobiles, à l'instruction desquelles leurs officiers, anciens serviteurs retraités, consacrèrent leur expérience et leur bonne volonté.

Les mêmes mesures de défense furent prises pour notre frontière de la

Méditerranée; les forts de Sainte-Marguerite, de Saint-Tropeze, de Brigançon, des îles d'Hyères, Toulon, le fort de Bouc, Aigues-Mortes, Cette, Collioure furent mis à l'abri d'un coup de main; toutes les places de la frontière des Pyrénées, de Perpignan à Bayonne, de première et seconde ligne, furent armées, approvisionnées et gardées. On craignait peu du côté de l'Espagne : elle avait assez à faire de se garder elle-même.

Enfin, sur tout le littoral de l'Océan, les batteries des côtes furent réarmées. Bayonne, le château Trompette, les îles d'Aix, d'Oléron et de Rhé, les forts de la Rochelle, le château de Nantes, l'île-Dieu, Belle-Ile, Brest, Saint-Malo, Cherbourg, le Havre et le château de Dieppe, reçurent leur armement, des approvisionnements et des garnisons suffisantes. Toutes les forces anglaises étant occupées en Belgique et en Amérique, on n'avait point d'inquiétude sérieuse du côté de la mer.

En deux mois, Napoléon avait de la France fait un camp; en deux mois, quatre armées, sous les dénominations d'armée du Nord, de la Moselle, du Rhin et des Alpes, furent mises sur le pied de guerre et en mesure d'attaquer ou de repousser l'étranger. Une cinquième, celle de la Loire, comprima l'insurrection vendéenne; deux corps d'observation, l'un au pied du Jura, l'autre au pied des Pyrénées, tinrent en respect la malveillance hésitante de la Suisse et l'hostilité impuissante de l'Espagne; Paris et Laon virent se former sous leurs murs une armée de réserve destinée à servir de point d'appui à toutes les autres, et à leur fournir des secours d'hommes et de matériel.

Jamais, peut-être, depuis les premières années de la République, la France n'avait déployé une énergie comparable à celle que lui imprima le gouvernement impérial au mois de mai 1815.

«L'armée entière, dit l'auteur des Mémoires sur 1815 (t. 2, p. 150, 151), était superbe et pleine d'ardeur; mais l'Empereur fit la faute de la placer sous le commandement de ses anciens chefs. La plupart, malgré leurs adresses au roi, n'avaient pas cessé de faire des vœux pour le triomphe de la cause impériale; mais néanmoins ils ne paraissaient point disposés à la servir avec l'ardeur et le dévouement qu'exigeaient les circonstances. Ce n'étaient plus ces hommes qui, pleins de jeunesse et d'ambition, prodiguaient généreusement leurs vies pour acquérir des grades et de la renommée; c'étaient des hommes fatigués de la guerre, et qui, parvenus au suprême degré d'élévation, et enrichis par les dépouilles des ennemis ou les largesses de Napoléon, n'avaient plus d'autre désir que de jouir paisiblement de leur fortune, à l'ombre de leurs lauriers. Les colonels et les généraux entrés après eux dans la carrière commencèrent à murmurer de se trouver placés sous leur tutelle; les soldats eux-mêmes furent mécontents, mais ce mécontentement n'altéra point leur confiance dans la victoire : Napoléon était à leur tête ! L'ascendant qu'il exerçait sur l'esprit et le courage des soldats était vraiment incompréhensible ; un mot, un geste suffisait pour les enthousiasmer et leur faire affronter avec une aveugle joie les plus effroyables dangers. Ordonnait-il mal à propos de se porter sur tel point, d'attaquer tel autre, l'inconséquence ou la témérité frappait d'abord le bon sens des soldats ; mais ils pensaient ensuite que leur général n'aurait pas donné un pareil ordre sans motif, et ne les aurait point exposés impunément. « Il sait bien ce qu'il fait, » disaient-ils ; et ils s'élançaient à la mort aux cris de Vive l'Empereur... » On comptait, dans l'ancienne armée, plusieurs généraux du plus grand mérite, dont Napoléon eût pu faire des maréchaux et des commandants d'armée ; il y avait une foule de colonels qui auraient été d'excellents généraux : si Napoléon eût mis de côté ses anciens maréchaux et confié le commandement de ses divisions à ces généraux, à ces colonels, qui n'avaient pas encore été corrompus ou fortement amollis par leur opulence impériale, il eût triomphé de ses ennemis et dicté la paix, sur un monceau de trophées, aux puissances coalisées contre lui ! ! !

Evaluation des forces combinées contre la France, d'après les documents officiels.

Autrichiens.	En Italie	159,000
	Sur le Haut-Rhin.	150,000
Russes en-deçà de l'Oder, et en marche sur le Rhin. . . .		280,000
Prussiens		220,000
Etats d'Allemagne.		150,000
Hollande.		50,000
Grande-Bretagne.		59,000
		1,068,000

On se rappelle que Napoléon, par un décret daté de Lyon, le 13 mars, avait pris l'engagement de réunir les colléges électoraux à Paris *en assemblée extraordinaire du Champ-de-Mai*. Tant que Napoléon avait espéré le maintien de la paix et le retour de Marie-Louise, il avait compté sur leur présence au Champ-de-Mai pour accroître l'enthousiasme du peuple et donner à cette solennité un grand caractère politique. Mais l'acte additionnel avait paru ; l'impératrice et son fils étaient retenus à Vienne ; la réunion du Champ-de Mai n'avait donc plus d'objet. Elle fut pourtant célébrée avec éclat, au Champ-de-Mars.

Le 1er juin, à l'aube du jour, cent coups de canon, tirés de l'hôtel des Invalides et répétés par les batteries placées à l'extrémité du pont d'Iéna, appelèrent la population parisienne au Champ-de-Mars.

Un amphithéâtre semi-circulaire et divisé en plusieurs corps de tribunes reçut les 15,000 électeurs et les députations militaires venus de tous les points de l'empire pour assister au dépouillement des votes sur l'acte additionnel, et prêter serment, avec l'Empereur, à la nouvelle Constitution.

Au milieu de cet amphithéâtre, dont les extrémités s'appuyaient au pavillon de l'Ecole militaire, était dressé un autel surmonté d'un dais, sous lequel étaient placés les prélats qui devaient célébrer la messe, les chanteurs de l'Opéra et les musiciens dont le concours devait relever l'éclat de cette pompe religieuse. L'entablement de la rotonde qui entourait l'autel offrait les noms de 87 départements, entremêlés d'aigles et entrelacés de guirlandes tricolores.

La façade de l'Ecole Militaire était masquée dans toute sa longueur, par un péristyle, surmonté à son milieu d'un immense dais, de chaque côté duquel de riches tribunes, destinées aux grands corps judiciaires et administratifs de l'empire, se prolongeaient jusqu'à la rencontre des extrémités de l'arc formé par l'amphithéâtre dont ce péristyle semblait être la corde. La fenêtre principale du pavillon, au premier étage, servait d'entrée à une suite de gradins en pente douce et richement tapissés, conduisant à une plate-forme sur laquelle étaient placés le trône, un prie-Dieu et quatre siéges, plus simples que le premier, destinés aux frères de l'Empereur et à l'archichancelier de l'empire.

Cette plate-forme, située à demi-hauteur de la fenêtre qui lui servait d'entrée, était séparée du sol par d'autres gradins où vinrent se placer, après la messe, les 500 électeurs, à la tête desquels marchait l'orateur chargé de porter la parole au nom de tous les colléges électoraux. De chaque côté du trône, des tribunes étaient réservées : celles de gauche aux maréchaux de l'empire et aux grands officiers de la Légion-d'Honneur, et celles de droite aux ministres et aux conseillers d'Etat. A cent toises en avant de ces constructions, et au milieu du Champ-de-Mars s'élevait une pyramide dont les quatre faces formaient autant d'escaliers et au sommet de laquelle un fauteuil uni et découvert était destiné à l'Empereur pour le momemt où il distribuerait les drapeaux.

A midi un quart, une décharge d'artillerie annonça que l'Empereur sortait des Tuileries. La garde nationale et l'infanterie de la garde impériale étaient rangées des deux côtés dans toute la longueur du Champ-de-Mars, tournant le dos aux talus, où 200,000 personnes étaient réunies depuis plusieurs heures. Les lanciers rouges eurent à peine dépassé les canons placés aux deux côtés du pont d'Iéna, sur la rive droite de la rivière, qu'une nouvelle décharge d'artillerie annonça l'arrivée du cortége impérial. A mesure que la cavalerie qui l'escortait pénétrait dans le Champ-de-Mars, elle se rangeait en haie des deux côtés, en avant de l'infanterie, de manière à laisser un large passage dans toute la longueur de la plaine, depuis le pont jusqu'au trône.

A une heure, au milieu des décharges de l'artillerie, Napoléon parut, entouré des trois princes ses frères et des grands officiers de la couronne. Il descendit sur la plate-forme du trône, et fut accueilli par les acclamations de toutes les tribunes. Tout le monde se leva et se découvrit; l'Empereur seul resta couvert.

Il s'avança précipitamment, salua, ou plutôt inclina deux ou trois fois la tête, et s'élança vers son trône, où il s'assit en s'entourant de son manteau. Ses frères se placèrent à ses côtés : Lucien à sa gauche; Joseph et Jérôme, à sa droite. Un peu en avant et au-dessous de ceux-ci vint s'asseoir l'archichancelier Cambacérès.

Dès que l'Empereur se fut assis, un roulement de tambours fit cesser le feu de l'artillerie. On lui approcha son prie-Dieu, et la messe commença. Aussitôt que les chants religieux eurent cessé, la députation centrale des colléges électoraux de l'empire, au nombre de 500 personnes, sortit des tribunes circulaires, et monta l'escalier qui conduisait à la plate-forme du trône.

Dubois, avocat d'Angers, un des représentants de Maine-et-Loire, prit en ces termes la parole :

« Sire, le peuple français vous avait décerné la couronne, vous l'avez déposée sans son aveu; ses suffrages unanimes viennent vous imposer le devoir de la reprendre.

« Un contrat nouveau s'est formé entre la nation et Votre Majesté.

« Rassemblés de tous les points de l'empire autour des tables de la loi, où nous venons inscrire le vœu du peuple, ce vœu, seule source légitime du pouvoir, il nous est impossible de ne pas faire retentir la voix de la France, dont nous sommes les organes immédiats, de ne pas dire, en présence de l'Europe, au chef auguste de la nation, ce qu'on attend de lui, ce qu'il doit attendre d'elle.

« Nos paroles seront graves comme les circonstances qui les inspirent.

« Que veut la ligue des rois alliés, avec cet appareil de guerre dont elle épouvante l'Europe et afflige l'humanité?

« Par quel acte, par quelle violation avons-nous provoqué leur vengeance, motivé leur agression?

« Avons-nous, depuis la paix, essayé de leur donner des lois? Nous voulons seulement faire et suivre celles qui s'adaptent à nos mœurs.

« Nous ne voulons point du chef que veulent pour nous nos ennemis, et nous voulons celui dont ils ne veulent pas.

« Ils osent vous proscrire personnellement, vous, Sire, qui, maître tant de fois de leurs capitales, les avez raffermis généreusement sur leurs trônes ébranlés! Cette haine de nos ennemis ajoute à notre amour pour vous. On proscrirait le moins connu de nos citoyens, que nous devrions le défendre avec la même énergie. Il serait, comme vous, sous l'égide de la loi et de la puissance française.

« On nous menace d'une invasion! Et cependant, resserrés dans des frontières que la nature ne nous a point imposées, que, longtemps et avant votre règne, la victoire et la paix même avaient reculées, nous n'avons point franchi cette étroite enceinte, par respect pour des traités que vous n'avez point signés et que vous offrez de respecter.

« Ne demande-t-on que des garanties? Elles sont toutes dans nos institutions et dans la volonté du peuple français, unie désormais à la vôtre.

« Ne craint-on pas de nous rappeler des temps, un état de choses naguère si différents et qui pourraient encore se reproduire?

« Ce ne serait pas la première fois que nous aurions vaincu l'Europe armée contre nous.

« Ces droits sacrés, imprescriptibles, que la moindre peuplade n'a jamais réclamés en vain au tribunal de la justice et de l'histoire, c'est à la nation française qu'on ose les disputer une seconde fois, au dix-neuvième siècle, à la face du monde civilisé!

« Parce que la France veut être la France, faut-il qu'elle soit dégradée, déchirée, démembrée, et nous réserve-t-on le sort de la Pologne? Vainement veut-on cacher de funestes desseins sous l'apparence du dessein unique de vous séparer de nous pour nous donner à des maîtres avec qui nous n'avons plus rien de commun, que nous n'entendons plus, et qui ne peuvent pas nous entendre, qui ne semblent appartenir ni au siècle ni à la nation, qui ne les a reçus un moment dans son sein que pour voir proscrire et avilir par eux ses plus généreux citoyens.

« Leur présence a détruit toutes les illusions qui s'attachaient encore à leur nom. Ils ne pourraient plus croire à nos serments; nous ne pourrions plus croire à leurs promesses. La dîme, la féodalité, les priviléges, tout ce qui nous est odieux était trop évidemment le but et le fond de leur pensée, quand l'un d'eux, pour consoler l'impatience du présent, assurait à ses confidents *qu'il leur répondait de l'avenir*.

« Ce que chacun de nous avait regardé pendant vingt-cinq ans comme titres de gloire, comme services dignes de récompense, a été pour eux un titre de proscription, un sceau de réprobation.

« Un million de fonctionnaires, de magistrats, qui, depuis vingt-cinq ans, suivent les mêmes maximes, et parmi lesquels nous venons de choisir nos représentants; 500,000 guerriers, notre force et notre gloire; six millions de propriétaires investis par la Révolution; un plus grand nombre encore de citoyens éclairés qui font une profession réfléchie de ces idées, devenues parmi nous des dogmes politiques : tous ces dignes Français n'étaient point les Français des Bourbons; les Bourbons ne voulaient régner que pour une poignée de privilégiés, depuis 25 ans punis ou pardonnés.

« L'opinion même, cette propriété sacrée de l'homme, ils l'ont poursuivie, persécutée jusque dans le paisible sanctuaire des lettres et des arts

« Sire, un trône, un moment relevé par les armes étrangères, et environné d'erreurs incurables, s'est écroulé en un instant devant vous, parce vous nous rapportiez de la retraite, qui n'est féconde en grandes pensées que pour les grands hommes, tous les errements de notre véritable gloire et toutes les espérances de notre véritable prospérité.

« Comment votre marche triomphale de Cannes à Paris n'a-t-elle pas dessillé tous les yeux? Dans l'histoire de tous les peuples et de tous les siècles, est-il une scène plus nationale, plus héroïque, plus imposante? Ce triomphe, qui n'a point coûté de sang, ne suffit-il pas pour détromper nos ennemis? En veulent-ils de plus sanglants? Eh bien, Sire, attendez de nous tout ce qu'un héros fondateur est en droit d'attendre d'une nation fidèle, énergique, généreuse, inébranlable dans ses principes, invariable dans le but de ses efforts: l'indépendance à l'extérieur et la liberté au dedans.

« Les trois branches de la législature vont se mettre en action; un seul sentiment les animera: confiants dans les promesses de Votre Majesté, nous lui remettons, nous remettons à nos représentants et à la Chambre des Pairs, le soin de revoir, de consolider, de perfectionner, de concert, sans précipitation, sans secousse, avec maturité, avec sagesse, notre système constitutionnel et les institutions qui doivent en être la garantie.

« Et cependant, si nous sommes forcés de combattre, qu'un seul cri retentisse dans tous les cœurs! Marchons à l'ennemi qui veut nous traiter comme la dernière des nations! Serrons-nous tous autour du trône, où siége le père et le chef du peuple et de l'armée.

« Sire, rien n'est impossible, rien ne sera épargné pour nous assurer l'honneur et l'indépendance, ces biens plus chers que la vie. Tout sera tenté, tout sera exécuté pour repousser un joug ignominieux Nous le disons aux nations: puissent leurs chefs nous entendre! S'ils acceptent vos offres de paix, le peuple français attendra de votre administration forte, libérale, paternelle, des motifs de se consoler des sacrifices que lui a coûtés la paix; mais si l'on ne nous laisse que le choix entre la guerre et la honte, la nation se lève pour la guerre; elle est prête à vous dégager des offres, trop modérées peut-être, que vous avez faites pour épargner à l'Europe un nouveau bouleversement. Tout Français est soldat; la victoire suivra vos aigles; et nos ennemis, qui comptaient sur nos divisions, regretteront bientôt de nous avoir provoqués. »

Ce discours, prononcé avec énergie, avait, à diverses reprises, reçu des signes d'approbation de la part de l'Embereur. Il fut accueilli par les applaudissements unanimes de l'assemblée,

L'archi-chancelier s'avança vers l'Empereur et lui présenta les actes qui constataient le dépouillement des votes et l'acceptation de la Constitution par le peuple français.

Ce dépouillement donnait les résultats suivants :

Votes militaires recueillis.		244,595
— civils idem.		1,292,564
Total des votes recueillis.		1,537,159
Dont déduire :		
Votes militaires négatifs.	595	4,802
— civils idem.	4,207	
Restent votes affirmatifs.		1,532,357

On n'avait pu comprendre dans ce dépouillement les votes de 11 départements ni ceux de 14 régiments dont les registres n'étaient point parvenus à la commission centrale des électeurs.

Le chef des hérauts d'armes, sur l'ordre de l'Empereur, transmis par le comte de *Ségur*, grand maître des cérémonies, fit la proclamation suivante : « Au nom de l'Empereur, je déclare que l'acte additionnel aux Constitutions de l'empire a été accepté par le peuple français. »

De nouvelles acclamations et les cris de *vive l'Empereur, vive Marie-Louise*, se mêlèrent aux détonations de l'artillerie.

Une table fut placée devant le trône ; l'archi-chancelier y déposa l'expédition de l'acte additionnel, remit la plume au prince Joseph, qui la présenta à l'Empereur. Napoléon signa promptement et négligemment cet acte fameux ; puis, assis et couvert, il prononça d'une voix haute et perçante le discours suivant :

« Messieurs les électeurs des colléges de département et d'arrondissement ; Messieurs les députés des armées de terre et de mer au Champ-de-Mai :

« Empereur, consul, soldat, je tiens tout du peuple. Dans la prospérité, dans l'adversité, sur le champ de bataille, au conseil, sur le trône, dans l'exil, la France a été l'unique et constant objet de mes pensées et de mes actions.

« Comme ce roi d'Athènes, je me suis sacrifié pour mon peuple dans l'espoir de voir se réaliser la promesse donnée de conserver à la France son intégrité naturelle, ses honneurs et ses droits.

« L'indignation de voir ses droits sacrés, acquis par vingt-cinq années de victoires, méconnus et perdus à jamais ; le cri de l'honneur français flétri ; les vœux de la nation m'ont ramené sur ce trône, qui m'est cher, parce qu'il est le *palladium* de l'indépendance, de l'honneur et des droits du peuple.

« Français, en traversant au milieu de l'allégresse publique les diverses provinces de l'empire pour arriver dans ma capitale, j'ai dû compter sur une longue paix ; les nations sont liées par les traités conclus par leurs gouvernements, quels qu'ils soient.

« Ma pensée se portait alors tout entière sur les moyens de fonder notre liberté par une constitution conforme à la volonté et à l'intérêt du peuple. J'ai convoqué le Champ-de-Mai.

« Je ne tardai pas à apprendre que les princes, qui ont méconnu tous les principes, froissé l'opinion et les plus chers intérêts de tant de peuples, veulent nous faire la guerre. Ils méditent d'acroître le royaume des Pays-Bas, de lui donner pour barrières toutes nos places frontières du Nord, et de concilier les différends qui les divisent encore, en se partageant la Lorraine et l'Alsace.

« Il a fallu se préparer à la guerre.

« Cependant, devant courir personnellement les hasards des combats, ma première sollicitude a dû être de constituer sans retard la nation. Le peuple a accepté l'acte que je lui ai présenté.

« Français, lorsque nous aurons repoussé ces injustes agressions, et que l'Europe sera convaincue de ce qu'on doit aux droits et à l'indépendance de 28 millions de Français, une loi solennelle, faite dans les formes voulues par l'acte constitutionnel, réunira les diverses dispositions de nos constitutions aujourd'hui éparses.

Français, vous allez retourner dans vos départements. Dites aux citoyens que les circonstances sont grandes ; qu'avec de l'union, de l'énergie et de la persévérance, nous sortirons victorieux de cette lutte d'un grand peuple contre ses oppresseurs ; que les générations à venir scruteront sévèrement notre conduite ; qu'une nation a tout perdu, quand elle a perdu l'indépendance ; dites-leur que les rois étrangers que j'ai élevés sur le trône ou qui me doivent la conservation de leur couronne ; qui, tous, au temps de ma prospérité, ont brigué mon alliance et la protection du peuple français, dirigent aujourd'hui tous leurs coups contre ma personne. Si je ne voyais que c'est à la patrie qu'ils en veulent, je mettrais à leur merci cette existence contre laquelle ils se montrent si acharnés ; mais dites aussi aux citoyens que, tant que les Français me conserveront les sentiments d'amour dont ils me donnent tant de preuves, cette rage de nos ennemis sera impuissante.

« Français, ma volonté est celle du peuple ; mes droits sont les siens ; mon honneur, ma gloire, mon bonheur, ne peuvent êtres autres que l'honneur, la gloire et le bonheur de la France. »

De telles paroles prononcées par Napoléon avec cette accentuation pénétrante qui lui était propre, et qui, tant de fois, avait remué si profondément les sympathies du peuple et de l'armée, produisirent la plus vive sensation parmi les assistants. Un cri unanime de *vive l'Empereur* s'éleva des tribunes, retentit dans l'enceinte du Champ-de-Mars, et fut répété par les 200,000 citoyens qui en couvraient les talus.

La députation centrale des colléges électoraux, au nom de laquelle avait parlé *Dubois* (d'Angers), s'était assise sur les marches mêmes du trône. Au moment où l'Empereur fit entendre, avec plus de force encore, les mots : *il a fallu se préparer à la guerre*, elle se leva comme inspirée de l'ardeur des combats, et plusieurs voix s'écrièrent : Marchons! vive la nation! vive l'Empereur !

Après que les acclamations eurent cessé, l'archevêque de Bourges s'agenouilla devant le trône, et présenta l'Évangile à Napoléon, qui prêta serment en ces termes : *Je jure d'observer et de faire observer les constitutions de l'Empire.*

L'archi-chancelier s'avança ensuite, et, au nom du peuple français, prêta, à haute voix, le serment d'obéissance aux constitutions, et de fidélité à l'Empereur; l'assemblée tout entière répéta : *Nous le jurons!*

Un *Te Déum* fut chanté dans la tribune de l'autel.

Bientôt les tambours battirent, les marches du trône devinrent libres; et des deux tribunes latérales de l'amphithéâtre, les aigles s'avancèrent au centre du terre-plein qui séparait les tribunes du péristyle, et formèrent une longue masse d'or depuis l'autel jusqu'à la plate-forme où se tenait l'Empereur. Carnot, en sa qualité de ministre de l'intérieur, portait l'aigle de la garde nationale du département de la Seine ; Davoust, ministre de la guerre, celle du premier régiment d'infanterie de ligne ; et Décrès, ministre de la marine, celle du premier régiment de cette arme. L'Empereur se dépouille avec vivacité du manteau impérial, quitte le trône et s'élance au-devant des drapeaux : un roulement de tambours commande le silence; tenant d'une main les trois aigles que lui ont remises les ministres, il prononce d'une voix forte et animée ces paroles :

« Soldats de la garde nationale de l'empire,

« Soldats des troupes de terre et de mer,

« Je vous confie l'aigle impériale aux couleurs nationales : vous jurez de la défendre au prix de votre sang contre les ennemis de la patrie et de ce trône; vous jurez qu'elle sera toujours votre signe de ralliement — Vous le jurez!... *Nous le jurons!* s'écrient les députations militaires. »

L'Empereur, vêtu d'une tunique cramoisie, et accompagné des grands dignitaires, descendit rapidement les degrés, et marchant dans les rangs des porte-aigles, monta sur la plate-forme érigée au milieu du Champ-de-Mars. Il s'assit ensuite sur le trône découvert, entouré des maréchaux et de toute la cour qui occupait les gradins des quatre côtés de cette estrade. La solennité présenta alors un spectacle dont la magnificence ne peut être décrite. Le monarque sur son trône, qui formait comme une pyramide éclatante d'aigles, d'armes et d'uniformes brillants ; une plaine immense de soldats, flanquée d'une multitude si nombreuse que les talus des deux côtés ne présentaient qu'un tapis de têtes ; l'homme, la conjoncture tout concourait à donner à ce spectacle un caractère indéfinissable de grandeur, qui rappelait les premières fédérations de la Révolution.

Au signal donné par l'Empereur, toutes les troupes s'ébranlèrent et se concentrèrent à la fois autour de la pyramide ; et quand la musique cessa de se faire entendre, il se fit un silence solennel ; Napoléon prit la parole, et dit :

« Soldats de la garde nationale de Paris,

« Soldats de la garde impériale,

« Je vous confie l'aigle impériale aux couleurs nationales. Vous jurez de périr, s'il le faut, pour la défendre contre les ennemis de la patrie et du trône. Vous jurez de ne jamais reconnaître d'autre signe de ralliement ! (Toute cette armée qui, groupée autour du trône, était à la portée de la voix, s'écria : *Nous le jurons !*)

« Vous, soldats de la garde nationale de Paris, vous jurez de ne jamais souffrir que l'étranger souille de nouveau la capitale de la grande nation ; c'est à votre bravoure que je la confierai.

« Et vous, soldats de la garde impériale, vous jurez de vous surpasser vous-mêmes dans la campagne qui va s'ouvrir, et de mourir tous plutôt que de souffrir que les étrangers viennent dicter la loi à la patrie. »

Nous le jurons, nous le jurons !! Telle fut la réponse unanime et simultanée de cette masse d'hommes armés (1).

Les troupes, qui formaient environ 50,000 hommes, dont 27,000 de gardes nationales, défilèrent ensuite sous les yeux de l'Empereur, en le saluant de leurs *vivat* et en chantant la *Marseillaise* et le *Chant du Départ*.

Quand l'armée eut quitté la plaine, le cortége impérial revint prendre la place qu'il avait occupée dans l'amphithéâtre. Napoléon, après avoir salué plusieurs fois, d'une manière très-affable, les députations électorales et militaires, rentra dans le pavillon de l'Ecole ; puis, sans escorte et en voiture découverte, il parcourut lentement toute la longueur du Champ-de-Mars au milieu de la multitude qui, descendue des talus, se pressait sur son passage et le saluait de ses acclamations.

Tel fut ce Champ-de-Mai.

Les partis, qui déja commençaient à poindre, s'en montrèrent peu satisfaits. Les vieux révolutionnaires auraient désiré que Napoléon eût aboli l'Empire et rétabli la République; les partisans de la régence se plaignaient qu'il n'eût point proclamé Napoléon II ; et les libéraux soutenaient qu'il aurait dû se démettre de la couronne, et laisser à la nation souveraine le droit de choisir le souverain.

Ces diverses prétentions étaient-elles fondées ?

(1) Ils le jurèrent ; et, dix-sept jours après, ceux de l'armée moururent pour acquitter leur serment.

Non.

Le rétablissement de la République eût perdu la France. L'abdication en faveur de Napoléon II ne l'aurait point sauvée. Les alliés avaient déjà fait connaître leur résolution ; ils n'auraient déposé les armes qu'autant que l'Empereur eût consenti à leur livrer sa personne, ce qui eût été le plus grand des malheurs, et ne pouvait, par conséquent, faire une condition de paix.

Quant à la dernière proposition, elle eût sans doute accru sa popularité, doublé ses forces et déconcerté les étrangers ; mais le 1er juin il n'était plus temps : l'acte additionnel avait paru.

Napoléon n'avait donc rien de mieux à faire au Champ-de-Mai que ce qu'il y fit, c'est-à-dire resserrer, sous l'appareil d'une solennité religieuse et militaire propre à émouvoir les âmes, par de nouveaux liens, l'union déjà subsistante entre lui, le peuple et l'armée. L'Empereur n'avait pu remettre de sa main aux électeurs les aigles de leurs départements. Il profita de cette circonstance pour les réunir de nouveau. Dix mille personnes furent rassemblées dans les vastes galeries du Louvre. D'un côté étaient rangés les députés et les électeurs de la nation ; de l'autre, ses glorieux défenseurs. L'aigle de chaque département et de chaque députation du corps de l'armée se trouvait placée en tête des groupes de citoyens ou de guerriers, et rien n'offrait un tableau plus animé et plus imposant que cette réunion confuse de Français de tous les ordres de l'Etat, se pressant mutuellement autour des étendards et du héros qui devait les conduire à la victoire.

Le 7 juin, Napoléon se rendit au Corps législatif pour faire l'ouverture des Chambres ; après avoir reçu le serment des représentants, il se leva, se découvrit, salua l'assemblée, remit sa toque ; et, rejetant en arrière son manteau qui paraissait le gêner, il déroula le discours suivant qu'il prononça d'une voix claire et distincte, mais un peu affaiblie vers la fin :

« Messieurs de la Chambre des Pairs, et Messieurs de la Chambre des Représentants,

« Depuis trois mois, les circonstances et la confiance du peuple m'ont revêtu d'un pouvoir illimité. Aujourd'hui s'accomplit le désir le plus pressant de mon cœur : je viens commencer la monarchie constitutionnelle.

« Les hommes sont trop impuissants pour assurer l'avenir : les institutions seules fixent les destinées des nations. La monarchie est nécessaire en France pour garantir la liberté, l'indépendance et les droits du peuple.

« Nos constitutions sont éparses ; une de nos plus importantes occupations sera de les réunir dans un seul cadre et de les coordonner dans une seule pensée. Ce travail recommandera l'époque actuelle aux générations futures.

« J'ambitionne de voir la France jouir de toute la liberté possible ; je dis possible, parce que l'anarchie ramène toujours au gouvernement absolu.

« Une coalition formidable de rois en veut à notre indépendance; ses armées arrivent sur nos frontières.

« La frégate *la Melpomène* a été attaquée et prise dans la Méditerranée, après un combat sanglant contre un vaisseau anglais de 74; le sang a coulé pendant la paix.

« Nos ennemis comptent sur nos divisions intestines; ils excitent et fomentent la guerre civile; des rassemblements ont lieu; on communique avec Gand, comme en 1792 avec Coblentz. Des mesures législatives sont indispensables; c'est à votre patriotisme, à vos lumières et à votre attachement à ma personne que je me confie sans réserve.

« La liberté de la presse est inhérente à la Constitution actuelle; on n'y peut rien changer sans altérer tout notre système politique; mais il faut des lois répressives, surtout dans l'état actuel de la nation. Je recommande à vos méditations cet objet important.

« Les ministres vous feront connaître la situation de nos affaires.

« Les finances seraient dans un état satisfaisant, sans le surcroît de dépenses que les circonstances actuelles ont exigé.

« Cependant on pourrait faire face à tout, si les recettes comprises dans le budget étaient toutes réalisables dans l'année; et c'est sur les moyens d'arriver à ce résultat que mon ministre des finances fixera votre attention.

« Il est possible que le premier devoir de prince m'appelle bientôt à la tête des enfants de la nation pour combattre pour la patrie: l'armée et moi nous ferons notre devoir.

« Vous, pairs et représentants, donnez à la nation l'exemple de la confiance, de l'énergie et du patriotisme, et, comme le sénat du grand peuple de l'antiquité, soyez décidés à mourir, plutôt que de survivre au déshonneur et à la dégradation de la France. La sainte cause de la patrie triomphera. »

Lorsqu'il prononça ces derniers mots *la sainte cause de la patrie triomphera*, sa voix fatiguée se ranima, sa main droite élevée vers le ciel, son regard plus serein et plein d'enthousisme, en un mot l'attitude inspirée de sa personne, électrisèrent l'assemblée. Les cris de *Vive l'Empereur! vive la nation!* éclatèrent à la fois de toutes les parties de la salle et se prolongèrent longtemps après qu'il l'eut quittée.

Le lendemain la Chambre s'occupa de la rédaction de son adresse et employa deux jours à en discuter les bases et les termes. Le 19, elle fut admise, ainsi que celle des pairs, au palais des Tuileries. Napoléon, dans la réponse qu'il fit aux deux adresses (1), annonça qu'il quitterait Paris dans la nuit même pour se rendre à la tête des armées. Avant de passer au récit des

(1) Dans celle relative aux représentants se trouvaient ces mots, dont un prochain avenir devait démontrer la justesse :

« La crise où nous sommes engagés est forte; n'imitons pas l'exemple du Bas-Empire, combats qui devaient être les derniers, mais non les moins glorieux de l'empire, nous avons encore quelques faits à citer.

Les événements de 1814 avaient assez révélé à Napoléon l'importance de la capitale pour qu'il ne négligeât point les moyens de la mettre en état de défense, et quand le moment fut venu d'arrêter les travaux de fortifications, ce fut lui-même, avec l'assistance de M. Fontaine, son architecte, qui conçut et arrêta un plan définitif de défense, auquel les ingénieurs les plus éclairés donnèrent leur approbation.

Une nuée d'ouvriers couvrit bientôt les alentours de Paris; mais, pour augmenter l'effet que devaient produire en France et à l'étranger les fortifications de cette ville, Napoléon fit insinuer à la garde nationale d'y travailler: aussitôt des détachements de légions, accompagnés d'une foule de citoyens et de fédérés des faubourgs Saint-Antoine et Saint-Marcel, se portèrent à Montmartre, à Vincennes, et procédèrent en chantant à l'ouverture des tranchées. Les grenadiers de la garde ne voulurent pas rester oisifs, et vinrent, leur musique en tête, prendre part aux travaux. L'Empereur, accompagné seulement de quelques officiers de sa maison, allait souvent encourager le zèle des travailleurs. Sa présence et ses paroles enflammaient leur imagination ; ils croyaient voir les Thermopyles dans chaque passage à fortifier, et, nouveaux Spartiates, ils juraient avec enthousiasme de les défendre jusqu'à la mort.

Les fédérés ne s'en tinrent point à ces démonstrations si souvent stériles: ils demandèrent des armes, et s'offensèrent du retard qu'on apportait à leur en donner. Ils se plaignirent non moins vivement de n'avoir point encore été passés en revue par l'Empereur.

Napoléon, pour les apaiser, s'empressa de leur annoncer qu'il les admettrait avec plaisir à défiler devant lui le premier jour de parade.

Le 24 mai, ils se présentèrent aux Tuileries. Leurs bataillons se composaient, en grande partie, d'anciens soldats et de laborieux ouvriers ; mais il s'était glissé à leur suite quelques-uns de ces vagabonds qui affluent dans les grandes villes; et ces derniers, par leurs faces patibulaires et le désordre de leurs vêtements, ne rappelaient que trop les bandes homicides qui, au temps de la Révolution, avaient effrayé Paris.

Napoléon, quoique placé alors dans une position éminemment critique, ne voulut point s'humilier devant la nécessité. Il conserva sa dignité, et laissa pénétrer, malgré lui, combien il souffrait d'être forcé par les circonstances d'accepter en masse de semblables secours.

Les chefs de la fédération lui adressèrent un discours, où l'on remarqua principalement les passages suivants :

qui, pressé de tous côtés par les barbares, se rendit la risée de la postérité, en s'occupant de discussions abstraites au moment où le bélier brisait les portes de la ville. »

«Vous êtes, Sire, l'homme de la nation, le défenseur de la patrie. Nous attendons de vous une glorieuse indépendance et une sage liberté. Vous nous assurerez ces deux biens précieux; vous conserverez à jamais les droits du peuple; vous régnerez par la constitution et les lois. Nous venons nous offrir nos bras, notre courage et notre sang pour le salut de la capitale.

« Ah ! Sire, que n'avions-nous des armes au moment où les rois étrangers, enhardis par la trahison, s'avancèrent jusque sous les murs de Paris!... Nous versions des larmes de rage en voyant nos bras inutiles à la cause commune... Nous sommes presque tous d'anciens défenseurs de la patrie; la patrie doit remettre avec confiance des armes à ceux qui ont versé leur sang pour elle. Donnez-nous des armes en son nom.... Nous ne sommes les instruments d'aucun parti, les agents d'aucune faction... Citoyens nous obéissons à nos magistrats, et aux lois; soldats, nous obéissons à nos chefs...

« *Vive la nation! Vive la liberté! Vive l'Empereur!* »

L'Empereur leur répondit en ces termes :

« Soldats fédérés des faubourg Saint-Antoine et Saint-Marcel, je suis revenu seul, parce que je comptais sur le peuple des villes, les habitants des campagnes et les soldats de l'armée, dont je connaissais l'attachement à l'honneur national. Vous avez tous justifié ma confiance. J'accepte votre offre. Je vous donnerai des armes; je vous donnerai, pour vous guider, des officiers couverts d'honorables blessures et accoutumés à voir fuir l'ennem devant eux. Vos bras robustes et faits aux plus pénibles travaux sont plus propres que tous autres au maniement des armes. Quant au courage, vous êtes Français. Vous serez les éclaireurs de la garde nationale. Je serai sans inquiétude pour la capitale, lorsque la garde nationale et vous, vous serez chargés de sa défense; et s'il est vrai que les étrangers persistent dans leur projet impie d'attenter à notre indépendance et à notre honneur, je pourrai profiter de la victoire, sans être arrêté par aucune sollicitude.

« Soldats fédérés! s'il est des hommes dans les hautes classes de la société qui aient déshonoré le nom français, l'amour de la patrie et le sentiment de l'honneur national se sont conservés tout entiers dans le peuple des villes, les habitants des campagnes et les soldats de l'armée. Je suis bien aise de vous voir. J'ai confiance en vous. *Vive la nation!* »

Néanmoins, malgré sa promesse, l'Empereur, sous le prétexte que le nombre de fusils n'était point suffisant, ne fit donner des armes qu'aux fédérés de service, en sorte qu'elles passaient journellement de mains en mains, et ne restaient par conséquent en la possession de personne. Plusieurs motifs lui firent prendre cette précaution. Il voulait conserver à la garde nationale une supériorité qu'elle aurait perdue, si la totalité des fédérés eût été armée. Il craignait ensuite que les républicains, qu'il regardait toujours avec méfiance, ne s'emparassent de l'esprit des fédérés et ne parvinssent, au nom d'une liberté exagérée, à leur faire tourner contre lui les armes qu'il leur aurait données. Prévention funeste, qui lui fit placer sa force autre part que dans le peuple, et lui ravit par conséquent son plus ferme soutien.

La Vendée, tranquille pendant avril, s'était soulevée en mai ; mais les paysans, auxquels on avait donné l'ordre de fournir seulement quatre hommes par paroisse, montrèrent plus d'hésitation que de bonne volonté, au point que les chefs eurent beaucoup de peine à rassembler quatre à cinq mille hommes, composés en grande partie de vagabonds et d'ouvriers sans ouvrage.

Le général Travot, chargé d'apaiser la révolte, ou de présider, en cas de besoin, aux opérations militaires, se mit à la poursuite des insurgés et, les ayant atteints en avant de Saint-Gilles, leur tua 300 hommes et s'empara de la majeure partie des armes et des munitions.

L'Empereur pensant que cette émeute pouvait se résoudre autrement que par la force, investit le général Lamarque de la direction suprême de cette guerre, avec ordre de favoriser de tout son pouvoir les négociations déjà entamées avec les chefs du soulèvement, mais il lui prescrivit en même temps de déclarer formellement à Larochejacquelein et à ses associés que, s'ils persistaient à continuer la guerre civile, il ne leur serait fait aucun quartier, et que leurs maisons et leurs propriétés seraient saccagées et incendiées. Il lui recommanda aussi de presser le plus vivement possible les bandes royalistes, afin de ne leur laisser d'autre espoir de salut qu'une prompte soumission. Déjà le général Travot, par des attaques imprévues, des marches savantes, des succès toujours croissants, était parvenu à porter le trouble et l'effroi dans l'âme des insurgés, en sorte qu'ayant rencontré la nuit et par hasard l'armée royale à Aisenay, les Vendéens, surpris, se crurent perdus. Quelques coups de fusil jetèrent dans leurs rangs le désordre et l'épouvante; ils se précipitèrent les uns sur les autres et se débandèrent si complétement que les chefs, Sapineau, Suzannet et d'Autichamp, se trouvèrent tout à coup sans soldats.

Cette défection n'était point le seul effet de la terreur que l'armée impériale devait naturellement inspirer aux émeutiers; elle résultait du peu de confiance qu'ils avaient dans la capacité de leur général, marquis de Larochejacquelein, qui les compromettait sans cesse et voulait en outre les assujettir à un service régulier incompatible avec leurs habitudes.

La division régnait parmi les généraux, qui n'obéissaient qu'à regret aux ordres impérieux d'un jeune homme sans mérite et sans réputation; mais la cause efficiente de l'inertie des Vendéens fut surtout le changement survenu depuis le couronnement de Napoléon dans l'état des contrées de l'Ouest comme dans le système militaire de l'empire. Ils savaient bien que le temps où ils étaient redoutables aux *bleus*, et s'emparaient à coups de bâton de leur artillerie, était passé. Enfin, loin d'avoir à redouter de Napoléon les excès qui provoquèrent leur première insurrection, ils se rappelaient ses nombreux et importants bienfaits ; c'était lui qui leur avait rendu leurs églises, qui avait dépensé 14 millions de francs à la reconstruction de leurs maisons incendiées, après les avoir affranchis des brigandages de la chouannerie.

Le 3 juin, les Vendéens, pressés de toute part par les généraux Estève et Travot, avaient pris position à Saint-Jean-de-Mont. Là, au nombre de 3,000, ils se retranchent dans un labyrinthe de fossés où Travot n'hésite pas à les attaquer malgré l'infériorité du nombre de ses soldats. Estève engage le combat ; les Vendéens l'attendent de pied ferme et semblent inspirés du présomptueux courage de leur chef. Désespérant d'enlever de vive force les inextricables fossés qui les protégent, Estève, qui connait l'inexpérience de son adversaire, feint de battre en retraite. Larochejacquelein craint de perdre une proie qui semble lui échapper ; il abandonne la position inexpugnable que l'instinct de ses troupes avait choisie, et s'élance à la poursuite des impériaux qu'il voit fuir pour la première fois. Travot se précipite entre les retranchements et la masse vendéenne acharnée à poursuivre Estève. Celui-ci arrête sa colonne, qui a conservé son ordre de bataille, et la ramène brusquement à l'ennemi. Le chef vendéen comprend alors la faute énorme qu'il vient de faire ; la tête perdue, le cœur au désespoir, il essaie de rallier ses soldats que les baïonnettes impériales culbutent et dispersent en un instant ; et il efface la honte de sa défaite par une mort intrépidement cherchée au milieu des rangs ennemis.

Après la déroute des insurgés à Saint-Jean-de-Mont et la mort du plus déterminé de leurs chefs, l'Empereur ne doutant point de la fin prochaine et de l'heureuse issue de cette guerre, l'annonça hautement en audience publique : « Tout, dit-il, sera terminé avant peu dans la Vendée. Les Vendéens ne veulent plus se battre ; ils se retirent chez eux un à un, et le combat finira faute de combattants. » Cependant l'annonce du prochain commencement des hostilités entre les armées étrangères et l'armée impériale, aux ordres de Napoléon, ranima le zèle des divisions qui n'avaient point pris part à l'affaire de Larochejacquelein. La concorde se rétablit entre les chefs de bandes, et ils se préparèrent à de nouveaux combats.

Les divisions de Suzannet, Sapineau et Saint-Hubert s'étaient concentrées aux environs de Chollet ; le général Brayer leur avait fait éprouver un fort échec à Pont-Barré, et manœuvrait de manière à les isoler du littoral où l'escadre anglaise pouvait seule les approvisionner d'armes, de munitions et d'argent. Un parti, commandé par Landerment, avait essayé de s'approcher d'Ancenis sur la rive droite de la Loire ; il avait été repoussé victorieusement par le 27e régiment de ligne sous les ordres du général Noireau. De forts détachements d'infanterie et de gendarmerie à cheval s'étaient portés sur Savenay et sur la Roche-Bernard, et avaient rétabli la communication qui s'était trouvée un moment interompue entre Vannes et le quartier-général de l'armée de la Loire. La garde nationale de Nantes mettait cette place à l'abri de toute insulte de la part des insurgés; elle avait même fait sortir des détachements considérables formés en colonnes mobiles, dans toutes les directions où les bandes essayaient de se former. Le général Bigarré avait reçu l'ordre d'organiser plusieurs colonnes de marche, à l'aide desquelles il avait effectué une battue générale dans le cercle de son commandement.

Tout promettait au général Lamarque la seule gloire qu'il ambitionnât: celle de signer l'acte de pacification de la Vendée, et de rejoindre, avec la plus grande partie de ses troupes, l'armée impériale, dont une dépêche télégraphique lui avait fait connaître l'entrée sur le territoire belge.

Il apprend que de nouveaux rassemblements, bien plus considérables encore que tous ceux qu'il a dispersés et contenus jusqu'à ce jour, se forment dans le Bocage, et se dirigent vers la côte pour y protéger un nouveau débarquement d'armes et de munitions, que doit tenter une forte escadre anglaise sous les ordres de l'amiral Hotham. Il quitte son quartier-général d'Angers, et se porte, à marche forcée, sur Palluau et Légé, où il espère atteindre le corps principal des insurgés. Son avant-garde, placée, le 17 juin, à Saint-Etienne-des-Bois, culbute et disperse une division de 3,000 hommes qui s'était portée de Saint-Fulgent sur Baulons. Le 19, la brigade Estève, de la division Travot, reçoit l'ordre de reconnaître le bourg de la Roche-Servière où sont réunis et retranchés les corps de Suzannet, d'Autichamp, Saint-Hubert et Sapineau. Quelques compagnies de voltigeurs des 8e léger, 27e et 47e de ligne, emportées par une ardeur que rien ne peut contenir, s'élancent au milieu d'une avant-garde de 1,500 insurgés; soutenues à propos par deux compagnies de gendarmes à cheval, elles l'enfoncent, et lui font éprouver une perte considérable. Dans la nuit, le général en chef ordonne aux généraux Travot et Brayer de déborder la position ennemie et de converger ensuite de manière à l'envelopper. Des pluies continuelles, depuis huit jours, ont noyé les landes de Saint-Etienne de Corcoué et de Rouaine-sur-Vieille-Vigne, et rendu cette marche impraticable. Lamarque, en effrayant les insurgés par une manœuvre qui devait leur couper toute retraite, espérait les convaincre de leur impuissance à tenir la campagne et les déterminer à se disperser sans combattre; sa pensée dominante, dans cette courte guerre, où il ne déploya pas moins de vertus civiles que de talent et de courage militaire, fut toujours d'épargner le sang français.

Le 20 juin, à la pointe du jour, tout est disposé des deux parts pour combattre. Les royalistes avaient placé une avant-garde de 3,000 hommes en embuscade entre Légé et la Roche-Servière. Les troupes impériales s'ébranlent au cri de *vive l'Empereur!* et rencontrent cette avant-garde habilement retranchée derrière des fossés profonds, et couverte sur ses flancs par des chemins creux, que les pluies ont convertis en ravins boueux. Le 8e régiment d'infanterie légère, soutenu par deux bataillons de la jeune garde, attaque, de front et à l'arme blanche, les 3,000 Vendéens, qu'il force à se replier sur le corps principal de l'armée royale.

A huit heures, l'armée de Lamarque arrive et se déploie devant la Roche-Servière, position militaire bien choisie dans le bocage le plus épais de toute la Vendée. Cette position, que rend formidable la nature même du plateau boisé qu'elle domine, était couverte par la Boulogne qui, dans ce moment, offrait un grand volume d'eau, et présentait de grandes difficultés à surmonter. Les maisons du bourg et les ruines d'une ancienne forteresse dominaient, à une portée de pistolet, le pont étroit qui séparait les deux armées. Lamarque, après une courte harangue, où il rappelle à ses soldats que les ennemis qu'ils vont combattre sont des Français comme eux, et plus égarés que coupables, leur recommande d'épargner tous ceux qui mettront bas les armes, et donne lecture de la dépêche télégraphique qui, la veille, lui a fait connaître la victoire remportée à Fleurus, par Napoléon, sur les armées anglaise et prussienne réunies. Cette nouvelle est accueillie par les cris de *vive l'Empereur* ! Le général Brayer est chargé du commandement des troupes qui doivent effectuer le passage du pont sous le feu des masses vendéennes. Ses dispositions, approuvées par le général en chef, ont pour but et pour résultat d'épargner le sang de ses soldats et celui des insurgés.

Les généraux vendéens s'aperçoivent, mais trop tard, de ce double mouvement, qui menace de leur rendre toute retraite impossible. Ils essaient de conserver une issue entre les corps de Travot et d'Estève, et de rejeter ce dernier sur la rive opposée, que son arrière-garde n'a point encore quittée. Travot les détourne de cette entreprise, en ouvrant sur toute sa ligne un feu meurtrier, qui refoule les soldats vendéens vers la ville et laisse le passage libre à la colonne d'Estève. Lamarque se présente alors avec la division Brayer pour franchir le pont. Le 8e régiment d'infanterie légère s'y précipite en croisant la baïonnette, et pénètre bientôt dans les premières maisons, dont il fait cesser le feu. Le reste de l'armée passe la rivière, pénètre dans la ville et culbute la première ligne des insurgés. Un escadron du 12e de dragons et quelques pelotons de gendarmerie s'élancent sur la cavalerie vendéenne, qui n'ose les attendre et augmente le désordre de son infanterie. Celle-ci, dont les masses confuses, cernées de toutes parts, n'ont plus l'espace nécessaire à leur déploiement, éprouve une déroute complète et se disperse dans toutes les directions. Chaque Vendéen ne songe plus qu'à son propre salut, jette son fusil, arrache de son chapeau la cocarde blanche qui le désignerait comme combattant, et cherche un passage entre les colonnes impériales qui, fidèles aux ordres de leurs chefs, dédaignent de frapper des ennemis suppliants et désarmés.

Les chefs vendéens parviennent cependant à réunir autour d'eux un faible corps, formé des débris de tous les autres, et tentent de se faire jour à travers les colonnes cernantes de Travot et d'Estève. Ils défilent intrépidement sous le feu des vainqueurs, et plusieurs d'entre eux y trouvent une mort que l'histoire appellerait glorieuse, si l'histoire n'avait pas la mission de ne louer que le dévouement à la cause des peuples.

Dans cette journée, qui termina la seconde guerre civile de la Vendée, et où furent engagées les plus fortes masses que les suggestions de la cour de Gand, secondées par l'Angleterre, eussent réunies contre le drapeau national, 20,000 citoyens français, arrachés à leurs travaux agricoles, se trouvèrent en présence de 12,000 de leurs compatriotes, qui tous auraient préféré combattre l'étranger, et gémissaient les premiers de leur victoire. Quinze cents insurgés périrent à la Roche-Servière, victimes de leur dévouement pour une cause qui n'était pas la leur, et de la détestable ambition de quelques enfants perdus de cette caste qui n'a jamais vu dans les trop crédules habitants de l'Ouest que des instruments de son égoïsme.

Lamarque et ses lieutenants acquirent, dans cette déplorable rencontre, une gloire plus solide que celle de vaincre : ils honorèrent leur triomphe en épargnant les vaincus. Les mêmes soins furent prodigués aux blessés des deux partis. Tous furent transportés et recueillis dans les hôpitaux des villes voisines. Un grand nombre de paysans furent faits prisonniers le lendemain et les jours suivants; on se contenta de les désarmer, et on les renvoya chez eux après avoir obtenu leur serment de ne plus guerroyer.

Pour ne point interrompre le récit d'un des plus tristes épisodes de la période historique des Cent-Jours, nous avons cru devoir devancer l'ordre chronologique des événements. De plus graves intérêts vont nous occuper.

CHAPITRE V.

Départ de Napoléon pour l'armée. — Plan de campagne médité par l'Empereur. — Situation de l'armée française. — Ordre du jour. — Position des armées ennemies. — Bourmont, Clouet et Villoutrays désertent à l'ennemi. — L'armée française se met en marche sur trois colonnes. — L'armée prussienne est culbutée. — Prise de Charleroi. — L'Empereur place l'armée sous le commandement des deux maréchaux Ney et Grouchy. — Bataille de Fleurus ou de Ligny. — Le maréchal Ney n'exécute pas les ordres de l'Empereur. — Combat des Quatre-Bras. — Poursuite de l'armée prussienne dans sa retraite. — Journée du 17 : l'Empereur marche contre les Anglais. — Retards du maréchal Grouchy détaché à la poursuite des Prussiens. — Journée du 18 : premières dispositions. — Napoléon donne le signal du combat. — Attaque d'Hougoumont. — Grande attaque sur le centre des Anglais. — Arrivée soudaine d'une première armée prussienne (Bulow) sur les derrières de l'armée française. — Napoléon envoie Lobau contre Bulow et expédie à Grouchy l'ordre de le prendre à dos. — Ney attaque et prend la Haye-Sainte. — Occupation d'un partie du Mont-Jean. — Panique des Anglais. — Les Prussiens sont battus à Planchenoit et les Anglais sont mis en désordre. — L'Empereur s'écrie : « *Ils sont à nous, je les tiens !* » — Apparition d'une seconde armée prussienne (Blücher) sur le champ de bataille. — Désordre et défaite des Français.

L'Empereur, parti le 12 juin, à trois heures du matin, avait visité en passant les fortifications de Soissons et de Laon, et était arrivé d'Avesnes : ses regards inquiets se reportaient sans cesse sur Paris. Placé, pour ainsi dire, entre deux feux, il semblait moins redouter les ennemis qu'il avait devant lui que ceux qu'il laissait en arrière. Il n'avait pas attendu la réunion des Chambres pour méditer son plan de campagne. Dans le courant du mois de mai, Napoléon, perdant tout espoir de conserver la paix extérieure, avait arrêté celui qui lui convenait le mieux de suivre.

Deux projets s'étaient offerts à sa pensée : le premier, de rester sur la défensive, laissant aux alliés prendre sur eux tout l'odieux de l'agression et s'engager dans les places fortes, pénétrer jusque sous Paris et Lyon, et là commencer une guerre vive et décisive. Ce projet paraissait présenter plusieurs avantages : 1° Les alliés, d'après les conjectures de Napoléon, ne pouvaient être complétement prêts à entrer en campagne que vers le milieu de juillet ; ils n'arriveraient, conséquemment, devant Paris et Lyon que dans les premiers jours d'août, au plus tôt. Dans cette hypothèse, les six premiers corps d'armée, les quatre corps de grosse cavalerie et la garde se concentreraient sous Paris. Ces corps, qui allaient présenter, au 15 juin, une masse de 140,000 hommes présents sous les armes, en auraient, au mois d'août

240,000 (1). Le 1er corps d'observation et le 7e corps d'armée se concentreraient également sous Lyon; ils allaient avoir, au 15 juin, 25,000 combattants; ils en auraient eu, en août, 60,000. 2° Tout portait à croire que les fortifications de Paris et de Lyon seraient terminées et perfectionnées au mois d'août. 3° A cette époque, on aurait eu le temps de compléter l'organisation et l'armement des forces destinées à la défense de Paris et de Lyon, de réduire la garde nationale de Paris à 8,000 hommes, et de quadrupler les tirailleurs de cette capitale, en les portant à 60,000 hommes; ce qui, joint à 6,000 canonniers de la ligne et à 40,000 hommes des dépôts de 70 régiments d'infanterie et de la garde non habillés, appartenant aux corps de l'armée sous Paris, devait porter à 116,000 hommes la force destinée à la garde du camp retranché de cette capitale. A Lyon, la garnison devait se composer de 4,000 gardes nationaux, 12,000 tirailleurs, 2,000 canonniers et 7,000 hommes des dépôts des 11 régiments d'infanterie de l'armée sous cette ville. 4° Napoléon supposait que les armées qui, par le nord et l'est, marcheraient sur Paris, seraient obligées de laisser 150,000 hommes devant les 42 places fortes de ces deux frontières, et que, en évaluant à 600,000 hommes la force de ces armées ennemies, elles seraient réduites à 450,000 à leur arrivée devant Paris; que les armées alliées qui marcheraient sur Lyon seraient obligées d'observer les 10 places de la frontière du Jura et des Alpes, et qu'en les évaluant à 150,000 hommes, il en arriverait à peine 100,000 devant la ville que nous venons de nommer.

Alors, pensait toujours Napoléon, de nombreux bataillons arriveraient tous les jours sous Paris. Tout irait en augmentant du côté des Français, en diminuant du côté des alliés. Deux cent quarante mille hommes dans les mains d'un chef tel que lui manœuvrant sur les deux rives de la Seine et de la Marne, sous la protection du vaste camp retranché de Paris, gardé par 116,000 hommes de troupes non mobiles, sortiraient vainqueurs de 450,000 ennemis. Soixante mille hommes, commandés par le maréchal duc d'Albufera, manœuvrant sur les deux rives du Rhône et de la Saône, sous la protection de la place de Lyon, gardée par 25,000 hommes non mobiles, viendraient à bout de l'armée ennemie.

Le second plan était de prévenir l'agression des alliés et de commencer les hostilités avant qu'ils pussent être en mesure. Il fallait donc entrer en campagne au 15 juin, battre les deux armées anglo-hollandaise et prusso-saxonne qui étaient en Belgique, avant que les armées russe, autrichienne, bavaroise, wurtembergeoise, etc., fussent arrivées sur le Rhin. Au 15 juin, le gouvernement pouvait avoir une armée de 140,000 hommes en Flandre, en laissant un rideau sur toutes les frontières, et des garnisons dans

(1) Au moyen des renforts dont nous venons de parler plus haut.

toutes les places fortes. Si l'on battait l'armée anglo-hollandaise et l'armée prusso-saxonne, la Belgique se soulèverait et ses soldats recruteraient l'armée française. La défaite des Anglais entraînerait la chute du ministère britannique, qui serait remplacé par des membres de l'opposition amis de la paix et de l'indépendance des nations. Cette seule circonstance pourrait terminer la guerre : s'il en était autrement, l'armée victorieuse en Belgique, renforcée du corps d'armée qui restait en Alsace, et des renforts que fourniraient les dépôts des régiments pendant la fin de juin et le mois de juillet, se porterait sur les Vosges contre l'armée russe et autrichienne. Les avantages de ce projet étaient nombreux; il était conforme au génie de la nation, à l'esprit et aux principes de cette guerre; il remédiait au grave inconvénient attaché au premier projet, d'abandonner les départements du Nord, de l'Est et du Sud-Est, sans tirer un seul coup de fusil; mais pouvait-on, avec une armée de 140,000 hommes, battre les deux armées qui couvraient la Belgique, et dont les forces réunies s'élevaient à 224,000 hommes (1)? A la vérité, ces armées ennemies étaient cantonnées sous le commandement de deux généraux différents, et formées de nations divisées d'intérêts et de sentiments.

Napoléon hésita quelque temps entre ces deux premiers plans; mais bientôt l'insurrection de la Vendée nécessitant la distraction de quelques troupes de l'armée du Nord, ce qui la réduisait à cent vingt et quelques mille hommes, les chances de succès se trouvèrent diminuées. La guerre vendéenne pouvait s'étendre; les alliés, maîtres de plusieurs provinces, pourraient rallier de nombreux partisans aux Bourbons; la marche de l'ennemi sur Paris et sur Lyon serait favorable à ces derniers. D'un autre côté, la Belgique, les quatre départements du Rhin restitués à la Prusse et à la Bavière, renfermaient beaucoup d'habitants dévoués à la cause française, et Napoléon avait quelques intelligences dans les troupes belges. Ces considérations le décidèrent à adopter un troisième parti qui consistait à attaquer, le 15 juin, les armées anglo-hollandaise et prusso-saxonne, les séparer, les battre; et, s'il échouait, reployer son armée sous Paris. Toutefois Napoléon ne se dissimulait pas qu'après avoir échoué dans l'attaque de la Belgique, ses troupes arriveraient affaiblies sous Paris; qu'il perdrait l'occasion de réduire la garde nationale de la capitale à 8,000 hommes, de 36,000 qu'elle était, pour porter à 60,000 hommes les tirailleurs, parce que cette opération ne pouvait se faire pendant son absence et pendant la guerre. Dans cette même hypothèse, les alliés, provoqués dès le 15 juin, devaient être tous en mesure le 1er juillet, leur marche sur Paris devenait plus rapide après une victoire; et l'armée française encore plus

(1) L'armée anglo-hollandaise comptait 140,000 combattants; l'armée prusso-saxonne avait 120,000 hommes présents sous les armes.

inférieure à celles du feld-maréchal Blücher et du duc de Wellington : mais le chef du gouvernement se rappelait aussi qu'en 1814, la France avait, avec 40,000 combattants, fait face à l'armée commandée par ce même Blücher et à celle sous les ordres du prince de Schwartzenberg, où se trouvaient les deux empereurs de Russie et d'Autriche et le roi de Prusse; que ces armées réunies et fortes de 240,000 hommes avaient été battues; qu'à la bataille de Montmirail les corps de Sacken, d'York et de Kleist, au nombre de 40,000 combattants, avaient été attaqués, battus et jetés au-delà de la Marne par 16,000 Français; tandis que le maréchal Blücher, avec 20,000 hommes, était contenu par le corps du duc de Raguse, fort seulement de 4,000 hommes; et que l'armée du prince de Schwartzenberg, de 100,000 hommes, l'était par les corps des maréchaux duc de Tarente et duc de Reggio, et par celui du général comte Gérard, formant ensemble moins de 18,000 hommes. — Ce fut à ce projet que Napoléon se fixa.

La totalité de ses forces s'élevait, au 14 juin, à 300,000 hommes, dont seulement 150,000 hommes d'infanterie et 35,000 de cavalerie étaient en état d'entrer en campagne. Il avait formé de ces 185,000 hommes, quatre armées et quatre corps d'observation. La première, portant le nom de grande armée, était destinée à agir immédiatement sous ses ordres; elle était subdivisée en cinq corps principaux, commandés : le 1er, par le comte d'Erlon; le 2e, par le comte Reille; le 3e, par le comte Vandamme; le 4e, par le comte Gérard; le 5e (dit le 6e), par le comte de Lobau (1); et en un corps de cavalerie, commandé par le maréchal Grouchy.

Cette armée, non compris la garde impériale, forte de 4,500 chevaux et 14,000 fantassins, était à peu près de cent mille hommes, dont 16,000 de cavalerie.

La deuxième, sous le titre d'armée des Alpes, était commandée par le maréchal duc d'Albuféra; elle devait occuper les débouchés de l'Italie et la lisière du pays de Gênes; sa force pouvait être de 12,000 hommes.

La troisième, sous le titre de l'armée du Rhin, avait à sa tête le général comte Rapp, et était chargée de protéger les frontières de l'Alsace : on l'évaluait à 18,000 hommes.

La quatrième, dite armée de l'Ouest, agissait dans la Vendée, et devait, après sa pacification, venir se confondre dans la grande armée; elle était de 17,000 hommes : le général Lamarque la commandait en chef.

Le premier corps d'observation, placé à Belfort, était commandé par le général Lecourbe. Il devait défendre les issues de la Suisse et la Franche-Comté, et se lier, suivant les circonstances, par sa gauche à l'armée des Alpes, ou par sa droite à l'armée du Rhin.

Les trois autres corps, ayant pour chefs le maréchal Brune à Marseille, le

(1) Le 5e corps devint l'armée du Rhin, et le 6e, qui d'abord n'était qu'un corps de réserve, prit sa place sans changer de numéro.

général Clausel à Bordeaux, et le général Decaen à Toulouse, devaient maintenir la tranquillité dans le pays, et s'opposer, en cas de besoin, aux invasions que pourraient tenter les Espagnols d'un côté, les Piémontais et les Anglais de l'autre.

Ces quatre corps d'observation formaient ensemble 20,000 hommes. Ils devaient être appuyés et renforcés par 10,000 soldats, et 50,000 gardes nationaux soldés. Les deux armées du Rhin et des Alpes devaient également l'être par 50,000 hommes de ligne et 100,000 chasseurs et grenadiers de la garde nationale. Enfin, l'armée que commandait l'Empereur en personne, devait être augmentée de 100,000 gardes nationaux, qui auraient été placés en seconde ligne, et de 60,000 de troupes réglées qui, ainsi que celles dont il est parlé plus haut, s'organisaient journellement dans les dépôts. Toutes ces ressources, lorsqu'elles auraient été disponibles, et elles pouvaient l'être à la fin de la campagne, auraient porté l'armée active à plus de trois cent mille combattants, et celle de l'armée de réserve, c'est-à-dire des gardes nationales en deuxième ligne ou dans les places fortes, à 400,000 hommes. Elles auraient été alimentées, la première, par les levées des conscriptions de 1814 et de 1815; l'autre, par la mobilisation de nouveaux bataillons d'élite.

Le 14, l'Empereur fit mettre à l'ordre la proclamation suivante :

« Avesnes, le 14 juin 1815.

« Soldats! c'est aujourd'hui l'anniversaire de Marengo et de Friedland, qui décida deux fois du destin de l'Europe. Alors, comme après Austerlitz, comme après Wagram, nous fûmes trop généreux! Nous crûmes aux protestations et aux serments des princes que nous laissâmes sur le trône! Aujourd'hui cependant, coalisés entre eux, ils en veulent à l'indépendance et aux droits les plus sacrés de la France. Ils ont commencé la plus injuste des agressions. Marchons donc à leur rencontre. Eux et nous, ne sommes-nous plus les mêmes hommes?

« Soldats! à Iéna, contre ces mêmes Prussiens, aujourd'hui si arrogants, vous étiez un contre trois, et à Montmirail, un contre six.

« Que ceux d'entre vous qui ont été prisonniers des Anglais vous fassent le récit de leurs pontons et des maux affreux qu'ils ont soufferts!

« Les Saxons, les Belges, les Hanovriens, les soldats de la Confédération du Rhin gémissent d'être obligés de prêter leurs bras à la cause des princes ennemis de la justice et des droits de tous les peuples; ils savent que cette coalition est insatiable! Après avoir dévoré 12 millions de Polonais, 12 millions d'Italiens, 1 million de Saxons, 6 millions de Belges, elle devra dévorer les États du deuxième ordre de l'Allemagne.

« Les insensés! un moment de prospérité les aveugle. L'oppression et l'humiliation du peuple français sont hors de leur pouvoir. S'ils entrent en France, ils y trouveront leur tombeau.

« Soldats ! nous avons des marches forcées à faire, des batailles à livrer, des périls à courir ; mais avec de la constance, la victoire sera à nous ; les droits, l'honneur et le bonheur de la patrie seront reconquis ! Pour tout Français qui a du cœur, le moment est arrivé de vaincre ou de périr ! »

Le plan de campagne adopté par l'Empereur était digne du courage des Français et de la haute réputation de leur chef. Des renseignements donnés d'une main sûre, et les agents que fournissait le duc d'Otrante (1), avaient fait connaître dans tous ses détails la position des alliés; Napoléon savait que l'armée de Wellington se trouvait disséminée depuis les bords de la mer jusqu'à Nivelles; que les Prussiens appuyaient leur droite à Charleroi, et que le reste de leur armée s'échelonnait indéfiniment jusqu'au Rhin. Il jugea que les lignes ennemies étaient trop étendues, et qu'il lui serait possible, en ne leur donnant point le temps de les resserrer, de diviser les deux armées, et de tomber successivement sur leurs troupes éperdues. A cet effet, il avait réuni toute la cavalerie en un seul corps de 20,000 chevaux, qu'il se proposait de lancer, avec la rapidité de la foudre, au milieu des cantonnements ennemis.

Si la victoire favorisait ce coup d'audace, le centre de notre armée devait le second jour occuper Bruxelles, et les corps de droite et de gauche rejeter les Anglais sur l'Escaut et les Prussiens sur la Meuse. La Belgique reconquise, on aurait armé les mécontents et marché de succès en succès jusqu'au Rhin, où l'on aurait de nouveau sollicité la paix.

Le 14, dans la nuit, notre armée, dont l'Empereur avait eu soin de dérober la présence, devait se mettre en marche. Rien n'annonçait que l'ennemi eût prévu notre irruption, et tout nous promettait de grands résultats, lorsque Napoléon apprit que le général Bourmont, les colonels Clouet et Villontreys, et deux autres officiers, venaient de déserter à l'ennemi. Il avait su, par le maréchal Ney, que M. de Bourmont, dans les événements de Besançon, avait montré de l'hésitation, et il ne s'était point soucié de l'employer; mais M. de Bourmont, ayant donné sa parole d'honneur au général Gérard de servir loyalement l'Empereur, et ce général, dont Napoléon faisait un grand cas, ayant répondu de Bourmont, l'Empereur con-

(1) Ces agents, soudoyés par le roi, allaient et revenaient de Gand à Paris, et de Paris à Gand. M. le duc d'Otrante, qui sans doute avait de bonnes raisons pour les connaître, offrit à l'Empereur de lui procurer des nouvelles de ce qui se passait au-delà des frontières; et ce fut par eux que l'Empereur connut, en grande partie, la position des armées ennemies. Ainsi M. le duc d'Otrante, si l'on en croit les apparences, livrait d'une main à l'ennemi le secret de la France, et livrait de l'autre à Napoléon le secret des étrangers et des Bourbons.

sentit à lui accorder du service. Comment aurait-il pu supposer que cet officier, qui s'était couvert de gloire en 1814, voudrait, en 1815, passer à l'ennemi la veille d'une bataille (1)? Napoléon fit sur-le-champ, à son plan d'attaque, les changements que cette trahison inattendue rendait nécessaires, et se porta de suite en avant.

Les trois transfuges français furent conduits au quartier-général de Blücher, qui, prévenu par eux de l'approche de l'armée française, se hâta de réunir son armée, en appelant sur-le-champ, de Liége, Bulow; de la rive droite de la Meuse, Thielmann, et des environs de Namur, Pirch, pour les porter au secours de Ziethen, dont l'armée couvrait la Sambre, depuis la frontière jusqu'à Charleroi.

Wellington et Blücher se trouvaient liés entre eux par plusieurs communications, dont la plus directe était la route de Nivelles à Namur. Cette route se croise aux Quatre-Bras et Sombref avec celles qui conduisent de Charleroi à Namur par Fleurus et Gembloux; à Bruxelles, par Mont-Saint-Jean; à Liége, par Gembloux et Wavres. Il résulte de là que Napoléon, en se formant aux Quatre-Bras et Sombref, en arrière de Fleurus, point choisi par Blücher pour la concentration de ses quatre corps d'armée, avait pour but d'entraver leur jonction et de pouvoir se jeter tout entier entre ses deux adversaires, prêt à faire tomber sur l'un ou sur l'autre, selon l'occurrence, le poids de son épée.

Pour l'exécution de ce plan, l'ordre de marche fut combiné de telle sorte, que la Sambre pût être franchie à midi. On espérait, dès le même jour, s'étendre jusqu'aux deux positions. Mais, sur la rive droite de la rivière on fut contrarié par le mauvais état des chemins. La rupture partielle du pont de Charleroi fit un nouvel obstacle, auquel de fatales indécisions ajoutèrent ensuite de nouveaux délais.

Le 15 juin, à une heure du matin, l'Empereur était de sa personne à Jumignan sur l'Eure. A trois heures, son armée se mit en mouvement sur trois colonnes, et déboucha brusquement par Beaumont, Maubeuge et Philippeville (2).

(1) Cette désertion ne valut pas tout d'abord, à ce qu'il paraît, au général Bourmont, un accueil bien gracieux de la part des princes au profit desquels il venait de trahir ses frères d'armes. Le duc de Berri, en le voyant arriver à son quartier d'Alost, se contenta, dit-on, de lui adresser ce compliment assez sec et plus français qu'on n'avait le droit de l'attendre d'un homme élevé à l'étranger : *Général, c'est trop tôt ou trop tard!* Bourmont était un ex-Vendéen; mais Vendéen de la petite ou seconde Vendée, qui ne présenta point de guerrier qu'on pût comparer aux premiers chefs de ces paysans que Napoléon avait nommés des *géants*. Dans ses mémoires de 1815, l'Empereur a dit des trois transfuges : « Leurs noms seront en exécration tant que le peuple français formera une nation. »

(2) Un long cri de *Vive l'Empereur!* donna le signal du départ sur toute la ligne française, et l'armée se mit brusquement en marche sur trois colonnes; l'aile gauche (1er et 2e corps

Un corps d'infanterie du général Ziethen voulut disputer le passage de la Sambre; le 4e corps de chasseurs, soutenu par le 9e, l'enfonça à coups de sabre, et lui fit 300 prisonniers. Les sapeurs et les marins de la garde, envoyés à la suite de l'ennemi, pour réparer les ponts, ne lui laissèrent point le temps de les détruire. Ils suivirent en tirailleurs, et pénétrèrent avec lui dans la place. Le valeureux Pajol arriva bientôt avec sa cavalerie, et Charleroi fut à nous. Les habitants, heureux de revoir les Français, les saluèrent unanimement par des cris prolongés de *vive l'Empereur, vive la France!*

Le général Pajol mit sur-le-champ les hussards du général Clary à la poursuite des Prussiens, et ce brave régiment termina sa journée en prenant un drapeau, et en détruisant un bataillon qui avait osé lui résister.

Pendant ce temps, le 2e corps passait la Sambre à Marchiennes, et culbutait tout ce qui se trouvait devant lui. Les Prussiens étant parvenus à se rallier, voulurent lui opposer quelque résistance : le général Reille les fit enfoncer par sa cavalerie légère, leur prit 200 hommes, et tua ou dispersa le reste. Battus de toutes parts, ils se jetèrent sur les hauteurs de

cavalerie légère de la garde) partait de Maubeuge; le centre (3e et 6e, garde et cavalerie), de Beaumont; la droite (4e), de Philippeville, pour passer la Sambre à Marchiennes, Charleroi et Châtelet.

Le premier corps de l'armée prussienne, qui, formant son extrême droite, garnissait cette partie de la frontière de Belgique, était de 30,000 hommes, commandés par le général Ziethen, ayant son quartier-général à Charleroi. Couverts par la Sambre, les Prussiens n'avaient sur la rive droite que deux bataillons; à la vue des colonnes d'attaque, le général prussien fit ses dispositions pour la concentration de son armée, qui se replia aussitôt en arrière, ne laissant qu'une seule division pour la défense de la Sambre. Trois bataillons occupèrent Charleroi et Marchiennes; deux bataillons, Châtelet; un fut laissé en réserve à Gilly, et trois se portèrent aux avant-postes à Thuin, Ham-sur-Eure et Gerpines.

La division du prince Jérôme, formant l'avant-garde du 2e corps, dirigé sur Marchiennes, rencontra les premiers postes ennemis à Thuin et Lobbes-sur-Sambre et les culbuta. En vain un bataillon de landwher veut se former en carré; une attaque de cavalerie le pousse en désordre sur Marchiennes. La Sambre forcée sur ce point, tout fut pris, blessé ou tué, hors 200 hommes, qui se sauvèrent du côté de Bruxelles. Le 2e corps arriva de bonne heure à Marchiennes; le 1er le suivit de près. L'ennemi n'avait pas eu le temps de rompre le pont; mais il fallait attendre pour passer que celui de Charleroi fût en notre pouvoir. La cavalerie légère du centre, aux ordres du général Pajol, marchait sur ce point, balayant, par plusieurs charges, les avant-postes ennemis jusque sur la Sambre. A quelque distance en avant de Charleroi, un bataillon du 6e régiment prussien prend position pour disputer le passage et donner le temps de détuire le pont. Un combat sérieux s'engage et se soutient quelque temps avec beaucoup de vivacité. Pendant que de nombreux tirailleurs défendaient l'approche du pont, les Prussiens s'efforçaient de le rendre impraticable; mais notre cavalerie s'avança avec tant d'intrépidité, que les ennemis, pressés de toutes parts et désolés par le feu de notre artillerie, abandonnèrent le pont, qu'ils n'avaient pu qu'endommager, vers dix heures et demie.

Fleurus, qui, vingt ans auparavant, avaient été déjà si fatales aux ennemis de la France (1).

Napoléon, d'un coup d'œil, reconnut le terrain. Nos troupes s'élancèrent sur les Prussiens au pas de course. Trois carrés d'infanterie, appuyés par plusieurs escadrons et de l'artillerie, soutinrent le choc avec intrépidité. Fatigué de leur immobilité, l'Empereur se tourne vers un de ses aides-de-camp, et, lui montrant de la main les quatre escadrons, *dits de service*, qui formaient son escorte habituelle, il lui dit : « Letort, prenez mes escadrons; chargez, enfoncez tout cela. » Au même moment, le général Excelmans débusque sur le flanc gauche de l'ennemi; le 20e de dragons, commandé par le jeune et brave Briqueville, se précipite sur les Prussiens d'un côté, tandis que Letort les attaque de l'autre. Ils furent enfoncés, anéantis ; mais ils nous vendirent cher la victoire : Letort fut tué. « On n'était pas plus brave, a dit de lui l'Empereur; à sa voix, à son exemple, les plus timides devenaient intrépides. »

Il était six heures du soir; Napoléon, voulant s'assurer si tous les corps de l'armée avaient passé la Sambre, retourna à Charleroi. A la nuit, le corps du général Pajol s'établit à Lambusart : les autres corps de la cavalerie et celui de Vandamme prirent position dans les bois de Trichenay et de Lambusart. Le général Ziethen, affaibli de deux à trois mille hommes qu'il avait perdus, concentra ses troupes en arrière du village de Fleurus, qu'il fit occuper par un détachement.

Cette journée, peu importante par ses résultats, puisqu'elle ne coûta à l'ennemi que 5 pièces d'artillerie et 3,000 tués ou prisonniers, produisit sur l'armée les plus heureux effets. La sciatique du maréchal Mortier (2), la trahison du général Bourmont avaient fait naître un sentiment d'incertitude et de crainte, qui fut entièrement dissipé par l'issue favorable de ce premier combat. Jusque-là chaque chef de corps en avait conservé le commandement immédiat, et l'on pense quelles devaient être leur ardeur et leur émulation. L'Empereur fit la faute de renverser les espérances de leur courage et de leur ambition. Il plaça le général d'Erlon et le comte Reille sous les ordres du maréchal Ney, qu'il avait fait venir après coup; et le comte Gérard et le comte Vandamme sous ceux du maréchal Grouchy, qu'il eût été préférable de laisser à la tête de la cavalerie.

Le 16 au matin, l'armée ainsi partagée, occupait les positions suivantes :

Le maréchal Ney, avec les 1er et 2e corps, la cavalerie du général Lefèvre-

(1) L'Empereur, avant de quitter Paris, avait conçu le projet de rendre les plaines de Fleurus témoins de nouveaux combats. Il avait fait appeler le maréchal Jourdan, et en avait tiré des renseignements stratégiques très-importants.

(2) Le duc de Trévise, à qui Napoléon avait confié le commandement de la jeune garde, fut atteint à Beaumont d'une sciatique, qui le força de se mettre au lit.

Desnouettes et celle du général Kellermann, avait son avant-garde à Frasnes et les autres troupes disséminées autour de Gosselies.

GAUCHE. — *Sous le maréchal Ney.*

1er CORPS.

Infanterie.	16,500 hommes.
Cavalerie.	1,500

2e CORPS.

Infanterie.	21,000
Cavalerie.	1,500
Cavalerie Desnouettes.	2,100
Cuirassiers Kellermann.	2,600
	45,200
Artillerie à cheval et à pied. . . .	2,400

Et 116 bouches à feu.

DROITE. — *Sous le maréchal Grouchy.*

3e CORPS.

Infanterie.	13,000
Cavalerie.	1,500

4e CORPS.

Infanterie.	12,000
Cavalerie.	1,500
Cavalerie Pajol.	2,500
Cavalerie Excelmans.	2,600
Cuirassiers Milhaud.	2,500
	35,600
Artillerie à pied et à cheval. . . .	2,550

Et 112 bouches à feu.

CENTRE ET RÉSERVE. — *Sous l'Empereur.*

6e CORPS.

Infanterie.	11,000
Vieille garde.	5,000
Moyenne garde.	5,000
Jeune garde.	4,000
Grenadiers à cheval.	1,200
Dragons..	1,200
	27,400
Artillerie à pied et à cheval. . . .	2,700

Et 134 bouches à feu.

RÉCAPITULATION.

Infanterie.	87,500
Cavalerie.	20,800
Artillerie à pied et à chevl.	7,350
Génie.	2,200
	117,850 hommes.

Bouches à feu, 362.

Le maréchal Grouchy, avec les 3e et 4e corps et la cavalerie des généraux Pajol, Excelmans et Milhaud, était placé en avant et sur les hauteurs de Fleurus.

Le 6e corps et la garde étaient échelonnés entre Fleurus et Charleroi. Le même jour, l'armée du maréchal Blücher, forte de 90,000 hommes ralliés avec une grande habileté, était postée sur les hauteurs de Bry et de Sombref, et occupait les villages de Ligny et de Saint-Amand, qui garnissaient son front. La cavalerie se prolongeait fort avant sur la route de Namur (1).

L'armée du duc de Wellington, que ce général n'avait point encore eu le temps de rassembler, se composait d'environ 100,000 hommes, éparpillés entre Ath, Nivelles, Jemmapes et Bruxelles.

L'Empereur fut reconnaître, en personne, la position de Blücher, et, pénétrant les desseins de ce général, résolut de lui livrer bataille avant que ses réserves et l'armée anglaise, qu'il cherchait à attendre, n'aient eu le temps de se rallier et de venir le rejoindre. Il expédia sur-le-champ l'ordre au maréchal Ney, qu'il supposait en marche sur les Quatre-Bras, *où il n'aurait trouvé que peu de monde*, de chasser vigoureusement devant lui les Anglais, et de tomber ensuite à bras raccourcis sur les derrières de l'armée prussienne (2). En même temps il fit opérer un changement de front à l'armée impériale : le général Grouchy avança sur Sombref, le général Girard sur Ligny, le général Vandamme sur Saint-Amand.

Le général Girard, avec sa division, forte de 5,000 hommes, fut détaché du 2e corps et placé derrière la gauche du général Vandamme, de manière à soutenir et à lier en même temps l'armée du maréchal Ney avec celle

(1) Le général Blücher n'avait point eu le temps de rappeler la totalité de ses forces.

(2) Le général Flahaut, aide-de-camp général de l'Empereur, partit à neuf heures du matin pour remettre ses ordres au maréchal, et demeura toute la journée auprès de lui. En même temps, le maréchal Soult lui transmettait l'ordre suivant : « Monsieur le maréchal, un officier de lanciers vient de dire à l'Empereur que l'ennemi se présentait en masse du côté des Quatre-Bras. Réunissez les corps de Reille et d'Erlon, et celui de Kellermann, qui se met à l'instant en route pour vous joindre. Avec ces forces, vous devez battre et détruire tous les corps ennemis qui pourraient se présenter. Vous n'avez à faire qu'à ce qui vient de Bruxelles, car Blücher était hier à Namur, et il ne songe probablement pas à porter des troupes vers les Quatre-Bras. L'Empereur va se rendre à Fleurus ; c'est là où vous adresserez vos rapports. »

de Napoléon. La garde et les cuirassiers Milhaud furent disposés en réserve en avant de Fleurus.

A trois heures, le 3e corps aborda Saint-Amand, et parvint à s'en emparer. Les Prussiens, ramenés par Blücher, reprirent le village; les Français, retranchés dans le cimetière, s'y défendirent avec opiniâtreté; mais, accablés par le nombre, ils allaient succomber, lorsque le général Drouot, qui plus d'une fois décida le sort des batailles, s'élança au galop avec quatre batteries de la garde, prit l'ennemi à revers et le força de s'arrêter. Au même moment, le maréchal Grouchy se battait avec succès à Sombref, et le général Girard attaquait avec impétuosité le village de Ligny. Ses murs crénelés et un long ravin en rendaient les approches aussi difficiles que périlleuses: ces obstacles n'intimidèrent point le général Lefol ni les braves qu'il commandait; ils s'avancèrent la baïonnette en avant, et en peu d'instants les Prussiens, repoussés et anéantis, abandonnèrent le terrain.

Le maréchal Blücher, sachant que la possession de Ligny nous rendait maîtres du sort de la bataille, revint à la charge avec des troupes d'élite, et là, pour nous servir de ses paroles, « commença un combat qui peut être considéré comme l'un des plus acharnés dont l'histoire fasse mention. » Pendant cinq heures, 200 bouches à feu firent pleuvoir sur ce champ de carnage les blessures et la mort. Pendant cinq heures, les Français et les Prussiens, tantôt vainqueurs, tantôt vaincus, se disputèrent corps à corps, pied à pied, ce poste ensanglanté, et sept fois consécutives se l'arrachèrent et se le reprirent tour à tour.

L'Empereur espérait, à chaque instant, que le maréchal Ney allait venir prendre part à l'action. Dès le commencement de l'affaire, il lui avait réitéré l'ordre de manœuvrer de manière à envelopper la droite des Prussiens, et il attachait un si grand prix à cette diversion, qu'il écrivit au maréchal, et lui fit dire à plusieurs reprises *que le sort de la France était entre ses mains*. Ney lui répondit: « Qu'il avait sur les bras toute l'armée anglaise; qu'il lui promettait de tenir toute la journée, mais rien de plus. » L'Empereur, mieux instruit, l'assura « qu'il n'avait en tête que l'avant-garde de Wellington, et lui ordonna de nouveau d'enfoncer les Anglais, et de s'emparer, coûte que coûte, des Quatre-Bras. » Le maréchal persista dans sa funeste erreur. Napoléon, pénétré de l'importance du mouvement que le maréchal Ney refusait de comprendre et d'exécuter, envoya directement au 1er corps l'ordre de se porter en toute hâte sur la droite des Prussiens; mais, après avoir perdu un temps précieux à l'attendre, il jugea que le combat ne pouvait se prolonger davantage sans danger (1), et il prescrivit au

(1) Voici en quels termes était conçu le nouvel ordre au maréchal Ney qui lui était porté par le colonel Forbin-Janson :

« En avant de Fleurus, le 16 juin à trois heures un quart.

« Monsieur le maréchal, je vous ai écrit que l'Empereur ferait attaquer l'ennemi à deux

général Girard, qui n'avait avec lui que 5,000 hommes, d'opérer le mouvement qu'auraient dû effectuer les 20,000 hommes du comte d'Erlon ; c'est-à-dire de tourner Saint-Amand et de tomber sur les derrières de l'ennemi. Cette manœuvre, habilement exécutée et secondée par une attaque de front de la garde, et par une charge brillante des cuirassiers de la brigade du général Deloré, et des grenadiers à cheval de la garde, décida la victoire. Les Prussiens, affaiblis de toutes parts, se retirèrent en désordre, et nous abandonnèrent, avec le champ de bataille, 40 canons et plusieurs drapeaux.

A la gauche, le maréchal Ney, au lieu de se porter rapidement sur les Quatre-Bras, et d'opérer la diversion qui lui avait été recommandée, avait employé douze heures en tâtonnements inutiles, et donné le temps au prince d'Orange de renforcer son avant-garde. Les ordres pressants de Napoléon ne lui permettant point de rester en contemplation, il se porta en avant, et voulant sans doute réparer le temps perdu, il ne fit point reconnaître à fond ni la position ni les forces de l'ennemi, et se jeta sur lui tête baissée. La division du général Foy commença l'attaque, et fit replier les tirailleurs et les postes avancés. La cavalerie Bachelu, aidée, protégée et soutenue par cette division, enfonça et mit en pièces trois bataillons écossais; mais l'arrivée de nouveaux renforts, conduits par le duc de Wellington, et l'éclatante bravoure des Ecossais, des Belges et du prince d'Orange, suspendirent nos succès. Cette résistance, loin de décourager le maréchal Ney, lui rendit une énergie qu'il n'avait point montrée jusqu'alors. Il attaqua les Anglo-Hollandais avec furie, et les rejeta sur les lisières du bois de Bossu. Le 1er de chasseurs et le 6e de lanciers culbutèrent les Brunswickois; le 8e de cuirassiers passa sur le corps de deux bataillons écossais, et leur prit un drapeau. Le 11e, non moins intrépide, le poursuivit jusqu'à l'entrée du bois; mais ce bois, qu'on n'avait point fait fouiller, était garni d'infanterie anglaise. Nos cuirassiers furent assaillis par des feux dirigés à bout portant, qui jetèrent tout à coup le trouble et la confusion dans leurs rangs. Quelques officiers, nouvellement incorporés, au lieu d'apaiser le désordre, l'augmentèrent par des cris de *sauve qui peut*. Ce désordre, qui en un instant se communiqua, de proche en proche, jusqu'à Beaumont, aurait pu causer de grands malheurs, si l'infanterie du général Foy, restée inébranlable, n'eût continué à soutenir le combat avec autant de persévérance que d'intrépidité.

Le maréchal Ney, qui n'avait avec lui que 20,000 hommes, voulut faire

heures et demie dans la position qu'il a prise entre Sombref et Bry. L'engagement est très-prononcé. Vous devez donc manœuvrer de manière à envelopper la droite de l'ennemi, et tomber à bras raccourcis sur ses derrières. Cette armée est perdue, si vous agissez vigoureusement; le sort de la France est dans vos mains. Ainsi n'hésitez pas un instant à faire le mouvement que l'Empereur vous ordonne, et dirigez-vous sur les hauteurs de Bry et de Saint-Amand pour concourir à une victoire peut-être décisive.

avancer le premier corps qu'il avait laissé en arrière; mais l'Empereur, comme nous l'avons déjà dit plus haut, avait ordonné directement au comte d'Erlon, qui le commandait, de venir le rejoindre, et ce général s'était mis en marche. Ney, lorsqu'il reçut cette nouvelle, était au milieu du feu croisé des batteries ennemies. « Voyez-vous ces boulets? s'écria-t-il avec un sombre désespoir, je voudrais qu'ils m'entrassent tous dans le ventre. » Il fit voler sur-le-champ sur les traces du comte d'Erlon, et lui prescrivit, quels que soient les ordres qu'il ait pu recevoir de l'Empereur lui-même, de rétrograder. Le comte d'Erlon eut la faiblesse et le malheur d'obéir. Il ramena ses troupes au maréchal (1); mais il était neuf heures du soir, et le maréchal, rebuté par les entraves qu'il avait éprouvées, et mécontent de lui et des autres, avait cessé le combat.

Le duc de Wellington, dont les forces s'étaient accrues successivement au-delà de cinquante mille hommes, se retira en bon ordre, dans la nuit, à Jemmapes.

Tout Bruxelles reposait dans la sécurité et les plaisirs, au moment où le duc de Wellington avait reçu, dans la nuit du 15, au milieu d'une fête que lui donnait la duchesse de Richemont, le premier courrier de Blücher. A peine en crut-il ce message, qui, annonçant les hostilités, contenait la demande de prompts secours. Il en reçoit un plus pressant. «L'attaque était devenue sérieuse; Napoléon avançait avec une armée immense; il venait de forcer la Sambre; il s'était rendu maître, en un jour, de Thuin, de Marchiennes, de Lobbes, de Charleroi et de Gosselies. » Ces nouvelles jettent partout la consternation ; et, au milieu même du bal, des femmes s'évanouissent. Wellington, sans différer, répond à Blücher qu'il met en marche pour le soutenir une forte division de l'armée anglaise et toute sa réserve.

Averti de l'approche du danger, le général anglais apporta une activité extrême à réunir ses forces et à les mettre en mouvement pour soutenir les Prussiens. Le calme le plus profond régnait dans Bruxelles, quand, tout à coup, au milieu de la nuit, le son guerrier des trompettes et le roulement des tambours réveillèrent en sursaut les habitants: la générale battait. La ville, remplie de soldats, fut bientôt dans le tumulte. La place royale se garnissait de troupes; partout on entendait le hennissement des chevaux, le bruit des armes, des chariots, des trains, des ambulances. Le jour paraissait à peine, que déjà, du sein de cette confusion, sortaient l'ordre et

(1) Sauf sa cavalerie seule, déjà engagée avec les Prussiens et qui continua à marcher sur le champ de bataille de Ligny, où elle fut paralysée par celle de Blücher. Ainsi, le 1er corps ne fut utile nulle part, et le résultat de cette double faute, loin de satisfaire aux exigences du moment, ne désorganisa point l'armée prussienne et n'empêcha point l'armée anglaise de conserver le défilé des Quatre-Bras qu'il eût fallu lui enlever vingt-quatre heures plus tôt. Enfin la séparation entre les deux armées fut loin d'être décidée complétement.

un ensemble militaire. Les régiments formés avec régularité se mettaient aussitôt en marche. Les montagnards écossais, précédés de leurs cornemuses, traversèrent la ville avec cet air martial qui les distingue, et se félicitant d'aller combattre. A dix heures du matin, l'armée anglaise était tout entière hors de Bruxelles. Le duc de Wellington et un grand nombre de généraux ne tardèrent pas à la suivre. Les rues, qui s'étaient remplies d'une foule immense et curieuse devinrent silencieuses et désertes après le départ de l'armée : chacun se retira plein d'inquiétude et attendit avec anxiété l'événement qui laissait en suspens les intérêts de tant de peuples.

Les forces sorties de Bruxelles se composaient de la division de Brunswick et de cinq divisions anglaises; elles se dirigèrent sur Genape, qu'elles dépassèrent. La troisième division belge, qui, seule de l'armée anglo-hollandaise, était cantonnée à moins de six lieues des Quatre-Bras, pouvait seule y arriver dans la matinée du 16; quatre divisions, éloignées de moins de neuf lieues, pouvaient parvenir dans la soirée du même jour; mais le reste de l'armée de Wellington, éloigné de douze, treize, quatorze. dix-sept et même dix-neuf lieues, ne pouvait être réuni aux Quatre-Bras que fort avant dans la nuit du 16 au 17 et dans la journée du 17. L'artillerie et la cavalerie étaient dans ce cas, et, une fois réunie aux Quatre-Bras, l'armée anglaise serait encore à deux lieues de Fleurus.

Le maréchal Ney dut à la grande bravoure de ses troupes, et à la fermeté des généraux, l'honneur de n'avoir pas été forcé d'abandonner ses positions. L'acharnement avec lequel on se battit dans cette journée fit frémir les hommes les plus habitués à contempler de sang-froid les horreurs de la guerre. Les ruines fumantes de Ligny et de Saint-Amand étaient encombrées de morts et de mourants; le ravin en avant de Ligny surnageait de cadavres ; aux Quatre-Bras, même spectacle ! Le chemin creux qui bordait le bois avait disparu sous les corps ensanglantés des braves Ecossais et de nos cuirassiers. La garde impériale se distingua surtout par sa rage meurtrière; elle combattit aux cris de : *Vive l'Empereur ! point de quartier !* Le corps du général Girard montra la même animosité : ce fut lui qui, ayant épuisé toutes ses munitions, demandait à grands cris des cartouches et des Prussiens. La perte des Prussiens, rendue considérable par le feu terrible de notre artillerie, fut de 25,000 hommes. Blücher, renversé de cheval par nos cuirassiers, ne leur échappa que par miracle.

Les généraux Holzendorf et de Furgoff étaient au nombre des blessés : mais aucun officier de marque n'avait péri, à l'exception du fils unique du général York, encore à la fleur de l'âge.

La perte des Anglais et des Hollandais fut de 4,500 hommes; trois régiments écossais et la légion noire de Brunswick furent presque entièrement exterminés. Le prince de Brunswick lui-même, et une foule d'autres officiers de marque, furent tués. Nous perdîmes, à l'aile gauche, près de cinq mille hommes et plusieurs généraux. Le prince Jérôme, déjà blessé au passage de la Sambre, reçut un léger coup de feu à la main : il se tint constamment à la tête de sa division, et déploya beaucoup de valeur et de sang-froid. Notre perte à Ligny, évaluée à 6,500 hommes, fut rendue plus douloureuse encore par la blessure à mort du général Girard. Peu d'officiers étaient doués d'un caractère aussi noble et d'une intrépidité aussi journalière. Plus avide des faveurs de la gloire que des dons de la fortune, il ne possédait que son épée; et ses derniers moments, au lieu d'être embellis par le seul souvenir de ses actions héroïques, furent toublés par la douleur de laisser sa famille à la merci du besoin.

La victoire de Ligny ne remplit point entièrement l'attente de l'Empereur. « Si le maréchal Ney, dit-il, avait attaqué avec toutes ses forces les Anglais, il les aurait écrasés, et serait venu donner le coup de grâce aux Prussiens; et si, après avoir fait cette première faute, il n'eût point fait la seconde sottise d'empêcher le mouvement du comte d'Erlon, l'intervention du premier corps aurait abrégé la résistance de Blücher, et rendu sa défaite irréparable : toute son armée aurait été prise ou détruite. » Cette victoire, quoique imparfaite, n'en fut pas moins considérée par les généraux comme étant de la plus haute importance : elle séparait l'armée anglaise des Prussiens, et nous laissait l'espoir de pouvoir la vaincre à son tour.

Rien de plus admirable que les combinaisons de Napoléon : destruction des Anglais ou leur rembarquement subit, arrivée prochaine de l'armée sur le Rhin aux acclamations universelles des Belges, telle était la perspective qu'elle apercevait devant elle. Fière de camper sur le terrain qu'elle avait conquis, l'armée se livrait aux illusions de l'espérance. Napoléon les partageait; il attendait impatiemment le jour pour recommencer à poursuivre les Prussiens, encore incertain lui-même s'ils recevraient la bataille.

L'Empereur, *sans perdre de temps*, voulait, dès la pointe du jour, attaquer d'un côté les Anglais, et, de l'autre, faire poursuivre sans relâche l'armée de Blücher. On lui objecta que l'armée anglaise était intacte, et prête à recevoir la bataille, tandis que nos troupes, harassées par les combats et la fatigue de Ligny, ne seraient peut-être point en état de se battre avec la vigueur nécessaire : on lui fit enfin de si nombreuses objections, qu'il consentit à laisser prendre du repos à l'armée. Le malheur rend timide. Si, comme autrefois, Napoléon n'eût écouté que les inspirations de son audace, il est probable, il est certain, et on l'a entendu dire au général Drouot, qu'il aurait pu, selon son projet, conduire le 17 ses troupes à Bruxelles; *et qui peut calculer quelles auraient été les suites de l'occupation de cette capitale*? L'Empereur se borna donc, le 17, à former son armée en deux colonnes; l'une, de 65,000 hommes, conduite par l'Empereur, après avoir rallié l'aile gauche, suivit la trace des Anglais. L'artillerie légère, les lanciers du général Alphonse Colbert et de l'intrépide colonel Sourd, les pourchassèrent jusqu'à l'entrée de la forêt de Soignes, où le duc de Wellington prit position. L'autre, forte de 36,000 hommes, fut détachée sous les ordres du maréchal Grouchy pour observer et pour suivre les Prussiens : elle ne dépassa point Gembloux.

On bivouaqua dans les positions suivantes :

L'Empereur, avec les 1er, 2e et 6e corps d'infanterie de la garde, la cavalerie de Pajol, les deux corps de grosse cavalerie de Valmy et Milhaud, en tout 65,000 hommes et 240 pièces de canon, campés en arrière et en avant de Planchenoit, à cheval sur la grande route de Bruxelles, à moins de cinq heures de cette ville, ayant devant eux l'armée anglo-hollandaise, forte de plus de 80,000 hommes et de 250 bouches à feu : le duc de Wellington avait son quartier-général à Waterloo.

Depuis que la canonnade s'était fait entendre dans la direction des Quatre-Bras, la consternation régnait à Bruxelles. Une grande ville ouverte et si près de deux armées aux prises ne pouvait manquer d'être livrée à l'inquiétude. Des rapports différents, détruits l'un par l'autre, avaient ajouté à l'anxiété générale. Tous ceux qui avaient des chevaux s'éloignaient avec la plus grande célérité, et les familles anglaises prenaient l'une après l'autre la route d'Anvers.

En vain Wellington fit-il publier qu'il avait vaincu les Français et se trouvait maître du champ de bataille : l'arrivée de nombreux convois de blessés et la vue du cadavre du duc de Brunswick annoncèrent d'une manière non douteuse la défaite des Prussiens, et tout ce qu'on put conjecturer, c'est que rien n'était décidé à l'égard de l'armée qui couvrait Bruxelles, mais on n'en craignait pas moins que bientôt elle n'éprouvât le même sort que celle de Blücher.

Pendant la journée du 17 et jusqu'à la nuit, le général Subervie, dont la division, placée en intermédiaire, flanquait l'armée de Napoléon, avait rendu compte qu'il se trouvait en communication avec les troupes légères qui flanquaient la gauche de Grouchy. Ce maréchal avait poursuivi les Prusso-Saxons par les routes de Mont-Guibert et de Gembloux ; mais les rapports lui ayant fait croire que la majeure partie de l'armée de Blücher s'était retirée par Gembloux, il se porta avec ses principales forces sur ce point. Là, il sut que le corps de Bulow y était arrivé dans la nuit précédente et n'avait pu prendre part à la bataille de Fleurus; que le désordre régnait dans plusieurs corps de l'armée prussienne, et que déjà la désertion se mettait parmi les Saxons, les Westphaliens et parmi les Prussiens eux-mêmes. Il se contenta d'envoyer des reconnaissances sur Wavres et sur Liége, à la suite de deux arrière-gardes qui s'y étaient retirées, et fit prendre position à son armée. Il n'avait fait que deux lieues ; dans la soirée il apprit que la masse des Prussiens s'était dirigée sur Wavres ; mais il ne crut pas devoir l'y suivre. Les soldats avaient commencé leurs bivouacs pour la nuit; ils faisaient leur soupe, et le maréchal crut qu'il serait temps, le lendemain, de se remettre sur la trace de l'ennemi. Nous verrons bientôt quels furent les résultats funestes de cet ajournement.

La nuit du 17 au 18 fut affreuse, et semblait présager les malheurs de la journée. Une pluie violente et non interrompue ne permit point à l'armée de goûter un seul moment de repos. Pour surcroît d'infortune, le mauvais état des chemins retarda l'arrivée des vivres et la plupart des soldats furent privés de nourriture : cependant, ils supportèrent gaiement cette double disgrâce, et, à la pointe du jour, ils annoncèrent à Napoléon, par des acclamations multipliées, qu'ils étaient prêts à voler à une nouvelle victoire.

L'Empereur avait pensé que lord Wellington, isolé des Prussiens, et pressentant la marche du corps de Grouchy, qui pouvait, en passant la Dyle, se porter sur son flanc ou sur ses derrières, n'oserait point garder sa position, et se retirerait sur Bruxelles (1). Il fut surpris, lorque le jour lui découvrit que l'armée anglaise n'avait point quitté ses positions et paraissait disposée à accepter la bataille. Il fit reconnaître ces positions par plusieurs généraux, et, pour nous servir des expressions de l'un d'eux, il sut qu'elles étaient défendues « par une armée de canons, et par des montagnes d'infanterie. »

A dix heures du soir (le 17), l'Empereur, qui croyait le maréchal à Wavres ou du moins marchant vivement sur ce point, lui expédia un officier pour lui faire connaître qu'il y aurait le lendemain une grande bataille; que l'armée anglo-hollandaise était en avant de la forêt de Soignes, sa gauche appuyée au village de la Haye-Sainte. Cet ordre enjoignait au maréchal de détacher, *avant le jour*, *de son camp de Wavres*, une division de 7,000 hommes de toutes armes, avec 16 pièces de canon sur Saint-Lambert, pour se joindre à l'extrême droite de la grande armée. Aussitôt que le maréchal serait assuré que Blücher aurait évacué Wavres soit dans la direction de Bruxelles, soit dans toute autre, il devait marcher avec toutes ses forces pour appuyer la division détachée sur Saint-Lambert, et lier ses opérations avec celles de l'Empereur. On a prétendu que l'officier, porteur de cet ordre, au lieu de suivre la route directe, avait cru devoir faire un immense détour pour éviter l'ennemi; et l'on expliquerait ainsi les nouveaux retards que mit le maréchal à lever son camp de Gembloux. A onze heures du soir, un rapport, signé de lui et daté de ce camp, cinq heures du soir, apprit à l'Empereur ce que nous venons de dire de la position respective de Blücher et de l'armée chargée de le poursuivre. Grouchy n'avait fait que deux lieues dans la journée du 17; Blücher lui avait échappé et était à trois lieues de lui!! Un second officier fut encore expédié à quatre heures du matin à Grou-

(1) Cette conjecture était fondée; mais Blücher, qui avait échappé à Grouchy, s'était mis en communication par Obain avec Wellington, et lui promit de faire une diversion sur notre droite. Wellington, qui avait préparé sa retraite, resta.

chy pour lui réitérer l'ordre de pousser vigoureusement les Prussiens, de manière à déborder la gauche de l'armée anglaise, en venant se réunir à la droite de l'armée française.

Napoléon, qui, pendant la nuit, avait tout disposé pour la bataille, fit appeler ses principaux officiers pour leur donner ses instructions.

Les uns, pleins de confiance et d'audace, prétendirent qu'il fallait attaquer et emporter de vive force la position ennemie; d'autres, plus prudents, non moins braves, remontrèrent que la pluie avait abîmé les terres; que les troupes, et particulièrement la cavalerie, ne pourraient manœuvrer sans beaucoup de difficultés et de fatigues; que l'armée anglaise aurait l'immense avantage de nous attendre de pied ferme dans ses retranchements, et qu'il était préférable de chercher à les tourner : tous rendaient hommage à la valeur de leurs troupes et promettaient qu'elles feraient des prodiges; mais ils différaient d'opinion sur la résistance qu'opposeraient les Anglais. Leur cavalerie, disaient les généraux qui avaient fait la guerre en Espagne, ne vaut point la nôtre; mais leur infanterie est plus redoutable qu'on ne pense. Retranchée, elle est dangereuse par son adresse à tirer juste : en plaine, elle tient ferme, et si on la culbute, elle se rallie cent pas plus loin et revient à la charge. De nouvelles discussions s'engagèrent; et, chose remarquable, il ne vint dans l'esprit de personne que les Prussiens, dont quelques partis assez nombreux avaient été aperçus du côté de Moustier, pussent être en mesure de faire sur notre droite une diversion sérieuse. L'Empereur, après avoir écouté et débattu tous les avis, se décida, par des considérations qui réunirent tous les suffrages, à faire attaquer de front les Anglais. Des ordres itératifs furent expédiés au maréchal Grouchy; et Napoléon, pour lui donner le temps d'effectuer le mouvement qu'il lui avait prescrit, employa toute la matinée à déployer son armée.

L'Empereur fit en personne une nouvelle reconnaissance de l'armée anglaise : sa position centrale, appuyée au village de Mont-Saint-Jean, était soutenue, à droite, par la ferme d'Hougoumont; à gauche, par celle de la Haye-Sainte. Ses deux ailes s'étendaient jusqu'au-delà du hameau de Terre-la-Haie et de Merke-Braine; des haies, des bois, des ravins, une artillerie immense et quatre-vingt-cinq à quatre-vingt-dix mille hommes défendaient cette formidable position. L'Empereur disposa son armée dans l'ordre suivant :

2e CORPS.

Infanterie.	16,500	18,000
Cavalerie.	1,500	

1er CORPS.

Infanterie.	12,000	13,200
Cavalerie.	1,200	

		Report. . . .	31,200
6e CORPS.			
Infanterie.	7,000	4,000 avaient été réunis à Grouchy.	7,000
Division Domont et Subervie			2,500
Cuirassiers.			4,800
Gardes à pied. . .	12,500		
Cavalerie légère . .	2,100	. . . .	16,600
Grenadiers et Dragons	2,000		
Artillerie.			4,500
			66,600

Division Girard, 3,000 hommes.

Le 2e corps, dont le prince Jérôme faisait toujours partie, fut placé vis-à-vis les bois qui entouraient Hougoumont ; le 1er corps vis-à-vis la Haye-Sainte. Le 6e corps fut envoyé à l'extrême droite, de manière à pouvoir se lier avec le maréchal Grouchy, lorsqu'il déboucherait. La cavalerie légère et les cuirassiers furent flanqués en seconde ligne, derrière les 1er et 2e corps. La garde et sa cavalerie restèrent en réserve sur les hauteurs de Planchenoit. L'ancienne division du général Girard fut laissée à Fleurus. L'Empereur, avec son état-major, se plaça sur un petit mamelon près la ferme de la Belle-Alliance, d'où il dominait la plaine et pouvait facilement diriger les mouvements de l'armée et apercevoir ceux des Anglais.

A midi et demi, l'Empereur, persuadé que le maréchal Grouchy devait être en mouvement, fit donner le signal du combat.

Le prince Jérôme, légèrement blessé la veille à l'attaque des Quatre-Bras, avait conservé le commandement de sa division qui formait l'aile gauche du 2e corps (Reille). Il se porte avec sa division sur les Anglais retranchés dans le bois d'Hougoumont. La division des gardes anglaises, la meilleure de toutes celles que commandait Wellington, y attend de pied ferme et à bout portant le feu des Français. L'attaque, rendue si difficile par les accidents du terrain, fut opérée avec une extrême impétuosité. Bientôt la fusillade s'anime et se mêle aux détonations de 40 pièces de canon que démasque le général anglais. Reille et Kellermann ajoutent à l'artillerie de Jérôme 3 batteries d'artillerie légère, et sous le feu croisé de 72 canons, dont les boulets labourent cette scène de carnage, le bois d'Hougoumont est alternativement pris et repris.

Les soldats des deux nations, séparés le plus souvent par une simple haie, se tiraient à bout portant et recevaient réciproquement leurs coups sans reculer d'un pas. Le succès restait indécis, lorsque le général Reille fit soutenir l'attaque du prince Jérôme par la division Foy, et parvint à forcer l'ennemi à lui abandonner les bois et les vergers qu'il avait vaillamment défendus et conservés jusqu'alors. Les Anglais se retirèrent partie derrière le château, partie derrière le verger et ensuite dans un chemin creux qui longe le verger. Là, les Français furent arrêtés par le feu qui partait d'un mur crénelé du jardin, masqué par une haie. Ils redoublèrent d'efforts pour en chasser l'ennemi et emporter le château de vive force; mais ils furent repoussés à la baïonnette. Napoléon fit alors avancer une batterie de 8 obusiers, et l'incendie achevant ce qu'avait commencé la bravoure des assaillants, la position d'Hougoumont fut au pouvoir des Français. Quelques moments auparavant, une dépêche interceptée avait appris à l'Empereur l'arrivée prochaine de 30,000 Prussiens commandés par Bulow. Napoléon pensa que la force de ce corps, dont quelques éclaireurs avaient paru sur les hauteurs de Saint-Lambert, était exagérée; et, persuadé d'ailleurs que l'armée de Grouchy le suivait et qu'il allait se trouver entre deux feux, il ne s'en inquiéta que légèrement. Cependant, plutôt par prévoyance que par crainte, il fit ordonner immédiatement au général comte de Lobau de traverser avec ses deux divisions la chaussée de Charleroi, en faisant un changement à droite par division, et de se porter, pour soutenir la cavalerie légère, du côté de Saint-Lambert; de choisir une bonne position intermédiaire, où il pût, avec 10,000 hommes environ (y compris les deux divisions Domont et Subervie), en arrêter 30,000, si cela devenait nécessaire; enfin d'attaquer vivement les Prussiens, aussitôt qu'il entendrait les premiers coups de canon des troupes que le maréchal Grouchy avait pu détacher derrière eux. Ce mouvement fut exécuté sur-le-champ (1).

Il était midi, les tirailleurs était engagés sur toute la ligne; mais l'action n'avait réellement lieu que sur la gauche dans le bois et au château de Gomont. Du côté de la droite, les troupes du général Bulow étaient encore stationnaires; elles paraissaient se former et attendre que leur artillerie eût passé le défilé. C'est alors que Napoléon envoya l'ordre au prince de la Moscowa de faire commencer le feu de ses batteries, de marcher sur la Haye-Sainte, de s'en emparer, d'y mettre en position une de ses divisions d'infanterie; d'attaquer ensuite également les deux fermes de Papelotte et de la Haye, et d'en déposter l'ennemi, afin d'intercepter toute communication entre l'armée anglo-hollandaise et le corps de Bulow. Quatre-vingts bou-

(1) Napoléon espérait que neuf à dix mille Français, pleins d'ardeur et de dévouement, guidés par un général d'une fermeté à toute épreuve, résisteraient à tous les efforts du corps de Bulow, en attendant le détachement du maréchal Grouchy, et tandis que le centre des Anglo-Hollandais serait enfoncé avec une impétuosité irrésistible; mais cette armée ennemie allait fortifier sa résistance des moyens perdus pour l'attaque, et l'on a dû déjà remarquer qu'outre l'avantage de la position, elle était supérieure en forces. « Nous avions ce matin quatre-vingt-dix chances pour nous, dit Napoléon au duc de Dalmatie; l'arrivée de Bulow nous en fait perdre trente; mais nous en avons encore soixante contre quarante, et si Grouchy répare l'horrible faute qu'il a commise hier de s'amuser à Gembloux et envoie son détachement avec rapidité, la victoire en sera plus décisive, car le corps de Bulow sera entièrement perdu. »

ches à feu firent bientôt de grands ravages dans les rangs de la gauche. Le comte d'Erlon s'avança, sous la protection de ce feu terrible, à la tête d'une forte colonne, formée des deuxième et troisième divisions de son corps d'armée, et parvint, à la faveur d'un ravin, à couronner la hauteur. Pendant que cette attaque était démasquée, Napoléon vit que l'ennemi ne faisait aucun mouvement sur sa droite. La colonne française chargea, sans hésiter, partie de la deuxième division belge, qui, déployée en ligne pour occuper plus de terrain, ne put résister à cette masse formidable et fut repoussée avec perte; elle se rallia, toutefois, avec un bataillon de milice placé en réserve. Dans cet intervalle, une brigade anglaise opposa une vigoureuse résistance, tandis que deux autres régiments de la même nation marchaient à la baïonnette sur le flanc de la colonne française. Cette charge arrêta le mouvement du comte d'Erlon; le général sir Thomas Picton, commandant la cinquième division anglaise, tomba blessé mortellement. Profitant du moment favorable, la brigade de cavalerie (dragons anglais) commandée par le général sir Williams Ponsomby, placée en réserve derrière cette partie de la ligne ennemie, entama une charge à fond sur la colonne française, la rompit, lui enleva deux aigles et lui désorganisa sept pièces de canon. Napoléon, témoin de cet échec (1), ordonna au corps de cuirassiers du général Milhaud, de la deuxième ligne, de s'avancer pour charger la cavalerie anglaise. La brigade du général Travers (division Watier), formée des 4e et 12e régiments de cuirassiers, d'une part; les 6e et 9e de cuirassiers, formant la brigade du général Farine (division Delort), de l'autre; enfin le 4e régiment de lanciers (cavalerie du 1er corps), d'un troisième côté, tombèrent à la fois sur les escadrons ennemis, qui, ne pouvant résister à ce choc terrible, furent écharpés et repoussés avec une perte considérable (2). Les canons furent repris, et l'infanterie du comte d'Erlon dégagée et ralliée.

Pendant que ceci se passait à la droite de la chaussée de Charleroi, une autre colonne, formée également des troupes du 1er corps, attaquait avec impétuosité la ferme de la Haye-Sainte. Dans cette lutte longtemps infructueuse, une brigade de la deuxième division du 1er corps fit de grandes pertes, mais elle fut renforcée par une partie de la première division et soutenue par une brigade de cuirassiers du corps de Kellermann. Diverses charges d'infanterie et de cavalerie eurent encore lieu avec plus ou moins de succès; enfin, après trois heures de combat, la ferme de la Haye-Sainte fut emportée malgré la belle résistance des régiments écossais, et occupée par l'infanterie française; la deuxième division belge, les cinquième et sixième divisions anglaises, avaient été très-maltraitées.

(1) Il avait remarqué le mouvement de la cavalerie ennemie sur la colonne du comte d'Erlon, et s'était porté au galop de ce côté.

(2) Deux régiments de dragons anglais furent surtout très-maltraités.

Durant cette mêlée opiniâtre, Napoléon parcourut la ligne d'infanterie du 1er corps, la ligne de cavalerie du général Milhaud, et celle de la garde placée en troisième, au milieu de la mitraille, des obus et des boulets. Le général Devaux, commandant l'artillerie de la garde, fut tué aux côtés du chef suprême de l'armée (1); le général Lallemand lui succéda et fut blessé peu après.

Jusqu'alors l'armée française, ou, pour mieux dire, les 40,000 hommes des généraux Reille et d'Erlon, avaient obtenu et conservé une supériorité marquée. L'ennemi, rebuté, paraissait incertain de ses mouvements. On avait remarqué des dispositions qui semblaient annoncer une prochaine retraite. L'Empereur, satisfait, répétait avec joie : « Ils sont à nous! je les tiens! » et le maréchal Soult et tous les généraux regardaient comme lui la victoire assurée (2).

La garde avait déjà reçu l'ordre de se mettre en mouvement pour occuper le terrain que nous avions conquis et achever l'ennemi, lorsque le général Domont fit prévenir l'Empereur que le corps de Bulow venait d'entrer en ligne et s'avançait rapidement sur les derrières de notre droite. Cet avis changea la résolution de Napoléon, et, au lieu de se servir de sa garde pour soutenir les 1er et 2e corps, il la tint en réserve, et fit ordonner au maréchal Ney de se maintenir dans les bois d'Hougoumont, à la Haye-Sainte et à Mont-Saint-Jean, jusqu'à ce que l'on eût connu l'issue du mouvement qu'allait opérer le comte Lobau contre les Prussiens.

Les Anglais, instruits de l'arrivée de Bulow, reprirent l'offensive, et cherchèrent à nous chasser des positions que nous leur avions enlevées. Nos troupes les repoussèrent victorieusement. Le maréchal Ney, emporté par sa bouillante ardeur, oublia les ordres de l'Empereur. Il chargea l'ennemi à la tête des cuirassiers Milhaud et de la cavalerie légère de la

(1) La perte de ce brave officier fut d'autant plus sensible, qu'il savait mieux que personne les positions qu'occupaient les réserves de l'artillerie de la garde, fortes de 96 bouches à feu.

(2) L'ennemi lui-même avoue qu'il crut en ce moment la bataille perdue : « Le désordre, dit Blücher, se mettait dans les rangs anglais; la perte avait été considérable; les réserves avaient été avancées en ligne. La position du duc était des plus critiques : le feu de mousqueterie continuait le long du front; l'artillerie avait été retirée en seconde ligne. »

On peut ajouter qu'un désordre bien plus grand encore régnait sur les derrières de l'armée anglaise : les issues de la forêt de Soignes étaient encombrées de caissons, d'artillerie, de bagages abandonnés par leurs guides, et de nombreuses troupes de fuyards avaient été répandre la confusion et l'effroi à Bruxelles et sur les routes voisines.

Si nos succès n'eussent point été interrompus par la marche de Bulow, ou si le maréchal Grouchy, comme l'Empereur devait l'espérer, eût suivi les traces des Prussiens, jamais victoire plus glorieuse n'aurait été remportée par les Français. Il ne se serait point échappé un seul homme de l'armée de Wellington.

garde, et parvint, au milieu des applaudissements de l'armée, à s'établir sur les hauteurs de Mont-Saint-Jean, jusqu'alors inaccessibles.

Il était cinq heures; c'était le moment où Bulow opérait son attaque avec le plus de vigueur, et où, loin d'être contenu, il montrait toujours de nouvelles troupes et étendait de plus en plus sa ligne sur sa droite. Les Anglais, brusquement repoussés, abandonnèrent tout le champ de bataille entre la Haye-Sainte et Mont-Saint-Jean, c'est-à-dire toutes les positions que leur aile gauche avait occupées la matin, et furent acculés sur leur droite. Ney eut la gloire de rester maître de ce plateau de Mont-Saint-Jean, si longtemps disputé à l'intrépidité de nos soldats. L'armée tout entière salua son triomphe par des applaudissements et des cris de victoire. L'Empereur dit à ses officiers d'ordonnance : « C'est trop tôt d'une heure; cependant il faut soutenir ce qui est fait, » et il envoya l'ordre aux cuirassiers de Kellermann de se porter vivement à l'appui de la cavalerie déjà parvenue sur le plateau. Cet élan de 3,000 soldats d'élite et couverts de fer, qui défilaient au grand trot aux cris de *Vive l'Empereur* et sous la canonnade des Prussiens, fit une heureuse diversion dans cet instant de crise. Wellington jugea, comme l'Empereur, que le mouvement du maréchal Ney était intempestif et hasardeux, et, comprenant de quelle importance il était pour lui de ne pas abandonner le plateau de Mont-Saint-Jean au moment où le corps de Bulow faisait encore des progrès sur le flanc et sur les derrières de notre armée, il envoya contre Reille, d'Erlon, Milhaud et Kellermann toute son infanterie serrée en masses profondes, et tout ce qu'il put réunir de sa cavalerie. La victoire parut un moment incertaine; nos soldats cherchaient à deviner dans les regards de Napoléon s'ils étaient vainqueurs ou en danger; ils n'y lurent que l'imperturbable assurance de l'homme habitué aux calculs des batailles : c'était depuis vingt ans la cinquantième qu'il commandait.

Cependant, soit par un malentendu du maréchal Ney, soit spontanément et par l'entraînement du courage, les grenadiers à cheval et les dragons de la garde, sous les ordres du général Guyot, formés en deuxième ligne derrière les cuirassiers de Kellermann, avaient suivi l'exemple de celui-ci, et, comme lui, s'étaient engagés contre les Anglais sur le plateau. L'Empereur s'aperçoit de ce funeste entraînement, qui le prive de sa réserve de cavalerie, de cette réserve qui, tant de fois, lui a donné la victoire. Il envoie le grand-maréchal Bertrand pour la rappeler. Il n'était plus temps : la fureur de combattre animait chaque soldat, et le rendait sourd aux ordres des généraux; il devenait même, à chaque minute, plus dangereux d'essayer un mouvement rétrograde. Une seconde mêlée, plus meurtrière que la première, s'engagea sur tous les points. Ces 12,000 hommes de cavalerie d'élite, qui, pour la première fois de la journée, se mesuraient avec les soldats de Wellington, firent des miracles. Ils culbutèrent les masses énormes de la cavalerie d'Uxbridge, enfoncèrent plusieurs carrés d'infanterie, hachèrent en pièces 4 régiments anglais et écossais, s'emparèrent de 60 pièces de canon et enlevèrent 6 drapeaux que 3 chasseurs à cheval de la garde et 3 cuirassiers présentèrent à Napoléon. L'ennemi, pour la seconde fois, crut la bataille perdue, et mesurait avec effroi les difficultés qu'apporterait à sa retraite le mauvais champ de bataille qu'il avait choisi. Mais notre cavalerie dût se borner à conserver le plateau; elle ne pouvait, sans imprudence, pousser ses charges plus à fond dans les masses anglaises qui, toujours battues, se ralliaient toujours, et perdaient du terrain sans rien perdre de leur opiniâtre sang-froid. Il manquait à nos cavaliers l'appui d'une masse suffisante d'infanterie, que l'entrée en ligne du général Bulow avait forcé l'Empereur de détacher à sa rencontre. A sept heures du soir seulement, Napoléon, ayant appris que Lobau, Morand et Duhesme avaient réussi à repousser les 30,000 Prussiens de Bulow, et voyant que le plateau de Mont-Saint-Jean restait en notre pouvoir, se crut assuré de la victoire. Soixante-neuf mille Français avaient battu 120,000 hommes! La joie était sur toutes les figures, et l'espoir dans tous les cœurs.

Napoléon n'hésite plus à frapper un coup décisif.

L'ordre est immédiatement donné au comte Reille de rassembler toutes ses forces, et de se jeter impétueusement sur la droite de l'ennemi, tandis que Napoléon en personne va l'attaquer de front avec ses réserves. Déjà l'Empereur disposait sa garde en colonne d'attaque, lorsqu'il apprit que notre cavalerie venait d'être forcée d'évacuer en partie les hauteurs de Mont-Saint-Jean. Il ordonna sur-le-champ au maréchal Ney de prendre avec lui 4 bataillons de moyenne garde, et de se porter en toute hâte sur le fatal plateau, pour y soutenir les cuirassiers qui l'occupaient encore.

La bonne contenance de la garde et les harangues de Napoléon enflammèrent les esprits; la cavalerie et quelques bataillons qui avaient suivi son mouvement en arrière, firent face à l'ennemi, aux cris de *Vive l'Empereur!* Au même moment une fusillade se fait entendre (1). « Voilà Grouchy! s'écrie l'Empereur: la victoire est à nous! » Labédoyère vole annoncer à l'armée cette heureuse nouvelle; il pénètre malgré l'ennemi à la tête de nos colonnes: « Le maréchal Grouchy arrive, la garde va donner. Du courage! du courage! les Anglais sont perdus. » Un dernier cri d'espoir part de tous les rangs; les blessés en état de faire quelques pas retournent au combat, et mille et mille voix répètent à l'envi: *En avant! en avant!*

La colonne commandée par le brave des braves, arrivée en présence de l'ennemi, est accueillie par des décharges d'artillerie qui lui font éprouver une perte affreuse. Le maréchal Ney, fatigué des boulets, ordonna d'em-

(1) On a su depuis que c'était le général Ziethen qui, lors de son arrivée en ligne, avait pris les troupes commandées par le prince de Saxe-Weimar pour des Français, et les avait forcées, par une fusillade très-vive, d'abandonner un petit village qu'elles étaient chargées de défendre.

porter les batteries à la baïonnette. Les grenadiers se précipitent dessus avec une telle impétuosité, qu'ils méconnaissent cet ordre admirable qui, tant de fois, leur valut la victoire. Leur chef, ivre d'intrépidité, ne s'aperçoit point de ce désordre. Ses soldats et lui abordent tumultueusement l'ennemi. Une nuée de balles, de mitraille, crève sur leurs têtes. Le cheval de Ney est tué, les généraux Michel et Friant tombent morts ou blessés; une foule de braves sont renversés. Wellington ne laisse point le temps aux grenadiers de se reconnaître.

Ce qu'on avait pris pour l'armée de Grouchy était un corps prussien de 30,000 hommes aux ordres du maréchal Blücher. Grouchy n'avait quitté son camp de Gembloux qu'à dix heures et demie du matin ; à une heure, il n'était qu'à mi-chemin de Wavres. Là, il avait entendu l'épouvantable canonnade de Waterloo, et n'avait pu se méprendre sur l'importance de hâter sa marche. Excelmans, qui commandait l'avant-garde de cavalerie de ce maréchal, s'était vivement ému au bruit de l'artillerie des deux armées engagées à Mont-Saint-Jean ; il avait dit à Grouchy : « L'Empereur est aux mains avec l'armée anglaise; cela n'est pas douteux ; un feu aussi terrible ne peut pas être une simple rencontre. Il faut marcher au canon de l'Empereur. Vieux soldat de l'armée d'Italie, j'ai cent fois entendu le général Bonaparte nous prêcher ce principe. Dans deux heures nous pouvons entrer en ligne et concourir au gain de la bataille. — Je crois, répondit le maréchal, que vous avez raison; mais, si Blücher débouche de Wavres sur moi, et me prend en flanc, je serai compromis (1) pour n'avoir point obéi à mon ordre qui me prescrit de marcher contre Blücher. » Le général Gérard (4e corps) et plusieurs autres officiers, dont l'expérience consommée et le zèle patriotique devaient inspirer la confiance, joignirent leurs avis à celui d'Excelmans. « Votre ordre, disait Gérard, vous prescrivait d'être hier à Wavres, et non aujourd'hui seulement; le plus sûr est d'aller sur le champ de bataille. Vous ne pouvez vous dissimuler que Blücher a gagné une marche sur vous: et qui sait maintenant où il est! S'il est réuni à Wellington, nous le trouverons sur le champ de bataille; et, dès lors, votre ordre est exécuté à la lettre; s'il n'y est pas, votre arrivée décidera du sort de la journée! Dans deux heures, nous pouvons prendre part au feu, et, si nous détruisons l'armée anglaise, que nous fait Blücher déjà battu? »

Grouchy s'obstina malheureusement à manœuvrer sur Wavres que Blücher avait quitté dans la matinée et laissé à la garde d'un de ses lieutenants, le général Thielmann. Blücher avait dirigé d'abord sur Saint-Lambert ce corps de Bulow dont l'arrivée avait forcé Napoléon à détacher

(1) Expression mieux placée, à notre avis, dans la bouche d'un sous-lieutenant que dans celle d'un général en chef.

contre lui une partie de nos réserves. Le maréchal prussien, après avoir fait battre l'estrade pendant deux heures par ses hussards dans la direction de Gembloux à Saint-Lambert, avait acquis la certitude que Grouchy, tout occupé de le suivre à Wavres, lui laissait le passage libre pour se rapprocher de l'aile gauche de Wellington; et, profitant du beau jeu (1) que lui faisait l'inaction de son adversaire, il avait fait suivre le corps de Bulow par ceux des généraux Pirch et Ziethen dont il s'était réservé le commandement en chef. Ces deux corps formaient ensemble une masse de 31,000 hommes; et Blücher les dirigea de manière à lier les opérations de Bulow avec celles du général en chef des Anglais. L'entrée en ligne du maréchal Blücher portait à 150,000 hommes l'armée qu'avaient à combattre 69,000 Français, victorieux jusqu'à ce moment, mais épuisés de fatigue, et dont le chef était obligé de modifier, pour la seconde fois, le plan de son attaque générale.

L'Empereur avait aperçu le mouvement rétrograde de la grande colonne conduite par le maréchal Ney. Voulant rétablir le combat sur ce point et redonner contenance à la cavalerie dont les fuyards auraient pu propager le découragement jusqu'aux dernières lignes, et jugeant qu'il lui fallait encore un quart d'heure pour rallier toute sa garde, Napoléon se mit à la tête de 4 bataillons de la moyenne et se porta au galop en avant de la Haye-Sainte. Reille réunit tout son corps (le 2ᵉ) en avant du château d'Hougoumont, et se prépara à donner tête baissée sur tout ce qu'il rencontrerait devant lui. L'Empereur sentait l'importance d'engager toute la garde impériale à la fois; mais il n'avait sous la main que 4 bataillons; les 8 autres étaient encore en arrière. Maîtrisé par les événements, voyant la cavalerie décontenancée à défaut d'une réserve d'infanterie qui la soutînt, il ordonna au général Friant de marcher avec ses 4 bataillons au-devant de l'attaque de l'ennemi. Ce secours rétablit le combat. Friant arrêta et repoussa la cavalerie anglaise; la nôtre se rassit; et, par de nouvelles charges intrépidement conduites et poussées à fond, elle porta la terreur dans les rangs de celle qui, tout à l'heure, l'avait un moment ramenée. Les autres bataillons de la garde arrivèrent dix minutes après. Le soleil était couché; le général Friant, qui revenait dangereusement blessé, dit à l'Empereur que tout allait bien, que l'ennemi paraissait former son arrière-garde pour couvrir sa retraite, mais qu'il serait entièrement rompu, dès que le reste de la garde impériale déboucherait: il fallait un quart d'heure!

C'est en ce moment que Blücher arrive à la Haye-Sainte et culbute la 4ᵉ division du 1ᵉʳ corps qui la défendait. Attaquée par des forces quadru-

(1) Expression employée par le général Berton dans son *Précis historique, militaire et critique des batailles de Fleurus et de Waterloo.*

ples, affaiblie par sept heures d'engagement continuel, cette division essaie vainement de tenir ferme : elle est mise en déroute complète. La moyenne garde elle-même, après avoir perdu le général Michel, un de ses chefs, et vu tomber le brave Friant et Ney lui-même dont le cheval fut tué, dut abandonner le terrain. La cavalerie et l'infanterie, ébranlées par cette défaite d'une troupe d'élite, craignent d'être coupées et se retirent précipitamment. La trouée faite, la ligne une fois rompue, la cavalerie anglaise profite habilement de la confusion que cette retraite subite occasionne, se fait jour à travers nos lignes, inonde le champ de bataille, et achève d'y semer le désordre et le découragement. Les autres troupes de l'aile droite, qui déjà ne résistaient qu'avec une peine infinie aux attaques de Blücher, et qui, depuis plus d'une heure, manquaient de munitions, voyant quelques escadrons pêle-mêle et des hommes de la garde à la débandade, crurent que tout était perdu et quittèrent leur position. Ce mouvement contagieux se propage en un instant jusqu'à l'extrême gauche ; et toute l'armée abandonne, avec autant d'empressement qu'elle avait mis d'ardeur à les conquérir, les meilleures positions prises par elle sur l'ennemi. Le général Bulow avait ramené ses troupes au combat ; mais l'intrépide Lobau lui résistait encore, et gardait à l'armée française la chaussée de Charleroi que le lieutenant de Blücher s'opiniâtrait à lui disputer.

L'armée anglaise, qui s'était avancée à mesure que nous reculions, Blücher et ses Prussiens qui n'avaient point cessé de nous poursuivre, fondirent à la fois sur nos bataillons épars; la nuit augmenta le tumulte et l'effroi; et, bientôt, l'armée entière ne fut plus qu'une masse confuse, incapable d'opposer la moindre résistance au fer des vainqueurs.

L'Empereur, témoin de ce désastre, put à peine en croire ses yeux. Ses aides-de-camp coururent de tous côtés pour rallier les troupes. Lui-même se jeta au milieu de la foule. Ses paroles, ses ordres, ses prières même ne purent être entendus. S'il eût fait jour, et si les soldats eussent pu voir Napoléon, sa présence eût suffi pour les rallier; mais l'obscurité s'opposait à tout. Une artillerie formidable bordait d'un rideau de feux les hauteurs que nous venions d'abandonner, et faisait pleuvoir la mitraille dans nos rangs confondus et désunis ; 70,000 Anglais et 60,000 Prussiens nous écrasaient de feux de mousqueterie ; leurs nombreuses colonnes de cavalerie balayaient devant elles les faibles débris des régiments qui tentaient de se reformer, et, renonçant à vaincre, voulaient du moins rester fidèles au serment de mourir en combattant qu'avaient fait en leur nom, entre les mains des représentants de la nation, leurs députés au Champ-de-Mai.

Cependant les huit bataillons de vieille garde que l'Empereur venait de réunir pour les conduire lui-même à la grande attaque de la Haye-Sainte, se forment en carrés et barrent un moment le chemin aux masses de Wellington et de Blücher. Les quatre escadrons de service auprès de Napoléon chargent les Prussiens et les forcent à s'arrêter. Dans ce moment, 2,000 cavaliers anglais, restés jusqu'alors en flanqueurs dans la direction d'Ohain, à l'extrême droite de leur armée, pénètrent impétueusement entre le corps de Reille et la cavalerie chargée de le soutenir. Le désordre devient épouvantable dans tous nos rangs. Un ennemi, vingt fois plus nombreux, réunit tous ses efforts contre les huit carrés restés inébranlables sous la main de l'Empereur; environnés, assaillis, foudroyés de tous côtés, la plupart finissent par succomber. Les uns vendent chèrement leur vie; les autres, exténués de fatigues, de soif et de faim, n'ont plus la force de combattre, et se laissent égorger pour n'avoir pas la honte de fuir. Deux de ces héroïques bataillons, commandés par les généraux Petit et Porret de Morvan, résistent encore, et se maintiennent quelques instants sur un mamelon où l'Empereur et son état-major tentent, pour la dernière fois, de rallier les débris de la garde impériale. L'ennemi réunit contre eux des masses énormes; il ne peut les entamer; ils lui disputent le terrain pied à pied jusqu'au moment où, désorganisés et entraînés par les autres carrés refoulés sur eux et en pleine déroute, ils sont forcés de céder au torrent et se rompent.

Un dernier bataillon de réserve, illustre et malheureux débris de la colonne de granit des champs de Marengo, était resté inébranlable au milieu des flots tumultueux de l'armée. L'Empereur se retire dans les rangs de ces braves, commandés encore par Cambronne. Il le fait former en carré, et s'avance à leur tête au-devant de l'ennemi; tous ses généraux, Ney, Soult, Bertrand, Drouot, Corbineau, de Flahaut, Labédoyère, Gourgaud, etc., mettent l'épée à la main et deviennent soldats. Les vieux grenadiers, incapables de trembler pour leur vie, s'effraient du danger qui menace celle de l'Empereur. Ils le conjurent de s'éloigner : « Retirez-vous, lui dit l'un d'eux, vous voyez bien que la mort ne veut pas de vous ! » L'Empereur résiste et commande le feu. Les officiers qui l'entourent s'emparent de son cheval et l'entraînent. Cambronne et ses braves se pressent autour de leurs aigles expirantes, et disent à Napoléon un éternel adieu. Les Anglais, touchés de leur héroïque résistance, les conjurent de se rendre. « Non, dit Cambronne; la garde meurt et ne se rend pas ! » Au même moment ils se précipitent tous sur l'ennemi, aux cris de *Vive l'Empereur!* On reconnaît à leurs coups les vainqueurs d'Austerlitz, de Iéna, de Wagram, de Montmirail. Les Anglais et les Prussiens, dont ils ont suspendu les chants de victoire, se réunissent contre cette poignée de héros et l'abattent. Les uns, couverts de blessures, tombent à terre noyés dans le sang; les autres, plus heureux, sont tués; ceux enfin dont la mort trompe l'attente, se fusillent entre eux, pour ne point survivre à leurs compagnons d'armes, ni mourir de la main de leurs ennemis.

Wellington et Blücher, devenus alors possesseurs paisibles du champ de bataille, le parcourent en maîtres. Mais par combien de sang cet injuste triomphe ne fut-il pas acheté? Jamais, non jamais, les Français ne portèrent à leurs adversaires des coups plus formidables et plus meurtriers. Avides de sang et de gloire, méprisant les dangers et la mort, ils se précipitaient audacieusement sur les batteries enflammées de l'ennemi, et semblaient se multiplier pour aller le chercher, l'attaquer et le poursuivre dans ses inaccessibles retranchements. Trente mille Anglais ou Prussiens (1) furent immolés par leurs mains dans cette fatale journée; et quand on pense que cet horrible carnage fut l'ouvrage de 50,000 hommes, mourant de fatigues et de besoin, et luttant sur un terrain bourbeux, contre une position inexpugnable et 130,000 combattants, on est saisi d'une douloureuse admiration, et l'on décerne aux vaincus la palme de la victoire.

Il aurait fallu n'être point Français pour contempler d'un œil sec notre épouvantable catastrophe. L'armée elle-même, revenue de ses premières impressions, oubliait les périls qui la menaçaient encore, pour méditer tristement sur l'avenir; sa marche était abattue, son regard consterné: aucune parole, aucune plainte ne venait interrompre son douloureux recueillement; on eût dit qu'elle accompagnait une pompe funèbre, qu'elle assistait aux obsèques de sa gloire et de la patrie.

(1) La perte générale de l'armée du duc de Wellington, en tués ou blessés, fut d'environ. . . . . 25,000 hommes.
Et celle du prince Blücher, de. . . . . 35,000 —
60,000

Celle des Français peut être évaluée, savoir :
Le 15 et le 16, tués ou blessés, à. . . . . 11,000 —
Le 18, tués ou blessés, à. . . . . 18,000 —
Prisonniers. . . . . 8,000 —
37,000

La perte des Français eût été plus considérable, sans la généreuse sollicitude que leur témoignèrent les habitants de la Belgique. Après la victoire de Fleurus et de Ligny, ils accoururent sur le champ de bataille, consolèrent les blessés, et leur prodiguèrent des secours. Rien n'était plus touchant que le tableau d'une foule de femmes et de jeunes filles cherchant à ranimer, par des liqueurs bienfaisantes, la vie éteinte de nos malheureux soldats, tandis que leurs époux et leurs frères soutenaient nos blessés dans leurs bras, épanchaient leur sang et fermaient leurs blessures.

La précipitation de notre marche ne nous avait pas permis de faire préparer des transports et des ambulances pour recevoir nos blessés. Les sensibles et bons habitants de la Belgique y pourvurent avec empressement. Ils enlevèrent nos pauvres Français du champ de bataille, et leur offrirent un asile et tous les soins qui leur étaient nécessaires.

Lors de notre retraite, ils nous prodiguèrent des témoignages d'intérêt non moins attendrissants et non moins précieux. Bravant la colère des féroces Prussiens, ils quittèrent leurs foyers pour nous enseigner les issues propices à notre fuite, pour diriger notre marche à travers les colonnes ennemies : quand ils se séparaient de nous, ils nous suivaient encore des yeux, et nous exprimaient au loin combien ils étaient heureux d'avoir pu nous sauver.

Les Prussiens, acharnés à notre poursuite, traitaient avec une barbarie sans exemple les malheureux qu'ils pouvaient atteindre. A l'exception de quelques vieux soldats imperturbables, la plupart des autres avaient jeté leurs armes et se trouvaient sans défense ; ils n'en étaient pas moins impitoyablement massacrés. Quatre Prussiens tuèrent de sang-froid un général, après lui avoir arraché ses armes; le général Duhesme se rendit à un officier, et l'officier eut la lâcheté, encore plus que la cruauté, de lui passer son sabre au travers du corps. Un colonel, pour ne point tomber entre leurs mains, se brûla la cervelle : vingt autres officiers de tous grades imitèrent cet exemple. Un officier de cuirassiers les voyant arriver, dit : « Ils n'auront ni mon cheval ni moi : » d'un coup de pistolet il renverse son cheval, de l'autre il se tue. Mille actes de désespoir, non moins héroïques, illustrèrent cette fatale journée.

La retraite se continua sur Charleroi : plus on avançait, plus elle devenait difficile. Ceux qui précédaient, soit pour arrêter l'ennemi, soit par trahison, obstruaient la route, et à chaque pas nous étions obligés de rompre des barricades. Dans un moment de halte, dit un témoin oculaire, j'entendis à nos côtés des cris et des lamentations, je m'approchai et je reconnus qu'ils partaient d'un fossé de la route où deux immenses charretées de blessés avaient été culbutées. Ces infortunés, enfouis pêle-mêle sous les voitures renversées sur eux, imploraient la compassion des passants; et jusqu'alors leurs voix affaiblies, et couvertes par le bruit des caissons n'avaient point été entendues. Nous nous mîmes tous à l'ouvrage et nous parvînmes à les arracher de leur tombeau. Quelques-uns respiraient encore ; le plus grand nombre étaient morts étouffés. La joie de ces malheureux nous toucha jusqu'aux larmes, mais elle fut de courte durée, il fallut les abandonner.

On fut également forcé d'abandonner le trésor ; l'or qu'il renfermait fut distribué aux gens de l'Empereur, tous le rapportèrent fidèlement. L'Empereur, accompagné de ses aides-de-camp et de quelques officiers d'ordonnance, avait suivi, en quittant le champ de bataille, la route de Charleroi. Arrivé dans cette ville, il voulut essayer d'y rallier quelques troupes ; ses efforts étant inutiles; il continua sa marche après avoir donné des ordres à plusieurs généraux. Le comte de Lobau, les généraux de la garde, Petit et Pelet et une foule d'autres officiers, cherchèrent également à reformer l'armée. L'épée à la main, ils arrêtaient les troupes au passage et les forçaient de se ranger en bataille; à peine réunies, elles se dispersaient aussitôt. L'artillerie qu'on avait pu sauver conserva seule inébranlablement son organisation. Les braves canonniers, attachés à leurs pièces comme des soldats à leurs drapeaux, les suivaient paisiblement. Contraints, par l'encombrement de la route, de s'arrêter à chaque pas, ils voyaient sans regrets s'écouler près d'eux les flots de l'armée. Leur devoir était de rester à leurs pièces, et ils y restaient sans calculer que leur dévouement pourrait leur coûter la liberté ou la vie.

L'Empereur fit expédier l'ordre aux généraux Rapp, Lecourbe et Lamarque de se rendre à marche forcée sur Paris, et aux commandants des places fortes de se défendre jusqu'à la dernière extrémité. Il dicta ensuite deux lettres au prince Joseph : l'une, destinée à être communiquée au conseil des ministres, ne relatait qu'imparfaitement l'issue fatale de la bataille; l'autre, pour le prince seul, lui faisait un récit, malheureusement trop fidèles de la déroute de l'armée. Cependant, disait-il en finissant : « Tout n'est point perdu; je suppose qu'il me restera, en réunissant mes forces, 150,000 hommes. Les fédérés et les gardes nationaux qui ont du cœur me fourniront 100,000 hommes. Les bataillons du dépôt, 50,000 : jaurai donc 300,000 soldats à opposer de suite à l'ennemi. J'attèlerai l'artillerie avec les chevaux de luxe; je lèverai 100,000 conscrits, je les armerai avec les fusils des royalistes et des mauvaises gardes nationales. Je ferai lever en masse le Dauphiné, le Lyonnais, la Bourgogne, la Lorraine, la Champagne; j'accablerai l'ennemi, mais il faut qu'on m'aide, et qu'on ne m'étourdisse point. Je vais à Laon, j'y trouverai sans doute du monde. Je n'ai point entendu parler de Grouchy, s'il n'est point pris, comme je le crains, je puis avoir dans trois jours 50,000 hommes ; avec cela j'occuperait l'ennemi et je donnerai le temps à Paris et à la France de faire leur devoir. Les Anglais marchent lentement; les Prussiens craignent les paysans et n'oseront point trop s'avancer, tout peut se réparer encore. Ecrivez-moi l'effet que cette horrible échauffourée aura produit dans la Chambre. Je crois que les députés se pénétreront que leur devoir, dans cette grande circonstance, est de se réunir à moi pour sauver la France : préparez-les à me seconder dignement. »

L'Empereur ajouta de sa main : «Du courage et de la fermeté !» Pendant qu'on expédiait ces lettres, il dicta à M. de Bassano des instructions pour le major-général. Quand il eut fini, il se jeta sur un mauvais lit et donna l'ordre de s'occuper du départ. Une chaise de poste, à moitié brisée, quelques charrettes et de la paille venaient d'être préparées, faute de mieux, pour Napoléon et pour sa suite; lorsque les voitures appartenant au maréchal Soult entrèrent dans la place, on s'en empara. L'ennemi ayant déjà des coureurs du côté de Philippeville et de Marienbourg, on rassembla deux ou trois cents fuyards de toutes les couleurs pour escorter l'Empereur. Il monta en calèche avec le général Bertrand et partit. Ce fut ainsi que Charles XII s'échappa devant ses vainqueurs après la bataille de Pultawa.

La suite de l'Empereur fut renfermée dans deux autres calèches; l'une contenait M. de Bassano, le général Drouot, le général Dejean et M. de Canisy, premier écuyer; l'autre était occupée par MM. de Flahaut, Labédoyère, Corbineau et de Bissi, aides-de-camp. L'Empereur s'arrêta au-delà de Rocroi pour prendre quelque nourriture.

Il descendit au pied de la ville : on connaissait déjà notre défaite. Un détachement de la garde nationale vint au-devant de l'Empereur : « Nos frères et nos enfants, lui dit l'officier-commandant, sont dans les places fortes ; mais disposez de nous, Sire ; nous sommes prêts à mourir pour la patrie et pour vous. » L'Empereur le remercia vivement. Quelques paysans entouraient et regardaient stupidement : souvent ils criaient *vive l'Empereur !* Ces cris faisaient mal : ils plaisent dans la prospérité ; après une bataille perdue, ils déchirent le cœur.

L'Empereur fut informé qu'on apercevait au loin un corps de troupes assez nombreux. Il envoya l'un de ses aides-de-camp le reconnaître, c'étaient environ 3,000 Français, infanterie et cavalerie, que le prince Jérôme, le maréchal Soult, le général Morand, et les généraux Colbert, Petit et Pelet étaient parvenus à rallier. « En ce cas, dit Napoléon, je resterai à Laon jusqu'à ce que le reste de l'armée soit réuni. J'ai donné l'ordre de diriger sur Laon et sur Reims tous les militaires isolés. La gendarmerie et la garde nationale vont battre la campagne et ramasser les traîneurs ; les bons soldats se rallieront d'eux-mêmes : nous aurons dans vingt-quatre heures un noyau de dix à douze mille hommes. Avec cette petite armée, je contiendrai l'ennemi et je donnerai le temps à Grouchy d'arriver, et à la nation de se retourner. » Cette résolution fut vivement combattue. « Votre Majesté, lui dit-on, a vu de ses propres yeux la déroute complète de l'armée ; elle sait que les régiments étaient confondus, et ce n'est point en quelques heures qu'on pourra les reformer. En supposant même qu'on puisse réunir un noyau de 10,000 soldats, que pourra faire Votre Majesté avec cette poignée d'hommes, dont la plupart n'auront ni armes, ni munitions ? Elle arrêtera les ennemis sur un point, mais elle ne pourra pas les empêcher de pénétrer sur un autre ; toutes les routes leur sont ouvertes. Le corps du maréchal Grouchy, s'il a passé la Dyle, sera tombé dans les mains de Blücher ou de Wellington ; s'il ne l'a point passée, et qu'il veuille opérer sa retraite sur Namur, les Prussiens arriveront nécessairement avant lui à Gembloux ou à Temploux, et lui fermeront le passage, tandis que les Anglais se porteront, par Tilly et Sombref, sur son front droit, et lui enlèveront tout espoir de salut. Votre Majesté, dans cet état de choses, ne peut donc compter raisonnablement sur le secours de son armée ; elle n'en a plus. La France ne peut être sauvée que par elle-même. Il faut que les citoyens prennent les armes ; et la présence de Votre Majesté à Paris est nécessaire pour comprimer vos ennemis, et enflammer et diriger le mouvement des patriotes. Les Parisiens, quand ils verront Votre Majesté, n'hésiteront point à se battre. Si Votre Majesté reste loin d'eux, on fera courir mille bruits mensongers sur son compte : tantôt on dira que vous avez été tué ; tantôt, que vous avez été fait prisonnier, où que vous êtes cerné. La garde nationale et les fédérés, découragés par la crainte d'être abandonnés ou trahis comme ils l'ont été en 1814, se battront à contre-cœur, ou ne se battront point du tout. »

Ces considérations firent changer l'Empereur de résolution. « Eh bien ! dit-il, puisque vous le croyez nécessaire, j'irai à Paris ; mais je suis persuadé que vous me faites faire une sottise. Ma vraie place est ici · je pourrais y diriger ce qui se passera à Paris, et mes frères feraient le reste. »

L'Empereur, après avoir expédié de nouveaux ordres au maréchal Soult sur les mouvements et le ralliement de l'armee, mit la dernière main au bulletin de Mont-Saint-Jean, déjà ébauché à Philippeville. Quand il fut terminé, il fit appeler le grand-maréchal, le général Drouot et les autres aides-de-camp : « Voici, leur dit-il, le bulletin de Mont-Saint-Jean ; je veux que vous en entendiez la lecture : si j'ai omis quelques faits essentiels, vous me les rappellerez ; mon intention est de ne rien dissimuler. Il faut, comme après Moscou, révéler à la France la vérité tout entière (1) ! J'aurais pu, continua Napoléon, rejeter sur le maréchal Ney une partie des malheurs de cette journée ; mais le mal est fait, il ne faut plus en parler. » Après la lecture de ce nouveau 29e bulletin ; quelques légers changements, proposés par le général Drouot, furent agréés par l'Empereur ; mais on ne sait par quelle bizarrerie il ne voulait point avouer que ses voitures étaient tombées au pouvoir de l'ennemi. « Quand vous traverserez Paris, lui dit M. de Flahaut, on s'apercevra bien que vos voitures ont été prises. Si vous le cachez, on vous accusera de déguiser des vérités plus importantes ; et il faut ne rien dire ou dire tout. » L'Empereur, après quelques façons, finit par accéder à cet avis. On fit alors une seconde lecture du bulletin, et tout le monde étant d'accord sur son exactitude, M. de Bassano l'expédia au prince Joseph, par un courrier extraordinaire.

Au moment où il parvint, Paris retentissait encore des transports d'allégresse qu'avaient fait naître la victoire éclatante de Ligny et les heureuses nouvelles reçues des armées de l'Ouest et des Alpes. Le maréchal Suchet, toujours heureux, toujours habile, s'était emparé de Montmélian, et de triomphe en triomphe, était parvenu à chasser les Piémontais des gorges et des vallées du Montcenis. Le général Desaix, l'un de ses lieutenants, avait repoussé, du côté du Jura, les avant-postes ennemis, pris Carrouge, passé l'Arve, et, malgré les difficultés du pays, s'était emparé, en un clin-d'œil, de tous les défilés.

(1) On voit combien est injuste le reproche fait à Napoléon d'avoir, dans ce bulletin, trahi la vérité et calomnié l'armée.

CHAPITRE VI.

Arrivée de Napoléon à Paris. — Conseil des ministres tenu à l'Élysée. — Les deux Chambres se déclarent en permanence et mandent les ministres. — Message de Napoléon. — Nomination d'une commission de gouvernement. — Délibération de cette commission. — Abandon et solitude de Napoléon à l'Élysée.—Le peuple vient le saluer. — Abdication de Napoléon. — Proposition pour la proclamation de Napoléon II. — Nomination d'un gouvernement provisoire. — L'Empereur à la Malmaison. — Le général Becker est chargé de le garder à vue. — Progrès rapides de l'ennemi. — Napoléon offre de combattre comme général. — Il est refusé. — Il part pour Rochefort. — Seconde capitulation de Paris.

Les succès de nos armes, accrus encore par la renommée, avaient répandu dans Paris la confiance et l'ivresse. Les craintes, semées par la malveillance ou conçues par l'inquiète sollicitude des patriotes, s'étaient affaiblies : on commençait à contempler l'avenir avec sécurité; on se livrait à l'espoir que la fortune allait redevenir propice à la France, quand ce rêve trompeur fut tout à coup interrompu par la nouvelle des malheurs de notre armée.

On sut, le 21 juin 1815, qu'après deux journées victorieuses, nos troupes, battues le 18 dans les plaines de Waterloo, avaient repassé la frontière ; elles étaient, disait-on, en pleine déroute ; tous les corps étaient détruits ou désorganisés ; l'Empereur lui-même, impuissant à rallier les débris de l'armée, venait d'arriver à Paris.

Napoléon, entraîné par les généraux qu'il avait autour de lui, n'avait pu accomplir sa résolution de se faire tuer sur le champ de bataille au milieu des grenadiers de sa garde ; arraché, malgré lui, à l'espoir d'une fin glorieuse, au sein d'un désastre des moins prévus, il était descendu au palais de l'Elysée le 20, à onze heures du soir. Son projet était de ne rester dans la capitale que le temps nécessaire pour prévenir la commotion politique, résultat probable de la première nouvelle de la catastrophe; disposer les esprits à triompher de la crise dans laquelle la France allait entrer ; hâter les préparatifs de défense de Paris ; faire diriger sur Laon toutes les troupes, tous les renforts que l'on pourrait tirer des dépôts et des places de guerre ; en un mot, pour prendre, avant son départ, toutes les mesures nécessaires à l'exécution du plan de défense auquel il se croyait maintenant contraint de recourir. Un séjour de quarante-huit heures semblait devoir suffire à tous ces soins. L'Empereur comptait qu'en réunissant ses forces il lui resterait encore 150,000 hommes, auxquels se joindraient 100,000 fédérés et gardes nationaux. Les bataillons de dépôt pouvaient fournir sur-le-champ

50,000 hommes; 100,000 conscrits de nouvelle levée seraient armés avec les fusils des royalistes et des gardes nationaux peu dévoués. Le Dauphiné, le Lyonnais, la Bourgogne, la Champagne, la Lorraine pouvaient être appelés à se lever en masse; il y avait là assez d'éléments pour accabler l'ennemi. En moins de quatre jours, les 35,000 hommes de Grouchy et 40,000 combattants revenus de Waterloo, en tout 75,000 hommes, devaient être réunis autour de Laon, et dans les premiers jours de juillet, cette armée, grossie des dépôts de la garde impériale et de ceux des autres corps, se trouverait portée à 130,000 combattants. Les armées de la Russie et de l'Autriche n'avaient pas encore passé le Rhin, et Wellington et Blücher, obligés de laisser des corps d'observation devant les places fortes du nord et de masquer celles de la Somme, ne pouvaient guère arriver sur la ligne de l'Aisne avec plus de quatre-vingts à quatre-vingt-dix mille hommes. On avait dès lors un mois pour fortifier et armer l'enceinte de Paris, pour compléter l'organisation de la garde nationale et des fédérés de la capitale, et pour y faire arriver 6,000 gardes nationaux de la Bretagne, de la Normandie et de la rive gauche de la Loire, ainsi que 30,000 soldats de marine composant les 20 régiments de matelots organisés avant l'ouverture de la campagne. L'enceinte et les hauteurs de Paris devaient être armées de cinq à six cents bouches à feu et défendues par près de 100,000 gardes nationaux bien organisés et bien armés. Il était facile de préserver la capitale et de mettre promptement la France en état de résister victorieusement à l'invasion des troupes alliées, arrivant par la Belgique et par le Rhin. Suchet ayant rallié à ses troupes, qui s'étaient déjà mesurées avec succès contre l'ennemi, les gardes nationales du Lyonnais, d'une partie de la Bourgogne et du Dauphiné, devait refouler dans les gorges des Alpes l'armée autrichienne d'Italie.

Napoléon était revenu avec des plans admirablement conçus et dont le génie assurait l'heureuse exécution; il ne désespérait pas du salut de la patrie. Lorsqu'il rentra à l'Elysée, ce fut le duc de Vicence (Caulaincourt) qui le reçut. Napoléon paraissait succomber à la fatigue, à la douleur; sa poitrine était souffrante, sa respiration oppressée. « L'armée a fait des prodiges, dit-il d'une voix pénible; une terreur panique l'a saisie... tout a été perdu... je n'en puis plus... il me faut quelques heures de repos pour être à mes affaires. » Il ajouta en portant la main sur son cœur : « J'étouffe là. » Après quelques instants de silence, il reprit : « Mon intention est de réunir les deux Chambres en séance impériale; je leur peindrai les malheurs de l'armée; je leur demanderai les moyens de sauver la patrie; ensuite je repartirai. — Sire, lui répondit Caulaincourt, la nouvelle de vos malheurs a déjà transpiré; il règne une grande agitation dans les esprits; les dispositions des députés paraissent plus hostiles que jamais. Je regrette, Sire, de vous voir à Paris; il eût été préférable que vous ne vous fussiez pas séparé de l'armée. — J'espère cependant que les Chambres me seconderont, et qu'elles sentiront la responsabilité qui va peser sur elles. La majorité est bonne, elle est française : je n'ai contre moi que Lafayette, Lanjuinais, Flaugergues et quelques autres. Je les gêne. Ils voudraient travailler pour eux, je ne les laisserai point faire ; ma présence ici les contiendra. »

Les frères de l'Empereur, les ministres, un grand nombre de dignitaires et de généraux accoururent pour apprendre l'étendue et les détails du désastre. Quelques-uns des officiers revenus avec Napoléon firent de la déroute un tableau si lamentable que les visiteurs sortirent de l'Elysée avec la conviction que tout était perdu. Dans la matinée du lendemain, il se tint un conseil; le duc de Bassano y lut d'abord le bulletin de la bataille ; puis l'Empereur ayant pris la parole, dit : « Nos malheurs sont grands ! je suis venu pour les réparer, pour imprimer à la nation, à l'armée, un grand et noble mouvement. Si la nation se lève, l'ennemi sera écrasé ; si, au lieu de levées, de mesures extraordinaires, on dispute, tout est perdu ! L'ennemi va entrer en France. J'ai besoin pour sauver la patrie d'être investi d'un grand pouvoir ; dans l'intérêt de la patrie, je pourrais me saisir de ce pouvoir ; mais il serait plus utile et plus national qu'il me fût donné par les Chambres. » Ces paroles, écoutées dans le plus profond silence, restèrent sans réponse. La plupart des ministres baissaient les yeux. L'Empereur interpella Carnot : celui-ci ouvrit l'avis de déclarer la patrie en danger ; d'appeler aux armes tous les fédérés, tous les gardes nationaux ; de mettre Paris en état de siége et de se défendre à outrance. A la dernière extrémité, on se retirerait derrière la Loire ; on s'y retrancherait, et l'on y tiendrait l'ennemi en arrêt, jusqu'au moment où l'on aurait réuni et organisé, à l'aide de l'armée de la Vendée et des différents corps d'observation de l'Est et du Midi, des forces assez considérables pour reprendre l'offensive et purger le sol national de la puissance des alliés. Le duc de Vicence, Fouché, Decrès, Regnault de Saint-Jean-d'Angely, interrogés successivement, firent des réponses dictées les unes par la trahison, les autres par leur découragement. Decrès déclara nettement que les représentants paraissaient décidés à se porter aux plus violents excès. Regnault ajouta qu'il craignait qu'un grand sacrifice ne fût nécessaire. L'Empereur comprit qu'il s'agissait de son abdication ; et Regnault n'hésita pas à lui dire que s'il n'abdiquait pas de son propre mouvement, il était possible que la Chambre lui demandât ce sacrifice.

« Je me suis déjà trouvé dans des circonstances bien critiques, répliqua Lucien, et j'ai toujours vu que plus les crises sont fortes, plus on doit employer d'énergie. Si la Chambre, mise en demeure de seconder l'Empereur, refuse son concours, il faut que l'Empereur sauve la France à lui seul. Pour lui comme pour nous, le salut de la patrie doit être la première loi. Le refus de la Chambre une fois exprimé, l'Empereur doit se déclarer dictateur, il doit mettre le pays en état de siége, et appeler à la défense du sol national tous les patriotes, tout ce qui a du cœur.»

Carnot appuya cet avis. Alors Napoléon prit la parole et dit : « La présence de l'ennemi sur le sol national rendra aux députés, je l'espère, le sentiment de leurs devoirs. La nation ne les a point envoyés pour me renverser, mais pour me soutenir. Je ne crains rien pour moi, mais je crains tout pour la France. Si nous querellons entre nous au lieu de nous entendre, nous aurons le sort du Bas-Empire ; tout sera perdu. Le patriotisme de la nation, sa haine pour les Bourbons, nous offrent encore d'immenses ressources ; notre cause n'est point désespérée. »

Napoléon passa en revue tous les moyens qui restaient de réparer un désastre dont les véritables causes étaient encore inexplicables; malgré nos pertes, nous avions encore une armée imposante et un matériel formidable d'artillerie. On comptait à Vincennes et à Paris 500 pièces de campagne; d'autres parcs considérables existaient en outre sur la Loire. Les éléments pour une vigoureuse défensive ne manquaient pas. La majorité du conseil adopta l'opinion de Lucien et de Carnot, pour une résistance à outrance dirigée par l'Empereur, investi à cet effet d'un pouvoir sans limites. On décida que Paris serait déclaré en état de siége; que le centre du gouvernement et les Chambres, s'il en était besoin, seraient transférés à Tours; que le commandement de Paris serait donné au maréchal Davoust, et le ministère de la guerre au général Clausel; que le nombre des tirailleurs de la garde nationale parisienne (fédérés) serait immédiatement doublé, et qu'on leur distribuerait des armes dans la journée. On s'occupait d'assurer l'exécution de ces mesures, et déjà l'Empereur était prêt à porter ces décisions aux Chambres, lorsqu'on apprit que les représentants venaient de se déclarer en permanence, et de proclamer crime de haute trahison toute tentative d'ajournement et de dissolution. Les délibérations du conseil, la rédaction des actes et des ordres qu'il venait d'arrêter furent aussitôt suspendues.

Déjà la veille Fouché avait dépêché au duc de Wellington un émissaire chargé d'ouvrir des communications actives avec ce chef anglais, et pendant qu'il envoyait partout ses affidés sonner l'alarme, il avait réuni chez lui un certain nombre de représentants des plus hostiles à l'Empereur. Jay, Manuel, Flaugergues, d'Argenson, Dupin et Lafayette prirent part à ce conciliabule où la trahison, sans but arrêté, se proposait de faire servir à son intrigue des mobiles divers, et les égarements des aveugles passions. Lafayette et le député Henri Lacoste furent ceux qui provoquèrent avec le plus de violence la désorganisation et le renversement du gouvernement impérial; c'était pour la troisième fois depuis 1792 que le marquis de Lafayette, occupé d'intérêts étrangers à la défense du territoire, n'hésitait pas à compromettre les destinées de la France envahie. Dans ces tristes conjonctures, il se fit l'auxiliaire puissant de tous les traîtres, et sa motion aux représentants de se déclarer en permanence, cette proposition fatale inspirée par l'infernal génie du ministre de la police, fut appuyée par les niais du jacobinisme, par les partisans du duc d'Orléans, et par tous ceux qui avaient honte de voir s'accomplir une seconde Restauration. Fouché les jouait tous, se servant des uns et des autres, caressant chaque parti, lui promettant son concours, mais en réalité ne voulant pas se prononcer définitivement avant de savoir en faveur de qui la fortune se déclarerait. En se déclarant en permanence, les représentants s'arrogeaient tous les pouvoirs. L'Empereur, lorsqu'il connut la proposition de Lafayette, dit : « J'aurais dû ajourner cette Chambre avant mon départ; elle va perdre la France. « Puis, il ajouta en se levant : « Regnault ne m'avait pas trompé. J'abdiquerai s'il le faut. » Ces dernières paroles montrèrent aux ennemis de Napoléon tout ce qu'ils avaient chance d'oser avec succès. Elles enhardirent singulièrement beaucoup trop de gens qui ne pouvaient avoir que l'énergie de la peur ou de la lâcheté. Les Félix Desportes, les Jay, ce dernier surtout, qui avait le mot de Fouché, poussaient la Chambre à compléter son omnipotence en nommant une commission administrative de cinq membres qui seraient chargés de pourvoir aux moyens de protéger l'assemblée.

La commission fut nommée, et deux messages, coup sur coup, furent envoyés aux ministres pour les mander à la Chambre.

Lafayette, renouvelant ses menées de 1814, briguait le commandement en chef de la garde nationale que l'Empereur s'était réservé; à son instigation, plusieurs membres de l'assemblée, entre autres, MM. Denières et Pouilly-Lévêque, demandèrent que la Chambre elle-même nommât le commandant de cette garde; mais cette proposition ne fut pas accueillie; et Lafayette, qui se flattait d'être placé à la tête de la milice citoyenne, fut déçu dans son attente. Mais les ennemis de l'Empereur ne s'en montraient pas moins impatients de placer à la tête de la garde nationale un chef de leur choix. Le général Sébastiani, l'une de ces médiocrités militaires que la faveur de Napoléon avait grandies et qui avaient besoin d'un nouveau maître pour se délivrer de ce fardeau de la reconnaissance, qui est si lourd pour les âmes viles, renouvela à la tribune la proposition de mander devant la Chambre tous les chefs de légion de la garde nationale, et de leur ordonner de mettre chacun un bataillon sous les armes, afin de veiller à la sûreté de la représentation nationale. Ces précautions étaient évidemment dirigées contre l'Empereur; toute cette tourbe d'avocats pusillanimes dont se composait l'assemblée redoutaient bien plus la venue d'un décret d'ajournement, ou de dissolution, que l'entrée des Prussiens; au moindre bruit, il leur semblait entendre les pas d'un peloton de grenadiers accourant pour renouveler les scènes de la galerie de Saint-Cloud..... Voilà pourquoi il leur tardait tant de pouvoir enfin se mettre sous la protection des nombreuses baïonnettes de la bourgeoisie parisienne.

Pendant que Lafayette et ses collègues les plus fougueux aplanissaient les voies aux troupes de la coalition, une multitude de citoyens appartenant à la classe moyenne et aux classes ouvrières accouraient à l'Élysée pour solliciter des armes, et demander à marcher à l'ennemi.

L'indépendance de la nation était menacée; peuple et soldats, tous n'avaient foi qu'en un seul homme pour arrêter l'invasion et sauver la France. Aussi, Napoléon était salué par des acclamations frénétiques chaque fois que, dans sa promenade avec Lucien, il paraissait à l'extrémité de la principale allée du jardin.

« Eh bien, lui dit Lucien, vous l'entendez? on vous demande des armes; on veut que vous dirigiez toutes les force nationales... Il en est ainsi par tout l'empire... Abandonnerez-vous la France aux factions?... — Suis-je plus qu'un homme, repartit Napoléon en s'arrêtant et en répondant par un salut de la main aux cris enthousiastes de cette foule à qui un mot de lui aurait suffi pour qu'elle emportât d'assaut les deux Chambres, suis-je plus qu'un homme pour ramener à l'union, qui seule peut sauver la France, cinq cents députés égarés? ou suis-je un misérable chef de parti pour allumer inutilement la guerre civile? Non! jamais!... Que l'on essaie de ramener les Chambres, je ne demande pas mieux. Je puis tout avec elles; je pourrais beaucoup sans elles dans mon intérêt; mais je ne parviendrais peut-être pas à sauver la patrie. Allez vous-même les trouver... j'y consens... Je vous défends toutefois de haranguer en sortant ce peuple qui me demande des armes... Je suis prêt à tout tenter pour la France! je ne veux rien tenter pour moi... » Napoléon se décida à envoyer à l'assemblée un message pour l'inviter à l'union, et lui proposer de concerter avec son gouvernement les mesures nécessaires au salut public. Lucien fut nommé pour cette occasion son commissaire extraordinaire. « Allez! lui dit-il, et parlez de l'intérêt de la France, qui doit être cher à tous ses représentants! A votre retour, je prendrai le parti que me dictera mon devoir. »

Cependant l'assemblée, travaillée par l'infâme Fouché et ses complices, s'animait de plus en plus contre l'Empereur; dans son sein agité, on prononçait à haute voix les mots de *déchéance* et même d'*arrestation*. Lafayette, Manuel, Roy, Dupin, Henri Lacoste, Duchesne, enfin tous les chefs de file de la cohorte des conspirateurs orléanistes ou royalistes, et des repus qui voulaient un repos absolu, annonçaient l'intention de monter à la tribune et de convertir ces menaces en propositions formelles; ils se montraient intraitables; en voyant Lucien, le souvenir des journées de brumaire les livra au sentiment de la peur. Mais, dès qu'ils virent qu'il n'avait que des accents patriotiques et des paroles de conciliation, ce troupeau de lâches devint audacieux, une véritable tempête éclata dans la salle. enfin le tumulte s'apaise, et l'âme damnée de Fouché, M. Jay, exécutant la consigne qu'il a reçue de lui, interpelle les ministres de dire si la France peut résister aux armées de l'Europe, et si la présence de Napoléon n'est pas un obstacle invincible aux négociations et à la paix. Puis, sur la déclaration de Fouché qu'il n'avait rien à ajouter aux deux rapports alarmistes dans lesquels le ministre des relations extérieures et lui-même avaient exposé la situation de la France, M. Jay conclut, quant à l'intérieur, que la liberté publique ne s'établira jamais en France sous un chef militaire, et quant à l'extérieur, que la France, hors d'état de résister, succombera assurément dans cette guerre où les puissances ne s'étaient pas armées contre elle, mais contre Napoléon seul. Il termina en demandant à la Chambre la nomination d'une commission qui serait chargée d'aller demander à Napoléon son abdication, et de lui annoncer qu'en cas de refus, l'assemblée prononcerait sa déchéance. L'orateur avait parlé des divisions qui agitaient l'intérieur ; il avait représenté l'armée découragée, décimée par la défection ; il avait exagéré ses pertes et les forces de l'ennemi. Les royalistes de la Vendée venaient d'être anéantis par le général Lamarque ; les divisions n'étaient donc plus à craindre. Lucien, dans sa réplique, le battit sur ce point, et il ne lui fut pas difficile de démontrer que les bataillons de garde nationale, récemment mobilisés, réunis aux troupes de ligne disponibles, suffiraient seuls pour rejeter l'étranger hors du territoire. Lucien y combattit la crédulité des dupes qui avaient déjà oublié qu'en 1814 les souverains, après avoir juré, en présence des dieux et des hommes, de respecter nos lois et notre indépendance, n'avaient pas hésité à violer tous leurs serments. « Songez, dit Lucien en terminant, que notre salut dépend de notre union, et que vous ne pouvez vous séparer de l'Empereur, et l'abandonner à ses ennemis sans perdre l'État, sans manquer à vos serments, sans flétrir à jamais l'honneur national. »

La majorité des députés se montrait ébranlée, quand Lafayette, ce mauvais génie de la France, qui ne craignit jamais de sacrifier l'indépendance de la patrie à ses idées étroites de liberté, s'écria en s'adressant à Lucien : « Vous nous accusez de manquer à nos devoirs envers l'honneur, envers Napoléon ! Avez-vous oublié tout ce que nous avons fait pour lui? Avez-vous oublié que les offres de nos enfants, de nos frères, attestent partout notre fidélité ? Dans les sables de l'Afrique, sur les bords du Guadalquivir et du Tage, sur les rives de la Vistule et dans les déserts glacés de la Moscovie, depuis plus de dix ans, 3 millions de Français ont péri pour un homme qui veut lutter encore aujourd'hui contre l'Europe ! Nous avons assez fait pour lui ; maintenant notre devoir est de sauver la patrie ! »

Cette violente apostrophe détruisit l'effet de la harangue de Lucien. Ce mensonge des 3 millions de Français morts pour un seul homme, cette monstrueuse hyperbole ranima toutes les colères vraies ou factices, et, de toutes parts, on lançait la malédiction au vaincu de Waterloo. Manuel, Henri Lacoste, Dupin, Girod (de l'Ain), enfin tous ces précurseurs des partisans futurs de la paix à tout prix, appuyèrent la proposition de M. Jay. Toutefois, la crainte du peuple et des soldats présents à Paris enchaînait encore les votes, et l'abdication ne fut pas mise aux voix. Mais les ennemis de Napoléon ne renoncèrent pas à la lui arracher, et plusieurs membres mécontents déclarèrent aux ministres et à Lucien que si l'Empereur n'abdiquait pas, sa déchéance serait ouvertement proposée dans la séance du lendemain.

La Chambre des pairs se traîna à la remorque de celle des représentants. Lucien put se convaincre qu'on ne pouvait compter ni sur l'une ni sur l'autre, et que dans la pairie il y avait aussi des conspirateurs. Thibaudeau, Pontécoulant, Boissy-d'Anglas, Quinette, entraînèrent une majorité qui déclara Napoléon traître à la patrie, s'il usait de son droit constitutionnel de dissolution.

Lucien, de retour à l'Elysée, déclara à l'Empereur qu'il lui semblait impossible de ramener la Chambre des représentants, et qu'il fallait ou abdiquer ou la dissoudre : il conseilla la dissolution, que combattirent Caulaincourt et Maret. Ceux-ci prétendirent que ne pas se soumettre, c'était exposer Napoléon à un décret de déchéance qui lui ôterait la faculté de faire passer la couronne sur la tête de son fils. Napoléon répondit qu'il réfléchirait, et il se rendit dans les jardins du palais, où l'attendait Benjamin Constant qu'il avait fait demander. Dès les premiers mots de celui-ci sur la bataille de Waterloo, l'Empereur lui dit : « Il ne s'agit plus de moi à présent, il s'agit de la France. On veut que j'abdique ! A-t-on calculé les suites inévitables de cette abdication ? C'est autour de moi, autour de mon nom que se groupe l'armée ; m'enlever à elle, c'est la dissoudre ; si j'abdique aujourd'hui, nous n'aurons plus d'armée dans deux jours. Cette armée n'entend pas toutes vos subtilités. Croit-on que des axiomes métaphysiques, des déclarations de droits, des discours de tribune, empêcheront une débandade ? Me repousser quand je débarquais à Cannes, je l'aurais conçu ; m'abandonner aujourd'hui, je ne le comprends pas. Ce n'est pas quand l'ennemi est à quelques lieues qu'on renverse un gouvernement avec impunité. Pense-t-on que des phrases donneront le change aux étrangers ? Si l'on m'eût renversé il y a quinze jours, c'eût été du courage : mais je fais partie maintenant de ce que l'Europe attaque, je fais donc partie de ce que la France doit défendre. En me livrant, elle se livre elle-même, elle avoue sa faiblesse, elle se reconnaît vaincue, elle encourage l'audace du vainqueur. Ce n'est pas la liberté qui me dépose, c'est Waterloo, c'est la peur, une peur dont vos ennemis profiteront. — Et quel est donc le titre de la Chambre pour me demander mon abdication ? elle sort de sa sphère légale, elle n'a plus de mission : mon droit, mon devoir est de la dissoudre. »

Napoléon aurait pu se passer des représentants et se mettre à la tête d'une armée fidèle, qui se serait grossie de la masse agissante, de cette classe véhémente et nombreuse, facile aux émotions patriotiques, toujours prête aux grands sacrifices, qui vit des travaux des champs et peuple les ateliers des villes. Les manifestations de la classe ouvrière lui montraient assez de quel côté était son salut et celui de la France. Le revers de Waterloo, loin d'abattre le courage de ces hommes, exaltait leur patriotisme. Debout sur les parties les plus élevées de l'avenue, montés sur les murs du jardin, perchés sur les arbres, afin de mieux voir le glorieux vaincu, tous le saluaient de leurs acclamations, tous offraient de mourir pour la France et pour lui. Ces cris se mêlaient à cet entretien sur l'abdication. « Vous le voyez, dit l'Empereur à Benjamin Constant, ce ne sont pas ceux-là que j'ai comblés d'honneurs et de richesses! que me doivent-ils? Je les ai trouvés pauvres et je les ai laissés pauvres. Mais l'instinct de la nationalité les éclaire, la voix du pays parle par leur bouche, et si je le veux, si je le permets, dans une heure la Chambre rebelle n'existera plus. Mais non, ajouta-t-il après un moment de silence, la vie d'un homme ne vaut pas ce prix ; je ne suis pas revenu de l'île d'Elbe pour que Paris soit inondé de sang. »

La trame ourdie par Fouché avançait vers son but : les commissaires des deux Chambres et les ministres décidèrent qu'une commission serait chargée de négocier directement avec les puissances coalisées. Déjà, dans cet acte, les droits et le titre de Napoléon étaient méconnus : cinq voix protestèrent contre l'absence d'un vœu formel pour l'abdication ; ces voix étaient celles de Fouché, Lanjuinais, Flaugergues, Lafayette et d'un pair dont le nom n'a pas été révélé. Cette abdication, Fouché était impatient de pouvoir la proclamer ; il lui fallait l'abdication ou la déchéance. Aux impérialistes, il affirmait que l'Autriche accepterait une régence au nom du roi de Rome ; aux orléanistes, il certifiait que les puissances laisseraient la France libre de choisir le gouvernement qui lui conviendrait ; en même temps Lafayette, Lanjuinais et quelques autres signalaient à la Chambre les dangers de son hésitation. « Demain, ce soir peut-être, disaient-ils, un nouveau coup d'Etat plongera la France sous le despotisme le plus intolérable et dans la plus effroyable anarchie. » Si l'avis de Lucien eût été suivi, un coup d'Etat ne se fût pas fait attendre. Il voulait que l'Empereur se rendît aux Tuileries, qu'il réunît toutes les troupes présentes à Paris, les 6,000 hommes du dépôt de la garde impériale, les fédérés de la garde nationale, et qu'après y avoir convoqué le Conseil d'Etat et les ministres, il prononçât l'ajournement des deux Chambres. « Les représentants, disait-il, pourront protester, ils ne résisteront pas. » Ces conseils énergiques ne furent pas suivis : Fouché proposa l'abdication en faveur de Napoléon II, et il fut soutenu d'un côté par tous les ambitieux qui aspiraient aux bénéfices d'une régence, de l'autre par les ennemis du gouvernement impérial, à qui il faisait entendre que la régence était une impossibilité. En attendant, la Chambre achevait de se déshonorer par sa terreur des étrangers. Trois représentants, MM. Legrand, Crochon et Duchesne, portèrent à la tribune l'expression de leur lâcheté. Le premier toutefois fut accueilli par les cris : *à bas! à l'ordre!* Enfin, Regnault de Saint-Jean-d'Angely vint annoncer qu'avant trois heures la Chambre recevrait un message qui remplirait ses vues. Ce délai parut encore trop long. « Vous n'avez qu'un parti à prendre, s'écria M. Duchesne, c'est d'engager l'Empereur, au nom du salut de l'Etat, au nom sacré de la patrie qui souffre, à déclarer son abdication.—Oui, oui, c'est cela! appuyé!» hurle-t-on de toutes parts. — Après un autre député, qui, de toutes les forces de sa voix, demandait l'abdication instantanée, Lafayette s'écria : «Si elle tarde encore à venir, je proposerai la déchéance! » *Bravo! bravo!* vociféra-t-on sur tous les bancs au milieu du tumulte général. Solignac s'élance à la tribune, il propose qu'une députation de cinq membres soit nommée pour se rendre auprès de l'Empereur et lui exprimer l'urgence de sa décision. Trois fois Solignac prit la parole : la seconde fois c'était pour amender sa proposition; il pensait qu'il était convenable que la Chambre attendît une heure le message annoncé. Une partie des représentants jeta les hauts cris : Lafayette, Sébastiani, Roy, Manuel, Flaugergues, Dupin, Duchesne, Girod (de l'Ain) et Henri Lacoste s'indignaient d'un aussi long retard et réclamaient l'abdication immédiate : ce fut alors que Solignac se présenta une troisième fois et dit : « Nous voulons tous sauver la patrie; mais ne pouvons-nous concilier ce sentiment unanime avec le désir honorable pour la Chambre de conserver l'honneur du chef de l'Etat? Si je demandais d'attendre à ce soir, à demain, on pourrait m'opposer quelqes considérations; mais une heure!!

L'assemblée consultée accorda à Napoléon le délai d'une heure pour abdiquer sa couronne. Sur ces entrefaites, le prince d'Ekmül vint donner à la Chambre des nouvelles de l'armée; elles étaient des plus satisfaisantes; les moyens de repousser l'invasion étaient encore formidables. Les représentants, sans patriotisme, n'étaient préoccupés que de la pensée de renverser l'homme qui pouvait les grandir et les utiliser : à peine une demi-heure s'était écoulée, qu'ils voulaient reprendre la séance. La Chambre, disaient-ils, ne devait pas souffrir qu'on la fît attendre. Dans les groupes, on n'entendait que ces exclamations : *C'est différer trop longtemps! il faut le décréter d'accusation! il faut le faire arrêter!* — Enfin, par un billet de Fouché à Manuel, on apprend que l'Empereur dicte une abdication, et que, sous peu d'instants, il sera donné communication du texte.

De quart d'heure en quart d'heure, l'Empereur était instruit de ce qui se passait au palais Bourbon. En apprenant la motion du général Solignac prononçant le sursis d'une heure et le vote qui l'avait suivie, sa fierté fut blessée, il s'indigna : « Comment, s'écria-t-il, de la violence! puisque c'est ainsi, je n'abdiquerai pas. La Chambre n'est composée que de jacobins, d'ambitieux que j'aurais dû dénoncer à la nation et chasser ! Mais le temps perdu peut se réparer ! » Plût à Dieu que ces hommes, dont il se plaignait, eussent été des jacobins, ils l'auraient servi pour sauver la patrie. Les Lafayette, les Lanjuinais, les Sébastiani, les Roy, les Dupin, les Flaugergues, les Henri Lacoste, les Duchesne, les Layraud, étaient précisément de ces êtres mixtes qui croient que le peuple doit être satisfait quand sur les hauteurs de la classe moyenne on rêve et dort en repos.

Lorsque l'agitation de l'Empereur fut un peu calmée, Regnault lui dit: « Ne cherchez point, je vous en conjure, à lutter plus longtemps contre la force des choses, ne laissez pas à la Chambre le moyen de vous accuser d'avoir empêché d'obtenir la paix. En 1814, vous vous êtes sacrifié au salut de tous ; renouvelez aujourd'hui ce grand, ce généreux sacrifice. — Mon intention n'a jamais été de refuser d'abdiquer, répliqua l'Empereur; mais je veux qu'on me laisse y songer en paix dans l'intérêt de la France et de mon fils. Quand j'aurai abdiqué, ajouta-t-il en promenant ses regards sur ses ministres, vous n'aurez pas d'armée... Dans huit jours l'étranger sera sous Paris. » Pendant ces retards, plusieurs membres de la Chambre des représentants vinrent l'engager à presser son abdication, s'il voulait prévenir un décret de déchéance. Le commandant militaire du Palais législatif accourut lui dire de la part du président Lanjuinais que la Chambre ne voulait plus attendre et menaçait de prononcer sa mise hors la loi. Enfin Napoléon se rendit aux instances de Joseph et de Lucien : « Écrivez à ces messieurs de se tenir tranquilles, dit l'Empereur à Fouché ; ils vont être satisfaits, et il dicta:

Déclaration au peuple français.

« Français !

« En commençant la guerre pour soutenir l'indépendance nationale, je comptais sur la réunion de tous les efforts, de toutes les volontés et sur le concours de toutes les autorités nationales; j'étais fondé à en espérer le succès et j'aurais bravé toutes les déclarations des puissances contre moi.

« Les circonstances me paraissent changées. Je m'offre en sacrifice à la haine des ennemis de la France... Puissent-ils être sincères dans leurs déclarations et n'en avoir réellement voulu qu'à ma personne. Ma vie politique est terminée, et je proclame mon fils, sous le titre de *Napoléon II, empereur des Français*.

« Les ministres actuels formeront provisoirement le conseil de gouvernement. L'intérêt que je porte à mon fils m'engage à inviter les Chambres à organiser, sans délai, la régence par une loi.

« Unissez-vous tous pour le salut public et pour rester une nation indépendante!

« NAPOLÉON. »

Au Palais de l'Élysée, ce 22 juin 1815.

Lorsque le président eut donné lecture de cette déclaration à l'assemblée, de lâches applaudissements se firent entendre. Cette honteuse manifestation fut mal accueillie de la majorité. On murmurait encore lorsque Fouché, voulant masquer aux yeux du public, derrière quelques semblants de respect, le rôle infâme qu'il jouait depuis deux jours, monta sur-le-champ à la tribune: « Ce n'est pas, dit-il, à une assemblée de Français qu'il est nécessaire de recommander les égards dus à Napoléon, et de rappeler les sentiments que son malheur doit inspirer. Les représentants de la nation n'oublieront pas, dans les négociations qui vont s'ouvrir, de stipuler les intérêts de celui qui, pendant de longues années, a présidé aux destinées de la patrie. Je propose donc à la Chambre de nommer, séance tenante, une commission de cinq membres qui sera chargée de se rendre auprès des puissance alliées pour y traiter des intérêts de la France. Je demande que cette commission puisse partir demain. » Fouché avait hâte d'entrer en communication officielle avec l'ennemi. M. Dupin avait aussi son arrière-pensée : il voulait préparer les voies du duc d'Orléans, en préservant l'abdication d'être arguée de nullité. « L'abdication de l'empereur Napoléon était nécessaire, dit-il; mais elle est grande, généreuse; elle mérite l'expression de la reconnaissance nationale; votre premier devoir est de l'accepter, au nom de la nation que vous représentez. » En conséquence, il proposait une délibération sur cette acceptation et sur la nomination d'une commission exécutive, chargée de préparer la nouvelle constitution que devrait jurer le prince choisi par le peuple. L'assemblée devait se déclarer Assemblée nationale. M. Dupin voulait écarter Napoléon II au profit du duc d'Orléans. M. Mourgues prit la parole pour proposer de déclarer le trône vacant, de nommer le général Macdonald généralissime provisoire des troupes de terre et de mer, et le général Lafayette général en chef provisoire des gardes nationales de France. La Chambre des représentants devait se déclarer Assemblée constituante.

Ces motions de MM. Dupin et Mourgues foulaient aux pieds la condition mise par l'Empereur à son abdication. Un ex-conventionnel, M. Garrou, osa seul faire une protestation indirecte en faveur des droits de Napoléon II; il n'y avait plus parmi cette tourbe d'avocats et de fonctionnaires publics, ni loyauté ni patriotisme. Avant la corruption parlementaire qui a suivi 1830, on n'aurait pu croire qu'un député, cela arriva à M. Dubarch, pût

RETRAITE DE MOSKOW.

être écrasé sous ces cris : *A bas! à l'ordre!* pour avoir dit de l'Angleterre qu'elle était depuis longtemps notre ennemie ! Ces gens-là, parmi lesquels Girod (de l'Ain) était un des plus intraitables, osaient se dire des représentants de la nation ! Tout ce monde avait perdu le sens, ou sous l'influence de l'égoïsme ou sous celle de la peur. Le maréchal Ney démentant, à la Chambre des pairs, les nouvelles de l'armée données par le ministre de la guerre, donna le signal d'un véritable *sauve qui peut politique.*

Le comte Labédoyère insista au sein de la pairie pour que Napoléon II fût proclamé. « C'est, dit-il, pour son fils que Napoléon a abdiqué ; faudra-t-il donc que le sang français n'ait encore coulé que pour nous replacer sous le joug odieux des étrangers, ou pour nous faire courber la tête sous un gouvernement provocateur de guerre civile? L'Empereur s'est expliqué : son abdication est indivisible; elle est nulle si on ne reconnaît pas son fils. » M. de Ségur appuya les observations de Labédoyère. Lucien vint demander aux pairs de reconnaître Napoléon II comme empereur des Français. « J'en donne le premier l'exemple, dit-il, je lui jure fidélité ! » Une explosion de murmures accueillit ces paroles. Le comte Pontécoulant continua à lui dénier sa qualité de Français : il avait été comblé de bienfaits par l'Empereur, et il n'hésitait pas à repousser le fils et à offenser le frère de son bienfaiteur. Le comte Boissy-d'Anglas soutint l'ajournement de la proposition de Lucien. La conduite de cette assemblée, si impatiente de se séparer de l'Empereur et de l'empire, fit éclater l'indignation de Labédoyère. « Je répéterai, s'écria-t-il, ce que j'ai dit ce matin : Napoléon a abdiqué en faveur de son fils; son abdication est nulle, de toute nullité, si on ne proclame pas à l'instant Napoléon II.

« Eh ! qui s'oppose à cette résolution? ajouta-t-il en s'animant par degrés. Ce sont ces individus, constants adorateurs du pouvoir, qui savent se détacher d'un monarque avec autant d'habileté qu'ils en montrèrent à le flatter. Je les ai vus autour du trône, aux pieds du souverain heureux ; ils s'en éloignent quand il est dans le malheur ! Ils repoussent aussi Napoléon II, parce qu'ils sont pressés de recevoir la loi des étrangers, à qui déjà ils donnent le nom d'*alliés*, d'*amis*, peut-être... (Murmures.)

« Oui ! l'abdication de Napoléon est indivisible ; et si l'on refuse de proclamer le prince impérial, je le déclare, Napoléon doit tirer l'épée ! Il se verra à la tête d'une armée de 100,000 hommes; tous les cœurs généreux viendront à lui ; il sera entouré de ces braves guerriers couverts de blessures et prêts encore à sacrifier pour sa cause, pour la France, la dernière goutte de leur sang ! Malheur à ces généraux vils qui l'ont déjà abandonné, et qui peut-être en ce moment méditent de nouvelles trahisons ! (Les murmures augmentent.)

« Napoléon, en abdiquant sa puissance pour sauver la patrie, a fait ce qu'il devait au pays, à lui-même. Mais la nation serait-elle digne de lui, si, pour la seconde fois, elle l'abandonnait dans les revers? (Vive agitation sur tous les bancs.) Ne l'avons-nous pas déjà abandonné une fois? l'abandonnerons-nous encore? Quoi! il y a quelques jours à peine, à la face de l'Europe, devant la France assemblée, vous juriez de le défendre! (L'agitation devient plus violente.) Où sont donc ces serments, cette ivresse, ces milliers d'électeurs, organe de la volonté du peuple? Napoléon les retrouvera si, comme je le demande, on déclare que tout Français qui désertera ses drapeaux sera jugé selon la rigueur des lois; que son nom sera déclaré infâme, sa maison rasée, sa famille proscrite... (Violentes exclamations.) Alors, plus de traîtres, plus de ces manœuvres qui ont occasionné les dernières catastrophes et dont peut-être quelques auteurs siègent ici!... »

A ces mots, que Labédoyère venait de prononcer en arrêtant ses yeux sur un maréchal présent à la séance, la Chambre entière se lève et semble demander une réparation; les cris *à l'ordre!* éclatent dans toute la salle. « Ecoutez-moi, répète plusieurs fois l'orateur. — Je n'écoute rien, répond le comte de Valence; désavouez ce que vous avez dit! — Jeune homme, dit à son tour le vieux maréchal Masséna, vous venez de vous oublier. — Il se croit sans doute encore au corps-de-garde, » ajouta le comte de Lameth.

Labédoyère ne pouvait garder plus long-temps la tribune. Avant de la quitter, son regard parcourt lentement l'assemblée, puis il s'écrie : « Il est donc décidé, grand Dieu! qu'on n'entendra jamais dans cette enceinte que des voix basses! » Les cris *à l'ordre!* retentissent avec une nouvelle force; sur tous les bancs la colère est au comble. « Oui! s'écrie Labédoyère avec un geste indigné et en quittant la tribune, depuis dix ans, il ne s'est fait entendre dans cette salle que des voix basses! » Le tumulte devient effroyable. Pendant long-temps la voix du président ne peut se faire entendre. Lorsque le bruit, grâce à la lassitude de l'assemblée, est enfin un peu calmé, le président prononce le rappel à l'ordre de Labédoyère, et la discussion continue.

« Si l'Empereur avait été tué, s'écrie le comte de Flahaut, n'est-ce pas son fils qui lui succéderait? Il a abdiqué, il est mort politiquement : pourquoi son fils ne lui succéderait-il pas?

« — Est-ce donc le moment de s'occuper des personnes? réplique le duc Decrès avec un extrême emportement. Avant tout la patrie! Ne perdons pas un moment pour la sauver. Je demande que la discussion soit fermée. »

Ces mots mirent fin à la discussion. L'ajournement de la proposition de Lucien fut adopté. Le gouvernement provisoire fut complété par l'adjonction du duc de Vicence et du baron Quinette. Cette opération terminée, la Chambre se sépara. Il était trois heures du matin. Pendant la soirée, le bureau de la Chambre des représentants s'était rendu à l'Elysée pour remercier l'Empereur de son abdication, et lui déclarer que le sacrifice était accepté. Les représentants furent introduits près de Napoléon. Il était seul, debout, sans appareil. M. Lanjuinais lui lut la résolution de la Chambre.

« Je vous remercie des sentiments que vous m'exprimez, répondit l'Empereur avec un accent empreint d'une involontaire émotion ; je désire que mon abdication puisse faire le bonheur de la France ; mais je ne l'espère point ; elle laisse l'Etat sans chef, sans direction politique. Le temps perdu à me renverser aurait pu être employé à mettre la France en état d'écraser l'ennemi. Je recommande à la Chambre de renforcer promptement les armées : qui veut la paix doit se préparer à la guerre. Ne mettez pas cette grande nation à la merci des étrangers ; craignez d'être déçus de vos espérances : c'est là qu'est le danger ! Dans quelque position que je me trouve, je serai toujours bien si la France est heureuse. Je recommande mon fils à la France. J'espère qu'elle n'oubliera pas que je n'ai abdiqué que pour lui. Je l'ai fait aussi, ce grand sacrifice, pour le bien de la nation ! ce n'est qu'avec ma dynastie qu'elle peut espérer d'être libre, heureuse et indépendante. »

Le président et ses collègues allaient se retirer lorsque le bureau de la Chambre des pairs entra ; M. de Lacépède le conduisait. A la vue de ces hommes dont l'ingratitude avait trompé son attente, l'Empereur éprouva une pénible impression, aussi la réponse qu'il leur fit n'eut-elle rien d'affectueux ; le reproche, au contraire, perçait sous chacune des phrases qu'il leur adressa.

« Je n'ai abdiqué que pour mon fils, leur dit-il ; si les Chambres ne le proclamaient pas, mon abdication serait nulle..... Je rentrerais dans tous mes droits..... D'après la marche que l'on prend, on ramènera les Bourbons..... Vous verserez bientôt des larmes de sang..... On se flatte d'obtenir d'Orléans ; mais les Anglais ne le veulent pas. D'Orléans lui-même ne voudrait pas monter sur le trône sans que la branche régnante eût abdiqué. Aux yeux des rois de droit divin, ce serait aussi un usurpateur. »

Les deux présidents ne se sentirent pas le courage de rapporter aux Chambres les réponses de Napoléon. Le lendemain, les journaux les publièrent, mais tronquées et indignement travesties.

Pendant qu'aux Tuileries la commission du gouvernement prenait possession du souverain pouvoir, les frères et les serviteurs intimes de l'Empereur réunis autour de lui à l'Elysée, regrettaient déjà l'abdication. Les illusions de la veille sur une régence sauvant du naufrage de Waterloo la dynastie napoléonienne et l'établissement impérial, commençaient à s'évanouir. Cependant les nouvelles satisfaisantes qu'on avait reçues de l'armée se confirmaient, et il n'était plus possible de les regarder comme des fables destinées à tromper l'opinion sur les chances d'une résistance sérieuse de l'ennemi.

L'abdication, on le reconnaissait, avait été trop précipitée : on s'était trop hâté d'un jour. Mais un moyen existait pour l'annuler. La Chambre des représentants avait jusqu'alors évité de prononcer le nom de Napoléon II. Les amis de l'Empereur résolurent de la mettre en demeure de se déclarer. Si, à l'exemple de la Chambre des pairs, elle repoussait la proclamation des droits du prince impérial, condition absolue de l'abdication, cette abdication dès lors devenait nulle; Napoléon ressaisissait sa couronne et son épée. M. Defermont devait engager le débat, MM. Bérenger et Dupin lui en offrirent l'occasion. Le premier ayant demandé que les membres du gouvernement provisoire fussent déclarés collectivement responsables, et le second ayant proposé d'exiger de Fouché et de ses collègues serment *d'obéissance aux lois et de fidélité à la nation.*

« Mais qui de nous a caractère pour recevoir ce serment? dit aussitôt Defermont. A qui la commission le prêtera-t-elle si nous ne déterminons pas au nom de qui nous voulons faire marcher notre système constitutionnel? Que feront également, dans cet état de choses, nos autorités administratives et judiciaires? Je le demande, Messieurs, avons-nous ou n'avons-nous pas un empereur des Français? Il n'est personne, parmi nous, qui ne se dise à lui-même : Nous avons un empereur dans la personne de Napoléon II! (De toutes parts : *oui! oui!*)

« Je demande, s'écria un membre de sa place, que la Chambre suspende cette discussion jusqu'à ce qu'elle soit instruite du résultat des négociations avec les souverains alliés. »

Des cris de *non! non! à l'ordre!* partent de toutes les parties de l'assemblée. M. Defermont continue : Napoléon Ier a régné en vertu de nos lois fondamentales; Napoléon II est donc notre souverain. (Les cris de : *oui! oui!* se renouvellent). Lorsqu'on verra que nous nous prononçons en faveur du chef que nos constitutions nous ont désigné, on ne pourra plus dire à la garde nationale que c'est parce que vous attendez Louis XVIII que vous ne délibérez pas (*non! non!*); nous rassurerons l'armée, et il n'y aura plus de doute sur le maintien constitutionnel de la dynastie de Napoléon... »

A ces mots, un sentiment subit d'enthousiasme saisit cette étrange assemblée; des cris prolongés de *vive l'Empereur!* partent de tous les bancs. Plusieurs voix demandent que ce mouvement spontané de la Chambre soit consigné au procès-verbal. La proposition est adoptée.

M. Bérenger paraît une seconde fois à la tribune, et craignant sans doute de voir la Chambre voter sous l'impression de l'enthousiasme qu'elle venait de manifester, il conclut en demandant « au moins la réflexion de la nuit. »

L'appréhension de M. Bérenger n'avait rien de fondé; la Chambre, pendant son discours, s'était singulièrement calmée. Frappé de ce changement, M. Boulay (de la Meurthe) prit la parole. « Je remarque avec surprise, dit-il, du silence et de l'hésitation. Cependant je crois qu'il n'est aucun de nous qui ne professe que Napoléon II est notre empereur ; mais hors de cette enceinte, il en est qui parlent d'une autre manière. Des journalistes affectent de considérer le trône comme vacant. Je le déclare, l'assemblée serait perdue, la France périrait, si le fait pouvait être mis en doute. Il ne peut pas y avoir de question à cet égard. N'avons-nous pas une monarchie constitutionnelle ? L'Empereur mort, l'Empereur vit. Napoléon Ier a déclaré son abdication ; par cela seul, Napoléon II est empereur des Français. Vous ne pouvez même pas délibérer : la loi a décidé la question. L'abdication de l'Empereur est indivisible ; on ne peut pas seulement l'admettre pour une partie.

« Je vois que nous sommes entourés de beaucoup d'intrigants, de factieux qui voudraient faire déclarer le trône vacant, afin de réussir à y placer les Bourbons. (*Non ! non !*) Messieurs, si le trône était censé vacant, vous pourriez compter sur la perte absolue de la France ; elle ne tarderait pas à éprouver le misérable sort de la Pologne ! (*Une voix :* et de l'Espagne !) Les puissances alliées se partageraient nos plus belles provinces ; et si elles assignaient aux Bourbons un coin de l'empire, ce serait dans l'espoir de s'emparer de cette dernière portion.

« J'en appelle aux sentiments de tous les bons Français. (Marques d'impatience...) Rien ne pourra m'empêcher de dire la vérité. (Murmures...) Je ne crains rien. Depuis longtemps j'ai fait le sacrifice de ma vie. Je vais *mettre le doigt sur la plaie !* Il existe une nouvelle faction d'Orléans. (Nouveaux murmures...) Oui ! je sais... (Interruption...) On a beau m'interrompre... je parle d'après des renseignements certains... Je sais que cette faction est purement royaliste. Je sais que son but secret est d'entretenir des intelligences même parmi les patriotes. Au reste, il est douteux que le duc d'Orléans voulût accepter la couronne, ou, s'il l'acceptait, ce ne serait que pour la restituer à Louis XVIII. (Un membre : Je puis l'assurer positivement !) Je demande que l'assemblée déclare et proclame qu'elle reconnaît Napoléon II pour empereur des Français. »

Une moitié de l'assemblée applaudit, l'autre moitié manifeste son opposition. Plusieurs membres proposent d'imposer aux commissaires, chargés de traiter avec les souverains alliés, la condition de demander à l'empereur d'Autriche, comme un gage de paix, le jeune Napoléon et sa mère ; puis il termine en invitant la Chambre à renvoyer à ses bureaux l'examen de la question.

« Voulez-vous donc ajourner la délibération jusqu'à ce que Wellington soit à nos portes ? » s'écrie Regnault (de Saint-Jean-d'Angely).

« Messieurs, dit à son tour le général Mouton-Duvernet, je ne suis pas orateur, je suis soldat. L'ennemi marche sur Paris ; il faut que vous ayez des armées à lui opposer. Proclamez Napoléon II : à ce nom, il n'y aura pas de Français qui ne s'arme pour défendre l'indépendance nationale. »

M. Dupin, qui voulait absolument la royauté pour le duc d'Orléans, s'écria : « Gardons-nous *d'interpréter* le vœu de la nation et de lui *dicter* un choix.

« On demande ce que nous aurons à opposer à l'ennemi : je répondrai, la nation ! c'est au nom de la nation qu'on se battra, qu'on négociera; c'est de la nation qu'on doit attendre le choix du souverain; c'est la nation qui précède tout gouvernement et qui lui survit. »

Les hommes ralliés autour du duc d'Orléans étaient les adversaires les plus énergiques que rencontrât la déclaration des droits du prince impérial; et en cela ils croyaient agir d'accord avec Fouché, mais celui-ci semblait maintenant se déclarer pour Napoléon II. C'était encore une feinte, un moyen d'endormir l'armée qui se concentrait nombreuse autour de Paris. Si l'on ne jetait point à l'enthousiasme crédule des soldats le nom de Napoléon II, ne devait-on pas craindre de les voir se rallier autour de Napoléon Ier et le replacer à leur tête? D'un autre côté, l'Empereur ne pouvait-il pas aller lui-même au-devant des vœux de l'armée, si l'avénement de son fils, condition absolue de son abdication, était repoussé par la Chambre? Tous les rapports venus de l'Elysée étaient unanimes pour présenter Napoléon comme décidé à prendre ce parti; il laissait échapper, disait-on, des regrets, des plaintes, des menaces; et Lucien, ainsi que tous les officiers encore réunis à l'Elysée, le pressaient de ne pas attendre. Il devenait donc urgent d'enlever à l'Empereur tout prétexte de ressaisir son épée. La déclaration des droits donnés à Napoléon II par l'abdication de l'Empereur, eut soudainement dans le duc d'Otrante un partisan intrépide; ses affidés manœuvrèrent donc pour l'obtenir. Manuel se chargea d'amener la Chambre à se prononcer, ainsi que Fouché le désirait. Il fit adopter cet ordre du jour motivé qui fut regardé alors comme une proclamation de Napoléon II, mais qui, en réalité, n'était qu'une indigne déception, un mensonge destiné à tromper le peuple et l'armée et dont les alliés ainsi que les Bourbons devaient seuls profiter. Le même ordre du jour fut voté sans discussion et à l'unanimité, dans la Chambre des pairs, et l'on put croire que pairs et représentants s'étaient prononcés pour Napoléon II.

Pendant que Fouché, président du gouvernement provisoire, jouait ainsi tous les partis, et préludait au marché qu'il voulait conclure avec Louis XVIII, Benjamin-Constant, admis auprès de Napoléon, lui demandait quelle retraite il comptait choisir. « Je ne suis pas encore fixé, lui répondit l'Empereur; la fuite me répugne. Pourquoi, d'ailleurs, ne resterais-je pas ici? que voulez-vous que fassent les étrangers à un homme désarmé? J'irai à la Malmaison, j'y vivrai dans la retraite avec quelques amis qui ne viendront certainement que pour moi. » Et alors, a dit Benjamin-Constant, il décrivait avec complaisance et même avec une sorte de gaieté son genre de vie nouveau. Puis, rejetant cette idée, il ajoutait : « Si l'on ne veut pas me laisser en France, où veut-on que j'aille? en Angleterre? Mon séjour y serait ridicule ou inquiétant. J'y serais tranquille qu'on ne le croirait pas. Chaque brouillard serait soupçonné de m'amener sur la côte. Au premier aspect d'un habit vert débarquant d'une chaloupe, les uns s'enfuiraient hors de France, les autres mettraient la France hors la loi. Je compromettrais tout le monde, et à force de dire : Voilà qu'il arrive, on me donnerait la tentation d'arriver... L'Amérique serait plus convenable ; j'y pourrais vivre avec dignité... Mais, encore une fois, qu'ai-je à craindre en restant? quel souverain pourrait, sans se nuire, me persécuter? J'ai rendu à l'un la moitié de ses Etats; que de fois l'autre m'a serré la main en m'appelant *grand homme !...*

« Au reste, je verrai. Je ne veux point lutter par la force ouverte. J'arrivais pour combiner nos dernières ressources : on m'abandonne..... on m'abandonne avec la même facilité avec laquelle on m'avait reçu..... Eh bien ! qu'on efface, s'il est possible, cette double tache de faiblesse et de légèreté ! qu'on la couvre au moins de quelque lutte, de quelque gloire ! qu'on fasse pour la patrie ce qu'on ne veut plus faire pour moi..... je ne l'espère point. Aujourd'hui, ceux qui livrent Bonaparte disent que c'est pour sauver la France; demain, en livrant la France, ils prouveront qu'ils n'ont voulu sauver que leur tête. »

L'Empereur avait raison : ceux qu'il avait comblés de bienfaits l'abandonnaient, mais le peuple appelait sa présence et ne cessait pas de faire arriver jusqu'à lui les plus ardentes acclamations.

Durant la matinée, un bruit s'était répandu dans les faubourgs ; le gouvernement voulait livrer l'Empereur à l'ennemi. Cette rumeur, qui devançait seulement de quelques jours des ouvertures faites aux généraux alliés, avait immédiatement fait accourir à l'Elysée une foule immense. Les cris formidables, qui s'élevaient du sein de ces masses, contraignirent Napoléon à se montrer. Mais sa vue, en calmant les inquiétudes, éveillait en même temps, dans tous les cœurs, des espérances qui empêchaient les groupes de se disperser. Fouché fut averti. Craignant que Napoléon fût contraint de céder à ces appels enthousiastes, il le fit prier de se retirer à la Malmaison. Non seulement la présence de l'Empereur à Paris, disait-il, entretenait une agitation fâcheuse dans les esprits et mécontentait les Chambres, mais son séjour prolongé dans un palais impérial pouvait inspirer aux alliés des doutes sur la sincérité de son abdication et nuire aux négociations que le gouvernement allait entamer. L'Empereur répondit qu'il ne demandait pas mieux que de quitter Paris, même la France, et fixa son départ au lendemain. Toute la soirée du 24 et la matinée du lendemain 25, furent employées en préparatifs. Napoléon se fit remettre sa correspondance personnelle avec les souverains, prescrivit aux employés de son cabinet de brûler les adresses, les pétitions et les lettres reçues depuis le 20 mars; puis, vers midi, il annonça qu'il était prêt; une foule compacte et agitée entourait toujours le palais. On prit toutes les mesures pour lui dérober ce départ, et Napoléon avait quitté l'Elysée que la foule se grossissait encore.

A peu d'instants de là, Fouché faisait arborer un immense drapeau tricolore sur le pavillon central des Tuileries, devenues le siége du nouveau gouvernement, et daignait accueillir l'offre empressée des chefs de la milice parisienne pour une nombreuse garde d'honneur. Ces respects avaient manqué à son ancien maître : la garde de Napoléon, durant les deux derniers jours, se réduisait à un seul factionnaire à peine en uniforme, et que relevaient quelques vieux grenadiers installés volontairement à la porte de sa demeure déserte.

Les événements avaient marché avec une grande rapidité; la bataille de Waterloo avait été livrée le 18; l'Empereur était arrivé à Paris le 20 au soir ; le 21, les deux Chambres avaient adopté la motion de M. Lafayette ; le 22, Napoléon avait abdiqué ; le 23, les Chambres avaient voté l'ordre du jour motivé qui proclamait les droits de Napoléon II ; la nomination d'une députation aux souverains alliés avait eu lieu le 24 ; le 25, l'Empereur avait quitté Paris ; et dès le lendemain, 26, la proclamation de Napoléon II était oubliée : tous les actes publics étaient provisoirement intitulés : *Au nom du Peuple français.*

La députation aux souverains alliés se composait de Lafayette, Sébastiani, Pontécoulant, d'Argenson, Laforest, et Benjamin-Constant. Le 26 juin elle écrivit de Laon, d'après une conversation avec les deux aides-de-camp de Blücher, que les alliés ne tenaient en aucune manière au rétablissement des Bourbons ; qu'une des grandes difficultés serait la personne de l'Empereur. Les puissances exigeraient sans doute des garanties et des précautions afin qu'il ne pût jamais reparaître sur la scène du monde. Les plénipotentiaires ajoutaient : Il est de notre devoir d'observer que son évasion avant l'issue des négociations serait regardée comme une mauvaise foi de notre part et pourrait compromettre essentiellement le salut de la France.

Il n'a été question, dans aucune conversation, du prince impérial.

Fouché pensa qu'il devait être en mesure de livrer Napoléon ou même de s'en défaire pour tranquilliser les souverains. Avec une âme comme la sienne, il n'aurait pas reculé devant l'assassinat, les plénipotentiaires ne seraient peut-être pas allés jusque-là. Lorsque Napoléon avait quitté l'Elysée, son âme, broyée par les plus cruelles épreuves, sommeillait. A peine arrivé à la Malmaisou, il sembla retrouver son énergie; il voulut parler à ses soldats et il dicta une proclamation, dont chaque passage rappelait à l'armée les jours de leur commune gloire, où respirait sous chaque mot la passion de venger ensemble leur dernière défaite. Ce langage ne convenait plus à sa nouvelle position : on le lui fit observer et il substitua à cette proclamation l'adresse suivante :

A L'ARMÉE.

Malmaison, 25 juin 1815.

« Soldats,

« Quand je cède à la nécessité qui me focre de m'éloigner de la brave armée française, j'emporte avec moi l'heureuse certitude qu'elle justifiera, par les services éminents que la patrie attend d'elle, les éloges que nos ennemis eux-mêmes ne peuvent lui refuser.

« Soldats ! je suivrai vos pas, quoiqu'absent ; je connais tous les corps, et aucun d'eux ne remportera un avantage signalé sur l'ennemi que je ne rende justice au courage qu'il aura déployé.

« Vous et moi, nous avons été calomniés. Des hommes indignes d'apprécier vos travaux ont vu dans les marques d'attachement que vous m'avez données, un zèle dont j'étais le seul objet. Que vos succès futurs leur apprennent que c'était la patrie par dessus tout que vous serviez en m'obéissant, et que si j'ai quelque part à votre affection, je la dois à mon ardent amour pour la France, notre mère commune !

« Soldats ! encore quelques efforts et la coalition est dissoute : Napoléon vous reconnaîtra aux coups que vous allez porter.

« Sauvez l'honneur, l'indépendance des Français ; soyez, jusqu'à la fin tels que je vous ai connus depuis vingt ans, et vous serez invincibles.

« NAPOLÉON. »

Cette adresse, transmise au gouvernement provisoire avec prière de la faire insérer dans le *Moniteur*, fut retenue par Fouché : elle ne parut point. Napoléon, blessé par le mépris de son vœu, chargea le duc de Rovigo d'aller activer à Paris l'envoi des passe-ports et des ordres nécessaires à son départ. Toutefois, il n'y avait encore rien d'arrêté dans son esprit sur le choix de son exil. Il hésitait entre l'Angleterre et les Etats-Unis. Les ducs de Vicence et de Bassano furent consultés par lui sur les chances d'un asile en Angleterre. Maret repoussa ce parti. Caulaincourt, sans l'approuver ni le combattre, donna le conseil à l'Empereur, s'il y persistait, de se jeter sur un simple *smuggler*, de se présenter, en abordant la côte anglaise, devant le magistrat du lieu le plus voisin, et de déclarer qu'il venait se placer sous la protection des lois britanniques. Napoléon parut goûter cet avis. Mais bientôt sa résolution changea ; il voulut aller en Amérique et fit demander au ministre de la marine la liste de tous les bâtiments américains qui se trouvaient dans nos ports. Decrès la lui transmit sur-le-champ. « Remarquez, Sire, lui écrivait-il, le bâtiment qui se trouve au Havre ; son capitaine est dans mon antichambre ; sa chaise de poste est à ma porte ; il va partir. Je réponds de lui. Demain, si vous le voulez, vous serez hors de l'atteinte de vos ennemis. » Caulaincourt se trouvant présent lorsqu'arriva cette lettre, il pressa l'Empereur de profiter de l'occasion. « Je sais bien, dit Napoléon, que l'on voudrait me voir déjà parti ; qu'on voudrait se débarrasser de moi et me faire prendre. » Le duc fit un mouvement de surprise et de reproche. « Ah ! Caulaincourt, s'écria Napoléon, ce n'est point de vous que je veux parler ! » Le duc de Vicence lui répondit qu'en lui donnant ce conseil, il n'avait d'autre but que de le voir à l'abri des dangers dont le menaçait l'approche de l'ennemi. « Qu'ai-je à craindre ? répliqua Napoléon en interrompant son ancien ministre. J'ai abdiqué : c'est à la France à me protéger. » Plusieurs Américains qui se trouvaient à Paris lui écrivirent pour lui offrir leurs services. Il les refusa.

L'Empereur pensait que les circonstances lui interdisaient de s'éloigner encore, et il comprenait que l'indépendance nationale pouvait difficilement être sauvée autrement que par lui et avec lui. La même conviction avait profondément pénétré dans le peuple et dans les soldats. Napoléon ne l'ignorait point. Espérant toujours que l'heure viendrait où le gouvernement et les Chambres, entraînés par le sentiment des masses et par la nécessité, le replaceraient à la tête de la nation et de l'armée, il s'efforçait d'attendre. Enfin, cédant aux pressantes instances du gouvernement provisoire, il déclara qu'il s'embarquerait pour les Etats-Unis dès que l'on aurait mis à sa disposition deux frégates et les passe-ports nécessaires. Fouché et ses collègues ordonnèrent, à cet effet, l'armement de deux frégates du port de Rochefort, et envoyèrent demander à Londres les autorisations nécessaires pour leur libre passage. En attendant ces saufs-conduits, Fouché, qui, d'après la recommandation des plénipotentiaires de veiller à ce que Napoléon ne s'évadât pas, prévoyait la nécessité de le livrer, songea à le faire garder à vue. Cette mission fut imposée par Davoust au général Becker. Lorsqu'on annonça à l'Empereur la venue de cet officier, en qualité de commandant de sa résidence et de sa garde : « Voilà quelque chose d'inattendu et qui sonne mal, dit-il au duc de Rovigo ; comment le ministre de la guerre ne m'a-t-il rien fait dire ? » Le général Becker, après s'être fait reconnaître par les détachements réunis au château, et qui se composaient d'environ 300 soldats d'infanterie et d'une quarantaine de dragons de la garde, fut annoncé par l'officier de service à l'Empereur, qui le reçut immédiatement dans son cabinet. Napoléon lui demanda le motif de sa présence. « Sire, répondit le général en tendant à l'Empereur la lettre du ministre de la guerre, voici un ordre qui me charge du commandement de votre garde et du soin de veiller à la sûreté de votre personne. — On aurait dû, répliqua Napoléon, m'informer officiellement d'un acte que je regarde comme une affaire de forme, et non comme une mesure de surveillance à laquelle il était inutile de m'assujettir, puisque je n'ai pas l'intention d'enfreindre mes engagements. »

L'émotion du général Becker était profonde en paraissant devant son ancien souverain. Aux derniers mots prononcés par l'Empereur, des larmes coulaient sur ses joues. Napoléon, à cette vue, s'empressa de lui adresser quelques paroles pleines de bienveillance et de douceur, en l'engageant à le suivre dans le parc. A peine hors du vestibule, il lui demanda « ce qu'on faisait et ce qu'on disait à Paris. » Le général lui répondit : « Qu'une partie de la haute société se disposait à recevoir une seconde fois les étrangers; mais que les débris de l'armée étaient restés fidèles, et qu'une portion de la bourgeoisie, ainsi que tout le peuple de Paris, paraissaient déterminés à se défendre; que si une main puissante pouvait rallier tous ces éléments et faire un dernier effort pour maintenir la dynastie de l'Empereur à la tête de la nation, rien n'était désespéré. »

Ce bulletin de l'état moral de Paris semblait vivement intéresser l'Empereur. La conversation continua longtemps sur ce sujet; elle dura deux heures. Napoléon vint à parler de Waterloo. Cette bataille, disait-il, avait été perdue parce que personne n'avait fait son devoir. Sur cette observation, que les conséquences de cette journée n'auraient pas été aussi désastreuses si l'Empereur n'avait pas quitté l'armée, Napoléon dit qu'il n'était venu à Paris que pour quelques heures et dans le but de relever, par sa présence, le courage de la nation. « J'attendais plus d'énergie de la part des deux Chambres, ajouta-t-il; mais je me suis aperçu que tout était usé, démoralisé. » Il parla ensuite de son retour de l'île d'Elbe : il dit qu'il avait été contrarié, trompé en arrivant, et que s'il n'avait pas alors profité de l'enthousiasme qui l'avait accueilli pour nationaliser la guerre, c'était parce qu'il avait toujours eu les guerres civiles en aversion. » Le général Becker ayant dit à Napoléon : «Votre Majesté aurait singulièrement embarrassé son beau-père si, abdiquant en faveur du prince impérial et se sacrifiant au salut de nos institutions, elle se fût mise à sa discrétion. » L'Empereur, à ce dernier mot, effleura familièrement de la main la joue du général et lui dit en souriant :

« Vous ne connaissez pas ces gens-là. »

Le gouvernement provisoire ne parut d'abord mettre aucun obstacle au départ de l'Empereur; mais bientôt il prit des mesures qui n'allaient rien moins qu'à le faire constituer prisonnier dans la rade de l'île d'Aix ou à la Malmaison. « Les circonstances sont telles, écrivait Fouché au maréchal Davoust, qu'il est indispensable que Napoléon se décide à partir pour l'île d'Aix. S'il ne s'y résout pas, vous le ferez surveiller à la Malmaison de manière à ce qu'il ne puisse s'en évader. En conséquence, vous mettrez à la disposition du général Becker la gendarmerie et les troupes nécessaires pour garder les avenues qui aboutissent de toutes parts à la Malmaison. Vous donnerez, à cet effet, des ordres au premier inspecteur-général de la gendarmerie. Ces mesures doivent rester secrètes autant qu'il sera possible.

« Le général Becker recevra de vous des instructions particulières, et il fera sentir à Napoléon que cette mesure a été prise dans l'intérêt de l'Etat et pour la sûreté de sa personne. »

Davoust imposait au général Becker, soit pour le voyage de l'Empereur à Rochefort, soit pour sa garde à la Malmaison, des devoirs dont la rigueur répugnait à son caractère. Bien qu'il fût tard, il se rendit immédiatement à Paris pour s'expliquer avec la commission de gouvernement. Cette commission venait de terminer sa séance du soir lorsqu'il arriva aux Tuileries; il ne trouva que le secrétaire, le conseiller d'Etat Berlier, qui lui apprit que la commission entendait qu'il partît le soir même incognito avec l'Empereur pour Rochefort, et qu'elle l'avait chargé de lui écrire pour lui en intimer l'ordre. « Mais je n'ai pas même de passe-port, » répondit le général. M. Berlier lui remit immédiatement un laisser-passer, dont le libellé, entièrement écrit à la main, était ainsi conçu :

« La commission de gouvernement ordonne à tous les officiers civils et militaires de laisser passer librement M. le comte Becker, lieutenant-général et député à la Chambre des représentants, se rendant à Rochefort, accompagné de son secrétaire et d'un domestique. »

Le secrétaire que devait emmener le comte Becker était Napoléon. La commission de gouvernement, en imposant ce déguisement à l'Empereur, croyait uniquement l'obliger à un acte de prudence; elle le condamnait à un rôle indigne de la France et blessant pour lui; aussi, lorsque, de retour à la Malmaison, le général Becker eut remis entre ses mains le passe-port de la commission, dès les premières lignes, il s'arrêta étonné : « Me voici donc votre secrétaire, dit-il au général Becker avec un sourire plein de tristesse. — Non, sire, répondit le général d'une voix émue, vous êtes et vous serez toujours mon souverain. »

Tous ces faits avaient rempli la journée du 27. Dans la nuit, plusieurs officiers, des colonels, de simples capitaines, vinrent offrir leurs services à l'Empereur, et protester de la fidélité des soldats sous leurs ordres. Le colonel Sencier, premier aide-de-camp du général Excelmans, alors en marche sur Paris, accourut près de l'Empereur, et le pressa vivement, au nom de son général, de se remettre à la tête des troupes. L'armée du Nord, lui faisait dire Excelmans, est encore forte et bien disposée ; il serait facile de rallier autour de ce noyau toutes les ressources de la France ; on pourrait encore tout sauver. « Dites au général, répondit Napoléon, que je le remercie de sa proposition, mais je ne peux l'accueillir. Il faudrait que la France me soutienne ; or, *tout est détraqué; personne n'en veut plus.* Je ne saurais lutter seul contre toute l'Europe. » Puis il ajouta : « Excelmans n'a pas de fortune ; je vais me rendre aux Etats-Unis ; proposez-lui de ma part de venir avec moi. Il partagera du moins ce qui me reste. » La commission ordonnait à Napoléon de partir, et cependant elle ne lui permettait de quitter Rochefort qu'après la réception de *saufs-conduits* dont l'octroi était à la discrétion des alliés. Le lendemain, 28, de bonne heure, il fit appeler le général Becker, et lui dicta pour le prince d'Eckmühl la dépêche suivante :

Malmaison, 28 juin 1815.

« Monseigneur,

« Après avoir communiqué à l'Empereur l'arrêté du gouvernement relatif à son départ pour Rochefort, Sa Majesté m'a chargé d'annoncer à Votre Altesse qu'elle renonce à ce voyage, attendu que les communications n'étant pas libres, elle ne trouve pas une garantie suffisante pour sa personne. D'ailleurs, en arrivant à cette destination, l'Empereur se considère comme prisonnier, puisque son départ de l'île d'Aix est subordonné à l'arrivée de passe-ports qui lui seront sans doute refusés pour se rendre en Amérique.

« En conséquence de cette interprétation, l'Empereur est déterminé à recevoir son arrêt à la Malmaison, et en attendant qu'il soit statué sur son sort par le duc de Wellington, auquel le gouvernement peut annoncer cette résignation, Napoléon restera à la Malmaison, persuadé qu'on n'entreprendra rien contre lui qui ne soit digne de la nation et de son gouvernement.

« Telle est, Monseigneur, la notification que je suis chargé de vous adresser et sur laquelle j'attends de nouveaux ordres.

« Le lieutenant-général, comte Becker. »

Mais les événements marchaient à chaque instant. Fouché et ses collègues redoutaient d'apprendre l'apparition de Napoléon au milieu d'une des casernes de Paris, ou au centre des quartiers populeux.

L'armée du Nord arrivait sous les murs de Paris. Le dévouement des officiers inférieurs et des soldats pour Napoléon n'était pas ébranlé : le cri de *Vive l'Empereur!* était le seul qu'ils fissent encore entendre. D'un autre côté, les Prussiens étaient en vue de Saint-Denis peu d'heures après nos troupes. Blücher, se voyant prévenu, s'arrêta au Bourget. Instruit du séjour de l'Empereur à la Malmaison, il détacha vers Sannois et Argenteuil une colonne volante chargée d'enlever Napoléon. Le gouvernement provisoire courait dès lors un double danger : d'une part, les troupes de l'armée du Nord, en apprenant la présence de l'Empereur à quelques pas de leurs cantonnements, pouvaient l'arracher à sa retraite et le replacer à leur tête ; lui-même, devançant les vœux des soldats, pouvait se jeter au milieu d'eux ; d'autre part, Napoléon pouvait tomber aux mains du détachement prussien. Dans le premier cas, l'Empereur ressaisissait le pouvoir ; dans le second, la commission du gouvernement et les deux Chambres, accusées d'avoir livré Napoléon à l'ennemi, pouvaient se trouver emportées par une tempête populaire. Dans cette grave conjoncture, en l'absence des saufs-conduits que le gouvernement anglais avait refusés, le ministre de la marine Decrès et le comte Boulay (de la Meurthe) furent dépêchés à l'Empereur pour lui signifier l'ordre de son départ immédiat. Napoléon, sans paraître ému, déclara qu'il partirait dans la matinée du 29.

Le délaissement dans lequel Napoléon fut à la Malmaison est une honte pour les maréchaux et les courtisans dont il avait fait la fortune. Plus son malheur semblait irréparable à lui-même et aux autres, plus on mettait de soin à s'éloigner de lui. Il se vit délaissé de ceux-là même qui tenaient le plus près à sa personne; et si l'on en excepte le petit nombre d'amis, de serviteurs décidés à partager son exil, ainsi que M. Fleury de Chaboulon, les généraux de Flahaut et Bernard, qui ne le quittèrent qu'au moment de son départ pour Rochefort, on ne cite guère comme les pieux visiteurs de la Malmaison, que MM. de Bassano, Lavalette, la duchesse de Vicence, les comtesses Cafarelli et Walewska. La journée du 27 y vit cependant arriver les généraux Chartran et Piré. Mais tous deux n'y venaient que pour solliciter de l'Empereur des secours pécuniaires. Le général Chartran reçut 5,000 francs; le général Piré déclara ne pouvoir se contenter à ce prix, et ses réclamations prirent un tel caractère de vivacité, qu'il y eut un moment de tumulte dans le château, et que les officiers de service durent accourir. M. Piré emporta 12,000 francs.

Le 28, vers le milieu de la journée, le canon des têtes de colonnes prussiennes arrivant près de Saint-Denis, se fit entendre. Aussitôt, les 40 dragons de la garde furent envoyés en reconnaissance dans toutes les directions, et afin d'isoler la Malmaison, le général Becker et le baron Gourgaud se hâtèrent de faire brûler le pont de Chatou. La destruction de ce passage ne laissait pas seulement les habitants de Chatou sans communication avec Paris, elle les exposait en outre à toute la colère de l'ennemi. Cependant, en apprenant que ce sacrifice était nécessaire à la sûreté de Napoléon, ces braves gens n'hésitèrent pas, et ce fut aux cris de *Vive l'Empereur!* qu'eux-mêmes mirent le feu au pont. Ce dévouement pour Napoléon était général dans tous les villages des environs de Paris.

Durant la nuit du 29, l'Empereur reçut la visite de la duchesse de Vicence, qui venait cette fois, au nom de son mari, prier Napoléon de ne pas différer son départ d'un instant. « Mais je ne peux point partir sans passe-port et sans vaisseaux, lui disait Napoléon; autrement le maire du premier village venu m'arrêtera. Il suffira de lui dire que j'emporte des *trésors*. Il écrira à Paris; Fouché ne répondra pas; les événements se passeront, et voilà comme l'on arrive à sa perte. »—« Je n'ai rien de mieux à faire pour vous tous, pour mon fils et pour moi, que de me jeter entre les bras de mes soldats, disait-il ensuite au duc de Bassano qui le pressait à son tour de céder aux injonctions de Fouché. Mon apparition électrisera l'armée, elle foudroiera les étrangers. Quand ils sauront que je suis revenu sur le terrain pour leur marcher sur le corps ou me faire tuer, ils vous accorderont, pour se débarrasser de moi, tout ce que vous leur demanderez. Si, au contraire, vous me laissez ici ronger mon épée, ils se moqueront de vous, et vous serez forcés de recevoir Louis XVIII chapeau bas. Il faut en finir, » ajoutait-il. Le duc de Bassano opposait aux réflexions de l'Empereur l'hostilité des pouvoirs publics, ainsi que l'insuccès probable d'une longue résistance armée. « Allons, je le vois bien, répliquait Napoléon, il me faut toujours céder. D'ailleurs, comme vous le dites, je ne dois pas prendre sur moi la responsabilité d'un pareil événement. Je dois attendre que la voix du peuple, des soldats et des Chambres me rappelle. Mais comment Paris ne me demande-t-il pas? On ne s'aperçoit donc point que les alliés ne tiennent aucun compte de mon abdication. »

A quelques instants de là, Fleuri de Chaboulon rentrant d'une course qu'il venait de faire sur la route suivie par nos troupes et par l'ennemi, donna à l'Empereur quelques détails sur les positions prises par les Prussiens dans la dernière moitié de la journée; ils étaient déjà maîtres des avenues de Paris, sur les deux routes de Belgique et d'Angleterre. « Votre Majesté, dit ensuite à Napoléon son secrétaire de cabinet, est donc décidée à partir? — Que voulez-vous que je fasse ici maintenant? Voudriez-vous que je restasse? — Sire, j'avouerai à Votre Majesté que je ne la vois point partir sans effroi. — Au fait, le chemin est difficile; mais avec un bon vent et la fortune...— La fortune! ah! Sire, elle n'est plus pour nous. D'ailleurs, où Votre Majesté ira-t-elle? — J'irai aux États-Unis; on me donnera des terres ou j'en achèterai, et nous les cultiverons. Je finirai par où l'homme a commencé, je vivrai du produit de mes champs et de mes troupeaux. — C'est très-bien, Sire; mais croyez-vous que les Anglais vous laisseront cultiver vos champs en paix? — Pourquoi non? Quel mal pourrais-je leur faire? — Quel mal, Sire? Votre Majesté a-t-elle donc oublié qu'elle a fait trembler l'Angleterre? Tant que vous serez libre ou que vous vivrez, Sire, elle redoutera votre inimitié et votre génie. Les Américains vous aiment et vous admirent; vous exerceriez sur eux une grande influence, et vous les porteriez peut-être à des entreprises fatales à l'Angleterre. — Quelles entreprises? Les Anglais savent bien que les Américains se feraient tous tuer pour la défense du sol national, mais qu'ils n'aiment pas à faire la guerre hors de chez eux. Ils ne sont pas encore arrivés au point d'inquiéter sérieusement les Anglais : un jour, peut-être, ils seront les vengeurs des mers; mais cette époque, que j'aurais pu rapprocher, est encore éloignée; les Américains ne grandissent que lentement. — En admettant que les Américains ne puissent en ce moment donner des inquiétudes sérieuses à l'Angleterre, votre présence aux États-Unis lui fournirait du moins l'occasion d'ameuter l'Europe contre eux. Les coalisés regarderont leur ouvrage comme imparfait tant que vous ne serez pas en leur possession, et ils forceront les Américains, sinon à vous livrer, du moins à vous éloigner de leur territoire. — Eh bien ! j'irai au Mexique, j'irai de mer en mer jusqu'à ce que je trouve un asile contre la malfaisance et la persécution des hommes. — En supposant que Votre Majesté parle sérieusement, peut-elle raisonnablement espérer d'échapper aux embûches et aux flottes des Anglais? — Si je ne peux leur échapper, ils me prendront; le gouvernement ne vaut rien, mais la nation est grande, noble, généreuse; ils me traiteront comme je dois l'être. Au fond, que voudriez-vous que je fisse? Voulez-vous que je me laisse prendre ici par Wellington, et que je lui donne le plaisir de me promener en triomphe, comme le roi Jean, dans les rues de Londres? Je n'ai qu'un parti à prendre; puisqu'on ne veut plus de moi ni de mes services, c'est de partir. Les destins feront le reste. — Il en est encore un, Sire, et j'oserai vous le soumettre... je me rendrais, Sire, à l'empereur Alexandre. — Alexandre! vous ne connaissez pas les Russes. Cela nous coûterait la vie à tous les deux. Cependant votre idée mérite d'être méditée : j'y réfléchirai. Avant de prendre un parti sans remède, il faut y regarder à deux fois : le sacrifice de ma personne ne serait rien pour moi; mais peut-être serait-il perdu pour la France. Voyez si Maret (le duc de Bassano) et Lavalette sont là, et faites-les entrer.

En sortant du cabinet de Napoléon, son secrétaire fut arrêté par le duc de Rovigo, qui lui dit : « Vous avez causé bien longtemps avec l'Empereur; y aurait-il quelque chose de nouveau? — Non, lui répondit Fleury de Chaboulon ; nous avons causé de son départ; » puis il rapporta la conversation. « Vous lui avez donné le conseil d'un homme de cœur, répliqua Savary; mais il en est un que je lui ai soumis et que je crois encore meilleur : c'est de se faire tuer avec nous sous les murs de Paris. Il ne le fera point, parce que Fouché ne lui en laissera pas les moyens, et qu'une peur inconcevable de tout compromettre s'est emparée de lui. Il doit partir : Dieu sait où nous irons! Mais n'importe, je le suivrai. Avant tout, je veux le savoir hors de danger ; il vaut mieux courir les aventures avec lui que de rester ici. Fouché croit qu'il s'en tirera, il se trompe ; il sera pendu comme les autres, et il l'aura mieux mérité. La France est abîmée ; elle est perdue! Je voudrais être mort! »

Napoléon termina la conférence en déclarant qu'il confierait son sort « au vent et à la fortune. »

Dans la matinée du 29, l'Empereur, au terme de ses irrésolutions, était prêt à partir, et n'attendait plus que le retour du général Flahaut, qu'il venait d'envoyer à Paris pour concerter quelques derniers détails, lorsqu'une forte canonnade se fit entendre dans la direction d'Aubervilliers, qui partage la distance entre Saint-Denis et Paris. C'étaient les Prussiens qui, sans attendre la jonction de Wellington, alors éloigné de près de deux journées de marche, attaquaient le village. Vivement emu au bruit de cette artillerie ennemie, l'Empereur fit appeler le général Becker. « Général, lui dit-il, l'ennemi est aux portes de Paris. Il faut être insensé ou traître à la patrie pour révoquer en doute sa mauvaise foi. Les alliés disent qu'ils font la guerre non à la France mais à moi seul. J'ai abdiqué ; je ne suis plus rien, et cependant ils attaquent Paris ; qu'on me fasse général, je commanderai l'armée. Général, vous allez en faire la demande en mon nom. Partez de suite. Expliquez aux membres du gouvernement que mon intention n'est pas de ressaisir le pouvoir ; dites-leur que tout ce que je veux, c'est de battre l'ennemi, de l'écraser, de le forcer, par la victoire, à donner un cours favorable aux négociations, et que ce point obtenu, je m'éloignerai, je poursuivrai tranquillement ma route. » L'Empereur avait l'épée au côté ; il était debout et semblait prêt à monter à cheval. Sa mère, le cardinal Fesch, récemment arrivés, le duc de Bassano et d'autres personnages se tenaient rangés derrière lui ; il termina par ces mots : « J'ai confiance en votre loyauté ; remplissez cette mission, vous me rendrez un nouveau service. — Sire, répondit le général, je suis fier d'une confiance aussi haute, et puisque mon dévouement peut être utile à Votre Majesté, je ne peux hésiter à lui obéir. » Le général partit pour Paris. Dès qu'il eut quitté le palais, l'ordre fut donné de seller les chevaux de l'Empereur, et tous les officiers qui l'entouraient encore durent se tenir prêts à l'accompagner.

Si l'armée prussienne était attaquée immédiatement, sa destruction était certaine. Aventuré à plus de soixante lieues de sa base d'opération, Blücher venait d'arriver devant Paris avec 55,000 hommes à peine, tandis que l'armée française réunie sous cette capitale, pourvue d'approvisionnements de guerre considérables et d'une immense artillerie, comptait plus de 100,000 soldats dont 25,000 hommes de cavalerie excellente. D'un autre côté, l'armée de Wellington était à plus de deux journées de Paris, et il était plus que probable qu'avec des troupes encore moins nombreuses que celles de Blücher, dépourvues de munitions, épuisées, et beaucoup de régiments réduits à leurs cadres, le général anglais n'attendrait pas le choc de Napoléon victorieux des Prussiens et se retirerait en toute hâte sur les places de la Belgique. La défaite de Waterloo serait donc vengée.

Lorsque le général Becker parut aux Tuileries, l'on fut d'autant plus étonné de l'y voir, qu'on le supposait avec Napoléon sur la route de Rochefort. Le général s'exprima ainsi :

« L'Empereur m'envoie vous dire que la situation de la France et les vœux des patriotes et des soldats réclament sa présence pour sauver la patrie. Ce n'est pas comme empereur qu'il demande le commandement de l'armée, mais comme général dont le nom peut encore exercer une grande influence sur le sort de l'empire. Après avoir repoussé l'ennemi, il s'engage à se rendre aux Etats-Unis pour y accomplir sa destinée. »

« Est-ce qu'il se moque de nous, dit Fouché? Le replacer à la tête de l'armée ; il a probablement épargné ce soin à la commission ; il aura filé aussitôt après votre départ, et dans ce moment peut-être, il est occupé à haranguer ses soldats et à les passer en revue. » Fouché avait une horrible peur, il croyait à chaque instant voir l'Empereur reparaître ressaisissant le pouvoir et le faisant arrêter.

Pendant que la commission gardait le silence, Fouché interpella le général en l'invitant à s'asseoir à ses côtés. « Pourquoi, lui dit le duc d'Otrante, vous êtes-vous chargé d'une pareille mission lorsque vous deviez, au contraire, presser l'Empereur de hâter son départ dans l'intérêt de sa sûreté personnelle que nous ne pouvons plus garantir ; car l'ennemi marche rapidement sur Paris, et les rapports de nos généraux, arrivés ce matin, nous annoncent une grande désertion dans l'armée. Tenez, ajouta-t-il en jetant cette correspondance devant lui, lisez les lettres des généraux Grouchy, Vandamme et autres ; vous verrez si un plus long retard n'expose pas Sa Majesté à tomber entre les mains de l'ennemi. Dites donc à l'Empereur que ses offres ne peuvent être acceptées, et qu'il est de la plus grande urgence qu'il parte immédiatement pour Rochefort, où il se trouvera plus en sûreté que dans les environs de Paris. »

Fouché engagea de nouveau le comte Becker à retourner tout de suite à la Malmaison, pour représenter plus fortement que jamais à l'Empereur l'urgence d'une détermination qui pût l'empêcher d'être fait prisonnier par les troupes ennemies dans son propre palais.

Comme, dans le principe, il n'avait pas été question pour le comte Becker d'accompagner Napoléon à Rochefort, mais simplement de commander sa garde à la Malmaison, il appela sur ce fait l'attention du président, et lui dit que, membre de la Chambre des représentants, il ne devait être soumis à aucun autre devoir que celui de siéger dans l'assemblée, et qu'il désirait y reprendre ses fonctions, puisqu'on rejetait toutes les propositions que l'Empereur avait cru devoir faire dans l'intérêt de la France. « Croyez-vous, général, que nous soyons sur un lit de roses? répondit vivement le duc d'Otrante. Quelqu'avantageuses que puissent être les offres de Sa Majesté, nous ne pouvons rien changer à la teneur des arrêtés dont l'exécution vous est confiée. Partez donc, et transmettez à l'Empereur l'invariable résolution où nous sommes. »

Le général prit congé des membres du gouvernement, et, le cœur navré de douleur, il sortit de la salle. En se retirant, il traversa plusieurs salons d'attente encombrés de généraux et de hauts fonctionnaires qui, peu de jours auparavant, remplissaient les salles de l'Elysée. A la vue du général Becker, tous l'entourèrent. Ils le pressaient de questions sur Napoléon.

« Comment ! s'écriaient les uns, il n'est pas encore parti ! » D'autres ajoutaient : « Mais dites-lui donc qu'il se hâte ! tant qu'il sera là, nous ne pourrons rien entreprendre ni pour son avantage personnel, ni dans l'intérêt du pays ! » Ils s'irritaient des lenteurs qui empêchaient de surgir l'astre devant lequel ils étaient impatients de se prosterner. Pendant que le général Becker était en conférence avec Fouché, M. de Flahaut s'acquittait auprès de Davoust d'une mission de l'Empereur. « Il paraît, dit le prince d'Eckmühl au général d'un ton de colère et de mépris, que votre Bonaparte ne veut point partir, mais il faudra bien qu'il nous débarrasse de lui ; sa présence ici nous gêne, nous importune ; elle nuit au succès de nos négociations. S'il espère que nous le reprendrons, il se trompe ; nous ne voulons plus de lui. Dites-lui, de ma part, qu'il faut qu'il s'en aille ; et que, s'il ne part pas à l'instant, je le ferai arrêter, et que je l'arrêterai moi-même. » M. de Flahaut fut un instant dans la stupéfaction ; enfin son indignation éclata : « Je n'aurais jamais pu croire, monsieur le maréchal, répondit-il, qu'un homme qui était, il y a huit jours, aux pieds de Napoléon, pût tenir aujourd'hui un pareil langage ; je me respecte trop, je respecte trop la personne et l'infortune de l'Empereur pour lui rapporter vos paroles : allez-y vous-même, monsieur le maréchal ; cela vous convient mieux qu'à moi. » Le prince d'Eckmühl, irrité, rappela au général qu'il parlait au ministre de la guerre, au chef de l'armée, et lui prescrivit de se rendre à Fontainebleau où il recevrait ses ordres. « Non, Monsieur, répondit le comte de Flahaut, je n'irai point ; je n'abandonnerai point l'Empereur ; je lui garderai jusqu'au dernier moment la fidélité que tant d'autres lui ont jurée. — Je vous ferai punir de votre désobéissance. — Vous n'en avez plus le droit. Dès ce moment, je donne ma démission. Je ne pourrais plus servir sous vos ordres sans déshonorer mes épaulettes. » Il sortit.

L'Empereur, au retour du général à la Malmaison, s'aperçut qu'il avait l'âme blessée ; il le pressa de questions, et parvint à tirer de lui l'aveu de ce qui s'était passé. Napoléon ne témoigna ni étonnement, ni colère des insultes de son ancien ministre : « Qu'il vienne, répondit-il froidement : je suis prêt, s'il le veut, à lui tendre la gorge... Votre conduite me touche, mon cher Flahaut, ajouta-t-il. Mais la patrie a besoin d'hommes tels que vous... Restez à l'armée, et, comme moi, oubliez le prince d'Eckmühl et ses lâches menaces ! »

Ainsi, au moment où l'Empereur offrait de sauver la patrie, un soldat qui lui devait son élévation menaçait de l'arrêter ! et cinq commissaires indignes du nom de Français, les comtes Andréossy, de Valence, Boissy-d'Anglas, MM. Flaugergues et de La Besnardière, offraient à Wellington de livrer Napoléon, soit à l'Angleterre, soit à l'empereur d'Autriche. La nouvelle que Napoléon avait proposé de battre les Prussiens avait transpiré dans Paris, et elle avait produit chez le plus grand nombre, dans les classes ouvrières, et parmi la partie énergique de la classe moyenne surtout, un véritable enthousiasme. D'abord, on raconta que l'Empereur était décidé à reprendre le commandement de l'armée; puis on affirma qu'il l'avait ressaisi : dans la soirée, il n'était bruit que de son arrivée au milieu des troupes. Mais, tandis que la population parisienne discutait les chances du retour de Napoléon au milieu de ses soldats, et s'apprêtait pour le lendemain au spectacle d'une grande bataille livrée sous ses murs, l'Empereur voyageait déjà sur la route de Rochefort.

Il était cinq heures moins un quart du soir, lorsque le général Becker revint à la Malmaison. Lorsque Napoléon connut la réponse de la commission, il ne dit que ces mots : « Ces gens-là ne connaissent ni l'état des choses, ni celui des esprits, en refusant ma proposition : on s'en repentira !... Donnez des ordres pour mon départ : lorsqu'ils seront exécutés, vous viendrez me prévenir ! »

L'approche de l'ennemi rendait impossible un plus long séjour à la Malmaison. Quelques instants avant cinq heures, on apprit la présence de forts détachements de cavalerie et d'infanterie prussiennes, le long de la rive droite de la Seine, entre Argenteuil et Chatou.

C'était la colonne volante qui s'efforçait d'arriver jusqu'à la demeure de Napoléon. Il jeta les yeux sur une carte : « Ah ! ah ! s'écria-t-il en souriant avec tristesse, je me suis laissé tourner ! Si le pont de Saint-Germain n'est pas détruit, je cours risque d'être fait prisonnier. — Il ne l'est point, répondit un des officiers présents. — En ce cas, répliqua l'Empereur, les Prussiens peuvent être ici ce soir ! »

Ils en voulaient à sa vie. « Si je peux l'attraper, avait dit Blücher, je le ferai pendre à la tête de mes colonnes ! » Et ce n'était point là une menace vaine. « Les Prussiens pensent que les jacobins veulent me le livrer (Napoléon), dans l'espérance que je lui sauverai la vie, écrivait Wellington la veille, 28, à sir Charles Stuart; Blücher veut le *tuer !* Mais je lui ai déclaré que je parlerai et que j'insisterai pour qu'on dispose de lui d'un commun accord. J'ai dit aussi à Blücher que, comme son ami particulier, je lui conseillais de ne pas se mêler d'une affaire aussi infâme ! que lui et moi nous avions joué un trop noble rôle dans ces événements pour devenir des bourreaux ! et que j'étais résolu, si les souverains voulaient le mettre à mort (Napoléon), à faire nommer un exécuteur qui ne fût point moi. »

Toutes les personnes qui devaient accompagner l'Empereur étaient alors réunies. Napoléon échangeait avec la reine Hortense et deux ou trois amis, qui seuls ne l'avaient pas abandonné, des conseils de touchantes recommandations. A cinq heures et demie, le général Becker annonça que tout était prêt pour le départ. L'Empereur venait de revêtir un costume de ville; il prit un chapeau rond posé sur un secrétaire, et, précédé du général, traversa le vestibule pour entrer dans le jardin. Son attitude semblait calme;

les soldats placés sur son passage pleuraient. Arrivé dans le parc, il s'arrêta, pressa dans ses bras la reine Hortense, et embrassa chacune des personnes présentes : toutes éclataient en sanglots; lui-même, en ce moment, était profondément ému. Après avoir fait quelques pas pour s'éloigner, il s'arrêta encore et recommanda de nouveau, à tous, le courage et l'union. Puis, jetant un dernier regard sur ces quelques soldats, fidèles compagnons qu'il ne devait plus revoir, il leur adressa de la tête et de la main un dernier adieu, et se dirigea rapidement vers une des allées du parc où l'attendait sa voiture.

Trois voitures transportaient l'Empereur et sa suite; elles devaient se diriger sur Rochefort par Rambouillet, Chartres, Châteaudun, Vendôme, Tours, Poitiers et Niort. Trois autres voitures, dans lesquelles étaient la comtesse Bertrand et ses enfants, le comte et la comtesse de Montholon, M. de Las-Cases et son fils, et le reste de la suite, devaient aller par Orléans, Châteauroux et Saintes.

La voiture où l'Empereur avait pris place marchait seule en avant; c'était une calèche d'été, sans apparence et dépourvue de tout bagage. Afin de déjouer des projets d'assassinat, la voiture dans laquelle l'Empereur était entré avec le grand-maréchal Bertrand, le duc de Rovigo et le général Becker était la moins brillante des trois. Les quatre voyageurs qu'elle contenait étaient en bourgeois et sans aucune marque distinctive. Les deux autres voitures suivaient à distance; le général Gourgaud en uniforme était dans la plus apparente. Dans l'autre étaient le valet de chambre Marchand et trois autres personnes de service.

La première halte se fit à Rambouillet. Napoléon voulut y rester jusqu'au lendemain, il espérait encore que le sentiment du péril engagerait le gouvernement provisoire à accepter l'offre qu'il lui avait fait faire; il se pouvait aussi que ses soldats et quelques-uns de ses généraux le rappelassent pour le replacer à leur tête. Trois fois durant la nuit il envoya le général Gourgaud sur la route de la Malmaison; il attendait d'heure en heure qu'on lui expédiât un courrier : mais Gourgaud ne vit rien venir. Cependant, l'espoir de l'Empereur aurait pu se réaliser.

Le 29, le général Excelmans était arrivé près de Vincennes, vers le milieu de la journée, avec ses deux divisions de dragons. Il se rendit immédiatement chez le général Daumesnil, commandant du château, et, le priant de laisser ignorer sa présence dans la forteresse, il lui annonça qu'il voulait y attendre que le soir fût venu afin de se porter à la Malmaison avec une cinquantaine d'officiers de son corps, d'enlever l'Empereur et de le forcer à se remettre à la tête de ses troupes. « Il est trop tard, lui répondit Daumesnil, un de mes aides-de-camp arrive des Tuileries; l'Empereur est parti ce matin à neuf heures. » On le croyait. Si Excelmans avait pu savoir qu'il n'en était rien, si même il avait eu le moindre avis sur la halte de Rambouillet, il aurait probablement empêché l'Empereur de dépasser cette ville.

Il nous faut ici, quoique à regret, perdre un moment de vue cette auguste victime pour présenter le tableau des événements qui se succédaient avec une incroyable rapidité sous le gouvernement qui s'était établi pour lui succéder.

Les troupes alliées avaient marché sans s'arrêter un instant. Dès le 29 juin, Blücher était arrivé devant les lignes construites entre Saint-Denis et Vincennes. Au moyen des petites rivières de Bouillon et de la Vieille-Mer, on avait inondé les abords septentrionaux de la capitale ; le canal de l'Ourcq était rempli ; des parapets, des batteries s'élevaient et présentaient plus de 200 canons de calibre. Si la position était forte de ce côté, les retranchements de la rive gauche de la Seine pouvaient être considérés comme nuls. Mais l'armée, réorganisée et forte de 90,000 hommes, avec 12,000 fédérés, protégeait tous les abords de Paris; son dévouement égalait sa valeur. Animés de désespoir et de vengeance, nos soldats étaient impatients de recevoir le signal du combat. Depuis que le mécontentement, excité par l'inconduite ou l'extrême faiblesse de tête du maréchal Grouchy, lui avait fait retirer les rênes du commandement, le maréchal Davoust, grâce à Fouché et à ses protestations de dévouement et de fidélité, avait été investi du commandement en chef : divisant ses forces en deux corps, il occupa avec l'un Montmartre et Saint-Denis ; le général Vandamme, avec l'autre, prit position à Montrouge.

Dès le 22 juin on avait essayé, mais sans succès, de retarder par des négociations la marche des alliés. Néanmoins, les engagements partiels qui eurent lieu depuis Villers-Cotterets leur avaient montré qu'il pouvait y avoir de la prudence à traiter, et à consentir un armistice, qu'on n'aurait pas dû refuser après l'abdication de Napoléon, si Wellington avait mis de la sincérité dans sa proclamation de Malplaquet, du 21 juin, proclamation qui disait : « J'informe tous les Français que j'entre dans leur pays à la tête d'une armée victorieuse, non en ennemi, à l'exception de l'usurpateur qui est l'ennemi de la nature humaine, et avec qui on ne peut avoir ni paix, ni trêve. J'ai passé vos frontières pour vous soustraire au joug de fer qui vous opprime..... » Puisque Napoléon était dépossédé par un acte authentique ; puisque la législature existante avait obtenu de son abdication ce qu'avait demandé l'Europe dans la déclaration du 13 mars des huit puissances signataires du traité de Paris, déclaration confirmée par le traité du 25 mars entre les quatre grandes puissances, confirmée une seconde fois par la déclaration du 22 mai ; ces actes se trouvant actuellement sans but et sans application, les hostilités ne devaient ni se prolonger ni s'étendre. Les puissances ont promis la paix à une condition, cette condition est remplie ; la guerre devait donc cesser, si les passions des chefs militaires ou l'injuste convoitise des négociateurs alliés n'avaient pas rendu vaines les plus solennelles promesses des cabinets.

Appuyé sur des motifs aussi bien fondés, le maréchal Davoust proposa, le 30 juin, à Wellington et à Blücher, de traiter d'un armistice; ils s'y refusèrent : les cabinets étrangers, voulaient décidément profiter de la supériorité de leurs armes et faire retomber sur la France le poids d'une invasion qui, désormais, devait être hors de l'objet avoué! Les Français ne dépendaient plus de celui contre lequel la vindicte publique avait été déclarée : néanmoins, on les considérait comme les dociles instruments de ses volontés et les opiniâtres défenseurs de sa cause. Si la justice et la bonne foi avaient inspiré ici les conseillers des hautes puissances, pourquoi, semblables à Brennus, venaient-ils charger la balance du poids de leur épée?

Le maréchal Davoust, dont l'absence de fermeté s'était manifestée si pitoyablement dans la retraite de Moscou, déclara au gouvernement qu'il n'y avait pas un moment à perdre pour rappeler les Bourbons. Mais la Chambre répondit à cette déclaration en mettant Paris en état de siége, et en votant à l'armée l'adresse suivante :

« Braves soldats, un grand revers a dû vous étonner, mais non vous abattre : la patrie a besoin de votre constance et de votre courage; elle vous a confié le dépôt de sa gloire nationale, et vous répondrez à cet appel. Des plénipotentiaires ont été envoyés aux puissances alliées..... Les succès des négociations dépendent de vous. Serrez-vous autour du drapeau tricolore, consacré par la gloire. Vous nous verrez, s'il le faut, dans vos rangs; et nous prouverons au monde que vingt-cinq années de sacrifices et de gloire ne seront jamais effacés, et qu'un peuple qui veut être libre ne perd jamais sa liberté. »

En même temps, des députations des deux Chambres partirent pour porter aux défenseurs de la patrie l'expression des principes, des sentiments et des espérances de la représentation nationale, qui rendirent aux soldats cette confiance en soi-même, et cette résolution de vaincre ou de mourir, présages infaillibles de la victoire.

Le moment était propre pour marcher au combat, et si, au lieu de parler le langage d'un homme à moitié vaincu, Davoust eût déclaré, avec une noble fermeté, qu'il était prêt, dans le cas où l'on ne cesserait pas d'injustes agressions, à donner à ses 90,000 hommes le signal de la mort ou de la victoire, l'ennemi aurait indubitablement cessé de poursuivre une guerre devenue sans objet, sans utilité et sans gloire.

Cependant Blücher, à qui l'on n'opposait qu'un simulacre de défense, avait passé la Seine sur le pont du Peck, dont un journaliste royaliste nommé Martainville se vanta plus tard d'avoir empêché la destruction, et paraissait vouloir se répandre, avec ses troupes, sur la partie sud-ouest de

Paris (1). Nos généraux, témoins de cette marche aventureuse, jugèrent unanimement que les Prussiens s'étaient compromis. Ils sommèrent le prince d'Eckmühl de les attaquer ; il fallut bien s'y résoudre.

Le général Excelmans fut dirigé sur les traces des Prussiens avec 6,000 hommes ; un corps de 15,000 hommes d'infanterie, sous le commandement du général Vichery, devant le suivre par le pont de Sèvres et lier ses mouvements avec 6,000 fantassins du 1er corps et 10,000 chevaux d'élite qui auraient débouché par le pont de Neuilly ; le maréchal Davoust s'était réservé le commandement de cette colonne de droite.

Ces dispositions étaient excellentes et promettaient un résultat qui eût été fatal aux Prussiens ; mais, qui le croira ? au moment de les exécuter, Davoust donna contre-ordre. Le général Excelmans continua seul son mouvement. A la hauteur du bois de Verrières, il rencontra une avant-garde prussienne, composée de deux régiments de hussards qui s'avançaient au trot, en criant : *Paris, Paris!* La brigade du général Vincent, composée des 15e et 20e de dragons, faisant tête de colonne, soutenue par le 5e de dragons et le 6e de hussards, chargea aussitôt les Prussiens, qui étaient loin de s'attendre à une attaque aussi brusque.

Après un combat acharné, les Prussiens, pressés de front et en flancs, furent bientôt mis en déroute, poursuivis et sabrés, laissant la route couverte de morts et de blessés jusqu'à Versailles, qu'ils traversèrent au galop pour gagner Saint-Germain par le village de Roquencourt. Là, le général Piré les attendait et les fit charger par le 1er et le 6e de chasseurs, pendant que le 44e de ligne les fusillait à bout portant. Les deux régiments de hussards, les plus beaux de l'armée prussienne, furent presque entièrement détruits ; leur chef resta sur le champ de bataille, grièvement blessé, et on leur prit environ 1,100 chevaux. Excelmans et ses braves continuèrent de poursuivre les débris de la colonne, mais ce brillant fait d'armes ne valut au général français qu'une gloire stérile pour sa patrie ; car il attendit en vain les corps qui devaient l'appuyer, et, perdant alors l'espoir d'être soutenu, il fut obligé de rétrograder devant l'armée prussienne tout entière. Les soldats n'expliquèrent ce défaut d'appui que par la trahison. Blücher établit aussitôt ses avant-gardes sur les hauteurs de Meudon et dans le village d'Issy, où vinrent le soutenir des corps anglais. Wellington prit poste aux issues de la forêt de Bondy et occupa Gonesse.

On avait refusé de prendre l'ennemi en flagrant délit ; on avait refusé de saisir ou laissé échapper l'occasion de la victoire ; il fallait soutenir un siége ou capituler. Carnot et Grenier avaient ensemble visité les lignes françaises et reconnu celles des avant-postes ennemis. Fouché leur proposa de réunir aux Tuileries un conseil extraordinaire où serait examinée la question de

(1) Ce fut dans ce moment que l'Empereur déclara au gouvernement qu'il était sûr d'écraser l'ennemi, si on voulait lui confier le commandement de l'armée.

savoir si la défense de Paris devait être prolongée. Il invita en même temps Davoust à s'y présenter avec des réponses préparées à une série de quatre questions posées en de tels termes que leur solution devait nécessairement conclure à la reddition de Paris. Masséna, Soult, Lefèvre et quelques généraux choisis furent convoqués à ce conseil. Les bureaux des deux Chambres devaient s'y trouver au complet; quelques membres seulement y furent appelés.

Masséna répondit que cette ville serait imprenable, si les habitants voulaient en faire une seconde Saragosse; mais que leurs dissentiments politiques ne permettaient pas de compter sur une semblable résolution de leur part, et qu'il fallait à tout prix obtenir une suspension d'armes.

Lefèvre ne croyait point impossible de prolonger la défense, si l'on achevait avec toute l'activité nécessaire et possible les travaux commencés dans la plaine de Montrouge.

Soult soutint que la rive gauche de la Seine n'était point tenable; que l'occupation du village d'Aubervilliers par l'ennemi rendait même très-difficile la défense de la rive droite; et que, si la ligne du canal, qui joint Saint-Denis à la Villette, venait à être forcée, l'ennemi pourrait entrer pêle-mêle avec nos troupes par les faubourgs Saint-Martin et Saint-Denis.

D'autres militaires, partageant l'opinion du duc de Dantzig, demandèrent que, avant de prendre une résolution définitive, on coulât à fond la question de savoir s'il était possible de mettre la rive gauche en état de défense. La solution de cette question parut exiger des renseignements pris sur le terrain. Le conseil se reconnut incompétent et non suffisamment éclairé pour la résoudre. Il prit un arrêté portant en substance que le général en chef réunirait le soir même, à neuf heures, à la Villette, un conseil de guerre composé des généraux commandant les corps d'armée qu'il voudrait choisir, des chefs de l'artillerie et du génie, et enfin de tous les maréchaux présents à Paris (1), lesquels seraient invités à s'y rendre. Ce conseil devait se borner à répondre aux quatre questions primitivement posées par Fouché au prince d'Eckmühl et à deux autres qu'on y ajouta, relatives, l'une à l'état des retranchements de l'enceinte générale de Paris, l'autre à celui des munitions. Voici le texte des quatre premières, et celui des réponses, assurément très-faciles à prévoir, qu'y avait faites le maréchal Davoust.

1° L'armée pourrait-elle couvrir et défendre Paris? — *Réponse :* Elle le pourrait, mais non pas indéfiniment. Elle ne doit pas s'exposer à manquer de vivres et de retraite.

2° Si l'armée était attaquée sur tous les points, pourrait-elle empêcher

(1) On admit à ce conseil tous les maréchaux présents dans la capitale; et ceux qui naguère avaient refusé de combattre ne refusèrent pas de venir capituler.

l'ennemi de pénétrer dans Paris d'un côté ou d'un autre? — *Réponse :* Il est difficile que l'armée soit attaquée sur tous les points à la fois; mais, si cela arrivait, il y aurait peu d'espoir de résistance.

3° En cas de revers, le général en chef pourrait-il réserver ou recueillir assez de moyens pour s'opposer à l'entrée de vive force? — *Réponse :* Aucun général ne peut répondre des suites d'une bataille.

4° Enfin peut-on répondre du sort de la capitale, et pour combien de temps? — *Réponse :* Il n'y a aucune garantie à cet égard.

La tournure de ces questions laissait en dehors de la délibération l'examen de la position des armées assiégeantes. Cet examen aurait nécessairement amené les questions suivantes. Les armées prussiennes et anglaises sont séparées par la Seine et par un détour de six lieues; elles ne peuvent être renforcées par celles des autres coalisés avant quinze jours au plus tôt. Peut-on, à l'aide des retranchements de la rive droite, contenir les Anglais, afin de réunir la plus grande partie de l'armée française contre les Prussiens? Peut-on se promettre, en agissant ainsi, une victoire assez complète pour être en mesure d'obliger ensuite les Anglais à s'éloigner de Paris? Ces deux questions, les seules qu'il y eût à poser, avaient été résolues affirmativement le matin même par les généraux qui avaient conçu le plan d'attaque contre Blücher et avaient sommé Davoust de consentir à son exécution. Le succès même d'Excelmans, quoique resté incomplet par la seule volonté du maréchal, loin de rendre impossible la reprise de ce plan, en avait plutôt démontré l'excellence. La population parisienne et la masse de l'armée étaient encore sous l'influence favorable de ce brillant fait d'armes. Si donc ces deux questions eussent été de nouveau posées dans le conseil de guerre de la Villette, tout nous autorise à penser qu'on y eût répondu affirmativement encore, pourvu toutefois que le maréchal n'eût pas pris le soin d'écarter de la délibération tous les généraux qu'il savait être d'une opinion contraire à la sienne.

Le duc d'Otrante employa l'après-midi du 1er juillet à préparer les membres les plus influents des deux Chambres et de l'armée aux événements dont il avait le secret. « Tout est sur le point de s'arranger, disait-il; gardons-nous bien de sacrifier une existence assurée à un avenir incertain. Les alliés sont d'accord; nous aurons *un* Bourbon; mais il faudra qu'il souscrive aux conditions que nous lui aurons imposées. Ne vaut-il pas mieux traiter avec eux, pendant que nous sommes encore à même de leur faire des conditions, que d'attendre le moment où nous serons forcés de nous livrer à leur merci ? »

Ce fut sous l'influence de ces idées que la majorité des généraux parut au conseil de guerre. La discussion y fut animée; les opinions n'admettaient pas de moyen terme. La plupart de ceux qui avaient combattu à Fleurus et à Waterloo étaient d'avis qu'il fallait attaquer les Prussiens qu'on était sûr d'anéantir ; les autres, et principalement ceux qui n'avaient point de commandement, voulaient qu'on capitulât. Après que la plupart des généraux employés à l'armée furent partis pour retourner à leurs postes, il fut cependant dressé un procès-verbal que signèrent individuellement les généraux qui partageaient l'opinion de Davoust. Ce procès-verbal, qu'attendait Fouché, fut immédiatement transmis à la commission exécutive; et les réponses, qu'avait faites à l'avance le maréchal aux quatre questions concertées entre lui et le duc d'Otrante, figuraient à ce simulacre de procès-verbal, telles que nous venons de les rapporter. Les deux questions ajoutées par le conseil extraordinaire, tenu la veille aux Tuileries, furent résolues comme il suit :

5° Quel est l'état des retranchements élevés pour la défense de Paris? — *Réponse :* L'état des retranchements et de leur armement sur la rive droite de la Seine, quoique incomplet, est en général satisfaisant. Sur la rive gauche, les retranchements peuvent être regardés comme nuls.

6° Existe-t-il des munitions suffisantes pour plusieurs combats? — *Réponse :* Oui.

Après une discussion dans laquelle Carnot, sans dissimuler les difficultés extrêmes de prolonger la défense, fit valoir les ressources que lui laissaient apercevoir l'enthousiasme de l'armée et la possibilité d'une prompte levée en masse des départements en arrière de la Seine et de la Loire, quatre voix se réunirent pour décider que Paris serait remis aux troupes alliées. Carnot seul ne désespéra point du patriotisme français.

Le prince d'Eckmühl reçut l'ordre de demander aux généraux alliés une suspension d'armes pour traiter de la reddition de la ville.

Le 2 juillet, l'armée prussienne continua son mouvement d'investissement. Le corps de Ziethen, qui en formait l'avant-garde, replia, dans l'après-midi le faible corps français préposé à la garde de Sèvres. Après un combat de deux heures, que nos sapeurs employèrent à couper une arche de chacun des ponts de Sèvres et de Saint-Cloud, les Français firent retraite sur les villages de Meudon et de Moulineau, d'où les corps de Bulow et de Ziethen réunis les délogèrent. Vandamme fit inutilement réattaquer le dernier de ces villages; l'ennemi, renforcé à chaque instant, s'y maintint. A sept heures du soir, deux divisions prussiennes attaquèrent le village d'Issy. Une division de la garde impériale le défendait. Le combat fut long et sanglant; plusieurs fois les ennemis furent repoussés; mais enfin, vers minuit, le général Ziethen fit entrer en ligne toutes ses troupes, et le village fut emporté. Cette journée coûta treize cents hommes aux Prussiens. Le corps de Thielmann avait manœuvré en seconde ligne et débordé celui de Ziethen par sa droite. Son avant-garde arriva dans la nuit devant Châtillon, et y prit position après avoir échangé quelques coups de canon avec les troupes qui l'occupaient. Thielmann établit le reste de son corps d'armée entre Velisy, Sceaux et Châtenay, et l'y fit bivouaquer Le corps de Bulow occupa Versailles, où Blücher eut son quartier-général; cette ville paya cher le combat qui s'y était livré la veille : Blücher la frappa d'une contribution énorme, et la livra aux dévastations d'une soldatesque furieuse.

Wellington avait fait jeter un pont à Argenteuil, et ses détachements occupèrent Asnières, Courbevoie, Surène et le Mont-Valérien.

Vers dix heures du soir, le prince d'Eckmühl envoya le général Revest proposer à Ziethen un armistice et la reddition de la ville. Le lieutenant de Blücher lui répondit par la lettre suivante :

« Monsieur le général,

« Le général Revest m'a communiqué verbalement que vous demandiez un armistice pour traiter de la reddition de la ville de Paris.

« En conséquence, je dois vous déclarer que je ne suis nullement autorisé à accepter un armistice. Je n'ose point même annoncer cette demande à S. A. le maréchal prince Blücher; mais cependant si les députés du gouvernement déclarent à mon aide-de-camp, le comte Westphalen, qu'ils veulent rendre la ville et que l'armée française veut se rendre aussi, j'accepterai une suspension d'armes.

« J'en ferai part à S. A. le prince Blücher, pour traiter sur les autres articles.

« ZIETHEN. »

Lorsque Brennus, abusant de la victoire, voulut insulter aux vaincus, les Romains coururent aux armes. Quand, à El-Arich, Kléber reçut de l'amiral Keith la déclaration que l'Angleterre rejetterait toute capitulation qui ne constituerait pas l'armée française prisonnière, il s'écria : « On ne répond à une telle insulte que par des victoires. Aux armes! soldats! » Ses soldats étaient tout prêts, et la victoire d'Héliopolis fut une réponse digne d'eux et du général qui les commandait. — Moins sensibles et moins fiers en 1815, nous entendîmes sans frémissement l'insulte faite à nos 100,000 braves, et nous acceptâmes sans rougir l'opprobre qu'elle déversait sur eux et sur nous!

Pour toute vengeance, ou plutôt par prudence, Fouché expédia aux généraux alliés un de ses agents pour leur représenter qu'une jactance ridicule était hors de saison, et que si l'armée française avait connaissance de la bravade de Ziethen, la guerre deviendrait un duel à mort. Sa note officielle à Wellington était ainsi conçue :

« L'armée est mécontente, parce qu'elle est malheureuse : rassurez-la, elle deviendra fidèle et dévouée.

« Les Chambres sont indociles par la même raison; rassurez tout le monde, et tout le monde sera pour vous.

« Qu'on éloigne l'armée; les Chambres y consentiront en promettant d'ajouter à la Charte les garanties spécifiées par le roi. Pour se bien entendre, il est nécessaire de s'expliquer : n'entrez pas dans Paris avant trois jours; dans cet intervalle, tout sera d'accord; on gagnera les Chambres; elles se croiront indépendantes, et sanctionneront tout; ce n'est point la force qu'il faut employer. »

Le 3 juillet, vers trois heures du matin, Davoust fit une espèce de tentative pour reprendre le village d'Issy, défendu par deux divisions prussiennes. Cette attaque, mal conduite et entreprise avec un corps trop faible, n'eut d'autre résultat que de faire tuer du monde de part et d'autre. A sept heures, le combat avait cessé, et nos troupes étaient rentrées dans leurs positions. Ce simulacre d'attaque n'avait été imaginé que pour occuper l'opinion, entretenir l'anxiété de la capitale et tromper le désir qu'avait l'armée de combattre. Depuis plusieurs jours, on avait contenu son impatience en lui annonçant chaque matin une bataille générale; ce moyen fut encore employé ce jour-là et tint tout le corps en attente. Après le combat insignifiant dont nous n'aurions point parlé s'il n'eût pas dû nous servir à marquer le moment où cessèrent les hostilités, un conseil de guerre fut convoqué à Montrouge. On eut soin d'avertir les généraux qui s'opposaient à la reddition de Paris assez tard pour qu'ils n'y arrivassent qu'après que tout serait terminé. Il dura une demi-heure à peine; la lettre de Ziethen n'y fut point lue. Cette réserve, dont il faut savoir gré à la pudeur du prince d'Eckmühl, fut un hommage rendu à l'honneur national par ce maréchal, qui n'avait pas reculé devant l'idée d'ajouter à son bâton de commandement les menottes d'un gendarme pour violer l'asile domestique de Napoléon.

L'envoyé de Fouché trouva Talleyrand au quartier-général de Wellington. Celui-ci fit lire au prince la note secrète; et Talleyrand répondit à l'envoyé : Apaisez les frayeurs; cela vient d'être arrêté entre nous tous; voici sir Charles Stewart, ambassadeur de S. M. britannique; le comte Pozzo, ambassadeur de Russie; et je suis le prince de Talleyrand, ministre des affaires étrangères de S. M. Louis XVIII. » Il pria ensuite Wellington de lire à l'envoyé une convention qu'ils venaient de conclure. En réponse aux observations de Fouché sur la conduite à tenir envers les Chambres, le général anglais dicta à l'envoyé une note ainsi conçue : « Je pense que, les alliés ayant déclaré le gouvernement de Napoléon une usurpation et non légitime, toute autorité qui émane de lui doit être regardée comme nulle et sans pouvoir aucun. Ainsi, ce qui reste à faire aux Chambres et à la commission est de donner de suite leur démission, et de déclarer qu'elles n'ont pris sur elles la responsabilité du gouvernement que pour assurer la tranquillité publique et l'intégrité du royaume de S. M. Louis XVIII. » Talleyrand lui dicta en outre la note suivante : « Le roi accordera toute l'ancienne Charte, y compris l'abolition de la confiscation, l'appel immédiat des colléges électoraux pour la formation d'une nouvelle Chambre, le non renouvellement de la loi de l'année dernière sur la liberté de la presse, l'unité du ministère, l'initiative réciproque des lois par message du côté du roi et par proposition de la part des Chambres, l'hérédité de la pairie. Recommandez, de notre part, la bonne foi et la confiance la plus illimitée. » Les diplomates présents signèrent ces deux notes avec Talleyrand; et Wellington fit ajouter à la dernière, pour le duc d'Otrante *seul*, « qu'il désirait que le même envoyé lui fût réexpédié au plus tôt, avec d'autres notes et informations; qu'il était à désirer que Fouché fût ouvert et sincère, particulièrement avec lui, duc de Wellington, qui, de son côté, avait la confiance la plus entière en Fouché; que le duc désirait savoir si Fouché avait besoin de secours ou d'assistance, de quelque espèce et de quelque manière que ce fût, et que, dans ce cas, il l'obtiendrait immédiatement. »

Blücher s'obstinait à demander que l'armée française se rendît prisonnière et que Paris fût livré à discrétion. Wellington l'alla voir à Saint-Cloud; et, moins confiant que lui dans la fortune des armes, ou moins enivré de leur victoire commune, il lui fit comprendre qu'il importait à leur gloire, à la sûreté de leurs armées, de ne pas courir les chances d'une guerre d'extermination, dans laquelle peut-être ils seraient mal soutenus par les autres coalisés. Le général prussien consentit à traiter, en déclarant qu'il ne voulait avoir affaire qu'au chef de l'armée française. Saint-Cloud fut désigné pour le lieu des conférences.

A quatre heures de l'après-midi, Bignon, ministre des relations extérieures, le général Guilleminot, chef de l'état-major général de l'armée sous Paris, et Bondy, préfet du département de la Seine, s'y rendirent, munis des pleins pouvoirs du prince d'Eckmühl. Blücher était ivre; le général Müffling les reçut. Ce général, pour l'armée prussienne, et le colonel Hervey, pour l'armée anglaise, furent chargés de discuter avec les commissaires français la capitulation de Paris.

Le duc d'Otrante avait intérêt à dissimuler, encore pour quelques jours, la présence de Louis XVIII dans le voisinage de la capitale. Il avait prévu qu'elle serait connue des commissaires français dès l'ouverture des conférences; et, pour prévenir toute révélation anticipée de leur part sur ce point délicat, il avait été convenu entre les généraux alliés et lui que, pendant toute la durée des négociations, ils seraient tenus en charte privée et dénués de tout moyen de communiquer avec la commission de gouvernement. Blücher veilla strictement à ce que cette violation du droit des gens fût complète.

Le lendemain, à six heures du matin, les trois généraux en chef eurent ratifié la capitulation suivante :

« Art. 1er. Il y aura une suspension d'armes entre les armées alliées commandées par S. A. le prince Blücher, S. E. le duc de Wellington, et l'armée française sous les murs de Paris.

« Art. 2. Demain, l'armée française commencera à se mettre en marche pour se porter derrière la Loire. L'évacuation totale de Paris sera effectuée en trois jours; et son mouvement pour se porter derrière la Loire sera terminé en huit jours.

« Art. 3. L'armée française emmènera avec elle tout son matériel : artillerie de campagne, convois militaires, chevaux et propriétés des régiments, sans aucune exception. Il en sera de même pour le personnel des dépôts, et pour le personnel des diverses branches d'administration qui appartiennent à l'armée.

« Art. 4. Les malades et les blessés, ainsi que les officiers de santé qu'il serait nécessaire de laisser près d'eux, sont sous la protection spéciale de messieurs les commissaires en chef des armées anglaise et prussienne.

« Art. 5. Les militaires et employés dont il est question dans l'article précédent pourront, aussitôt après leur rétablissement, rejoindre le corps auquel ils appartiennent.

« Art. 6. Les femmes et les enfants de tous les individus qui appartiennent à l'armée auront la faculté de rester à Paris. Ces femmes pourront, sans difficulté quitter Paris pour rejoindre l'armée, et emporter avec elles leur propriété et celle de leurs maris.

« Art. 7. Les officiers de ligne employés avec les fédérés ou avec les tirailleurs de la garde nationale, pourront ou se réunir à l'armée, ou retourner dans leur domicile ou dans le lieu de leur naissance.

« Art. 8. Demain, 4 juillet, à midi, on remettra Saint-Denis, Saint-Ouen, Clichy et Neuilly. Après-demain, 5 juillet, à la même heure, on remettra Montmartre. Le troisième jour, 6 juillet, toutes les barrières seront remises.

« Art. 9. Le service intérieur de Paris continuera à être fait par la garde nationale et par le corps de gendarmerie municipale.

« Art. 10. Les commandants en chef des armées anglaise et prussienne s'engagent à respecter et à faire respecter par leurs subordonnés les autorités actuelles, tant qu'elles existeront.

« Art. 11. Les propriétés publiques, à l'exception de celles qui ont rapport à la guerre, soit qu'elles appartiennent au gouvernement, soit qu'elles dépendent de l'autorité municipale, seront respectées; et les puissances alliées n'interviendront en aucune manière dans leur administration ou dans leur gestion.

« Art. 12. Seront pareillement respectées les personnes et les propriétés particulières. Les habitants, et en général tous les individus qui se trouvent dans la capitale, continueront à jouir de leurs droits et libertés, sans pouvoir être inquiétés, ni recherchés en rien relativement aux fonctions qu'ils occupent ou auraient occupées, à leur conduite et à leur opinion politique.

« Art. 13. Les troupes étrangères n'apporteront aucun obstacle à l'approvisionnement de la capitale, et protégeront, au contraire, l'arrivage et la libre circulation des objets qui lui sont destinés.

« Art. 14. La présente convention sera observée, et servira de règle pour les rapports mutuels jusqu'à la conclusion de la paix.

« En cas de rupture, elle sera dénoncée dans les formes usitées au moins dix jours à l'avance.

« Art. 15. S'il survient des difficultés sur l'exécution de quelqu'un des articles de la présente convention, l'interprétation en sera faite en faveur de l'armée française et de la ville de Paris.

« Art. 16. La présente convention est déclarée commune à toutes les armées alliées, sauf la ratification des puissances dont ces armées dépendent.

« Art. 17. Les ratifications seront échangées demain 4 juillet, à six heures du matin, au pont de Neuilly.

« Art. 18. Il sera nommé de part et d'autre des commissaires pour veiller à l'exécution de la présente convention. »

Ce traité avait d'abord reçu le nom de *Capitulation*. Fouché, craignant que ce mot offensât trop vivement la susceptibilité nationale, y fit substituer le nom moins humiliant de *Convention*. Cette précaution néanmoins ne fascina les yeux que de quelques députés bénévoles. Des groupes nombreux se formèrent; on y accusa hautement le gouvernement et le prince d'Eckmühl d'avoir, une seconde fois, livré et vendu Paris aux alliés et aux Bourbons. Les patriotes, les tirailleurs, les fédérés, qui avaient offert leur sang pour la défense de cette ville, s'indignèrent également qu'on l'eût rendue sans brûler une amorce. Ils résolurent de s'emparer des hauteurs de Montmartre, de se joindre à l'armée, et de vendre chèrement à l'ennemi les derniers soupirs de la France et de la liberté. Mais leurs clameurs menaçantes furent entendues du gouvernement; il fit mettre sur pied la garde nationale, et elle n'eut plus d'autre souci que d'apaiser un mécontentement qui l'effrayait, et de comprimer un dévouement qu'il ne lui était donné ni de comprendre ni de partager.

La publicité de la convention produisit dans les camps une effervescence non moins redoutable. Les généraux s'assemblèrent pour protester contre cette œuvre impie et s'opposer à son accomplissement : tous protestèrent contre la lâcheté de Davoust, et déclarèrent qu'il avait cessé de mériter leur confiance. Plusieurs généraux s'assemblèrent pour s'opposer à l'accomplissement de ce qu'ils appelaient une œuvre impie, et convinrent de décerner le commandement en chef à Vandamme. Ils ignoraient qu'il avait assisté au simulacre de conseil de guerre tenu à Montrouge, et donné son assentiment à ce que Paris fût rendu. Les soldats, c'est-à-dire les plébéiens de l'armée, exprimaient, plus énergiquement encore que leurs chefs, leur indignation patriotique : fidèles au serment que leur avaient fait prêter les représentants du peuple, de ne point souffrir que l'étranger pénétrât dans la ville, ils se juraient mutuellement de ne s'en éloigner qu'après avoir épuisé leurs cartouches pour sa défense. A leurs imprécations et à leurs menaces, il mêlaient comme cri de combat les noms, toujours magiques pour eux, de Napoléon et de son fils. Vandamme refusa le commandement que lui déférait la confiance de l'armée. Les généraux qui lui en avaient porté le témoignage comprirent alors, les premiers, que toute persistance de leur part n'aurait pour résultat que d'ajouter aux malheurs de la patrie ceux de la guerre civile, et, se dévouant à la colère des soldats, qui menaçaient de fusiller sur place quiconque parlerait d'abandonner Paris, ils parvinrent à calmer leur irritation. La garde impériale, cédant aux prières et aux conseils du sage et loyal Drouot, se soumit la première; et, toujours disposée à s'inspirer de l'exemple de ceux qu'elle avait eus si longtemps pour guides au champ d'honneur, l'armée tout entière crut pouvoir faire sans honte ce que le vertueux Drouot avait conseillé à l'élite des défenseurs de la patrie.

Le mouvement de l'armée vers la Loire devait commencer le jour même de la ratification du traité qui l'éloignait de Paris. La première colonne de marche hésitait à partir, et demandait qu'on lui payât l'arriéré de solde auquel elle avait droit. Le mécontentement des soldats s'appuyait sur cette réclamation, bien moins dans l'intérêt d'obtenir cette solde que dans l'espoir d'intimider le gouvernement, qu'ils accusaient de lâcheté et de trahison, et de l'obliger à rompre la capitulation. Le trésor était vide; le crédit, épuisé; le gouvernement, aux abois. Davoust proposa d'enlever les fonds de la banque. La commission recula devant cette violation de la propriété privée : elle eut recours à un capitaliste à qui la banque n'a pas tenu compte de l'immense service qu'il lui rendit en cette occurrence. J. Laffitte mit à la disposition du payeur de l'armée plusieurs millions qui ne laissèrent plus de prétexte à la mutinerie des soldats. Au moment du départ, un grand nombre d'entre eux brisa ses armes, et se répandit en imprécations contre le prince d'Eckmühl. A huit heures du soir, la première colonne de marche se mit en route dans la direction d'Orléans.

Le gouvernement, pour justifier sa conduite et prévenir dans les autres armées et dans les départements de semblables soulèvements, publia la proclamation suivante, fastueux tissu d'éloquentes impostures et de fallacieuses promesses, dont Fouché fut le rédacteur :

« Français,

« Dans les circonstances difficiles où les rênes de l'Etat nous ont été confiées, il n'était pas en notre pouvoir de maîtriser le cours des événements et d'écarter tous les dangers ; mais nous devons défendre les intérêts du peuple et de l'armée, également compromis dans la cause d'un prince abandonné par la fortune et la volonté nationale.

« Nous devions conserver à la patrie les restes précieux de ces braves légions, dont le courage est supérieur aux revers, et qui ont été victimes d'un dévouement que la patrie réclame aujourd'hui.

« Nous devions garantir la capitale des horreurs d'un siége ou des chances d'un combat ; maintenir la tranquillité publique au milieu du tumulte et des agitations de la guerre, soutenir les espérances des amis de la liberté au milieu des craintes et des inquiétudes d'une prévoyance soupçonneuse ; nous devions surtout arrêter l'effusion du sang ; il fallait opter entre une existence nationale assurée, ou courir le risque d'exposer la patrie et les citoyens à un bouleversement général qui ne laisserait plus ni espérance ni avenir.

« Aucun des moyens de défense que le temps et nos ressources permettaient ; rien de ce qu'exigeait le service des camps et de la cité n'a été négligé.

« Tandis qu'on terminait la pacification de l'Ouest, des plénipotentiaires se rendaient au-devant des puissances alliées, et toutes les pièces de cette négociation ont été mises sous les yeux de nos représentants.

« Le sort de la capitale est réglé par une convention ; ses habitants, dont la fermeté, le courage et la persévérance sont au-dessus de tout éloge, ses habitants en conservent la garde. Les déclarations des souverains de l'Europe doivent inspirer trop de confiance ; leurs promesses ont été trop solennelles pour craindre que nos libertés et nos plus chers intérêts puissent être sacrifiés à la victoire.

« Nous recevrons enfin les garanties qui doivent prévenir les triomphes alternatifs et passagers des factions qui nous agitent depuis vingt-cinq ans, qui doivent terminer nos révolutions et confondre, sous une protection commune, tous les partis qu'elle a fait naître et tous ceux qu'elle a combattus.

« Les garanties, qui jusqu'ici n'ont existé que dans nos principes et dans notre courage, nous les trouverons dans nos lois, dans nos constitutions, dans notre système représentatif ; car, quelles que soient les lumières, les vertus et les qualités personnelles d'un monarque, elles ne suffisent jamais pour mettre le peuple à l'abri de l'oppression de la puissance, des préjugés de l'orgueil, de l'injustice des cours et de l'ambition des courtisans.

« Français, la paix est nécessaire à votre commerce, à vos arts, à l'amélioration de vos mœurs, au développement des ressources qui nous restent : soyez unis, et vous touchez au terme de vos maux. Le repos de l'Europe est inséparable du vôtre ; l'Europe est intéressée à votre tranquillité et à votre bonheur. »

La retraite de l'armée, la prochaine occupation de Paris par les étrangers, et la présence du roi à Arnouville dévoilèrent l'avenir, et les hommes que d'incurables illusions n'aveuglèrent point, durent se préparer à retomber sous le joug des Bourbons.

Bientôt on apprit, par les commissaires revenus du quartier-général des alliés, et par le rapport des deux envoyés de Fouché au quartier-général de l'armée ennemie, que Blücher et Wellington, abusant déjà de notre faiblesse, déclaraient hautement que l'autorité des Chambres et de la commission était illégitime, et qu'elles n'avaient rien de mieux à faire que de donner leurs démissions et de proclamer Louis XVIII.

Tout l'effet qu'avaient produit les cajoleries de Fouché et l'espoir d'une heureuse conciliation disparurent. La consternation s'empara des âmes faibles, l'indignation des cœurs généreux. La commission, frustrée de l'espoir d'obtenir Napoléon II ou le duc d'Orléans, qui, suivant l'expression du duc de Wellington, n'aurait été qu'un usurpateur de bonne famille, ne pouvait plus se dissimuler que l'intention des étrangers ne fût de replacer Louis XVIII sur le trône ; mais elle avait pensé que son rétablissement serait l'objet d'une transaction entre la nation, les monarques alliés et Louis. Quand elle connut le langage des généraux ennemis, elle prévit que l'indépendance des pouvoirs de l'Etat, stipulée par la convention, ne serait point respectée, et elle délibéra s'il ne lui convenait point de se retirer avec les Chambres et l'armée derrière la Loire. Cette mesure, digne de la fermeté de Carnot, qui l'avait proposée, fut vivement combattue par Fouché. Il déclara que ce moyen perdrait la France ; « que la plupart des généraux ne voudraient point y souscrire, et qu'il serait lui-même le premier à refuser de quitter Paris ; que c'était à Paris que tout devait se décider, et que le devoir de la commission était d'y rester pour défendre et débattre, jusqu'à la dernière extrémité, les grands intérêts qui lui avaient été confiés. »

La commission abandonna cette idée, non point par déférence pour les observations de Fouché, car il avait perdu sur elle tout son empire, mais parce qu'elle se convainquit, en y réfléchissant, que les choses étaient trop avancées pour pouvoir espérer quelque bien de cette mesure désespérée. Elle aurait probablement rallumé la guerre étrangère et la guerre civile, et si l'on pouvait compter sur les soldats, il n'était plus permis de se reposer avec la même sécurité sur les chefs. Quelques-uns, tels que le général Sénéchal, avaient été arrêtés aux avant-postes, au moment où ils voulaient passer aux Bourbons; d'autres s'étaient déclarés ouvertement en leur faveur. Le plus grand nombre paraissait inébranlable; mais cette diversité de sentiment avait amené des méfiances, des dissensions, et, dans les guerres politiques, tout est perdu quand il y a divergence d'opinion et de volonté. Il aurait fallu d'ailleurs, puisque la commission persistait à repousser Napoléon, placer à la tête de l'armée un autre chef, dont le nom, consacré par la gloire, pût servir de point d'appui et de ralliement : et sur qui le choix de la commission aurait-il pu tomber?

Ney, le premier, a donné l'alarme et désespéré de la cause des Chambres; Soult a déposé son commandement. Jamais il n'eut un caractère politique; il ne fut jamais qu'un habile exécuteur de manœuvres militaires, un intrépide athlète de batailles. Ce goût des renommées du jour, ce désir d'avantages utiles, de faveurs et d'argent, signes caractéristiques de certains guerriers; les flatteries des contemporains et quelques dépouilles des vaincus, voilà les deux sentiments qui paraissent dominer dans l'âme de ce conducteur d'armée qui n'oserait concevoir d'agir pour son propre compte, ou pour l'éclat de la gloire. Masséna est affaissé sous le poids de ses lauriers; sa santé est dans un grand délabrement; il ne tardera pas à s'éteindre. Macdonald a tenu son épée dans le fourreau pendant les cent jours; il aspire à cacher la fin de sa carrière dans les paisibles honneurs de ses titres militaires, en dédommagement de ses laborieuses campagnes et de quelques épreuves sur la scène politique. La réserve de Suchet, dès le premier jour des troubles, a fait connaître que jamais il ne deviendrait chef de parti. Davoust et Grouchy, présents sur la scène, ont si peu d'apparence aux yeux des militaires! Il n'existe pas en France, quoiqu'il en coûte à l'orgueil national de faire cet aveu, un seul individu ayant assez d'importance et de considération par lui-même ou par ses rapports, pour prétendre à la domination; il n'y a pas de bras assez ferme pour élever un étendard. En outre, Fouché (duc d'Otrante) ménage et travaille à corrompre à la fois tous les partis; il a paralysé, ou désorganisé, autant qu'il est en son pouvoir, tous les moyens de résistance; il livrera Paris, l'armée et la France à la légitimité, parce que les forces anglaises et prussiennes doivent l'emporter, dans cette conjoncture, sur les forces nationales, et Fouché sera secondé dans ses desseins par Davoust, qui abusera, jusqu'au dernier instant, de l'esprit de l'armée dont il est le chef. Les représentants du peuple de leur côté, loin de se montrer dociles aux avis de Wellington et de Blücher, manifestèrent avec une opiniâtreté inutile les principes et les sentiments dont ils étaient animés. Instruits, par des rumeurs sinistres, qu'il ne leur serait bientôt plus permis de délibérer, ils résolurent, sur la proposition de Dupont (de l'Eure), de consacrer leur dernière volonté dans une espèce de testament politique conçu en ces termes :

Déclaration des Représentants du peuple français.

« Les troupes étrangères vont occuper la capitale.

« La Chambre des représentants n'en continuera pas moins de siéger au milieu des habitants de Paris, où la volonté expresse du peuple a appelé ses mandataires.

« Mais, dans ces graves circonstances, la Chambre des représentants se doit à elle-même; elle doit à la France, à l'Europe, une déclaration de ses sentiments et de ses principes.

« Elle déclare donc qu'elle fait un appel solennel à la fidélité et au patriotisme de la garde nationale parisienne, chargée du dépôt de la représentation nationale.

« Elle déclare qu'elle se repose avec la plus haute confiance sur les principes de morale, d'honneur, sur la magnanimité des puissances alliées, et sur leur respect pour l'indépendance de la nation, si positivement exprimé dans leur manifeste.

« Elle déclare que le gouvernement de la France, quel qu'en puisse être le chef, doit réunir les vœux de la nation, légalement émis, et se coordonner avec les autres gouvernements pour devenir un lien commun et la garantie de la paix entre la France et l'Europe.

« Elle déclare qu'un monarque ne peut offrir des garanties réelles, s'il ne jure d'observer une Constitution délibérée par la représentation nationale et acceptée par le peuple.

« Ainsi, tout gouvernement qui n'aurait d'autres titres que les acclamations et la volonté d'un parti, ou qui serait imposé par la force; tout gouvernement qui n'adopterait pas les couleurs nationales et ne garantirait point la liberté du citoyen; l'égalité des droits civils et politiques; la liberté de la presse; la liberté des cultes; le système représentatif; le libre consentement des levées d'hommes et d'impôts; la responsabilité des ministres; l'irrévocabilité des ventes de biens nationaux de toute origine; l'inviolabilité des propriétés; l'abolition de la dîme, de la noblesse ancienne et nouvelle héréditaire, et de la féodalité; l'abolition de toute confiscation de biens; l'entier oubli des opinions et des votes politiques émis jusqu'à ce ce jour; l'institution de la Légion-d'Honneur; les récompenses dues aux officiers et aux soldats; les secours dus à leurs veuves et à leurs enfants; l'institution du jury; l'inamovibilité des juges; le paiement de la dette publique, n'aurait qu'une existence éphémère, et n'assurerait point la tranquillité de la France ni de l'Europe.

« Que si les bases énoncées dans cette déclaration pouvaient être méconnues ou violées, les représentants du peuple français, s'acquittant aujourd'hui d'un devoir sacré, protestent à l'avance, à la face du monde entier, contre la violence et l'usurpation.

« Ils confient le maintien des dispositions qu'ils proclament à tous les bons Français, à tous les cœurs généreux, à tous les esprits éclairés, à tous les hommes jaloux de leur liberté, enfin aux générations futures ! »

Wellington avait fait connaître à la commission son désir de se concerter personnellement avec son président pour l'exécution de la convention militaire en ce qui concernait les autorités existantes. Le duc d'Otrante saisit le prétexte que lui offraient les bruits répandus sur les dispositions menaçantes des deux généraux alliés, pour se faire autoriser par ses collègues à se rendre auprès de Wellington, à l'effet, disait-il, d'obtenir de ce général de nouvelles garanties pour la sûreté des autorités qu'on s'était engagé à respecter. Afin de mieux donner le change à la commission exécutive sur le but de sa démarche, il lui soumit trois copies différentes des explications qu'il se proposait d'avoir avec Wellington. Au quartier-général anglais, il ne fut question que des moyens de rétablir le gouvernement royal avec le moins de secousses possible. Fouché ouvrit l'avis que, puisque les Chambres s'obstinaient à repousser le roi, il fallait agir militairement contre elles. La capitulation de Paris, ajouta-t-il, ne pouvait produire tous ses résultats que par les mains d'un homme en possession complète de l'esprit des partis; il s'offrait à Louis XVIII dans une position assez critique, pour qu'on ne pût pas croire que l'ambition entrait le moins du monde dans ses vues; mais, si l'on se fiait à lui, il promettait le rétablissement du trône sans froissement; et il saurait bien réprimer les factions. Wellington, frappé de ses vues larges et habiles, lui répondit qu'il avait déjà songé à lui pour le ministère de la police; qu'il en avait parlé à Talleyrand, qui consentait à l'avoir pour collègue; et que, le soir même, lui Wellington arrangerait l'affaire avec le roi. Le lendemain, Fouché, accompagné de Molé, dont il croyait le témoignage nécessaire pour convaincre le général anglais de la vérité du tableau qu'il se proposait de lui faire de la situation de Paris, se rendit de nouveau au château de Neuilly. Wellington le fit monter dans sa voiture, le conduisit à Arnouville, et le présenta au roi. « Je sais, Monsieur, lui dit Louis XVIII, les services que vous m'avez rendus : le duc de Wellington ne m'a rien caché; je vous ai désigné pour le ministère de la police; vous pouvez m'y rendre des services encore. » Une foule empressée attendait son retour pour savoir quelles garanties il avait obtenues. « Wellington, dit-il avec un flegme imperturbable, est un homme admirable; j'ai tout ce que j'avais demandé, et même plus; toutes les garanties sont accordées. » Quand la foule fut écoulée, son secrétaire lui demanda laquelle des trois copies avait été signée; Fouché lui répondit en riant : « Comment! il y a dix ans que vous travaillez avec moi, et vous êtes si bête que cela! Je n'ai pas dit un mot à Wellington de vos griffonnages : quand on est vainqueur, on fait ce qu'on veut. »

Le parti du roi, qui jusqu'alors s'était tenu dans l'ombre, voulut réparer, par un coup d'éclat, sa longue et pusillanime inaction; il complota de désarmer, à la faveur de la nuit, les postes de la garde nationale, de s'emparer des Tuileries, et de proclamer Louis XVIII (1).

Quelques précautions prises par le prince d'Essling avertirent les conjurés que leurs desseins étaient connus, et prudemment ils en déférèrent l'exécution aux baïonnettes étrangères. Leur attente ne fut point longue.

Le 4 juillet, les positions de Saint-Denis, Saint-Ouen, Clichy et Neuilly, avaient été remises aux Anglais; le 5, ils avaient occupé celles de Montmartre, des Buttes-Chaumont, de Belleville et de Ménilmontant; le 6 enfin, les troupes aux ordres de Wellington établirent des postes aux barrières de la rive droite, et les Prussiens, à celles de la rive gauche; la garde nationale y faisait le service avec les étrangers.

Le 7 juillet, à la pointe du jour, 50,000 Prussiens entrèrent dans Paris sous les ordres de Ziethen, et s'y promenèrent triomphalement. Une partie passa le pont de Jéna, et, défilant le long de la Seine, alla repasser le pont d'Austerlitz, pour occuper les 10e, 11e et 12e arrondissements. La cavalerie la suivit jusqu'au pont d'Austerlitz et revint, par les boulevarts, aux Champs-Elysées; une autre division d'infanterie et d'artillerie suivit le même itinéraire, et se cantonna sur le 1er arrondissement; une troisième s'établit à la Grève; et son chef remit au préfet de la Seine une réquisition de 100 millions de francs et de pareille somme en effets de troupes, *signée* de Blücher; une quatrième enfin entra par la barrière de l'Etoile, et vint bivouaquer dans le jardin des Tuileries.

Ce farouche Prussien, qu'irritaient la longue humiliation de sa patrie et le souvenir récent de sa défaite à Fleurus, affectant toutes les démonstrations d'une insolente prospérité, s'abandonna ainsi avec un orgueil ridicule à la vanité d'une procession triomphante dans la capitale. Puis, à défaut de Wellington, qui déclina adroitement l'odieux d'une pareille mission, Blücher se chargea de dissoudre à main armée le gouvernement et les Chambres. Cette première violence ne doit pas nous arrêter aujourd'hui qu'un vol fameux et le long cri du sang répandu au mépris de la convention de Paris imposent à l'historien le devoir d'imprimer sur le front des étrangers l'éternelle infamie du parjure, en démontrant que cette convention, qu'il aurait fallu exécuter rigoureusement lors même qu'elle n'eut été qu'un contrat où deux parties trouvent un avantage à des

(1) Quelques-uns des plus ardents s'étaient hasardés, bravant les ordres donnés aux barrières, de se rendre à Saint-Denis pour féliciter Louis XVIII et le comte d'Artois; mais, à leur retour, ils trouvèrent les barrières fermées et furent obligés de bivouaquer à la belle étoile. Des gardes nationaux, entraînés par leur capitaine, un sieur Dusommerard, se mirent également en route, au mépris de l'honneur militaire, mais ils furent désarmés par les gendarmes, quoiqu'ils se fussent donné le titre de soldats de la fidélité.

concessions réciproques, donnait sans combat aux puissances alliées ce qu'elles auraient à peine obtenu au prix d'une victoire dont toutes les chances étaient en faveur de la France et qu'il faudra regretter éternellement de n'avoir pas vu tenter.

Decazes s'était installé à la préfecture de police. De concert avec lui, un marquis de Boisgelin, colonel de la 10e légion, à la tête d'un ramassis de gardes-du-corps travestis en gardes nationaux, avait fait occuper toutes les portes et enlever toutes les clefs du palais législatif. Au petit jour, Blücher l'avait renforcé d'un détachement d'infanterie. Le drapeau blanc avait remplacé le drapeau tricolore.

Cent membres de la Chambre se rendirent chez le président, et signèrent l'acte qui suit :

Journée du 8 *juillet* 1815, *dix heures du matin.*

« Dans la séance du jour d'hier, sur le message par lequel la commission de gouvernement annonçait qu'elle cessait ses fonctions, la Chambre des représentants passa à l'ordre du jour. Elle continua ensuite ses délibérations sur les dispositions du projet d'acte constitutionnel, dont la rédaction lui fut expressément recommandée par le peuple français; et, lorsqu'elle suspendit sa séance, elle s'ajourna ce jour, 8 juillet, à huit heures du matin.

« En conséquence de cet ajournement, les membres de la Chambre des représentants se sont rendus au lieu ordinaire de leurs séances. Mais, les portes du palais étant fermées, les avenues gardées par la force armée, et les officiers qui la commandaient ayant annoncé qu'ils avaient l'ordre formel de refuser l'entrée du palais,

« Les soussignés, membres de la Chambre, se sont réunis chez M. Lanjuinais, président; et, là, ils ont dressé et signé individuellement le présent procès-verbal pour constater les faits ci-dessus. »

Lafayette ne trouva point au-dessous de lui de prier le comte Capo-d'Istria de vouloir bien faire parvenir à l'empereur de Russie ce procès-verbal, dont la pâleur s'explique par le lieu même de sa rédaction.

Ainsi finit, après un mois d'existence, cette assemblée de délégués de la bourgeoisie révolutionnaire, véritables *mulets* politiques, également incapables de produire et de se laisser conduire, et qui au malencontreux signal donné par Lafayette (1) prirent pour de l'héroïsme une opposition qui

(1) Dans cette grave conjoncture, Lafayette fut presque aussi coupable que les royalistes, qui jouaient l'indépendance de la patrie contre la satisfaction de leur opinion. Aussi, de cette opposition intérieure, de l'aveuglement de quelques hommes incapables de dominer la situation autrement que pour désorganiser la résistance, il résulta, quand l'heure des combats eut sonné, que la France ne se sentit plus l'énergie qui devait naître de

n'aboutit qu'à désarçonner l'homme d'armes de la France, au moment où la France avait plus que jamais besoin qu'il se raffermît en selle et déployât librement, pour la défense de l'indépendance nationale, les immenses ressources de ce génie guerrier, qu'il avait si longtemps déployé pour augmenter, peut-être jusqu'à l'excès, la gloire militaire de la France.

La dissolution des Chambres et du gouvernement mit fin à toute illusion. Les couleurs tricolores, qu'on avait conservées, disparurent. Les cris de *vive la nation! vive la liberté!* cessèrent. Fouché fit annoncer à son nouveau maître que tout était consommé; et le 8 juillet, à la voix des alliés en armes, Louis XVIII reprit possession de la capitale et du trône. Le chef des Bourbons rentrait une seconde fois de son nouvel exil, à la suite des bagages de l'ennemi, avec des listes de proscriptions, des amnisties terribles et toutes les préméditations de la vengeance.

Pendant que s'accomplissaient ces graves événements, Napoléon s'éloignait rapidement de la capitale. Le 30 juin, il traversa Chartres et arriva à Châteaudun, où il fut reconnu de la maîtresse de poste. Il traversa ensuite Vendôme, puis Tours où il passa la nuit. Le lendemain, 1er juillet, la chaleur l'obligea de faire une assez longue halte à la maison de poste de Poitiers, située en dehors de la ville. A deux heures de l'après-midi il poursuivit son voyage, et il était nuit close lorsqu'il descendit à la maison de poste de Niort. L'Empereur s'arrêta un jour dans cette ville. Il y trouva un préfet toujours dévoué, des soldats et une population qui demandaient à repousser avec lui l'invasion du territoire. On le conjurait de ne pas aller plus loin, de retourner sur ses pas, de revenir à Tours, à Orléans, de rallier toutes les forces nationales derrière la Loire. Les officiers du 2e régiment de hussards, entre autres, se jetèrent pour ainsi dire à ses genoux, le suppliant de ne pas abandonner la France aux envahisseurs, de se remettre encore une fois à la tête de l'armée. « Je ne suis plus rien, je ne peux plus rien, » leur répondit Napoléon; et, passant dans une pièce voisine pour se soustraire à ces instances qui lui coûtaient à repousser plus qu'il n'osait le faire voir, il invita le général Becker à faire connaître ces manifestations au gouvernement provisoire, et à instruire en même temps Fouché et ses collègues des obstacles que son embarquement semblait devoir rencontrer.

A Niort, l'Empereur apprit que M. de Kérangal, chef des mouvements du port de Rochefort, que depuis la veille, 1er juillet, les pertuis Bretons et d'Antioche, les deux seules passes de la rade praticables aux navires de guerre étaient observés par une croisière anglaise. Le général Becker écrivit à la commission du gouvernement :

la conscience de son union : elle pleura sur le désastre de Watterloo; mais, à la voix de Napoléon, qui promettait, qui avait la certitude de la venger, elle ne se leva pas.

« L'Empereur est arrivé la nuit dernière à Niort, bien fatigué et très-inquiet du sort de la France.

« Sans être reconnu, Napoléon a été très-sensible à la curieuse inquiétude avec laquelle on demandait de ses nouvelles sur son passage. Ces démonstrations d'intérêt lui ont fait dire à plusieurs reprises : « Le gouver-« nement connaît mal l'esprit de la France ; il s'est trop pressé de m'éloigner « de Paris, et s'il avait accepté ma dernière proposition, les affaires auraient « changé de face. Je pouvais encore exercer, au nom de la nation, une « grande influence dans les affaires politiques, en appuyant les négocia-« tions du gouvernement par une armée à laquelle mon nom aurait servi « de point de ralliement, etc. »

« Arrivé à Niort, Sa Majesté a été informée par le préfet maritime de Rochefort que, depuis le 29 juin, l'escadre anglaise, en doublant sa croisière et sa vigilance, rendait la sortie des bâtiments impossible. Dans cet état de choses, l'Empereur désire que le ministre de la marine autorise le capitaine de la frégate qu'il montera à communiquer avec le commandant de l'escadre anglaise, si des circonstances extraordinaires rendent cette démarche indispensable, tant pour la sûreté personnelle de Sa Majesté que pour épargner à la France la douleur et la honte de voir Sa Majesté enlevée de son dernier asile pour être livrée à ses ennemis. »

Au moment où le général Becker terminait le dernier paragraphe, le préfet des Deux-Sèvres, M. Busche, entra pour annoncer que des lettres de Paris, du 30 juin, faisaient mention d'un fort engagement d'artillerie qui avait eu lieu le jour même au nord de cette capitale. L'Empereur fit aussitôt ajouter au général Becker les lignes suivantes :

« Nous attendons avec anxiété des nouvelles de Paris. Nous avons l'espoir que la capitale se défendra et que l'ennemi vous donnera le temps de voir l'effet des négociations entamées par vos ambassadeurs, et de renforcer l'armée pour couvrir Paris (cette phrase et la suivante m'ont été dictées par l'Empereur). Si, dans cette situation, la croisière anglaise empêche les frégates de sortir, vous pouvez disposer de l'Empereur comme général uniquement occupé du désir d'être utile à la patrie.

« Le lieutenant-général, comte BECKER. »

Le lendemain, 3 juillet, à quatre heures du matin, Napoléon descendait le perron de la préfecture, et serrant affectueusement la main de M. Busche, il s'avança vers sa voiture. Dans ce moment, un nombre considérable d'habitants et de militaires, qui s'étaient portés aux abords de la préfecture dès avant l'aube du jour, entourèrent le souverain exilé ; ils ne voulaient point le laisser partir. Les cris de : *Vive l'Empereur! Restez avec nous!* sortaient de toutes les bouches. Cependant Napoléon était parvenu à se placer dans sa calèche ; il fit signe de la main aux postillons, et la voiture, après d'assez longs efforts pour percer la foule, finit par s'éloigner. Quatre heures plus tard, à huit heures du matin, l'Empereur entrait dans Rochefort, où l'avait précédé le général Gourgaud.

Le voyage s'était accompli sans que les scélérats qui s'étaient chargés d'assassiner l'Empereur pussent accomplir leur mission. Voici ce qu'on lit à ce sujet dans les mémoires du duc de Rovigo : « Quelqu'un — j'ai su depuis qui c'était — avait suivi les traces de l'Empereur depuis la Malmaison, dans le dessein de lui faire un mauvais parti, et certes il n'était pas le seul. Heureusement l'assassin se trompa aux voitures; il prit les plus belles pour celles où était l'Empereur, il s'était attaché à elles. Mais un autre misérable de même espèce ne se méprit pas à notre modeste équipage; il nous suivit avec quelques hommes de main, et ne cessa d'épier une occasion favorable pour nous égorger. »

« Durant tout ce trajet l'attitude de Napoléon, a dit le général Becker, ne cessa jamais d'être digne et calme. Silencieux et courbé sur lui-même, Napoléon n'échangeait que quelques phrases entrecoupées avec ses compagnons de voyage, et l'on pouvait s'apercevoir alors que sa pensée planait toujours sur l'avenir, et que dans les illusions qui berçaient son imagination, il ne désespérait pas de maîtriser encore les événements. Jamais le nom de l'impératrice ni celui du roi de Rome ne sortirent de sa bouche. Napoléon était descendu à l'hôtel de la préfecture maritime, où la population se porta immédiatement en masse vers sa demeure. Cette foule demandait à voir l'Empereur qui résista longtemps; enfin, vers le soir, il parut sur la terrasse. Un silence religieux accueillit d'abord sa présence; mais bientôt les groupes éclatèrent en transports, et il fut salué d'une immense acclamation. L'enthousiasme eût été moins grand au temps de ses glorieux triomphes, et pourtant tout était fini, la trahison était consommée, et ce jour-là, 3 juillet, une capitulation, la plus honteuse qui soit inscrite dans nos annales, livrait Paris aux Anglais et aux Prussiens.

Les deux frégates mises par le gouvernement provisoire à la disposition de l'Empereur étaient *la Saale* et *la Méduse*, commandées, la première, par le capitaine de vaisseau Philibert, et la seconde, par le capitaine de frégate Poné. Il y avait un double obstacle à leur sortie : la présence de la croisière anglaise à l'embouchure de la Charente et les vents contraires. Dans une réunion d'officiers généraux et supérieurs de la marine, parmi lesquels on remarquait le vieil et intrépide amiral Martin, il fut décidé qu'on devait chercher un autre moyen de salut : les uns proposaient de recourir à des navires neutres, mouillés sur divers points de la côte, entre autres à un brick de commerce danois, alors en chargement à l'île d'Aix et commandé par un capitaine d'origine française, M. Besson ; ceux-ci conseillaient l'emploi de bâtiments assez légers pour défier le peu de profondeur des passes encore libres, ainsi que la surveillance de l'ennemi ; ceux-là appuyaient l'offre de quelques aspirants intrépides qui se faisaient fort de conduire l'Empereur en lieu de sûreté dans de simples chaloupes pontées; enfin, l'amiral Martin, combattant ces différentes ouvertures, signalait la corvette *la Bayadère*, stationnée dans la rivière de Bordeaux et commandée par le capitaine Baudin, comme le bâtiment qui pouvait le mieux assurer le départ de Napoléon. L'Empereur ne savait à quel parti se résoudre. Peut-être son hésitation était-elle entretenue par l'arrivée successive des députations de l'armée.

Rochefort renfermait un régiment d'artillerie de marine; un régiment de matelots campait sur l'île d'Aix, dans la rade; 1,500 gardes nationaux étaient à la Rochelle; un corps de cavalerie occupait Niort, et 3,000 hommes de gendarmerie se trouvaient cantonnés dans les environs; enfin, le général Clausel, à Bordeaux, avait sous ses ordres plusieurs régiments d'infanterie. Toutes ces troupes, formant le noyau d'une armée, envoyaient à l'Empereur des députations chargées de lui porter l'expression de son dévouement et de ses regrets, et par ces témoignages d'amour que lui donnaient toutes les classes de la population de Rochefort, cinq jours se passèrent au milieu de cette incertitude. Enfin, le 8, Napoléon dut prendre un parti; ce jour-là, dans la matinée, le général Becker reçut de Paris des ordres qui ne permettaient plus à l'Empereur de prolonger son séjour à Rochefort.

« Le succès des négociations, écrivait le gouvernement provisoire, tient principalement à la certitude que les puissances alliées veulent avoir de son embarquement. La commission met la personne de Napoléon sous votre responsabilité; vous devez employer tous les moyens de force qui seraient nécessaires, en conservant le respect qu'on lui doit. Faites qu'il arrive sans délai à Rochefort, et faites-le embarquer aussitôt. Quant aux services qu'il offre, nos devoirs envers la France et nos engagements avec les puissances étrangères ne nous permettent pas de les accepter, et vous ne devez plus nous en entretenir. Enfin la commission voit des inconvénients à ce que Napoléon communique avec l'escadre anglaise; elle ne peut accorder la permission qui lui est demandée à cet égard. »

Davoust écrivait en même temps au général Becker qu'il venait de prescrire aux commandants des troupes à Rochefort et à la Rochelle de lui donner main-forte pour l'accomplissement de ses ordres.

Le général communiqua à l'Empereur les deux lettres qu'il venait de recevoir; ce dernier, après les avoir lues, lui dit : « Que pensez-vous de cela, général? Tout le monde ici donne son avis, excepté vous.—Je ne suis pas en position de donner des conseils à Votre Majesté, répondit le général, les chances qu'elle peut courir sont trop incertaines; je ne voudrais pas qu'on pût me reprocher la moindre influence sur ses décisions. Le seul avis que je me permettrai de lui donner, c'est de prendre une détermination prompte et d'exécuter ensuite le plus rapidement possible le projet auquel elle aura donné la préférence. Le sort de la France peut malheureusement se trouver consommé; le nouveau gouvernement peut envoyer des agents à la poursuite de Votre Majesté, dès lors mes pouvoirs, que je ne tiens que d'une commission provisoire, cessent, et Votre Majesté court des dangers dont il est impossible de prévoir le résultat. » L'Empereur, à ces derniers mots, garda un moment le silence; puis il dit en souriant au comte Becker : « Mais, général, quoi qu'il arrivât, vous seriez incapable de me livrer. — Votre Majesté sait que je suis prêt à donner ma vie pour protéger son départ, répliqua le général; mais, en me sacrifiant, je ne la sauverais pas; car les commandants des frégates, si la scène venait à changer, recevraient les ordres des ministres de Louis XVIII et méconnaîtraient les miens. — Eh bien! dit l'Empereur, donnez l'ordre d'équiper les embarcations pour l'île d'Aix. »

Dans la soirée du 8, à cinq heures, l'Empereur vint descendre sur la rive droite de la Charente, près d'un fort appelé le château de *Fourras*, où l'attendait le principal canot de *la Saale*.

La population de Rochefort couvrait les quais; son attitude était celle de la tristesse et du respect; des larmes coulaient des yeux d'un grand nombre de spectateurs. Ce morne silence ne fut interrompu que lorsque le canot de *la Saale* quitta la rive. Un long cri de *vive l'Empereur!* s'éleva dans les airs et suivit la frêle embarcation sur le flot qui l'emportait. Napoléon quittait pour jamais le rivage de la France le même jour et à la même heure où Louis XVIII rentrait aux Tuileries.

Il était huit heures du soir lorsque l'Empereur arriva près des frégates; il fit aborder *la Saale*, où il s'installa avec les généraux Bertrand, Rovigo, Becker et Gourgaud.

Le lendemain, 9, à la pointe du jour, Napoléon descendit dans l'île où il fut accueilli par les transports les plus enthousiastes. Ce fut au milieu de cette multitude enivrée, aux cris répétés de : *Vive l'Empereur! ne partez pas! allons à la Loire!* qu'il traversa les premiers ouvrages pour aller passer en revue le régiment de marins formant la garnison de l'île. Les soldats n'étaient pas moins exaltés. Cette revue terminée, Napoléon parcourut, avec les officiers d'artillerie et du génie, les forts, les batteries, tous les travaux qu'il avait fait ériger pour protéger la rade et favoriser le cabotage entre Rochefort, la Rochelle et Bordeaux. Il remonta dans les embarcations. Ce fut encore aux cris de : *A la Loire! ne nous quittez pas!* qu'il s'éloigna. A son retour sur *la Saale*, il reçut communication d'un dernier arrêté de la commission : la sûreté personnelle de Napoléon et la raison d'Etat exigeaient qu'il quittât sur-le-champ le territoire français. Il devait, en conséquence, être immédiatement embarqué sur les deux frégates, dans le cas où leur sortie serait possible, et dans le cas contraire sur un *aviso*, qui partirait au plus tard dans les vingt-quatre heures, à moins qu'il ne préférât être conduit soit à bord d'une croisière anglaise, soit en Angleterre ; on devait alors, sur sa demande écrite, mettre à sa disposition un parlementaire, et il était prescrit au général Becker, si le départ s'effectuait au moyen des frégates ou de l'*aviso*, de ne quitter Napoléon qu'en dehors des pertuis ; et, s'il demandait à être transporté à bord de la croisière anglaise ou en Angleterre, de l'accompagner jusqu'à l'une ou à l'autre de ces deux destinations. Dans la lettre du général Becker, il était dit : « Les moindres retards peuvent avoir les suites les plus fâcheuses ; car qui peut répondre que les dispositions prises dans l'intérêt de la sûreté de la personne de Napoléon n'éprouveraient pas des contrariétés insurmontables? » L'arrêté du gouvernement provisoire et la lettre au général étaient à la date du 6 juillet. Ce jour-là, les troupes anglaises et prussiennes, aux termes de la capitulation conclue le 3, devaient prendre possession de Paris ; le lendemain, 7, le gouvernement provisoire et ses ministres devaient disparaître.

Le général Becker expédia sur-le-champ vers l'île de Ré une péniche chargée de reconnaître, par l'état des signaux, le nombre des bâtiments anglais, ainsi que leurs points de station dans les deux pertuis. De son côté, l'Empereur, désirant savoir quel accueil il pouvait espérer de la part de l'Angleterre, donna au duc de Rovigo et à M. de Las-Cases l'ordre de se rendre à bord de la croisière britannique, qui se composait du *Bellérophon* et du brick *le Mirmidon*, mouillés alors à la pointe de Clarisson, l'un des angles de l'île d'Oléron. M. de Las-Cases connaissait parfaitement la langue anglaise, mais on était convenu qu'il n'en ferait rien paraître. Admis devant le chef de la croisière, le capitaine Maitland, commandant du *Bellérophon*, M. de Las-Cases remit à cet officier une lettre où le général Bertrand, après avoir annoncé que des passe-ports avaient été demandés au gouvernement britannique, pour le libre passage de Napoléon aux États-Unis, s'informait si ces passe-ports étaient arrivés. « Napoléon a terminé sa carrière politique, lui dit M. de Las-Cases ; il désire quitter la France sans être inquiété et sans se trouver contraint de repousser par la force les navires de guerre qu'il pourrait rencontrer ; c'est uniquement dans ce but qu'il tient aux passe-ports ; et plutôt que d'exposer à une lutte les bâtiments de l'État mis à sa disposition, il prendrait passage sur des navires américains ou des bâtiments de commerce. » La conversation avait lieu en français. Le capitaine Maitland répondit : « J'ignorais complétement tous les faits que vous venez de me rapporter ; je ne connaissais que le gain de la bataille de Waterloo ; je n'ai donc pu entendre parler de passe-ports. Mais si vous voulez attendre, ajouta-t-il en attachant son regard sur la mer, je pourrai sans doute vous donner bientôt une autre réponse ; car j'aperçois une corvette qui manœuvre pour m'aborder ; elle fait signal qu'elle vient d'Angleterre et qu'elle a des lettres pour moi. »

La corvette, qui était *la Falmouth*, aborda, et son capitaine remit au commandant du *Bellérophon* les dépêches dont il était chargé. Le capitaine Maitland les lut. « Lorsque le bâtiment a quitté l'Angleterre, dit-il au duc de Rovigo et à M. de Las-Cases, on ne savait encore rien des événements que vous venez de m'apprendre ; mes dépêches n'en disent pas un mot. L'amiral lui-même doit les ignorer. » Se tournant alors vers le capitaine de *la Falmouth*, il lui demanda ce que l'on disait de nouveau à bord des bâtiments de l'amiral Hotham, et si l'on y savait où était l'Empereur. La question était faite en Anglais ; M. de Las-Cases écoutait, mais sans paraître comprendre. « Lorsque j'ai quitté la baie de Quiberon, répondit la capitaine de *la Falmouth*, le bruit courait à bord de l'amiral que Napoléon venait d'arriver à Nantes, et qu'il y faisait le diable. » Le capitaine Maitland sourit et se contenta de dire en français à ses deux hôtes : « On n'en sait pas à bord de l'amiral plus qu'ailleurs. » Puis il leur dit : « Je voudrais pouvoir vous satisfaire ; mais vous voyez que cela ne m'est pas possible. Je vais rendre compte de notre entrevue à l'amiral Hotham, et lui envoyer la lettre du général Bertrand. Je vous ferai connaître sa réponse aussitôt qu'elle arrivera ; mais je crois qu'il jugera la chose assez importante pour venir la donner lui-même. »

Le duc de Rovigo et M. de Las-Cases lui firent observer que cette démarche prendrait beaucoup de temps, et que l'Empereur désirait partir sur-le-champ. « Cela ne dépend pas de moi, » leur répondit-il. Les envoyés de Napoléon lui posèrent alors les trois questions suivantes :

« Que ferez-vous si l'Empereur sort à bord des frégates ; s'il sort sur un bâtiment de commerce français ; ou bien à bord d'un neutre, d'un navire américain, par exemple ?

« — Si Napoléon sort à bord des frégates, répondit le capitaine Maitland, je les attaquerai et les prendrai, si je peux ; dans ce cas il sera mon prisonnier.

« S'il sort sur un bâtiment de commerce français, comme nous sommes en guerre, je prendrai le bâtiment, et dès lors Napoléon sera encore mon prisonnier.

« Enfin, s'il sort sur un bâtiment neutre et que je le visite, je ne prendrai pas sur moi de le laisser aller. Je retiendrai le bâtiment, et j'en référerai à mon amiral, qui décidera.

« — Dans ce dernier cas, dirent le duc de Rovigo et M. de Las-Cases, le retiendrez-vous comme prisonnier ? — Non, répliqua vivement le capitaine du *Bellérophon*. Je ne me permettrais pas de décider ; ce serait un cas extraordinaire dont je laisserais toute la responsabilité à mon amiral. »

La conversation continua. Le nom des Etats-Unis fut encore prononcé. « Je ne crois pas que mon gouvernement laisse aller Napoléon en Amérique, dit le capitaine. — Où donc lui permettrait-on de se retirer ? répondit le duc de Rovigo. — Je l'ignore, répliqua M. Maitland ; mais je suis presque certain de ce que je vous dis. Quelle répugnance aurait-il donc à venir en Angleterre? ajouta-t-il tout à coup. »

M. de Las-Cases objecta le ressentiment du gouvernement britannique et le climat de l'Angleterre. Le capitaine répliqua que c'était une erreur de croire que le climat de l'Angleterre fût froid et humide, et que dans le comté de Kent il était aussi doux qu'en France. « Quant aux ressentiments politiques, ajouta-t-il, la présence de Napoléon en Angleterre serait le moyen le meilleur de les éteindre tous. Il n'aurait d'ailleurs rien à craindre des ministres : notre gouvernement n'est pas arbitraire ; tout y est soumis à la loi, et la nation ne souffrirait pas qu'on essayât de la violer envers lui. »

M. de Las-Cases promit de rapporter cette conversation à l'Empereur. « Je ferai tout ce qui dépendra de moi, ajouta-t-il, pour lui faire adopter l'idée de se rendre en Angleterre ; mais peut-il espérer, en ce cas, de trouver dans votre vaisseau un moyen de transport pour lui et pour les personnes qui l'accompagnent? »

Le capitaine Maitland répondit qu'il allait faire de cette demande l'objet d'une dépêche à son amiral, et que si l'Empereur lui demandait passage à son bord, avant qu'il eût obtenu une réponse, il commencerait par le recevoir.

Ce fut vers les deux heures de l'après-midi que le duc de Rovigo et M. de Las-Cases, revenus sur *la Saale* rendirent compte à l'Empereur de cette conférence. Napoléon ne regarda point le résultat de cette démarche comme favorable. On reprit donc les projets agités les jours précédents. On reparla de tenter la sortie sur un bâtiment assez léger pour que son tirant d'eau lui permît de quitter la rade par des passes interdites aux navires de guerre. Pendant qu'on discutait, les marins, placés sur les ponts des frégates, signalèrent les bâtiments ennemis qui manœuvraient pour se rapprocher ; le capitaine Maitland se mettait en mesure de leur barrer le passage et de capturer le souverain déchu. Aux premières heures de la soirée il vint s'embosser en travers de la rade des Basques ; toute issue se trouvait fermée à *la Saale* et à *la Méduse*.

Les vents semblaient vouloir cesser d'être contraires. Le capitaine Poné offrit de se dévouer avec son équipage pour faciliter la sortie de *la Saale*. Il proposa de se jeter sur *le Bellérophon*, pendant la nuit, de le saisir à l'ancre, de se fixer à ses flancs, d'y rester attaché et de combattre tant qu'un seul de ses matelots se tiendrait debout. Pendant cette lutte, *la Saale*, favorisée par les ténèbres, franchirait la passe et gagnerait la haute mer.

Le capitaine Philibert, commandant supérieur des deux frégates, refusa son consentement. Il ne pouvait, disait-il, prendre sur lui d'autoriser la perte de l'une d'elles. D'un autre côté, l'Empereur déclara que ce sacrifice de tout un équipage était un acte de dévouement dont la proposition excitait sa reconnaissance, mais qu'il ne pouvait accepter.

On continuait les négociations entamées avec quelques batiments de commerce, mais surtout avec le navire danois du capitaine Besson, lorsque le 12, des nouvelles arrivées de Rochefort obligèrent le général Becker d'insister de nouveau pour une prompte détermination : Louis XVIII était rentré aux Tuileries. De plus longs retards, disait le général, exposeraient la personne de l'Empereur à des dangers sérieux. Napoléon ordonna d'embarquer sur-le-champ une partie de sa suite ainsi que tous les gros bagages sur le brick *l'Epervier* et la goëlette *la Sophie*, et manifesta l'intention de se rendre à bord de la croisière anglaise. Mais bientôt après, craignant que le gouvernement royal ne transmît de nouveaux ordres aux capitaines des deux frégates, il voulut être débarqué dans l'île d'Aix, où il pensait que ses compagnons et lui y trouveraient plus de sécurité. Les démonstrations qui l'avaient salué à sa première visite, l'accueillirent avec encore plus d'énergie.

Le jour suivant, 13 juillet, le général Lallemand vint dire à l'Empereur que *la Bayadère* était à ses ordres ; que la rivière de Bordeaux, où mouillait cette corvette, ne semblait pas l'objet d'une surveillance bien sévère ; que plusieurs navires de commerce américains, en partance pour les Etats-Unis, étaient mouillés près de *la Bayadère* ; qu'il serait facile de les noliser et de combiner leur sortie avec celle de la corvette, de manière à déjouer la poursuite des croiseurs ennemis ; que la corvette était parfaitement armée, équipée et approvisionnée, et que son commandant, le capitaine Baudin, se faisait fort de conduire l'Empereur jusqu'au bout du monde.

Le succès était assuré ; mais, pour gagner le mouillage de *la Bayadère*, il fallait risquer un trajet de près de vingt lieues, partie en mer et partie dans les terres où flottait déjà le drapeau blanc. D'un autre côté, l'Empereur connaissait peu Lallemand, et la part prise par ce général au complot orléaniste du 9 mars n'était pas de nature à lui donner une confiance absolue. Sans doute il n'eût pas hésité si le capitaine Baudin avait pu venir lui-même le renseigner.

Un autre plan fut proposé. Plusieurs officiers du régiment de marine (14e) formant la garnison de l'île, le lieutenant de vaisseau Genty, les enseignes Doret, Salis, Lepelletier, et les aspirants de première classe Châteauneuf et Moncousu, offraient, en leur nom et au nom de leurs camarades, d'équiper et de monter deux chasse-marées mouillés dans la rade, d'y embarquer l'Empereur et sa suite, et de profiter de l'obscurité de la nuit pour échapper, inaperçus, à la croisière anglaise ; ils devaient longer ensuite la côte jusqu'à la hauteur de la Rochelle, puis gagner la haute mer. On devait arrêter le premier bâtiment de commerce qui serait rencontré et le contraindre, à prix d'argent, de prendre à son bord l'Empereur, ainsi que tous les siens, et de se diriger ensuite sur les Etats-Unis. Le brick danois devait concourir à ce plan; on réservait de décider au moment du départ quels seraient les passagers qu'on lui confierait.

La proposition fut agréée. Les deux chasse-marées furent achetés sur-le-champ. Les capitaines des deux frégates s'empressèrent de fournir tout le gréement nécessaire; l'équipage fut formé exclusivement des officiers et des sous-officiers du 14e de marine. Tous les apprêts furent terminés dans la journée. Les effets précieux furent embarqués sur les deux chasse-marées, où devaient, en outre, monter la plus grande partie des personnes de la suite de l'Empereur. Le brick danois devait recevoir Napoléon, ainsi que les généraux Bertrand, Gourgaud, Savary et Lallemand, et le premier valet de chambre Marchand. A onze heures du soir tout était disposé; le brick danois et les deux chasse-marées se tenaient sous voiles. Le général Becker, prévenu par M. Genty, se rendit près de l'Empereur : « Sire, lui dit-il, tout est prêt; le capitaine attend Votre Majesté. » Napoléon répondit qu'il allait descendre.

L'Empereur fit effectivement quelques pas pour sortir; mais bientôt la dispersion de sa suite sur trois bâtiments excita une vive rumeur. Les femmes ne voulaient pas être séparées de leurs maris, et ceux de ces exilés volontaires qui avaient été désignés pour monter dans les chasse-marées, se plaignaient de la préférence accordée aux généraux Gourgaud, Savary et Lallemand. Les apprêts du départ, chez le plus grand nombre des mécontents, étaient loin d'être achevés. Qu'est-il besoin, d'ailleurs, s'écriait-on, d'aller aux Etats-Unis? Pourquoi marcher ainsi séparés? Qu'arrivera-t-il si l'un des bâtiments est pris? Que deviendront les passagers capturés? Ne serait-il pas plus simple de gagner l'Angleterre? L'Angleterre! tout le monde l'invoquait; toutes les voix la signalaient comme l'asile le plus facile, le plus proche et le plus sûr. Savary lui-même disait au général Becker : « Conseillez donc à Sa Majesté de renoncer à tous ces moyens précaires d'évasion, et de s'abandonner à la générosité du régent de la Grande-Bretagne. » Napoléon, sollicité, prié par ses compagnons d'infortune, fut encore une fois sans force contre leurs instances et leurs illusions. « Vous le voulez? leur dit-il après avoir résisté quelque temps. Eh bien! nous irons en Angleterre! » Il chargea le général Bertrand de remercier en son nom les officiers et les sous-officiers, qui, montés sur les frêles navires mouillés à quelques pas de sa demeure, n'attendaient plus que les passagers pour lever l'ancre et franchir les passes. Le grand-maréchal dut leur dire que l'Empereur renonçait à ce moyen de salut et qu'il passerait le reste de la nuit à l'île d'Aix.

Le lendemain 14, à quatre heures du matin, M. Las-Cases et le général Lallemand se rendirent à bord du *Bellérophon* en qualité de parlementaires, chargés de recueillir la réponse que le capitaine Maitland avait dû demander à l'amiral Hotham, relativement à la réception de l'Empereur à bord de ses bâtiments et à son passage en Angleterre. A midi, les deux envoyés étaient de retour. Ils annoncèrent que le commandant du *Bellérophon*, après les avoir attentivement écoutés, leur avait répondu : « Qu'il venait de recevoir de son gouvernement des ordres qui l'autorisaient à accueillir à son bord Napoléon et sa suite, si la demande lui en était faite, et à le traiter avec tout le respect, tous les égards dus au rang qu'il avait occupé; mais qu'il ne garantissait pas à Sa Majesté l'obtention de sauf-conduits pour son passage de l'Angleterre aux Etats-Unis. »

Cette réponse ne satisfaisait ni l'Empereur ni ses compagnons. « On semble éviter de s'engager, leur dit-il; je ne vois là aucune garantie. » Puis, il ajouta : « Le capitaine du brick danois (M. Besson) vient de me soumettre une nouvelle proposition; il répond de ma sûreté si je consens à me confier à sa loyauté avec une seule personne de ma suite. Me cacher et fuir ainsi me répugne. Dites votre avis. »

Toutes les personnes présentes, moins le général Lallemand, furent d'accord pour conseiller à Napoléon de se confier à la loyauté anglaise; le séjour sur le sol britannique du plus noble ennemi de l'Angleterre, flatterait, disaient-elles, la fierté du gouvernement et de la nation, et il était impossible que les ministres, ainsi que le peuple, n'accueillissent pas l'Empereur avec le respect et les égards dus à son nom. Cette opinion fut combattue par le général Lallemand. « Acceptez l'offre du capitaine Besson, Sire, disait-il; ne consultez que les intérêts de votre salut personnel; choisissez celui de nous qui vous inspirera le plus de confiance; si Votre Majesté m'honore de son choix, je lui servirai de secrétaire, de valet de chambre. Napoléon, après avoir promené son regard sur tous les membres de la réunion, voyant la presque unanimité décidée pour le passage en Angleterre, mit fin au débat par ces mots : « Mon parti est pris; je vais écrire au prince régent, et demain, à la pointe du jour, nous nous rendrons à bord de la croisière anglaise. »

Chacun se retira pour achever ses apprêts de départ, et Napoléon, resté seul, écrivit au prince régent cette lettre si connue :

« Altesse royale,

« En butte aux factions qui divisent mon pays et à l'inimitié des grandes puissances de l'Europe, j'ai terminé ma carrière politique, et je viens, comme Thémistocle, m'asseoir au foyer du peuple britannique. Je me mets sous la protection de ses lois, que je réclame de Votre Altesse royale, comme du plus puissant, du plus constant et du plus généreux de mes ennemis.

« NAPOLÉON. »

Le général Gourgaud fut chargé de porter à Londres cette lettre si digne et si courte. En renonçant, pour monter sur *le Bellérophon*, aux moyens de salut qui lui avaient été proposés et qui lui restaient encore, l'Empereur entendait subir un exil, non la captivité, et croyait se rendre l'hôte, mais non le prisonnier de l'Angleterre. Voici les instructions remises au général Gourgaud :

« Ile d'Aix, 14 juin 1815. »

« Mon aide-de-camp Gourgaud se rendra à bord de l'escadre anglaise avec le comte de Las-Cases. Il partira sur l'avis que le commandant de cette escadre expédiera, soit à l'amiral, soit à Londres. Il tâchera d'obtenir une audience du prince régent et lui remettra ma lettre. Si l'on ne voit pas d'inconvénients pour me délivrer des passe-ports pour les Etats-Unis d'Amérique, c'est ce que je désire; mais je n'en veux pour aller dans aucune colonie. Au défaut de l'Amérique, je préfère l'Angleterre à tout autre pays. Je prendrai le titre de colonel Muiron ou Duroc. Si je dois aller en Angleterre, je désirerais être logé dans une maison de campagne, à dix ou douze lieues de Londres, où je souhaiterais arriver le plus incognito possible. Il faudrait une habitation assez grande pour y loger tout mon monde. Je suis désireux, et cela doit entrer dans les vues du gouvernement, d'éviter Londres. Si le ministère avait envie de mettre un commissaire près de moi, Gourgaud veillera à ce que cela n'ait aucun air de servitude, et que ce soit un homme qui, par son caractère et par son rang, ne puisse donner lieu à aucune mauvaise pensée.

« Si Gourgaud doit être envoyé à l'amiral, il serait plus convenable que le capitaine le gardât à son bord pour le faire partir sur une corvette, afin d'être sûr qu'il arrivera à Londres avant nous.

« Napoléon. »

La dépêche adressée par le général Bertrand au capitaine Maitland était conçue en ces termes :

« Ile d'Aix, 14 juillet 1815.

« Monsieur le commandant, M. le comte de Las-Cases a rendu compte à l'Empereur de la conversation qu'il a eue ce matin à votre bord. Sa Majesté se rendra à la marée de demain, vers les quatre ou cinq heures du matin, à bord de votre vaisseau.

« Je vous renvoie M. de Las-Cases avec la liste des personnes composant la suite de Sa Majesté.

« Si l'amiral, en conséquence de la demande que vous lui avez adressée, vous envoie les saufs-conduits pour les Etats-Unis, Sa Majesté *s'y rendra avec plaisir ;* mais, à défaut de ces saufs-conduits, elle *se rendra volontiers* en Angleterre comme simple particulier, pour y jouir de la protection des lois de votre pays.

« Sa Majesté expédie M. le maréchal-de-camp baron Gourgaud auprès du prince régent avec une lettre dont je vous envoie copie, vous priant de la faire passer au ministre auquel vous croirez nécessaire d'envoyer cet officier-général, afin qu'il ait l'honneur de remettre au prince régent la lettre dont il est chargé.

« J'ai l'honneur, etc.

« Comte BERTRAND. »

Le général Gourgaud et M. de Las-Cases partirent à quatre heures du soir. Arrivés à bord du *Bellérophon,* ils furent parfaitement accueillis du capitaine Maitland, qui mit aussitôt à la disposition du général la corvette *la Slany,* arrivée la nuit précédente. La corvette appareilla sur-le-champ pour la côte d'Angleterre.

Outre les moyens d'évasion qui lui étaient offerts, l'Empereur avait encore un moyen de salut : il pouvait rentrer dans l'intérieur des terres, rejoindre l'armée de la Loire, rallier à cette armée tous les régiments disséminés dans l'est et dans l'ouest de la France, et engager, à la tête de ces forces encore considérables, une lutte dont le résultat aurait été fatal aux alliés. Ces moyens se présentèrent sans doute à son esprit dans la nuit du 14 au 15 ; mais douter de la grandeur et de la loyauté anglaise, était à ses yeux faire injure à tout un peuple brave et puissant. Le 15, à trois heures du matin, il s'habillait pour se rendre à bord du *Bellérophon,* lorsque le général Becker lui remit une lettre qu'il venait de recevoir du préfet maritime, et dans laquelle le baron Bonnefoux annonçait la prochaine arrivée d'un émissaire parti de Paris avec mission de l'arrêter. Cet émissaire était le capitaine de Rigny, depuis devenu vice-amiral et ministre. L'Empereur acheva de s'habiller et se dirigea vers le brick *l'Epervier,* qui, les voiles déployées en face de l'île, l'attendait. Napoléon, coiffé du petit chapeau, était revêtu de l'uniforme vert de colonel des chasseurs à cheval de la garde impériale, et avait l'épée au côté. Il entra dans le canot suivi du général Becker et de tous ses officiers en grand uniforme. Le canot aborda bientôt *l'Epervier.* Arrivé sur le pont du brick, le général Becker s'approcha de Napoléon, et lui demanda si, pour obéir aux prescriptions du dernier arrêté du gouvernement provisoire, il l'autorisait à l'accompagner jusque sur *le Bellerophon.* « N'en faites rien, général, s'écria l'Empereur ; pensons à la France ! c'est de mon propre mouvement que je me rends à bord de la croisière. Si vous y veniez avec moi, on ne manquerait pas de dire que vous m'avez livré aux Anglais. Je ne veux pas laisser peser sur la France, même le soupçon d'une pareille injure. »

Le général Becker ne put proférer une seule parole, il fondait en larmes ; l'Empereur lui tendit la main : « Embrassez-moi, général, lui dit-il ; je vous remercie de tous les soins que vous avez pris de moi ; je regrette de ne vous avoir pas connu plus tôt d'une manière aussi particulière. Embrassez-moi ; adieu ! » Le général, au milieu des sanglots qui étouffaient sa voix, ne put laisser échapper que ces paroles : « Adieu, Sire ; soyez plus heureux que nous ! »

L'Epervier se dirigea immédiatement sur *le Bellérophon*, que l'Empereur ne tarda pas à aborder. Le capitaine Maitland attendait l'Empereur à la tête de son état-major ; l'attitude de ses officiers était celle de l'étonnement et du respect ; l'équipage gardait le plus profond silence. Les marins de *l'Epervier*, pendant ce temps, n'avaient point quitté l'Empereur des yeux ; leurs regards attristés suivaient tous ses mouvements ; et quand, arrivé sur le pont du vaisseau ennemi, Napoléon fut sur le point de disparaître, un long cri de *Vive l'Empereur !* lui porta leurs adieux. Peu d'instants après être arrivé sur le pont du *Bellérophon*, l'Empereur put voir les frégates *la Saale* et *la Méduse* amener le pavillon tricolore et arborer le drapeau blanc. L'empire avait pour jamais disparu.

Une heure à peine s'était écoulée depuis l'arrivée de Napoléon à bord du navire britannique quand les vigies signalèrent *le Superbe*, monté par l'amiral Hotham. Il ne tarda pas à jeter l'ancre près du *Bellérophon* ; le capitaine Maitland se rendit immédiatement à son bord : tous deux, après une conférence assez longue, vinrent sur la navire où se trouvait l'Empereur ; l'amiral fit demander à Napoléon la permission de lui être présenté ; il l'obtint ; l'entrevue fut courte ; l'amiral, en se retirant, pria l'Empereur de venir visiter son vaisseau le lendemain, et d'y accepter à déjeûner. Napoléon consentit, et le 16 au matin, il se fit conduire à bord du *Superbe*, où l'amiral le reçut avec tous les honneurs en usage pour les têtes couronnées. Tous les officiers du vaisseau lui furent successivement présentés et nommés ; il visita les batteries et prit place ensuite à la table de l'amiral. Ce dernier, lorsque Napoléon se leva pour se retirer, invita l'Empereur à rester à bord de son vaisseau, qui était beaucoup plus spacieux, disait-il, et plus commodément installé que *le Bellérophon*. Napoléon répondit qu'il se trouvait effectivement un peu à l'étroit sur ce dernier navire ; mais qu'il répugnait, pour une gêne de quelques jours, à mortifier le capitaine Maitland, surtout *si cette circonstance pouvait être avantageuse à sa carrière.*

Le lendemain, 17, à huit heures du matin, *le Bellérophon* et la corvette *le Mirmidon*, les seuls bâtiments qui avaient jusque-là composé la croisière, firent voile pour la côte anglaise. Ce fut seulement le 24 que les deux navires jetèrent l'ancre dans la baie de Torbay. Durant tout ce voyage, aucune parole, pas le moindre indice ne purent faire soupçonner à l'Empereur que, sur *le Bellérophon*, il fût autre chose qu'un passager de haut rang, que l'on s'empressait de débarquer aussitôt son arrivée dans un port anglais. La présence du général Gourgaud, que Napoléon trouva devant Torbay, à bord de *la Slany*, sans avoir pu remplir sa mission, fut même impuissante à le détromper.

Le général Gourgaud, tant qu'il était resté en mer, avait été également entretenu par le capitaine de *la Slany* dans la conviction d'une admission prompte et facile auprès du prince régent. Mais, à l'arrivée de la corvette à Plymouth, le capitaine Sartorius avait gagné la terre et laissé l'envoyé de l'Empereur sous la garde des officiers du bord, avec défense expresse à ceux-ci de permettre au général la moindre communication avec la côte. Lorsque ce dernier voulut débarquer, on lui annonça le départ subit de M. Sartorius, et on lui dit qu'il ne pouvait quitter le navire avant le retour du capitaine. Le général Gourgaud réclama avec véhémence les moyens d'accomplir sa mission. Le nouveau commandant de *la Slany*, pour toute réponse, remit à la voile, et, malgré les énergiques protestations du général, vint mouiller en rade de Torbay, où Napoléon lui-même ne tarda pas à arriver. En rendant à l'Empereur la lettre qu'il lui avait donnée pour le prince régent, le général se plaignit amèrement du manque de foi du capitaine de *la Slany* et laissa entrevoir quelques doutes sur la loyauté des officiers anglais et de leur gouvernement. Napoléon repoussa les soupçons de son aide-de-camp; toutefois il redit ses plaintes au capitaine Maitland, qui excusa par l'usage les obstacles apportés au débarquement du général Gourgaud. L'ignorance du capitaine Maitland à l'égard des dispositions de son gouvernement était réelle ; et le surlendemain, 26, lorsqu'il eut reçu l'ordre de rallier l'amiral Keit à Plymouth, il n'était encore instruit de rien.

L'amiral Keit, aussitôt l'arrivée du *Bellérophon*, vint rendre visite à l'Empereur ; il se montra respectueux, empressé près de Napoléon, lui dit qu'il serait heureux de lui faire agréer ses services, et que personne ne désirait plus vivement de voir arriver de Londres les ordres qui devaient permettre à l'Empereur d'échanger enfin contre une demeure convenable en Angleterre, l'incommode chambre de son vaisseau. Cependant le capitaine Maitland prenait les précautions les plus rigoureuses pour empêcher ses passagers de communiquer avec la terre. Il ne se bornait pas à repousser toutes les demandes qui lui étaient adressées pour visiter son bâtiment ou ses hôtes ; les chaloupes de son vaisseau, réunies à celles de plusieurs autres navires de guerre mouillés dans la rade, formaient autour du *Bellérophon* une sorte de cordon qui en interdisait l'approche à la multitude d'embarcations chargées de curieux des deux sexes, que l'espérance d'apercevoir les traits de l'homme dont le nom avait si longtemps rempli l'Europe, faisait accourir de tous les comtés voisins. Ces embarcations couvraient la mer à une assez grande distance autour du *Bellérophon*.

On attendit pendant cinq jours les ordres de Londres. Enfin, le 31 juillet, M. Bombray, sous-secrétaire d'Etat, arriva à bord du *Bellérophon*. Introduit auprès de l'Empereur, il lui remit une note écrite en français et qui annonçait en substance : « Que Napoléon Bonaparte était prévenu qu'il serait conduit à Sainte-Hélène, et qu'il ne pourrait emmener avec lui que quatre personnes, lesquelles devraient préalablement se reconnaître *prisonnières* du gouvernement anglais. » L'Empereur accueillit cette communication avec calme. Il répondit qu'il devait croire, pour l'honneur du gouvernement britannique, que cette détermination n'était pas irrévocable; que, monté à bord du *Bellérophon* sur l'assurance donnée par le capitaine Maitland que son gouvernement lui avait transmis l'ordre de le recevoir à son bord ainsi que sa suite, et de le transporter en Angleterre s'il se présentait dans cette intention, il était l'hôte, non le prisonnier de l'Angleterre; que les ministres étaient probablement mal informés des faits; qu'il allait les leur faire connaître et réclamer d'eux l'asile qu'il était venu chercher, ainsi que la faculté de vivre libre sous la protection et la surveillance des lois anglaises. Sa lettre, remise à l'amiral Keith pour être envoyée à Londres, resta sans réponse. Le 6 août, quatre jours après que le gouvernement anglais, par une précaution cause de tous ces retards, eut fait ratifier par les autres puissances la notification signifiée le 31 par M. Bombray, *le Bellérophon* mit de nouveau à la voile, et le 7, dans la journée, vint mouiller une seconde fois à Torbay. Il y trouva *le Northumberland*. Ce vaisseau, monté par l'amiral Cockburn, attendait Napoléon. Le soir même, l'amiral Cockburn fit signifier à l'Empereur que son gouvernement le considérant comme *prisonnier de guerre*, il avait l'ordre de lui enlever son argent, ses armes, même son épée. Cette dernière prescription, transmise au général Bertrand, fut l'objet d'une réclamation véhémente que l'amiral Keith, venu à Torbay en même temps que *le Bellérophon*, s'empressa d'appuyer. Il fit observer à l'amiral Cockburn que l'épée était rendue aux officiers capturés même sur le champ de bataille, et que Napoléon avait au moins droit à la même faveur. L'amiral Cockburn prit sur sa responsabilité personnelle de laisser au côté de l'Empereur l'arme qu'il avait si longtemps et si glorieusement portée. Les généraux Bertrand, Rovigo, Gourgaud, Lallemand et les autres officiers, en revanche, furent désarmés. Napoléon dut subir un autre outrage : ses caisses, son bagage, furent scrupuleusement visités ; on examina pièce par pièce son linge, ses habits, tous ses effets, et l'on s'empara du peu de numéraire et des quelques objets précieux qui pouvaient lui rester. Ce fut seulement lorsque cette indigne visite fut terminée, que le lendemain, 8 août au matin, on vint lui annoncer que le canot qui devait le transporter sur *le Northumberland* l'attendait. L'Empereur parut bientôt sur le pont du *Bellérophon* où se tenaient, pour lui faire leurs adieux, le plus grand nombre de ceux qui s'étaient attachés à sa fortune; la plupart n'avaient pu obtenir la permission de le suivre.

L'attitude de Napoléon, dans ce moment suprême, fut, comme toujours, digne et calme ; il ne fit pas entendre une plainte, pas un regret ; sa préoccupation se portait sur ses compagnons. Cette résignation avait dominé tous ses actes durant le voyage ; une fois, pourtant, sa fermeté l'avait abandonné ; ce fut au moment de quitter Rochefort : les journaux de Paris venaient d'arriver ; il y jeta les yeux. La capitulation qui devait livrer cette capitale aux Anglais et aux Prussiens s'y trouvait. Repoussant loin de lui le papier fatal, il passa précipitamment dans son cabinet et s'y enferma. Des sanglots ne tardèrent pas à se faire entendre. On fit silence, on écouta ; Napoléon pleurait. L'Empereur avait auprès de lui le général Bertrand, la comtesse sa femme et trois enfants ; le duc de Rovigo, le général Gourgaud, le général Lallemand, le comte de Montholon-Sémonville, la comtesse sa femme et un enfant ; M. de Las-Cases et son fils ; MM. de Résigny, Planat et Schultz, chefs d'escadron ; MM. Pointkorski et Mercher, capitaines ; M. Autric, lieutenant ; M. Maingault, chirurgien.

Le comte et la comtesse Bertrand, le général Gourgaud, le comte et la comtesse de Montholon, M. de Las-Cases et son fils, obtinrent seuls l'autorisation de monter avec Napoléon à bord du *Northumberland ;* toutes les autres personnes durent rester en Angleterre ; quelques-unes d'elles, le duc de Rovigo entre autres, y furent longtemps détenues, malgré la paix, comme prisonniers de guerre. Savary fut enfermé à Malte.

Napoléon reçut encore à Plymouth une preuve de dévouement et de fidélité trop rare pour être passée sous silence. Le comte de Lobau, fait prisonnier le 18 juin à Planchenoit, avait été amené à Plymouth ; il fit offrir à l'Empereur de le suivre et de partager son exil.

Napoléon, en posant le pied sur *le Northumberland*, retrouva la voix et les forces que, depuis sa défaite et sa chute, il semblait avoir perdues ; et, se relevant de toute sa hauteur, il lança sur l'Angleterre cet anathème qui a retenti dans le monde entier.

PROTESTATION.

« Je proteste solennellement ici, à la face du ciel et des hommes, contre la violation de mes droits les plus sacrés, en disposant, par la force, de ma personne et de ma liberté. Je suis venu librement à bord du *Bellérophon :* je ne suis pas prisonnier, je suis l'hôte de l'Angleterre.

« Aussitôt assis à bord du *Bellérophon*, je fus sur le foyer du peuple britannique. Si le gouvernement, en donnant des ordres au capitaine du *Bellérophon* de me recevoir ainsi que ma suite, n'a voulu que tendre une embûche, il a forfait à l'honneur, il a flétri son pavillon.

« Si cet acte se consommait, ce serait en vain que les Anglais voudraient parler de leur loyauté, de leurs lois, de leur liberté. La foi britannique se trouverait perdue dans l'hospitalité du *Bellérophon*.

« J'en appelle à l'histoire : elle dira qu'un ennemi qui fit vingt ans la guerre au peuple anglais vint librement, dans son infortune, chercher un asile sous ses lois : quelle preuve plus éclatante pouvait-il donner de son estime et de sa confiance ? Mais que répondit-on, en Angleterre, à tant de magnanimité ? On feignit de tendre une main hospitalière à cet ennemi, et quand il se fut livré de bonne foi, on l'immola !

« NAPOLÉON. »

Le Northumberland mit à la voile dans l'après-midi même du 8 août. Une seule fois avant sa sortie de la Manche, Napoléon put apercevoir la côte française : ce fut à la hauteur du cap de la Hogue. Il la salua, et étendant les mains vers le rivage, il s'écria d'une voix profondément émue : « Adieu, terre des braves ! adieu, chère France ! Quelques traîtres de moins, et tu serais encore la grande nation, la maîtresse du monde ! »

Ces paroles de Napoléon étaient vraies : il n'avait succombé que parce qu'il refusa l'appui du peuple, mêlant aux cris de son enthousiasme pour le grand Empereur des cris de liberté, des souvenirs de révolution. Avec l'appui du peuple, il aurait imposé à tout le monde ; avec l'appui du peuple, il n'aurait pas trouvé d'hostilité dans le Corps législatif ; avec l'appui du peuple, personne n'eût osé le trahir ; avec l'appui du peuple, il aurait vaincu à Waterloo, ou réparé glorieusement sa défaite.

Toutefois une grande responsabilité morale pèse sur ceux qui le forcèrent à une seconde abdication, et plus encore sur ceux qui lui refusèrent l'honneur d'écraser les Prussiens engagés dans une position où leur perte était certaine. Vainqueur, quels beaux adieux il eût fait à la France, désormais en état de traiter à des conditions de paix honorables ! Les meneurs de l'intrigue, qui voulaient absolument la ruine et l'éloignement de Napoléon, craignirent évidemment qu'après le triomphe il ne voulût reprendre les rênes du gouvernement. On ne doit guère admettre une telle supposition, après des promesses aussi solennelles que celles de l'Empereur, mais on peut croire que la France lui aurait pardonné sans peine une infraction à sa parole, car tout le monde, excepté quelques personnes aveuglées ou entraînéee par des intérêts particuliers, sentait profondément le besoin qu'on avait d'un tel défenseur. Peut-être, au lieu de demander une permission qu'on lui refuserait infailliblement, devait-il courir au camp sous Paris, et entraîner l'armée. Toutefois, en examinant la question avec maturité, on doit peut-être hésiter à blâmer la retenue de Napoléon, plus capable que personne, dans l'état déplorable où les divisions intestines avaient alors placé la France, de mesurer toute l'étendue des conséquences de son audace, si la fortune eut trahi les inspirations de son génie.

On s'est étonné que Napoléon ait voulu se survivre à lui-même. Il aurait pu se tuer, rien n'est plus facile à l'homme, mais une fin semblable était-elle digne de lui ? Un roi, un grand roi, ne doit point mourir de la mort d'un désespéré, d'un conspirateur, d'un chef de parti. Il faut, suivant les propres expressions de l'illustre captif de Sainte-Hélène, qu'il soit au-dessus des plus rudes atteintes de l'adversité.

Non! il était digne du grand Napoléon d'opposer l'inflexibilité de son âme à l'inconstance de la fortune, et, tel que ce Romain à qui l'on reprochait de ne s'être point donné la mort après une grande catastrophe, il pourra répondre aussi : « J'ai fait plus, j'ai vécu. »

Pendant que les rois de l'Europe déshonoraient ainsi leur victoire, Napoléon prenait le chemin de Sainte-Hélène où, malgré une captivité éternelle à laquelle la mort seule devait mettre un terme, chacun de ses mouvements ébranlait encore le continent, qui avait si longtemps tremblé sous les pas du nouveau Charlemagne. Au moment de son divorce, il avait dit à Joséphine, pour calmer les regrets de cette épouse chérie : « Je te mets à l'abri, on ne sait pas ce qui peut arriver, le cinquième acte n'est pas joué. » Si ces paroles révélaient un homme qui s'était toujours défié du dénoûment de son drame, à coup sûr Napoléon ne prévoyait pas que ce dénoûment aurait lieu sur les rochers de Sainte-Hélène. Du moins le grand acteur y fut sublime, et sa longue mort peut passer pour l'une des plus belles scènes d'une vie semée de merveilles.

Les derniers jours de Napoléon furent aussi grands que les plus beaux instants de sa vie. Certain de sa mort, il souriait de pitié lorsqu'on cherchait à lui donner de l'espoir. « Aucun art, disait-il, ne peut me sauver la vie. J'aurais voulu revoir ma femme et mon fils... mais que la volonté de Dieu soit faite ! Il n'y a rien de terrible dans la mort ; elle a été la compagne de mon oreiller pendant ces trois dernières semaines, et à présent elle est prête à s'emparer de moi pour jamais... »

Enfin, le 5 mai 1821, s'éteignit, après une captivité de soixante-sept mois et demi , à l'âge de cinquante-un ans huit mois vingt jours, le plus grand homme dont l'histoire ait eu à perpétuer le souvenir. Jamais autant de gloire n'avait été expié par un si long supplice ; jamais le chef généreux d'une nation magnanime n'avait rencontré des ennemis plus dépourvus de loyauté. La mort de Napoléon fut un événement immense pour toutes les têtes couronnées de l'Europe, mais plus encore pour la dynastie des Bourbons. En l'apprenant, ils ne purent contenir ni dissimuler leur joie. Dès lors la sainte-alliance respira à l'aise ; car du haut du rocher sur lequel elle tenait Napoléon enchaîné, cette image si populaire, si menaçante, la remplissait encore d'effroi. Mais une impression de deuil parcourut toute la France, et quoiqu'on ne découvrît pas alors tout ce qu'il y avait eu d'incomparable dans cette existence, de mérite dans cette incommensurable renommée, un certain reflet de cette gloire qui, de plus en plus appréciée, resplendirait immortelle dans la postérité, se faisait déjà apercevoir.

CHAPITRE VII.

Louis XVIII rentre dans Paris. — Danses ignobles de quelques Français avec des soldats étrangers. — Canons braqués sur les Tuileries. — Spoliation des musées et destruction des monuments. — Résistance des places fortes. — Insurrection de la garnison de Strasbourg. — Déploiement des coalisés. — Licenciement de l'armée. — Réactions royalistes. — Assassinats et procès politiques de plusieurs généraux. — Traités de 1815.

Salué du titre de roi par le régent d'Angleterre, Louis XVIII avait quitté sa retraite d'Hartwell le 18 avril 1814; le 20 il faisait son entrée solennelle à Londres; le 24 il débarquait en France. Il était temps; un peu plus tard, il ne trouvait plus de royaume : le comte d'Artois, qui avait pris lui-même le titre de lieutenant-général du royaume, était en train de tout donner. Le sénat avait rédigé un projet d'acte constitutionnel : l'accepter c'était reconnaître à ses droits une autre origine que ses droits et la grâce de Dieu; c'était avouer qu'on ne régnait pas depuis dix-neuf ans. La déclaration de Saint-Ouen fut une transaction entre les exigences nationales et les préjugés légitimistes : un mois après, la Charte était *octroyée*.

Louis XVIII monta sur le trône entouré d'étrangers et de Français, encore plus étrangers que les Russes et les Prussiens, et qui ne regardaient la Charte que comme une concession qu'il fallait reprendre.

Entre les leçons capables d'ouvrir les yeux des plus aveuglés, les Cent-Jours eurent le mérite de l'à-propos et de la vigueur. Le retour de l'île d'Elbe, si prompt, si facile, fit honte à tous les retours royalistes. Le prétendu usurpateur était rentré en France comme on rentre chez soi. Le roi légitime ne put, encore une fois, reparaître que derrière les gros bataillons : encore une fois, le bras de l'étranger lui conquit son royaume; et pourtant quel déluge de phrases sur ce roi rappelé par son peuple, sur ce père redemandé par ses enfants, sur les lys, le panache blanc, sur l'air de cabaret en l'honneur de Henri IV, et sa ballade galante à la plus fameuse de ses concubines, et tout cet attirail de parade, qui ne cessait d'être ridicule que pour devenir odieux, quelques jours après Waterloo, quelques jours avant la seconde humiliation de la capitale !

Paris offrit alors un spectacle nouveau. En présence des étrangers, qui semblaient jouir de l'humiliation de la France, quelques hommes à cocarde blanche, des femmes et des jeunes filles élégamment parées, faisaient entendre le cri de *Vive le roi!* Tout à coup ces femmes forment des farandoles; elles veulent danser en rond, mais les hommes manquent ou se tiennent à l'écart : elles vont les inviter. Des mères, richement vêtues, ne croient ni déroger à leur noblesse héréditaire, ni manquer aux bienséances, en allant prendre hardiment des soldats anglais ou des agents stipendiés. Elles placent dans leurs mains les mains de leurs jeunes filles, et donnent le signal du chant et de la danse. D'autres saisissent par le milieu du corps des soldats prussiens, et, dans l'impuissance où elles sont de les engager à valser, les entraînent, et, s'enlaçant à eux, leur livrent avec une sorte de joie frénétique leurs tailles sveltes et leurs poitrines pantelantes. La nuit même n'interrompt point ces transports, que son ombre semble rendre encore plus vifs : journée de honte, dont le peuple, saintement recueilli dans son deuil patriotique, ne partagea point l'ignoble délire!

Dans la place du Carrousel, dans la cour même du château des Tuileries, on voyait des bivouacs de cosaques, des pièces de canon y étaient braquées, et tout ce qu'un camp de barbares, de sauvages, peut offrir de repoussant, d'affreux, était reproduit sous les yeux même du monarque qui souffrait et approuvait un si insolent et si honteux abus de la force.

On dégrada l'arc-de-triomphe du Carrousel, et ce fut aux cris de *hurra! hurra!* que les soldats étrangers descendirent les chevaux de bronze et insultèrent le monument triomphal! Ces soldats dévalisèrent ensuite le Musée, souillèrent le Louvre, et leurs cris insolents ne cessèrent de s'y faire entendre pendant des semaines entières.

A l'ordre de l'étranger, les ponts d'Iéna et d'Austerlitz perdent leur nom : ignoble autant qu'inutile dépit des vaincus! L'histoire n'aura-t-elle donc plus de voix pour attester que les Russes, les Autrichiens, les Prussiens furent complétement défaits en Moravie et en Saxe? ne célébrera-t-elle pas éternellement les immortelles campagnes de 1805, 1806? Si, conquérant de Londres, un second Guillaume de Normandie imposait un autre nom à ce pont de Waterloo qui charge la Tamise de sa lourde masse, les Français en auraient-ils été moins battus le 18 juin 1815? En renversant la colonne triomphale de Rosbach, le vainqueur d'Iéna enleva-t-il le souvenir du triomphe de Frédéric II sur ce Rohan, courtisan de la courtisane Pompadour? Les Romains passèrent sous les fourches caudines; deux armées anglaises capitulèrent, dans la même campagne, à New-York et à Saratoga, humiliées par des milices à peine formées et dont on affectait de mépriser la contenance : ces exemples donneront-ils le droit d'avancer que les Romains et les Bretons furent des peuples sans courage? Parce que, dans quelques rencontres, les Français furent battus, osera-t-on soutenir qu'ils ne se distinguent point par la plus éminente bravoure? Mais aujourd'hui, à Paris, l'insolent orgueil des vainqueurs de Napoléon ternit l'éclat de leurs succès.

Détournons nos regards d'un tableau aussi triste, pour les reporter sur les derniers efforts patriotiques de nos armées disséminées le long de nos frontières que menaçaient les nombreuses cohortes des étrangers.

Napoléon, en portant la masse de ses forces en Belgique où il avait tant de raisons pour espérer qu'il parviendrait à battre et détruire successivement l'armée anglaise et l'armée prussienne, n'avait pas négligé la défense des autres points vulnérables de nos frontières, et il y avait pourvu. En même temps qu'il chargeait le général Molitor d'organiser le système de défense du Haut et du Bas-Rhin, il donnait au général Rapp le commandement de l'armée du Rhin, formée du 5e corps, fort de 15,000 hommes et 1,800 chevaux; le maréchal duc d'Albuféra était appelé au commandement de l'armée des Alpes, formée du 7e corps, dont l'effectif s'élevait à 19,000 hommes et 1,600 chevaux. Chargé de la défense du Jura, le général Lecourbe était à la tête de deux divisions comptant ensemble 9,500 hommes et 1,200 chevaux ; le général Decaen commandait un corps d'observation à Toulouse, fort de 2,000 hommes d'infanterie et 500 chevaux; un autre d'observation à Bordeaux, et de la même force que le précédent, était commandé par le général Clausel.

Le 19 juin, le général Rapp, ayant appris que les hostilités avaient commencé en Belgique, se disposa à faire un mouvement en avant des lignes de la Lauter, où toutes ses forces étaient rassemblées; il fit pousser une reconnaissance sur la Queich ; les postes bavarois qui s'y trouvaient furent enlevés, et les Français entrèrent presque sans coup férir à Dahn et à Anweiler. Le 22, Rapp faisait ses dispositions pour attaquer Germersheim, lorsque la nouvelle de la perte de la bataille de Waterloo et des suites désastreuses de cet événement lui arriva ; il songea alors à se concentrer, et il se retira derrière la Lauter et se hâta de mettre en état de défense les places fortes qui se trouvaient placées sous son commandement.

En même temps Schwartzenberg, qui avait également appris les événements de la Belgique, se disposait à franchir nos frontières, et le maréchal de Wrède, avec une jactance ridicule, annonçait à ses soldats par une proclamation qu'il voulait, sans s'arrêter, passer sur le corps à tout ce qu'il rencontrerait dans sa marche sur Paris, ce qui n'empêchait pas son avant-garde d'être battue sur la Sarre, dans la soirée du 23, par une poignée de douaniers français.

La position de Rapp était néanmoins devenue subitement fort difficile : il allait avoir en tête des forces considérables, et il ne pouvait espérer de renfort ; il résolut donc de continuer son mouvement de retraite ; mais en défendant le terrain pied à pied, et en garnissant le mieux possible les places fortes qui pouvaient arrêter l'ennemi ou diminuer ses forces, il l'obligeait à laisser des troupes sous leurs murs. L'armée du Rhin était encore sur la Lauter le 24 juin, vers la fin du jour, lorsque ses avant-postes furent attaqués par les Wurtembergeois qui, malgré leur nombreuse cavalerie, furent vigoureusement repoussés et laissèrent bon nombre des leurs sur le terrain.

La retraite continua en bon ordre, et le 25, l'armée occupa la forêt d'Haguenau. Une de ses divisions, commandée par le général Rotembourg, était à Seltz pour surveiller les bords du Rhin; elle fut attaquée le 26 par le général autrichien Wallmoden. Trois compagnies françaises, placées à la tête du bois, soutinrent pendant deux heures les efforts de l'avant-garde autrichienne, composée de 4 bataillons, 300 hommes de cavalerie et plusieurs pièces de canon; forcés de se replier après avoir fait éprouver à l'ennemi des pertes très-grandes relativement au nombre des combattants, ils s'établirent dans la ville de Seltz, où le général Wallmoden les fit attaquer de nouveau par des troupes fraîches; ces dernières ayant été vigoureusement repoussées, le général autrichien envoya de nouveaux renforts aux assaillants qui, renouvelant l'attaque pour la troisième fois, parvinrent à pénétrer dans la ville et à s'établir dans la partie située au-delà du pont; nos trois compagnies prenant alors l'offensive, s'élancent intrépidement sur cette masse, l'enfoncent à la baïonnette, la culbutent complétement et l'obligent à se retirer sur la forêt.

Pendant ce temps, le prince de Wurtemberg, qui attaquait notre centre sur la route d'Haguenau, n'était pas plus heureux; son but était de forcer le passage de la Sarre, derrière laquelle s'était repliée une des divisions du 5e corps, commandée par le général Albert. Aux premières colonnes d'attaque lancées par le prince et repoussées aussitôt, d'autres colonnes succédèrent qui furent culbutées et mises en fuite; cela dura jusqu'au soir; l'ennemi avait perdu 2,000 hommes; nous n'en avions pas 300 hors de combat, et nous restions maîtres du champ de bataille.

Quelques heures après ce glorieux combat, le général Rapp apprenait que 3 corps autrichiens avaient passé le Rhin à Bâle; aussitôt il se met en marche dans l'intention de couvrir Strasbourg, qui se trouvait ainsi gravement menacé.

C'était le 26 juin. Le lendemain 27 la marche continuait lorsque, en traversant un village, quelques soldats apprirent que Napoléon avait abdiqué. Cette nouvelle circule dans les rangs avec rapidité; un mouvement d'hésitation se manifeste : « A quoi sert de se battre, si tout est fini? disent les soldats; rentrons chez nous... » Le découragement commence à gagner les officiers. « Qu'avons-nous à attendre, disent-ils, de ces Bourbons pour lesquels nous ne sommes que des brigands? » Quelques-uns proposent de se jeter dans les Vosges, pour y faire la guerre de partisans. Rapp alors ordonne de faire halte; il fait ranger ses troupes en bataille, et, d'une voix tonnante, il demande quels sont ceux qui veulent l'abandonner. « Croyez-vous, dit-il, qu'il n'y ait plus rien à faire parce que Napoléon n'est plus empereur? Ne sentez-vous pas que plus nous serons faibles, plus on nous dépouillera facilement? Songez à la France, enfants, et à l'honneur du drapeau! »

Il n'en fallut pas davantage pour ranimer tous les esprits. Ces dernières paroles furent couvertes par les cris de : *Vive le général! vive la France!* et Rapp entra à Strasbourg sans qu'un seul de ses soldats ou de ses officiers l'eût abandonné. Mais ce ne fut pas sans combattre : attaqué le 28, près du village de Souffelweyersheim, par le prince de Wurtemberg, à la tête de forces triples de celles des Français, Rapp accepta résolument la bataille. La victoire fut longtemps indécise ; pris et repris trois fois, le village de Souffelweyersheim était demeuré en dernier lieu au pouvoir de l'ennemi, qui venait en outre de nous enlever 4 pièces de canon, lorsque le général arrivant comme la foudre à la tête d'un régiment de dragons et du 7e de chasseurs, charge la cavalerie wurtembergeoise et la met en un instant en déroute; elle tente de se rallier ; mais elle est alors assaillie par le 32e régiment d'infanterie, qui en fait un carnage épouvantable. Dans leur fuite, les débris de ce corps presque anéanti rompent les rangs de l'infanterie qui arrivait pour les dégager; il s'ensuit un désordre général ; les soldats jettent leurs armes, les routes s'encombrent de fuyards, de canons, de chariots, et ce n'est qu'à Haguenau que cette armée, battue par nos soldats deux fois moins nombreux que les siens, se rallie. La perte de l'ennemi dépassa 3,000 hommes; la nôtre ne s'éleva qu'à 700.

Enfermé dans Strasbourg, le général Rapp continua à montrer la même intrépidité ; il fit à l'officier qui vint le sommer de rendre la place cette réponse d'une énergie terrible : « Je ne la rendrai que lorsque mes soldats auront mangé des cuisses autrichiennes, comme ceux que j'avais à Dantzig en ont mangé de russes. »

Ne voulant pas toutefois sacrifier inutilement ses soldats, Rapp signa, le 22 juillet, une convention de suspension d'armes avec le prince de Hohenzollern, pour les places de Strasbourg, Landau, la Petite-Pierre, Phalzbourg, Schelestadt, Neuf-Brisach, Fort-Mortier et Huningue ; mais il en fut de cette capitulation, en ce qui concernait Huningue, comme de celles de Dresde et de Dantzig. Cette place était commandée par le général Barbanègre, qui, bien que n'ayant pas reçu les bataillons de gardes nationaux mobilisés qu'on lui avait envoyés comme renfort, et qui s'étaient débandés et dispersés à la nouvelle de la perte de la bataille de Waterloo, n'en résolut pas moins de défendre la place jusqu'à la dernière extrémité. En apprenant la suspension d'armes conclue par Rapp, le général Barbanègre s'y soumit, comme c'était son devoir ; mais cette soumission ne pouvait aller jusqu'à souffrir les insultes des bandits qui se livraient au pillage sous le prétexte de faire cause commune avec les alliés. Or, il arriva, peu de temps après la suspension d'armes, que des bandes se formèrent à Bâle et dans ses environs, prirent le nom de *corps francs* et infestèrent les campagnes, pillant, rançonnant, incendiant, se livrant enfin à tous les excès imaginables. Encouragés par l'impunité, ces bandes osèrent bientôt se présenter jusque dans les hameaux situés sous le canon d'Huningue ; elles les pillèrent tous et en incendièrent quelques-uns. Les malheureux habitants des chaumières ainsi ravagées s'adressèrent au commandant d'Huningue et lui demandèrent protection. Instruit que ces bandes de pillards étaient sortis de Bâle, le général Barbanègre s'adressa aux autorités de cette ville pour obtenir réparation ; n'obtenant point de réponse satisfaisante, il déclara que si on ne se hâtait de lui faire justice, il se la ferait lui-même. Les menaces n'ayant pas eu plus de résultat que les représentations, et les pillards continuant leurs déprédations dans les environs, le général voulut prouver aux Bâlois qu'il n'était pas homme à se laisser insulter impunément ; il fit lancer sur leur ville quelques bombes comme prélude de ce qui pourrait arriver si on ne le poussait à bout.

C'était là précisément ce que voulaient les alliés, et leur conduite dans cette circonstance semble prouver que les pillards et les incendiaires avaient agi avec l'assentiment des Autrichiens qui bloquaient la place. L'archiduc Jean, qui commandait le corps d'armée employé au blocus d'Huningue, ne s'était pas soumis sans répugnance à la convention de suspension d'armes, signée le 22 juillet à Strasbourg, et les coalisés en général ne voyaient pas sans regret l'importante place d'Huningue leur échapper. L'archiduc s'empressa donc de saisir l'occasion des justes représailles exercées par Barbanègre contre les Bâlois, pour déclarer que le commandant d'Huningue ayant rompu le traité en recommençant les hostilités, il s'en regardait lui-même comme complétement dégagé ; en conséquence, il fit sommer le général français de rendre la place ; il lui représentait, à l'appui de cette sommation, qu'une défense plus prolongée serait complétement inutile, alors que toutes les autres places fortes du Nord et de l'Est s'étaient rendues, et il ajoutait qu'en ne se soumettant pas immédiatement, le commandant attirerait sur lui-même, sur la place et sur la garnison toutes les sévérités autorisées par les lois de la guerre.

Mais Barbanègre n'était pas un homme que l'on pût facilement effrayer ; il répondit qu'en châtiant des pillards, il n'avait fait qu'user de son droit ; qu'il dédaignait de répondre plus longuement aux arguties de ses adversaires, et que rien ne l'empêcherait de faire son devoir jusqu'au bout. Cette réponse fut faite le 12 août ; le 14, la tranchée fut ouverte devant la place ; 28 batteries furent construites en quelques jours par les 24,000 hommes formant l'armée de siége, et commencèrent à foudroyer la ville, défendue par *cent trente hommes!*... « Bientôt, dit le général de Vaudoncourt, la ville ne fut qu'un monceau de décombres. Une seule caserne, que le général Barbanègre avait fait blinder avec soin, servait de refuge aux blessés, aux vieillards, aux femmes et aux enfants. Les citoyens valides travaillaient aux réparations de la place et à étouffer les incendies; les femmes et les enfants, bravant la mort, portaient les munitions sur les remparts; la garnison, sous les armes nuit et jour, se multipliait, pour présenter tour à tour quelques hommes sur les points menacés. Le 22, un petit amas de munitions ayant sauté dans la redoute de Custine, à 300 toises de la place, les 3 canonniers qui y étaient avec 2 canons l'abandonnèrent. Les Suisses, qui s'étaient joints aux Autrichiens, y entrèrent un moment, au nombre de 300 hommes; mais ils en furent bientôt chassés et les pièces rentrées dans la place. Le 23, le bombardement continuait, lorsque l'archiduc Jean fit de nouveau sommer la place. Le général Barbanègre répondit alors qu'étant soumis au roi de France, il attendait de l'équité des coalisés que le siége cessât. Pour toute réponse, le bombardement fut continué. Enfin, le 26, le général Barbanègre ayant obtenu un armistice, en profita pour réunir sa garnison, ce qui avait été impossible pendant le bombardement, et la passa en revue. Elle était réduite à 50 hommes exténués et quelques ouvriers; il n'était plus possible de songer à se défendre sans exposer les malheureux restes des habitants à périr dans un assaut. Des négociations furent ouvertes le même jour, et la capitulation fut signée le 28. La garnison obtint la permission de se retirer derrière la Loire, et 50 hommes défilèrent avec les honneurs de la guerre devant une armée. »

Telle est la relation répandue et généralement reconnue vraie en France, relation que *l'Observateur autrichien* s'attacha à réfuter dans un de ses deux numéros du mois d'octobre 1815, par une discussion semi-officielle. « Le récit du *Moniteur* (dit-on) renferme presque autant de faussetés que que de mots; tout le corps du blocus, toute la population de Bâle et des environs ont vu, le 28 au matin, la garnison de Huningue, non pas forte de 50 braves, mais de 1,900 hommes, sortir de la place, et mettre bas les armes devant S. A. I. l'archiduc Jean. Le général Barbanègre n'était point à la tête de sa garnison : un quart d'heure avant qu'elle sortît, il était venu, accompagné seulement de quelques officiers à pied, le chapeau bas comme lui, et conduit par des officiers autrichiens à cheval, faire des soumissions à S. A. qui les a reçues avec une froide dignité. C'est par ce prince, et non par le général assiégé, que les gardes nationales, formant une partie de la garnison, ont été licenciées et renvoyées dans leurs foyers, après avoir déposé leurs armes sur le glacis. Sans doute, l'archiduc croira au-dessous de lui de faire rétracter un article aussi mensonger. Le général Barbanègre, après s'être signalé par un blocus de deux mois seulement, par le bombardement gratuit d'une ville ouverte (le petit Huningue), et par les plus insolentes bravades, n'a tenu que cinq jours de tranchée ouverte et deux jours de bombardement dans une place parfaitement fortifiée, garnie de 120 bouches à feu, abondamment pourvue de vivres et de munitions, défendue par près de 2,000 hommes en bon état, qui n'était encore attaquée que d'un côté, et devant laquelle on n'avait pas encore ouvert la troisième parallèle. »

La relation autrichienne annonçait l'intention d'humilier l'honneur français : il eût été plus généreux de rendre hommage à la vérité ; mais l'Autriche, vaincue depuis vingt ans sur tous les champs de bataille, céda au plaisir de la vengeance, et crut relever ainsi la gloire de ses armes. *L'Observateur autrichien* a impudemment menti, depuis le premier jusqu'au dernier mot de sa narration, mais les fortifications d'Huningue, ouvrage de Vauban, ont été rasées, par suite du traité de Paris.

Les hostilités avaient cessé dans toute l'étendue du commandement du général Rapp ; ce général avait fait sa soumission, et il attendait à Strasbourg que des ordres lui fussent donnés, lorsque, le 2 septembre, le bruit se répandit dans la garnison de cette ville que l'armée était licenciée, et que l'on allait renvoyer chaque homme isolément, sans argent et sans armes. A cette nouvelle, tous les cœurs bondirent d'indignation, et ce sentiment ne tarda pas à se manifester par certains mouvements précurseurs d'une insurrection; les plus audacieux sous-officiers se réunirent pour aviser aux moyens de soustraire la garnison à la honte d'un traitement si indigne de braves soldats; ils délibérèrent avec calme ; et, sans jactance, sans emphase, ils décidèrent 1° que les sous-officiers et soldats ne rendraient point leurs armes; 2° qu'ils ne consentiraient à sortir de la ville qu'après avoir été payés de ce qui leur était dû; 3° qu'ils ne partiraient qu'avec armes et bagages et chacun 50 cartouches dans la giberne. Cette décision ayant reçu l'approbation de tous les sous-officiers et soldats, une députation fut envoyée au général Rapp pour lui en donner connaissance et le prier d'user de son autorité pour en obtenir l'exécution. On savait parfaitement que le général ne consentirait pas à se faire le chef des révoltés; mais c'était une marque de déférence que ces derniers avaient voulu lui donner. A son refus, on avait un chef tout prêt, qui, dès que le général eut repoussé la proposition, prit le commandement des troupes. C'était un sergent du 7e régiment d'infanterie légère nommé Dalouzi, lequel prit, pour la circonstance, le nom et le titre de *général Garnison*. Son premier soin fut de faire arrêter le général Rapp sans cependant l'obliger à quitter ses appartements; il se contenta de placer des sentinelles à toutes les issues de son habitation, en le faisant assurer qu'il serait toujours traité avec le respect qui lui était dû. Cette première mesure prise, Dalouzi établit son quartier-général sur la place d'armes, choisit ses aides-de-camp parmi ses camarades; puis ayant rassemblé la garnison, il la passa en revue et lui déclara à haute et intelligible voix qu'il ferait fusiller sans miséricorde les sous-officiers et soldats qui se permettraient la moindre exaction envers les habitants, ou qui seraient trouvés dans les lieux où l'on vendait du vin, de l'eau-de-vie ou de la bière.

Le même jour, le général Garnison manda près de lui le receveur général du département, l'inspecteur aux revues et le conseil municipal, et après leur avoir donné connaissance des résolutions prises, les engagea à se concerter pour réunir au plus tôt l'argent nécessaire au paiement de la solde arriérée. Tandis que ces diverses autorités délibéraient, Dalouzi se rendit près du général Rapp pour lui dire les motifs qui lui avaient fait attenter à sa liberté; il s'en excusa en protestant qu'il n'avait consenti à se mettre à la tête des révoltés que pour éviter le désordre, et il pria le général d'engager les autorités civiles à s'exécuter de bonne grâce; mais Rapp ne pouvait transiger avec la révolte, et il repoussa toute proposition de ce genre. Mais pendant que cela se passait, le conseil municipal avait déjà pris son parti; il avait engagé tous les habitants à concourir, selon les moyens de chacun, à la réalisation de la somme nécessaire pour faire tout rentrer dans l'ordre. Instruit de ce commencement d'exécution, le général Garnison s'empressa d'en donner connaissance aux troupes par un ordre du jour qu'il fit lire dans tous les postes, et dans lequel il recommandait le calme et l'obéissance.

Le 3 septembre au soir, un nouvel ordre du jour annonça que les fonds étaient réunis et que les paiements seraient faits le lendemain, ce qui eut lieu en effet. Le but de l'insurrection étant ainsi atteint, Dalouzi passa de nouveau la revue de l'armée, la fit défiler devant lui, et lui adressa cette proclamation :

« Soldats de l'armée du Rhin, la démarche hardie qui vient d'être faite par vos sous-officiers pour vous faire rendre justice et le parfait paiement de votre solde, les a compromis envers les autorités civiles et militaires. C'est dans votre bonne conduite, votre résignation et votre excellente discipline, qu'ils espèrent trouver leur salut; et celle que vous avez gardée jusqu'à ce jour en est le sûr garant, et ils en espèrent la continuation.

« Soldats, les officiers-payeurs ont entre les mains tout ce qui vous est dû; la garnison rentrera à sa première place; les postes resteront jusqu'à ce que le général en chef ait donné des ordres en conséquence. Sitôt la rentrée, les sergents-majors et maréchaux-des-logis se rendront chez les officiers supérieurs; et la cavalerie, n'ayant encore aucun ordre, attendra son sort, afin de rendre au moins, avant de partir, chevaux, armes, et tout ce qui appartient au gouvernement, afin que l'on puisse dire : Ils sont Français, ils ont servi avec honneur; ils se sont fait payer de ce qui leur était dû, et se sont soumis aux ordres du roi, avec ce beau titre de l'armée du Rhin. »

Nous reviendrons maintenant sur nos pas pour faire connaître les opérations militaires qui s'accomplirent à la même époque dans le Jura par le corps d'observation placé sous le commandement du général Lecourbe et ayant un effectif de 9,500 hommes, 1,200 chevaux et 30 bouches à feu, non compris près de 5,000 gardes nationaux armés et équipés, qui s'étaient joints à ce corps. Réunie sur les frontières de la Suisse, mais trop faible pour prendre l'offensive, l'armée du Jura avait particulièrement pour mission de défendre les défilés du Jura et des Vosges contre les coalisés, et particulièrement contre les Autrichiens que l'on s'attendait à voir déboucher de la Suisse. Ils marchaient dans ce sens en effet, mais lentement et avec la plus craintive prudence, bien que leurs troupes fussent numériquement quatre fois plus fortes que celles que nous pouvions leur opposer. Ce ne fut que dans la nuit du 25 au 26 juin que les corps de l'archiduc Ferdinand, du général Colloredo, et du prince de Hohenzollern passèrent le Rhin près de Bâle. Ce passage étant effectué, Colloredo manœuvra aussitôt de manière à couper la ligne française. Attaqué le 26 à Trois-Maisons par le général autrichien, le général Abbé, qui commandait une des divisions de Lecourbe, se défendit vaillamment, et, forcé de se retirer devant des forces supérieures, ce fut lentement, en défendant le terrain pied à pied, et en très-bon ordre qu'il se retira à Tagsdorf. Le lendemain, 27, le général Abbé continuait son mouvement de retraite lorsqu'il fut arrêté de nouveau à Dannemarie ; il ne put d'abord garder cette position et il fut poussé sur la rivière, malgré l'intrépidité avec laquelle combattait le 52e régiment, qui supportait presque à lui seul tous les efforts de l'ennemi ; mais le 10e régiment s'étant promptement formé en colonne d'attaque, fit une charge à la baïonnette sur les Autrichiens avec tant d'impétuosité qu'ils ne tardèrent pas à reculer dans le plus grand désordre; une charge de notre cavalerie acheva de les mettre en déroute.

Malgré ces premiers succès, il était évident qu'à moins de recevoir des renforts, ce qu'il ne pouvait plus espérer, le général Lecourbe serait constamment forcé de céder le terrain. Tous ses efforts, dans ce cas, devaient donc tendre à conserver ses communications. Le 28, les deux ailes de l'armée française furent débordées. Le général Abbé continua sa retraite sur Chevremont; le général Meuzian, qui avait été détaché vers Delle avec deux escadrons et un bataillon du 62e, après avoir battu l'avant-garde du général autrichien Scheither, fut forcé de se replier sur Bourgogne. Après plusieurs autres engagements partiels, l'armée française, attaquée sur toute la ligne, le 2 juillet, ne put empêcher l'ennemi de passer le Doubs, et bientôt les Autrichiens, maîtres de Montbelliard, menacent Béfort. Lecourbe s'empresse de se rapprocher de cette place, en avant de laquelle il prend position. Il s'y maintint, malgré les efforts de l'ennemi, jusqu'au 11 juillet, époque à laquelle il apprit la nouvelle du retour du roi à Paris, et conclut un armistice avec le général Colloredo.

Les opérations de l'armée des Alpes n'avaient pas été moins habilement dirigées par le maréchal Suchet, duc d'Albufera. Cette armée, qui était étendue sur la frontière depuis Gex jusque vers Grenoble, fut mise en mouvement le 15 par le maréchal, dont l'intention était de gagner en même temps le Mont-Cénis par sa droite, et Saint-Maurice par sa gauche. Après quelques escarmouches toutes à notre avantage, le général Dessaix, qui commandait une division de cette armée, fut dirigé sur Genève; elle s'empara successivement de Bonneville, et prit position devant Genève. Le 21 et le 22, les Autrichiens furent battus sur la Dranse. Le 27, l'ennemi ayant réuni ses forces reprit l'offensive; Dessaix, forcé de se replier sur Bonneville, y fut attaqué par le général Bogdan, qu'il repoussa vigoureusement. Cependant l'ennemi était parvenu à porter ses principales forces le long du lac de Genève, et il était à craindre que s'il se portait sur Lyon, il y arrivât avant que le maréchal Suchet eût pu couvrir cette ville. Dans cette situation, il fit proposer un armistice au général autrichien Bubna, qui le refusa d'abord; mais, battu le lendemain 28 à Conflans, où il perdit 1,200 hommes, il devint plus traitable et consentit à une suspension d'armes, qui fut ratifiée par le général en chef autrichien Strimont. D'après cette convention, les hostilités ne devaient pas être reprises avant le 2 juillet; le maréchal voyant néanmoins les Piémontais et les Autrichiens se mettre en mouvement dès le 30 juin, s'empressa de faire passer le Rhône à ses troupes.

Le 4 juillet, les Piémontais se présentèrent devant Grenoble, qui n'avait pour garnison que 200 conscrits. Le commandant fut sommé de rendre la place ; mais pendant que cette sommation lui était faite, la garde nationale prenait les armes et se montrait résolue à défendre la ville avec énergie. La sommation fut repoussée, et la garde nationale alla occuper les postes extérieurs, où elle se maintint jusqu'au 6. Attaquée ce jour-là par des forces considérables, elle fut obligée de rentrer dans la place, où elle continua à faire la plus belle défense. Ce même jour, le général Dessaix, attaqué dans ses positions au lac Syllant et Ayonax, repoussait également l'ennemi.

Malheureusement les nouvelles qui arrivaient de l'intérieur ne tardèrent pas à décourager les soldats; la désertion commença à faire d'effrayants progrès, et le maréchal Suchet, se voyant dans l'impossibilité de résister aux forces qui l'environnaient, fut contraint d'accepter une convention d'après laquelle l'ennemi occupa Lyon et tout le département de l'Isère.

La dissolution du gouvernement provisoire et des Chambres; la retraite de l'armée française sur la rive gauche de la Loire; le retour de Louis XVIII aux Tuileries; la réunion à Paris des empereurs d'Autriche et de Russie, du roi de Prusse et des ministres dirigeants de tous les cabinets coalisés, l'éloignement et la captivité de Napoléon; le remplacement des insignes nationaux par ceux de la légitimité triomphante : toutes ces circonstances auraient dû faire cesser immédiatement l'état de guerre. Mais telle n'était pas l'intention des princes que Louis XVIII appelait ses alliés. Les armées étrangères convoitaient le matériel militaire échappé à leur rapacité en 1814. Vainement, les commandants de nos places fortes, après avoir préque tous arboré le drapeau blanc, demandèrent au gouvernement royal des ordres et des instructions pour conserver à la France les arsenaux et les approvisionnements confiés à leur bravoure et à celle des gardes nationales mobiles placées sous leurs ordres. L'ALLIÉ des étrangers garda le silence; et, loin d'applaudir, même secrètement, aux derniers efforts du patriotisme de ceux qui voulaient sauver du pillage nos villes de guerre, il ne vit dans leur refus d'en ouvrir les portes aux armées russe, autrichienne, prussienne, anglaise, belge, bavaroise, hollandaise et sarde, qu'une rébellion prolongée, dont plus tard ils eurent à répondre devant des tribunaux exceptionnels.

Pendant que de faibles garnisons disputaient ainsi aux alliés de Louis XVIII les frontières du royaume, leurs armées se répandaient à l'intérieur; et leur présence était toujours signalée par d'ignobles vexations. Vainement, le drapeau blanc, partout réarboré, témoignait de la soumission des provinces envahies au gouvernement dont le chef était partie contractante dans les traités qui imposaient à l'Europe l'obligation de le rétablir sur le trône : la France fut traitée en pays conquis. Les agents même de l'autorité royale furent méconnus par les étrangers sur plusieurs points du territoire. Ceux dont ils avaient permis l'installation ne pouvaient essayer d'opposer des réclamations aux exigences des moindres chefs, sans courir le risque de se voir enlevés à leurs fonctions, menacés d'exécution militaire et conduits dans les forteresses au-delà du Rhin. Les contributions en argent et les réquisitions de toute nature dont chaque commandant subalterne frappait la localité occupée par ses troupes menaçaient d'épuiser en peu de temps les ressources du pays, paralysaient tous les services publics, rendaient impossible le recouvrement des impôts, et plus difficile le raffermissement de l'autorité royale. Cet état de choses ne pouvait se prolonger sans péril pour les alliés eux-mêmes. Sur divers points des départements envahis, le désespoir réveillait dans les masses populaires le sentiment de l'indépendance nationale. L'armée concentrée sur la Loire pouvait encore servir de point d'appui à une levée en masse. Celle qui avait réprimé l'insurrection vendéenne s'était réunie aux 80,000 hommes qui n'avaient abandonné Paris qu'en frémissant. Dans Paris même, la présence de 200,000 Anglais, Prussiens, Autrichiens et Russes, et les dispositions menaçantes à l'aide desquelles Wellington et Blücher avaient transformé les boulevarts extérieurs et intérieurs, les rues principales, les places et les ponts en bivouacs, et les casernes en citadelles, contenaient à peine l'indignation des classes ouvrières.

La convention signée à Saint-Cloud le 3 juillet assurait aux habitants de Paris la conservation des autorités locales; le retour du roi devait confirmer cette stipulation déjà garantie par l'honneur militaire. Le général en chef prussien n'hésita pas à la violer; et les souverains alliés applaudirent à son insolence envers leur royal client. Le général Müffling, nommé gouverneur de Paris par Blücher au nom des puissances étrangères, ne laissa aux autorités françaises qu'un simulacre de pouvoir sous le bon plaisir des commissaires de la coalition.

Les armées coalisées se répartirent de la manière suivante l'occupation du territoire français.

Wellington maintint son quartier-général à Paris. L'armée anglo-batave couvrait les départements de la Seine, de Seine-et-Marne, de Seine-et-Oise et de la Seine-Inférieure sur la rive droite du fleuve, de l'Oise, de la Somme, du Pas-de-Calais et du Nord.

Blücher avait choisi Caen pour quartier-général. L'armée prussienne avait mission d'occuper le Finistère, le Morbihan, la rive droite de la Loire-Inférieure, les Côtes-du-Nord, l'Ille-et-Vilaine, Maine-et-Loire, la Mayenne, le Calvados, la Manche, l'Orne, la Sarthe, Eure-et-Loir, la rive gauche de la Seine-Inférieure, l'Eure, Loir-et-Cher, et l'Indre-et-Loire. Elle se liait à l'armée anglaise dans Seine-et-Oise sur la rive gauche du fleuve.

Melun était le quartier-général du feld-maréchal russe Barclay de Tolly; son armée donnait la main à celle de Wellington dans Seine-et-Marne, sur la rive gauche du fleuve, et couvrait l'Aisne, la Marne, les Ardennes, la Meuse, la Meurthe, la Moselle, la Haute-Marne et l'Aube.

Les Bavarois occupaient le Loiret, l'Yonne, la Nièvre, l'Allier, les Vosges, et confinaient aux Russes par la Haute-Marne. Le prince de Wrède avait Auxerre pour quartier-général. Le Puy-de-Dôme était assigné aux Wurtembourgeois.

L'Autriche avait en France deux fortes armées sous le commandement du prince Schwartzenberg, dont le quartier-général était à Fontainebleau. L'armée, dite du Haut-Rhin, devait occuper le Cantal, la Lozère, le Gard, la Loire, la Haute-Loire, les Bouches-du-Rhône, le Vaucluse, le Var et les Basses-Alpes. L'armée d'Italie devait occuper les Hautes-Alpes, la Drôme, l'Ardèche, l'Isère, le Mont-Blanc, l'Ain, le Rhône, le Jura, le Doubs, la Saône-et-Loire, la Haute-Saône et la Côte-d'Or. Enfin les Saxons et les Badois étaient cantonnés dans le Haut et le Bas-Rhin.

Ainsi la France était enlacée d'un immense réseau dont l'étreinte comprimait chaque jour davantage les derniers efforts de sa nationalité expirante.

Cette nationalité conservait un reste de vie sur la rive gauche de la Loire. L'armée française, renforcée de tous les dépôts militaires formés dans le nord, au centre et dans l'ouest du royaume, comptait encore, au 15 juillet, 100,000 fantassins, près de 20,000 cavaliers et plus de 600 pièces de canon attelées et pourvues de munitions. Elle avait emmené avec elle, en s'éloignant de Paris, une masse considérable d'objets d'armement et d'habillement. Elle était sans doute hors d'état de reprendre l'offensive contre les masses énormes de la coalition; mais elle pouvait, si le gouvernement royal voulait la rallier à sa cause, et il lui suffisait pour cela de ne pas repousser les premières démarches que firent auprès de Louis XVIII les généraux Gérard, Haxo et Kellermann, elle pouvait, disons-nous, servir de point d'appui aux négociations du cabinet des Tuileries avec ceux des puissances signataires du traité du 25 mars. Avant de franchir la Loire, les principaux chefs de cette armée s'étaient réunis à Angerville (Seine-et-Oise), et avaient délibéré et fait mettre à l'ordre, dans tous les régiments, la déclaration suivante qui apaisa les mécontentements provoqués par l'inertie du prince d'Eckmühl devant Paris :

« Les motifs qui ont déterminé les chefs de l'armée dans la convention du 3 de ce mois sont ceux du plus absolu dévouement à notre malheureuse patrie : le désir de lui éviter le plus grand des malheurs, celui de la guerre civile. A cette considération, généraux, officiers et soldats sacrifieront leur gloire et leurs plus chers intérêts. L'armée a la conviction qu'en se soumettant franchement au gouvernement de Louis XVIII, basé sur les lois, elle lui donne une grande force contre ceux des étrangers qui voudraient l'anéantissement de la France, de nos libertés civiles et de notre existence nationale, et une grande force à l'intérieur, en contribuant à rallier tous les Français. En conséquence l'armée est disposée à jurer fidélité au roi et aux lois qui gouvernent la patrie. Elle ne demande que ce que l'honneur lui prescrit : que nul Français ne soit proscrit, ni privé de son rang, de ses emplois civils et militaires, et que l'armée soit conservée dans son état actuel, tant que les étrangers resteront en France. »

Cette déclaration fut présentée au roi par les trois généraux dont nous venons de citer les noms. Elle resta sans réponse.

A l'arrivée de l'armée sur la rive gauche de la Loire, un bruit vague circula dans ses rangs, et, s'il n'y provoqua pas l'enthousiasme, il y fut du moins accueilli avec plaisir. Ce bruit annonçait qu'un des princes de la famille royale venait prendre le commandement en chef, et que, si les étrangers voulaient imposer à la France des conditions trop humiliantes, l'armée servirait de point de ralliement à tous les amis de la patrie. A ce bruit se joignait celui de démarches faites (1), disait-on, par quelques chefs vendéens pour réunir sous le même drapeau tous les moyens de défense militaire de la nation. La seule idée de cette réunion fit taire les ressentiments de parti. Un moment, l'armée entière se crut appelée à combattre de nouveau pour la plus sainte des causes. L'abattement disparut; et les vétérans de la République et de l'Empire virent, sans s'effrayer, s'échelonner parallèlement à eux, sur la rive opposée de la Loire, les 225,000 soldats coalisés que

(1) Les royalistes publièrent ce dessein; mais il n'était pas sérieux, et rien n'a justifié que telle fut réellement leur intention; que d'ailleurs Louis XVIII n'aurait point admise.

l'Empereur de Russie, à peine arrivé à Paris (le 10 juillet), s'empressa d'envoyer dans cette direction.

Mais le licenciement complet et immédiat de l'armée française était concerté entre Louis XVIII et ses alliés par un article secret du traité de Vienne du 25 mars. Le maréchal Gouvion Saint-Cyr, ministre de la guerre, essaya vainement de faire comprendre au roi la nécessité de ne pas désorganiser la seule force militaire de quelque importance qui restât à la France avant l'issue des négociations qui devaient régler sa position vis-à-vis de la coalition. Louis XVIII, et Talleyrand qui, en qualité de son représentant à Vienne, avait signé le traité du 25 mars, n'opposèrent aucune résistance à l'injonction que leur fit Alexandre d'effectuer sur-le-champ, non seulement la dissolution de l'armée de la Loire, mais celle de tous les régiments français sans exception.

Cette exigence des étrangers s'accordait trop bien avec les projets réactionnaires de la faction royale pour que le chef de cette faction ne s'empressât pas d'y souscrire. Gouvion Saint-Cyr lutta seul pendant plusieurs jours. Comprenant enfin que ses remontrances patriotiques n'avaient d'autre résultat que de faire désirer plus vivement aux monarques alliés, et à Louis XVIII lui-même, l'anéantissement de l'armée nationale, il s'occupa sans relâche de faire adopter le plan d'organisation d'une armée nouvelle dont les cadres recueilleraient du moins les débris de celle qu'on allait dissoudre.

Cette armée conservait une attitude calme et une discipline sévère. Le simple et droit bon sens des soldats se refusait à croire que le chef de la faction royale pousserait l'aveuglement et l'incivisme jusqu'à briser les seules épées qui pussent encore le mettre en mesure de discuter autrement qu'à genoux les conditions auxquelles la coalition lui rendait le trône.

Louis XVIII crut n'avoir pas assez fait pour complaire au czar, en obéissant à l'injonction de licencier la vieille armée ; il lui soumit les projets d'ordonnances présentés à sa signature par le maréchal Gouvion Saint-Cyr.

Celle du 24 juillet eut l'initiative des mesures de réaction qui, bientôt après, signalèrent sur tous les points du territoire le triomphe de la faction royaliste.

Cette ordonnance porte : 1° dix-neuf généraux ou officiers (désignés nominativement) qui ont abandonné le roi, avant le 23 mars, ou qui ont attaqué le gouvernement et la France à main armée, ou qui, par violence, se sont emparés du pouvoir, seront arrêtés et traduits devant des conseils de guerre ; on remarque parmi eux : Ney, Labédoyère, Mouton-Duvernet (ils seront tous trois condamnés à mort et exécutés), Bertrand, Drouot, Cambronne, Lavalette (il sera condamné à mort ; sa femme, par un dévouement sublime, l'arrachera à l'échafaud en lui portant dans sa prison les travestissements au moyen desquels il parviendra à s'évader) ; 2° trente-huit personnes (désignées nominativement) seront éloignées de leurs domiciles, et mises en surveillance dans des résidences fixées par la police, en attendant que les chambres statuent sur celles qui devront sortir du royaume, ou être livrées à la poursuite des tribunaux. Les plus remarquables sont : Soult, Allix, Excelmans, Bassano, Carnot, Lamarque (général), Vandamme, Déjean fils, Régnault (de Saint-Jean-d'Angely), Arnault (littérateur et auteur dramatique très-distingué), Le Lorgne-Dideville, secrétaire du cabinet de Napoléon, Bory-Saint-Vincent, excellent officier et écrivain de mérite. Les individus qui seront condamnés à sortir du royaume auront la faculté de vendre leurs biens et d'en disposer : toute autre liste est et demeure close, en conséquence des désignations ci-dessus.

Quel est le ministre signataire de cette ordonnance? C'est un jacobin effréné, l'assassin des Lyonnais, le spoliateur de ses concitoyens; c'est un des plus lâches révolutionnaires; c'est Fouché, d'effroyable mémoire, qui rend vaine la proclamation de Cateau-Cambresis, proclamation qui annonçait l'exécution des lois contre les coupables, mais qui n'annonçait pas qu'on les désignerait nominativement à la vindicte publique, et que, traduits devant des juges incompétents, ils seraient bannis sans jugement.

Le maréchal Macdonald arrivé à Bourges pour assurer et compléter le licenciement des troupes stationnées au-delà de la Loire, remplaça le maréchal Davoust, qui, depuis la convention du 3 juillet, maintenait dans une exacte discipline 100,000 soldats, nobles débris de tous les anciens corps. Quoique aigris par leurs revers, irrités de se voir signalés comme de mauvais Français, ces vétérans de la gloire se soumirent avec calme. On jette sur eux d'odieux soupçons, on leur prête de criminels desseins, on insulte à leurs derniers actes de courage; mais ils ne cesseront pas d'obéir au sentiment qu'ils vouèrent à la patrie. En se séparant, ils s'embrassent comme des frères destinés à ne plus se rejoindre, et qui se garderont le plus tendre souvenir. La France saura, au mois de janvier suivant, et par les journaux, et comme s'il s'agissait du démembrement d'une armée russe ou autrichienne, que leur licenciement est terminé. La soudaine dispersion de ces nuées de braves qui couvraient l'Europe de leurs trophées pénètre l'Europe d'un plus grand étonnement encore. Aussitôt, ces guerriers si fougueux se destinent aux travaux de la paix. Ils exhaleront leurs regrets en silence, dans les foyers paternels, impassibles comme cette généreuse déesse autour de laquelle coassent les immondes habitants des marais. Honneur immortel à ces 100,000 braves! ils déposent le titre de héros, et prennent celui de citoyens !!

Une armée de mercenaires ne serait pas, de terrible et conquérante, devenue tout à coup soumise et résignée. L'amour de la patrie a seul pu obtenir ce renoncement aux drapeaux, renoncement dont l'histoire n'offre pas d'exemple. Non, dans aucun pays, on ne vit de nombreuses, de vaillantes armées déposer les armes en se dévouant à la proscription; des généraux, les premiers des temps modernes, quitter leurs légions, se réfugier dans l'obscurité, préférant les misères de l'exil et l'échafaud même à la guerre civile.

Quatre mois s'écoulent à peine, et ces formidables légions se confondent dans la masse du peuple. Elles y font oublier leur existence sans faire bruit de leur gloire. Soldats héroïques en face de l'ennemi, citoyens dévoués au sein de la France, qui vient se reposer sous les ailes de la paix.

L'héroïsme de cette abnégation n'est pas assez remarqué. Les époques où notre ancien gouvernement licenciait ses armées à la fin de longues guerres civiles ou étrangères, furent toujours des crises dangereuses; et longtemps encore, la société en était désolée. Des bandes, la terreur des citoyens et du gouvernement même, dévastaient les campagnes, pillaient les villes. Henri IV rendait édit sur édit et d'une rigueur extrême sur les ports d'armes et les capitaineries : néanmoins son règne fut traversé par des révoltes multipliées, ainsi que par une infinité de duels collectifs qui firent périr en seize ans plus de 4,000 gentilshommes (*Mémoires de Sully*, liv. 25, an 1608). A peine le grand roi eut-il fermé les yeux que les divisions éclatèrent de toutes parts! Ces exemples ne disent-ils pas qu'un Etat, sortant des agitations civiles, n'a rien à redouter d'une armée prise dans le corps de la nation; ne disent-ils pas explicitement que le système représentatif tempère heureusement la fougue militaire, tandis que les mesures du plus habile comme celles du plus ingénieux et du meilleur des monarques absolus, peuvent rester sans efficacité dans les conjonctures extrêmes qu'amènent les guerres civiles?

Célèbre par plusieurs faits d'armes, Brune sut toujours se distinguer par des mœurs douces et un esprit conciliant, lorsque tout invitait à déployer des mœurs farouches, un esprit de rudesse. Il traversa la révolution sans se souiller du moindre excès. Sa modération avait contribué à la pacification de la Vendée. Maître en Suisse, après l'avoir conquise, maître en Hollande, après en avoir expulsé le duc d'York, loin d'apesantir le pouvoir militaire sur les habitants, il tempéra les ordonnances du directoire, et fit preuve de désintéressement, à cette même époque où la plupart des généraux et des administrateurs exerçaient les plus odieuses rapines dans les pays envahis.

Ayant, au mois d'avril, accepté le gouvernement de la huitième division militaire (Marseille), il y maintint la tranquillité par des mesures indulgentes; et ce ne fut qu'après son départ, que des troubles éclatèrent dans cette ville où la populace est toujours si près de la férocité. Instruit du retour du roi, le maréchal Brune accourt à Toulon; il y prévient l'opposition d'une troupe égarée, et fait arborer le drapeau blanc. Déposant aussitôt le commandement, il se met en route pour Paris, où le rappelle le gouvernement qui n'entretient aucun soupçon sur la loyauté de son caractère. Le maréchal est arrêté, en passant à Avignon, par des hommes de la lie du peuple que les imprudents royalistes de ces contrées avaient armés; royalistes, qui font consister leur fidélité au gouvernement établi dans les persécutions illégales, dans les voies de fait contre quiconque s'indigne de leurs excès. Brune est signalé aux tueurs comme un détestable jacobin. Ils l'égorgent d'une manière atroce. Son corps lacéré, traîné dans la boue, jeté dans le Rhône et repoussé sur la grève par le mouvement des eaux, reste deux jours privé de sépulture. Cet assassinat d'un maréchal de France a eu lieu en plein jour, devant 3,000 citoyens spectateurs immobiles de cette scène affreuse. La lâcheté de ceux des habitants présents qui n'encouragent pas les assassins, est un phénomène trop souvent reproduit en France. L'égoïsme habituel, l'inconcevable pusillanimité des classes intermédiaires, que leurs habitudes d'ordre et leur éducation devraient animer à combattre les sauvages excès d'une populace égarée; cet égoïsme, cette pusillanimité se remarquèrent alors à Avignon comme au début de la révolution.

Près de quarante ans s'écouleront avant qu'on procède à une information judiciaire sur le meurtre d'un maréchal de France. Les Français semblent ramenés au temps de Louis XIII, si étrangement surnommé le *Juste*, lorsque le maréchal d'Ancre fut assassiné par l'Hôpital-Vitry, capitaine des gardes de Louis XIII, sur le Pont-Dormant, qui précédait le pont-levis du Louvre, et à la vue du roi, qui, transporté de joie, dit à l'assassin : « Grand merci à vous! à cette heure je suis roi. » Il le fit maréchal de France. Les personnages dirigeant le parti royaliste qui ensanglantait le Midi avaient préparé l'assassinat de Brune; ils avaient aussi médité celui de Masséna, mais le grand homme eut le bonheur d'échapper à leurs poignards. Que de fléaux ces prétendus royalistes purs n'ont-ils pas versés dans les provinces méridionales!

Ce fut le 13 octobre que Napoléon arriva au mouillage de l'île Sainte-Hélène. Le 17, on lui fit apercevoir les rochers arides qui allaient devenir les murs de sa prison. Il les contempla sans plainte, sans agitation, sans effroi.

Le 18, il mit pied à terre; et, après avoir protesté derechef contre l'attentat commis sur sur sa personne, il se rendit d'un pas ferme et assuré au lieu de sa captivité.

Ainsi s'est terminée la vie politique de Napoléon.

A ce même jour où Bonaparte arrive en vue de Sainte-Hélène, Joachim Murat, ex-roi de Naples, était fusillé à Pizzo, petite ville de la Calabre. Il y était débarqué le 8, dans l'attente d'un soulèvement en sa faveur, tandis qu'il était attiré dans le piége par l'astuce, ou, si l'on veut, la loyauté napolitaine du podestat de ce lieu. Au moment même où il reçoit l'assurance d'un asile tranquille dans les Etats autrichiens, il se décide à courir les hasards de l'entreprise la plus désespérée. Soldat intrépide parmi les plus braves, il s'assit au trône par l'effet de cette seule circonstance qu'il avait épousé la sœur d'un empereur puissant, de Napoléon; il en est descendu pour avoir fait la paix quand il devait continuer la guerre, et recommencé la guerre quand il devait rester en paix. Celui dont le diadème des Roger et des Tancrède orna le front, qui naguère traitait en souverain avec les principales puissances de l'Europe, et que les rois appelaient leur frère, est saisi et fusillé avec moins de formalités qu'on n'en met à condamner un voleur de grands chemins. L'Europe voit fusiller un roi comme un simple particulier !!!

Le général Lagarde, commandant à Nîmes, est assailli et grièvement blessé au moment où l'on rouvre en sa présence le temple des protestants. Pendant les Cent-Jours, les royalistes n'ont essuyé que de légères persécutions; mais ils les rendent avec usure dès le retour des Bourbons!

Nous avons dit l'horrible mort du maréchal Brune; le général Ramel devait avoir le même sort. Ce brave officier était du nombre de ceux qui, pendant vingt années, avaient maintenu la France à la tête de l'Europe. Avant le gouvernement impérial, il avait servi la Révolution, ou plutôt les révolutions qui, ne trouvant pas en lui un homme changeant et accommodant, avaient puni par des persécutions la franchise et la persévérance de ses opinions. Remis en activité sous Napoléon, Ramel s'acquitta avec honneur et talent des fonctions militaires et administratives qui lui furent confiées. Son inaction pendant les Cent-Jours lui valut, après Waterloo, la confiance du gouvernement royal; il fut nommé commandant du département de la Haute-Garonne, et se rendit dans le midi où la réaction royaliste avait sa terreur. Il fut assassiné à Toulouse. Le gouvernement avait, a-t-on dit, envoyé l'ordre de désarmer ces bandes féroces, qui s'autorisaient du nom du roi pour se livrer au meurtre et au brigandage. Ramel ne voulut pas transiger avec de pareils misérables; ils le percèrent de coups dans la rue; puis, ayant assiégé et pris d'assaut la maison dans laquelle le général avait été transporté, ils déchirèrent son corps en lambeaux; et la force armée resta inactive! et à peine une tardive et incomplète justice atteignit-elle quelques-uns des meurtriers!

A ces meurtres horribles, à ces actes de cannibales, vinrent encore se joindre les assassinats juridiques dont le jeune général de Labédoyère fut la première victime. Quel était son crime? Alors que Napoléon, sorti de l'île d'Elbe, marchait à la tête d'une poignée de soldats pour reconquérir son trône, un régiment d'infanterie de la division de Grenoble s'avançait à sa rencontre; à l'aspect du vieux drapeau d'Austerlitz, de ces vieux soldats et surtout de leur vieux capitaine, le régiment s'arrêta, les yeux fixés sur son colonel: « Vive l'Empereur! » s'écria ce dernier en s'élançant vers Napoléon. Et la colonne entière répondit tout d'une voix et suivit d'un mouvement unanime. Ce colonel était le jeune de Labédoyère. « Sire, dit-il alors à Napoléon, les Français vont tout faire pour Votre Majesté; mais il faut aussi que Votre Majesté fasse tout pour eux... Nous voulons être heureux et libres. Il faut abdiquer, Sire, ce système de conquête et de puissance qui a fait le malheur de la France et le vôtre. »

Ces mémorables paroles prouvaient au moins que si sa démarche ne lui avait pas été inspirée par un sentiment irréfléchi, elle n'avait pas non plus été la conséquence d'un dévouement aveugle. Nommé lieutenant-général et pair de France peu de temps après le 20 mars, Labédoyère s'étonnait des faveurs que lui prodiguait l'Empereur: « Je n'ai rien fait pour lui, disait-il; je croyais avoir tout fait pour la France. » Ce fut pour la défendre, qu'il courut à la frontière et combattit dans cette courte campagne de Belgique, qui ne fut qu'une sanglante bataille. Il quitta des derniers le champ de mort de Waterloo; et s'il put se consoler de survivre à ses frères d'armes, c'est qu'il lui restait une jeune épouse, un fils, une patrie qu'il espérait servir encore.

Après la capitulation de Paris et le licenciement de l'armée de la Loire, Labédoyère, qui l'avait suivie, résolut de quitter la France, où il ne se trouvait plus en sûreté; mais, avant de partir pour l'Amérique, il voulut encore une fois embrasser sa femme et son enfant, qu'il avait laissés à Paris. Il n'ignorait point les dangers d'un pareil voyage, et il semblait courir au-devant de la fatalité qui devait l'entraîner à sa perte. Il avait donné, le premier, l'exemple suivi bientôt par toute l'armée française; il devait être aussi la première victime. Arrêté le jour même de son arrivée à Paris, il fut traduit le 4 août devant un conseil de guerre. Sa contenance à la fois modeste et assurée, la noblesse et la fermeté de son langage lui acquirent les sympathies de tous les cœurs généreux; il entra dans l'examen des causes politiques de sa funeste démarche ; déjà sa voix prenait ce caractère solennel qui donne tant de force aux plus faibles accents de ceux qui vont mourir. De cette voix près de s'éteindre, allaient peut-être sortir de grandes leçons et d'utiles conseils pour l'avenir ; on ne voulut pas l'entendre. Il reçut froidement sa sentence de mort, le 19 août 1815, à sept heures du soir ; il mourut sans honte et sans faiblesse, en exprimant le noble et touchant espoir que son souvenir ne serait point en horreur, et qu'un jour, quand son fils arriverait à l'âge de servir son pays, la France ne lui reprocherait pas son nom.

La mort de ce jeune et brillant officier général était insuffisante pour rassasier le besoin haineux de vengeance qui tourmentait les hommes de la réaction. Dans leur impuissance d'atteindre tous ceux qu'ils considéraient comme leurs ennemis, et réduits à regretter, à l'instar du monstre de Rome, que la France nouvelle eût plus d'une tête, ils cherchèrent une victime telle qu'en elle l'armée française et la France révolutionnaire fussent châtiées et dont le sang fût assez précieux pour assouvir leur fureur : ils choisirent Ney; Ney fut le rédempteur de son pays; son crime était celui de tous les Français qui, en 1815, aimèrent leur patrie avant tout, sans considération de personnes et sans calcul d'intérêt privé. Il fut arrêté; on voulut le faire juger par le conseil des maréchaux; mais le maréchal Moncey ayant refusé de présider ce conseil, une ordonnance royale, rendue le 10 novembre 1815, érigea en cour prévôtale la Chambre des pairs, qu'elle *conjura* et *requit au nom du roi, au nom de la France, au nom de l'Europe, de juger le maréchal Ney.*

Le maréchal fut plus grand, plus noble, plus Français encore devant ses juges, qu'il ne l'avait été sur les champs de bataille, et les dernières scènes de sa vie sont les dernières pages de son histoire. Ney fut calme en attendant son arrêt, prononcé, le 6 décembre, hors de sa présence, par 128 voix pour la mort contre 17 pour la déportation, après quinze jours de débats. Il soupa avec appétit, fuma un cigare et dormit quelques heures. Il fut éveillé par un huissier de la Chambre, qui vint lui signifier la décision des pairs, en lui disant : « Monsieur le maréchal, j'ai une douloureuse mission à remplir. — Vous faites votre devoir, Monsieur, lui répondit tranquillement le maréchal; chacun a le sien en ce monde. » Puis, entendant le préambule : « Au fait! au fait! » ajouta-t-il. L'huissier continua sa lecture, et lorsqu'il vint aux nombreux titres du maréchal, il fut de nouveau interrompu par lui. — « A quoi bon tout cela? dites simplement : Michel Ney, soldat français, et bientôt un peu de poussière, voilà tout. »

Jamais exécution ne fut plus prompte. La cour, le parti royaliste craignaient un mouvement. Dès trois heures du matin le général de Rochechouart, chargé par le général Despinois de l'exécution, prit possession du Luxembourg. Environ 200 hommes, gendarmes et vétérans, environnèrent le palais. A neuf heures du matin, revêtu d'un frac bleu, d'un chapeau rond, Ney monta dans une voiture de place. Le curé de Saint-Sulpice était à ses côtés; deux officiers de gendarmerie occupaient le devant de la voiture. Le funèbre cortége traversa le jardin du Luxembourg du côté de l'Observatoire. En sortant de la grille, il prit à gauche et fit halte à cinquante pas plus loin sous les murs de l'avenue. La voiture s'étant arrêtée, le maréchal descendit lestement et, se tenant à huit pieds du mur, il dit à l'officier : « Est-ce ici, monsieur? — Oui, monsieur le maréchal. » Alors Ney ôta son chapeau de la main gauche, plaça la droite sur son cœur, et s'adressant aux soldats, il s'écria : « Vive la France! » L'officier donna le signal du feu, et le maréchal tomba mort. La continuation eût provoqué de nouvelles tempêtes. Cette hideuse réaction dura jusqu'au 5 septembre 1816, époque où une ordonnance royale vint enfin mettre un terme au règne d'une faction qui, depuis quatorze mois, dominait et ensanglantait la France.

Un traité de paix fut signé à Paris, le 20 novembre 1815, entre la France d'une part; l'Autriche, la Grande-Bretagne, la Prusse et la Russie, d'autre part. En voici le résumé :

Les art. 1, 2, 3, 4 resserrent le territoire français sur les frontières du nord et de l'est, non seulement en dépouillant la France des annexations résultant du traité du 30 mai 1814, et qui régularisaient ses limites, mais encore en détachant plusieurs cantons importants dans lesquels se trouvent tout le duché de Bouillon, les forteresses de Philippeville, Marienbourg, Sarrelouis, Landau. Une partie du pays de Gex est cédée à la république helvétique, et la ligne des douanes françaises sera placée à l'ouest du Jura, de manière à ce que tout le pays de Gex se trouve hors de cette ligne. La partie du département du Mont-Blanc restée à la France en vertu du traité du 30 mai 1814 est remise au roi de Sardaigne. La haute suzeraineté de la France sur la principauté de Monaco est aussi transférée à ce roi. Les fortifications de Huningue seront démolies, et le gouvernement français ne pourra les rétablir dans aucun temps, ni les remplacer par d'autres fortifications, à une distance moindre qu'à trois lieues de la ville de Bâle. La neutralité de la Suisse s'étendra sur une partie de la Savoie. De cette manière l'Alsace est ouverte, et en quelque sorte démantelée. La partie pécuniaire de l'indemnité à fournir par la France aux puissances alliées est fixée à la somme de sept cents millions, laquelle somme sera acquittée par jour, par portions égales, dans le courant de cinq années (Voyez 9 octobre, 19 novembre 1818). Un corps de troupes alliées, dont le nombre ne dépassera pas cent cinquante mille hommes, occupera des positions militaires le long des frontières de la France, dans les départements du Pas-de-Calais, du Nord, des Ardennes, de la Meuse, de la Moselle, du Bas-Rhin et du Haut-Rhin. Ce corps occupera les places de Condé, Valenciennes, Bouchain, Cambrai, Le Quesnoy, Maubeuge, Landrecies, Avesnes, Rocroy, Givet, avec Charleville, Mézières, Sedan, Montmédy, Thionville, Longwy, Bitche et la tête du pont du Fort-Louis. Nonobstant cette occupation, le gouvernement français ne pourra entretenir, dans vingt-six places enclavées dans le territoire occupé, des garnisons dont l'importance dépassera ce qui est déterminé dans l'énumération faite à ce sujet, et formant un total de 22,700 hommes. Les 150,000 hommes de troupes alliées seront entretenus par le gouvernement français, de manière que le logement, le chauffage, l'éclairage, les vivres et les fourrages soient fournis en nature, le nombre des rations ne pouvant être porté au-delà de deux cent mille pour les hommes, et de cinquante mille pour les chevaux. La composition des rations est beaucoup plus forte que celle des rations délivrées aux troupes françaises. Quant à la solde, l'équipement, l'habillement et autres objets accessoires, le gouvernement français subviendra à cette dépense moyennant le paiement d'une somme de cinquante millions par an, payable en numéraire, de mois en mois, à dater du 1er décembre prochain. Les draps pour l'habillement des troupes alliées seront fournis par les Anglais, et l'habillement ne sera pas même confectionné par des ouvriers français. La France promet de faire liquider toutes les sommes qu'elle se trouve devoir dans les pays hors de son territoire actuel, soit à des individus, soit à des communes, soit à des établissements particuliers dont les revenus ne sont pas à la disposition des gouvernements. Les puissances contractantes nommeront des commissaires à cet effet. Une convention additionnelle avec l'Angleterre détermine que les sujets anglais, porteurs de créances sur le gouvernement français, lesquels, en contravention au traité de commerce de 1786 et depuis le 1er janvier 1793, ont été atteints par les effets de la confiscation ou du séquestre décrété en France (Voyez 9 septembre 1793), seront indemnisés et payés. On ne vit jamais de si criantes extorsions et un tel abus de la victoire; mais c'est le gouvernement anglais qui dicte les conditions du traité !

Ce traité est le plus désastreux de tous les traités désastreux dont nos annales offrent la nomenclature, depuis celui de Brétigny, en 1360. Il est bien plus humiliant que celui de 1763, époque où Louis XV, avili par ses vices et son insouciance, ayant avili la nation sur laquelle il laissait régner des courtisanes, accepta d'ignominieuses conditions, qui l'eussent même été davantage, sans l'habileté de son ministre, qui sentait la nécessité de conclure à tout prix, et qui ne cessait de dire : « Puisqu'on ne sait pas faire la « guerre, il faut faire la paix. » Du moins, en 1815, nos légions n'ont pas succombé sous les armes d'une seule puissance, d'une puissance secondaire; Waterloo n'était pas Rosbach.

Les pertes de population qui dérivent de ce traité sont évaluées :

		âmes.	
Département du Nord.		27,000	534,000 âmes.
—	des Ardennes. . . .	78,000	
—	de la Moselle. . . .	222,000	
—	du Bas-Rhin. . . .	27,000	
—	du Mont-Blanc. . .	180,000	

Ce traité fait perdre à la France vingt lieues carrées; elle se trouve en avoir gagné quarante, par la réunion d'Avignon et du Comtat-Venaissin, de Mulhouse. Les acquisitions du royaume, depuis la paix de Westphalie en 1648, jusqu'en 1792, sont de mille six cents lieues carrées. Ainsi, ses agrandissements en Europe depuis 1769, époque de l'acquisition de la Corse, c'est-à-dire pendant un demi-siècle, sont à peine sensibles, et la guerre qui finit l'aura privée de Saint-Domingue, Sainte-Lucie, Tabago, l'Ile-de-France.

Les alliés violèrent sans pudeur des promesses faites avec éclat : Paix à la France, dès que Bonaparte ne sera plus son chef! avaient-ils proclamé. Et cependant la France se vit condamnée à d'énormes contributions, et ceux qui reprochaient à leur ennemi les rigueurs de l'occupation de la Prusse, les reproduisirent et les augmentèrent sans scrupule ni pudeur. L'étouffante dictature de quatre puissances succèda aussitôt à la domination éclairée de leur ennemi. Dès leurs premiers succès, à Leipsig, à Hanau (octobre 1813) les cabinets de Londres, de Vienne, de Berlin, de Pétersbourg s'arrogèrent une haute juridiction sur tous les Etats; afin de voiler leurs desseins insidieux, ils ne cessèrent de dire aux peuples : « L'Europe demande, l'état social réclame, la sécurité des gouvernements exige de vous les plus nobles efforts; il faut rétablir l'ordre sur ses antiques bases; dès que nous serons remontés à ce degré de puissance d'où nous fit descendre le perturbateur de notre repos, nous nous occuperons de votre félicité : nous vous rendrons libres, nous assurerons vos droits naturels, droits légitimes comme les nôtres; oui, nous avons entendu les vœux universels, et nous connaissons les besoins du siècle. » Mais, le triomphe consommé, les peuples du continent reconnurent la fausseté de ces cabinets, et retombèrent dans les anciennes chaînes, après s'être sacrifiés pour la restauration des trônes.

Jamais il n'y eut une telle déception dans le monde, jamais tant de millions d'hommes ne se virent enlever avec plus d'audace et de rapidité un bien qu'ils avaient acheté du plus pur de leur sang. Dès ce moment les peuples comprirent qu'ils avaient vaincu, non pour eux, mais pour les princes qui les avaient appelés au combat avec les mots fascinateurs d'indépendance et de liberté. La jeunesse allemande, trompée dans les vœux de son enthousiasme et punie de son dévouement, versa des pleurs de rage sur les malheurs de la commune patrie et expia ainsi les trahisons dont l'Allemagne s'était rendue coupable envers Napoléon qui l'avait délivrée du joug d'une aristocratie exclusive.

Vainqueurs en Europe et tout-puissants, les cabinets régulateurs ne cessèrent pas de s'inspirer de l'esprit qui dicta, en 1791, la convention de Pilnitz, et d'où dérivèrent quinze années d'agitation et de calamités. Pour affaiblir celui qu'ils désignaient comme l'ennemi commun, on avait fomenté les soulèvements des classes inférieures et moyennes. Des paroles d'union chrétienne, des exhortations à l'exercice des devoirs enseignés par le Verbe du Très-Haut, des sentences pleines de mysticité, puisées dans la fantasmagorie de l'illuminisme : voilà les consolations et les dédommagements accordés à vingt peuples que, sans pudeur comme sans ménagement, dépouillent l'ambition et la cupidité. Le congrès de Vienne, sous la direction d'un Metternich, d'un Humboldt, ne sut qu'éluder les promesses les plus positives, en élevant la dictature des grandes puissances.

Mais que deviennent avec le temps les projets les mieux ourdis, les plans les plus solidement constitués quand ils ne sont point basés sur l'équité?

Le 30 mars 1814, l'Europe entière, coalisée contre le premier des Napoléon, remporte contre la France une douloureuse victoire; les alliés entrent dans Paris, proclament la déchéance de la dynastie impériale et posent les fondements d'une organisation européenne en défiance du pays vaincu et de l'espoir de ses populations.

Le 30 mars 1856, toutes les puissances de l'Europe réunies, convoquées par un nouveau Napoléon qui sait imposer non par le prestige de la renommée, mais par le poids de ses vertus et l'ascendant de son exemple, envoient à Paris leurs représentants pour y fonder, sur les débris des traités de 1815, de nouveaux rapports entre les Etats européens.

Pendant quarante années, entre l'Europe et la France, il avait existé une situation pleine de sourds ressentiments et de douloureux souvenirs. Plus d'une fois, en se rappelant les défaites et les blessures faites à son honneur par l'abus de la victoire, la France porta la main à la garde de son épée.

A chaque instant une collision européenne était sur le point d'éclater. A la fin, cette situation irritante se dénoue pacifiquement. Le traité de Paris de 1856 efface les traités de Paris et Vienne et tous les actes de 1815.

Fort par ses armes, grand par ses principes, aspirant à la plus réelle des gloires, celle d'être le meilleur et le plus grand homme de l'histoire moderne, Napoléon III a pris, de la désastreuse époque de 1815, une belle et noble revanche. Il a vu l'Europe tout entière, représentée dans sa capitale, abroger solennellement l'œuvre oppressive de la sainte alliance dont l'empereur de Russie était le chef.

Cette victoire pacifique, la France l'a remportée sans qu'il en eût coûté à personne un sacrifice ou une humiliation. Ce n'est pas l'épée vengeresse d'un héritier de Napoléon qui a déchiré les traités de 1815, c'est l'autorité de sa haute raison, c'est la voix enfin qu'il a su faire entendre de la justice et des droits. Voilà le véritable triomphe de la civilisation au centre de laquelle il a l'inappréciable avantage de s'être placé. Entre la France et l'Europe, il n'y a ni vainqueurs ni vaincus; il n'y a qu'une plus sûre appréciation des besoins et des intérêts de l'époque, qu'une cohésion plus étroite et plus intime dans l'intérêt de la paix et de la sûreté générale.

En jetant un regard sur le passé, un autre sur l'avenir, on voit se produire un solennel enseignement. Si la guerre devient, dans certains cas, une impérieuse nécessité, elle n'est pas moins un fléau que les amis de l'humanité doivent s'efforcer de combattre ou de restreindre, car c'est une aberration fatale que celle qui porte les hommes, déjà livrés à tant de maux, à les accroître par les horreurs de la guerre. Souvent elle ne produit que de tristes résultats, et, après les victoires, les conquêtes, un pays peut se voir resserré dans de plus étroites limites qu'auparavant.

Ce sera donc un grand pas vers le progrès, lorsque les jeux sanglants de la guerre seront relégués parmi les souvenirs lointains de la barbarie primitive et que les affaires de tous les peuples pourront se régler dans un congrès unanimement établi.

Le grand homme par excellence est, comme Napoléon III, celui qui, dans des entreprises grandes à la fois et utiles, obtient des succès dont il a le droit de s'enorgueillir, parce qu'il sut les prévoir, les disposer et les achever, sans blesser aucun intérêt légitime. Le puissant génie de son prédécesseur avait tout organisé autour de lui : les lois, l'industrie, la guerre, et préparé la paix universelle par des victoires; mais, en butte aux menaces incessantes de l'Europe conjurée, il ne lui fut pas permis de doter la France de tout le bien qui devait résulter de la transcendance de ses facultés. C'est une chose reconnue qu'il n'a jamais été le provocateur dans les guerres qui ont ensanglanté l'Europe, et l'ambition démesurée qu'on lui a reprochée se serait arrêtée à l'heure où l'Europe pacifiée se fût trouvée en accord d'institutions et de progrès avec la France. Il faut distinguer le système du régime et ne pas perdre de vue que jamais l'équité ne régna au même degré que sous son gouvernement.

Chaque pas du monde vers l'avenir est marqué par une révolution. A chaque révolution qui commence ou s'achève, Dieu donne, selon l'époque, un guide ou un sauveur, chef d'épée, législateur ou philosophe. Le premier crée la force; le second, la justice; devant le troisième, le progrès marche.

Aux temps antiques, lorsque Rome républicaine chancelait sous les luttes civiles, l'épée de César fut son appui.

Lorsque les Francs sortirent des camps du moyen-âge pour s'élever au rang de nation, Charlemagne portait, à leur tête, le glaive impérial et le principe des lois que ses successeurs devaient développer.

Lorsque la France périssait avec les conquêtes de 1789 dans le chaos des troubles anarchiques, Napoléon unissant la valeur de César au génie de Charlemagne, restaura la France par la gloire, l'affermit par ses institutions, et lui laissa son nom pour couronne ; sa volonté nous gouverne encore par les inspirations de l'honneur et de la patrie, et sa mémoire, populaire comme une légende, grave le nom français sur les bornes du monde.

TABLE DES MATIÈRES

CONTENUES DANS LE QUATRIÈME VOLUME.

FIN DE LA TABLE DES MATIÈRES.

PARIS. | IMP. WALDER, RUE BONAPARTE, 44.

www.ingramcontent.com/pod-product-compliance
Ingram Content Group UK Ltd.
Pitfield, Milton Keynes, MK11 3LW, UK
UKHW020304230726
13925UKWH00001B/220